서양해양사

늘배 김성준 교수
해양사학술총서 **01**

서양해양사

김 성 준 지음

혜안

개정증보판 『서양해양사』를 내며

『서양항해선박사』(혜안, 2015)가 나온 지 10년 만에 초판에 실렸던 4개 장(초판의 4장, 9~11장)을 빼고 그동안 집필한 논문 6편과 부록 1편을 추가해 서명을 '서양해양사'로 바꿔 다시 내놓는다.

이번에 새로 추가된 장은 「유럽의 항해용 가남쇠와 관련한 논쟁적 사료 평석評釋」(제4장), 「가남쇠 중국 기원설'에 관한 홈볼트 테제 비판」(제5장), 「대항해시대 유럽의 배와 항해」(제6장), 「콜럼버스의 1차 항해의 항정조작설」(제7장), 「프란시스 보퍼트 제독과 보퍼드 스게일」(제13장), 그리고 「사무엘 플림솔과 만재흘수선」(제14장)이다. 그리고 「콜럼버스의 대서양 항해의 경과와 의의」를 부록으로 첨부하였다.

이번 개정증보판이 유럽의 해양사에 관심있는 연구자와 학생들에게 자그마한 보탬이 된다면 더 바랄 것이 없겠다.

2025년 가을
아치섬 해죽헌에서
늘배 김성준

『서양항해선박사』를 내며

이 책은 유럽인들이 사용한 배와 항해, 그리고 해양활동에 관한 저자의 논문을 모아 엮은 논선집이다. 논선집이란 것이 다소 진부한 출판법이긴 하지만, 우리 학계나 저자의 역량으로는 서양해양사에 대한 단일 주제의 책을 내는 데는 아직 한계가 있다는 점을 인정하지 않을 수 없을 것 같다. 한국사와 관련해서는 해양사란 제하의 책들이 다수 출판되었지만, 서양사와 관련해서는 아직 해양사란 제하의 책이 출판된 적이 없는 것으로 안다. 따라서 논선집이라는 한계가 있지만, 이 책은 해양사 분야의 핵심인 항해선박사를 다룬 최초의 전문연구서라고 할 수 있다.

저자는 목포해양대학교에 개설된 '세계해양사' 강좌를 강의할 때『배와 항해의 역사』(혜안, 2010)를 교재로 활용해 왔는데, 이 책이 절판되었다. 『배와 항해의 역사』에는 한국사 관련 논문이 7편, 서양사 관련 논문이 5편 등 총 12편이 수록되어 있었다. 따라서 출판사에서 재판을 요청해 왔을 때 그대로 다시 찍기 보다는 그 동안 발표한 한국사와 서양사 논문을 따로 묶어 각각 한 권의 책으로 엮는 게 좋을 것으로 생각했다. 그 결과 한국사 관련 논문들은『한국항해선박사』(문현, 2014)로 묶고, 서양사 관련 논문들은『서양항해선박사』로 묶어 세상에 내놓게 되었다.

이 책은 총 14개 장으로 구성되어 있는데, 서장에는 해양력과 해양사에 대한 전반적인 이해를 돕기 위해 알프레드 메이헌의 해양력과 해양사에 관한 글을 실었고, 본장 I부에는 배와 항해를 주제로 한 논문 6개, II부에는 해운업과 선원을 주제로 한 논문 6개를 각각 배치하였다. 그리고 종장에 해양활동과 자본주의 발전간의 연관성에 대한 글을 실음으로써 전체적으로 조망할 수 있도록 했다. 여기에 실린 글 가운데 제1장, 제2장, 제3장, 제10장, 제12장의 글은 『배와 항해의 역사』에 실린 것을 재수록 한 것이고, 제8장, 제9장, 제11장은 저자의 박사학위논문의 일부로 이미 학술지에 발표한 것들이다. 따라서 여기에 새롭게 실린 글은 제4~7장과 종장 등 5개 장이다. 발표된 시기도 1999년에서 2014년까지 15년간의 시차가 있지만, 책을 준비하는 과정에서 일부 문장과 자료는 수정하였다. 물론 오류나 오식이 있다면 그것은 전적으로 저자의 몫이다.

이 책을 준비하는 과정에서 벨기에의 지인이자 해양사학자인 Luc Cuyvers 박사의 도움으로 Mercator Museum의 학예사인 Ward Bohé 씨로부터 메르카토르 관련 여러 자료를 제공받았다. 다큐멘터리를 제작 중인데다 어머님마저 병환 중인 상황에서도 지구 반대편의 친구를 위해 귀중한 시간을 내어주신 Luc Cuyvers 박사와 귀중한 자료를 아무 조건 없이 제공해 주신 Ward Bohé 씨에게 고마움을 전한다.

해양사에 관한 연구자들이 조금씩 늘어나는 시점에서 이 책이 서양의 배와 항해를 알고자 하는 일반인과 연구자들에게 자그마한 도움이 된다면 더 바랄 것이 없겠다. 끝으로 10여 년 동안 저자의 연구결과를 책으로 엮어 주신 혜안의 오일주 사장님과 편집부 직원들에게도 깊은 감사의 말씀을 전한다.

2015년 앞겨울
고하도 앞 海竹軒에서
김 성 준

일러두기

1. 한글로 적는 것을 원칙으로 하되 독자들의 이해를 위해 원어 및 한자를 병용하였다.

   보기) levant → 레반트^{levant}, 평석 → 평석^{評釋}

2. 중국 인명은 중국 현지 발음으로 적는 것을 원칙으로 하되 신해혁명 이전의 널리 알려진 이름은 한자 독음으로 적었으며, 현대의 중국 지명 중 널리 알려진 것은 현지 발음, 그 밖에는 한자 독음으로 적었다.

3. 고유명사는 한글 표기를 원칙으로 하며, 원래의 한자와 영문 표기는 한글 표기 뒤에 고딕체로 작게 표기하였다.

4. 본문의 전거는 처음 인용할 때만 '논제' 또는 '서명'을 명기하고, 이후 재인용할 때는 저자(출판연도)만을 표기하는 것을 원칙으로 하였다. 다만, 같은 저자의 전거가 다수일 경우에는 최초 인용한 논제 또는 저서를 간략히 표기하고, 참고문헌의 상세는 뒤에 따로 정리해 두었다.

5. 인용 쪽수는 한국어 자료의 경우 '쪽'으로, 그 밖에는 'p.'로 적었다.

6. 숫자는 만 단위로 읽고, 셋째 단위에 쉼표(,)를 찍지 않았다.

   보기) 1,000→ 1000

7. 단위는 영문 그대로 적는 것을 원칙으로 하되, 문장 속에서 단독으로 쓰일 때는 한글로 적었다.

   보기) 미터→ m, 몇 백m →몇 백 미터

차 례

제1부

—

배와 항해

제2부
—
해운업과 선원

알프레드 메이헌의 해양력과 해양사에 관한 인식

20세기의 많은 사람들은 21세기가 '해양시대'가 될 것이라고 예측한 바 있고, 실제로 미국과 중국 간의 해양패권 경쟁을 바라보면서 그 말이 현실화되고 있음을 느끼고 있다. 그러나 서양의 역사는 늘 해양시대였고,[1] 근대 이후 현재까지의 세계사도 기본적으로는 해양시대가 계속되고 있다고 해도 지나친 말이 아니다.[2] 서양 문명의 모태라고 할 수 있는 그리스와 로마가 바로 지중해라는 해양을 배경으로 성장했다는 사실은 새삼 언급할 필요가 없을 것이다.[3] 흔히 '암흑의 시대'로 잘못 알려져 있는 서양의

1) 이에 대해서는 Luc Cuyvers, 김성준 옮김(1999), 『역사와 바다』; Haws & Hurst(1985), *Maritime History* 등 참조.

2) 서양 근대사를 해양력의 쟁패라는 관점에서 분석한 저서로는 다음을 참조. Alfred T. Mahan(1890), *The Influence of Sea Power upon History, 1660-1783*(이하에서는 ISPH로 줄임); 김주식 역(1999), 『역사에 미치는 해양력의 영향』; A.T. Mahan, *The Influence of Sea Power upon French Revolution and Empire, 1793-1812*(이하에서는 ISPFR로 줄임); Modelski & Thompson(1988), *Seapower in Global Politics*; 靑木榮一―최재수 역(1995), 『시파워의 세계사 I』 등.

3) 헤겔은 『역사철학강의』에서 세계의 지리를 고지, 협곡지대, 연해지방으로 나누고, 구세계를 다시 아프리카, 아시아, 유럽으로 나누고 있다. 헤겔은 협곡지대인 중국, 인도, 바빌로니아 등의 경지국耕地國은 해양의 원리를 체득하지 못했기 때문에 내부에 틀어박혀 버리게 되었다고 지적하면서, 연해지방인 지중해 지역과 서부 유럽은 상업과 해운을 영위하여 시민적 자유의 나라가 되었다고 밝히고

중세조차도 한자Hansa 동맹이 주축이 된 볼틱해 무역과 이탈리아의 여러 도시국가들이 중심이 된 레반트levant 무역이 서양 중세인들의 경제생활에 중요한 역할을 했다는 사실이 점차 인식되어 가고 있다.4) 또한 서양사를 시대구분할 때 흔히 근대의 출발점의 하나로 들고 있는 지리상의 탐험시대 이후의 세계사5)는 진정한 의미의 세계사의 출발점이자6) 해양시대였다는 것은 두말할 필요가 없겠다.7)

흔히 해양의 중요성을 언급할 때 빠지지 않고 거론되는 사람이 알프레드

있다. Hegel, 김종호 역(1992), 『역사철학강의』, 153·155·166쪽.
또한 막스 베버는 동서양의 정치구조 차이를 들어 동양의 중앙집권적 가산제와 서양의 봉건제로 구분하고, 이렇게 동서양의 정치구조에 차이가 나게 된 원인을 양 문명이 발생하게 된 지리적·환경적 조건의 상이성으로 설명하고 있다. 즉 서양은 해안문명에서 출발했고, 동양은 하천문명이라는 조건에서 출발했기 때문에 양 문명의 지배층들은 그 경제적 바탕이 상이했다는 것이다. 즉 막스 베버는 동서양 문명의 성격을 동양은 하천문명, 서양은 해양문명으로 보았다고 할 수 있다. 이에 대해서는 전성우(1996), 『막스 베버 역사사회학 연구-서양의 도시시민계층 발전사를 중심으로-』, 119~125쪽 참조.

4) 이에 대한 가장 고전적인 예가 피렌느의 연구다. 피렌느는 중세 유럽 도시의 성장 배경을 지중해를 주무대로 한 해상무역에서 찾았다[Henri Pirenne, *Les Villes et Les Institutions urbians*, t.I, 강일휴 옮김(1997), 『중세유럽의 도시』, 신서원, 제4~5장 참조]. 피렌느의 이 같은 이론에 대해서는 많은 반론이 제기되었는데, 이들 반론은 대부분 그가 중세 유럽 도시의 성장을 상업이라는 외인적 요인에서 설명하였다는 점에 집중되고 있다. Alfred Havighurst ed.(1969), *The Pirenne Thesis*, rev. ed., D.C. Heath and Company 참조. 최근의 연구에 따르면, 중세 도시는 요새지, 행정 중심지, 상업 중심지 등 다양한 요인에 의해 성립되었다는 사실이 밝혀지고 있다. 이러한 사실을 감안한다 해도 서양 중세가 흔히 알려진 것처럼 농업중심적 사회만은 아니었으며, 해상무역이 중세인들의 경제생활에서 중요한 역할을 했다는 사실에는 변함이 없다. 이에 대해서는 Jacques Le Goff, 유희수 역(1998), 『서양중세문명』, 문학과지성사, 101~103쪽 참조.

5) 사세이키謝世輝 교수는 지리상의 탐험 이후를 근대사의 시작으로 보는 것은 유럽 중심적인 사관 때문이라고 비판하였다. 이에 대해서는 謝世輝, 손승철 외 역(1997), 『유럽중심사관에 도전한다』, 제6장 참조.

6) Adam Smith, 김수행 역(2007), 『국부론(하권)』, 123쪽.

7) 모델스키와 톰슨은 근대 이후의 서양을 새로운 시대(new age)이자 '대양의 시대(oceanic age)'라고 부르고 있다. Modelski & Thompson(1988), 4쪽.

메이헌 Alfred Thayer Mahan (1840~1914)이다.[8] 그것은 메이헌이 최초로 해양력 Sea Power이란 개념을 제시하고 이를 토대로 서양근대사를 개괄하였기 때문이다. 국내에서도 해양력이나 해양의 중요성을 다룬 여러 문헌들과 연구논문에서도 그의 이름이 빈번히 언급되고 있는 것을 쉽게 찾아볼 수 있다.[9] 그러나 메이헌의 책이 출판된지 100여 년이 지난 2000년까지도 국내에서는 그의 주저인 『역사에 미친 해양력의 영향』과 『프랑스 혁명과 프랑스 제국에 미친 해양력의 영향』이 제대로 번역되지도 않았고,[10] 그에 대한 변변한 연구논문 하나 없는 것이 현실이다.[11] 이러한 현상은 비단 우리나라에서뿐 아니라 미국의 경우도 마찬가지인 듯하다. 토마스 에졸드 Thomas Etzold 교수는 "메이헌의 저술은 읽혀지기보다는 인용되고 있을 뿐이며, 그의 이론이나 사상도 연구·검토되기보다는 인용·참조되는 것으로 그치고 있다."[12]며 미국 학계의 안이한 연구태도를 비판하고 있다.

---

8) 이에 대해서는 Modelski & Thompson(1988), pp.8-11 ; Rodger(1999), *Naval Power in the 20th Century*, introduction ; Cuyvers(1999), 『역사와 바다』, 서론 ; Shulman(1995), *Navalism and the Emergence of American Sea Power*, pp. 77-84 ; 靑木 栄 (1995), 23~30쪽 등을 참조.

9) 이에 대해서는 이선호(1981), 「해상세력과 해전 무기의 발전체계」, 107~109쪽 ; 조덕운, 「해군력과 국가발전」, 94쪽 ; 구옥회, 「해군력이 해양개발에 미친 영향」, 75~76쪽 ; 임이수, 「해양전략의 기본개념연구」, passim ; 한국해사재단, 「국가안보와 국민경제안정을 위한 한국 상선대의 유지 확보대책에 관한 연구」, 제2장 ; 조정제·강종희, 「해운과 신해양력」, 30~32쪽 등을 참조.

10) 이 책은 1987년 해군본부에서 교육도서로서 번역해 내놓았지만(해군본부, 『해양력이 역사에 미친 영향』 참조), 오역도 적지 않고 번역자도 명확하지 않을 뿐 아니라 해군 내부용으로 제작된 것이라 정식으로 번역 출판이 되었다고는 보기 어렵다. 『역사에 미치는 해양력의 영향』이 우리나라에서 정식으로 번역 출판된 것은 2003년이다.

11) 2025년 현재 메이헌을 주제로 삼은 학위논문은 다음 세 편뿐이다. 김세웅(1982), 「1890년대 미국의 팽창주의에 관한 고찰－메이헌의 해상권을 중심으로－」, 고려대학교 석사학위논문 ; 김창국(1989), 「메이헌의 해양전략 사상 연구」 ; 김동은 (2020), 「알프레드 T. 마한의 해양군사사상이 20세기 초 미국의 대전략에 미친 영향」.

12) T.H. Etzold(1915), "Is Mahan still valid?", *Proceeding*, Jan-Feb., U.S. Naval Institute,

이와 같은 현실에서 메이헌이 개진한 주장을 근거로 하여 해양력이 역사 전개에 중요한 영향을 끼쳤다거나 또는 그가 제시한 해양력이란 개념을 원용하여 해양의 중요성을 강조한다는 것은 한계가 있다. 왜냐하면 메이헌이 어떠한 관점에서 해양의 중요성을 파악하였는가, 혹은 그가 제시한 해양력의 개념과 그 의의 및 한계는 무엇인가가 명확하게 규명되지도 않은 채 그의 이론이 광범위하게 원용되고 있기 때문이다. 따라서 먼저 선행되어야 할 일은 메이헌이 해양사[13]를 어떠한 관점에서 파악했으며, 또 그 연구의 의의와 한계는 무엇인가를 명확하게 규명하는 것이다.

이 글에서는 메이헌이 연구한 해양사의 의미와 한계를 비판적으로 고찰하고자 한다. 이를 위해 먼저 시론적으로나마 해양사의 이상형 Ideal type [14]을 제시하고 그 개념을 정의해 볼 것이다. 이어 메이헌이 사용한 해양력의 개념은 무엇이고, 그가 파악하고 있는 해양사는 어떠한 것인지를 그의 주저인 『역사에 미친 해양력의 영향』을 중심으로 파악해 볼 것이다. 그리고 마지막으로는 메이헌이 해양사를 연구한 의의와 한계를 정리해 볼 것이다.

---

p.38 ; 임인수(1995), 131쪽 재인용.

13) 메이헌은 'maritime history'라는 용어 대신 'sea history'를 사용하기는 했으나 사용 빈도는 매우 낮았다(Mahan, *ISPH*, pp. 27, 90). 그는 오히려 해군사(naval history)라는 용어를 더욱 빈번하게 사용하였다(Mahan, *ISPH*, passim). 따라서 메이헌은 기본적으로 해군사에 중점을 둔 것이라고 볼 수 있지만, 해군사도 해양사에 포함될 수 있기 때문에 필자는 메이헌의 연구분야를 해양사 범주에 포함시켰다.

14) Idealtypus의 개념에 대해서는 Max Weber(1991), 「사회과학적 및 사회정책적 인식의 객관성」, 임영일 외 편역, 『막스베버선집』, 까치, 75쪽 참조.

I. 해양사의 범주와 정의

역사를 구성하는 세 요소를 기준으로 역사학의 각 분야사를 나누어 보면 다음과 같다.

| 역사학의 분야 |

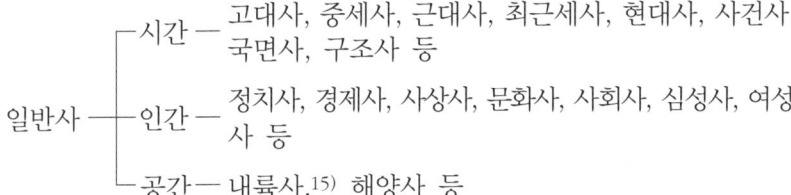

위의 구분에서 명확해진 바와 같이, 해양사는 일반사를 공간을 기준으로 하여 구분할 때의 일반사의 한 분야사가 된다. 따라서 해양사는 '해양과 내륙 역사의 상호관계', 좀 더 구체적으로 부연한다면 '해양력이 역사 전개에 미친 영향'을 분석하는 것을 주된 연구 테마로 삼는 분야가 될 것이다. 항해사는 바로 이와 같은 해양사를 구성하기 위한 기본전제라 하겠는데, 해양사를 구성하는 각 분야사를 정리하면 다음과 같다. 이를 부연 설명하면 1998년 처음 해양사의 정의와 범주를 제시하고자 시도했을 때 제안한 해양사의 각 분야사는 협의의 해양사라 할 수 있고, 2020년 제안한 각 분야사는 광의의 해양사라 할 수 있을 것이다.

---

15) 이제까지 역사가들은 해양에 대해 이렇다 할 관심을 기울이지 않았고 인간들의 내륙 활동에만 주로 관심을 기울여 온 것이 사실이다. 그 결과 일반사(general history)라고 하면 곧 내륙사(inland history)를 의미하게 되어 내륙사라는 말 자체가 다소 생경하게 들리게 되었다. 필자가 내륙사를 하나의 독립적인 분야사로 상정하고 있는 것은 아니다. 단지 인간이 활동하는 공간을 기준으로 구분해 본다면 내륙사와 해양사로 구분할 수 있을 것이라는 사실만 지적해 두고자 한다. 이는 남성사란 분야는 따로 존재하지 않지만, 여성사는 존재하는 것과 같은 이치다.

1998	2020	세부 분야
	해양정치사	해양영토분쟁사, 해전사
	해양경제사	해운사, 해양교통사, 수산사, 해양개발사
해운사	해양문화사	선원문화사, 해양문화사
수산사	해양사상사	해양력의 개념사
해전사	해양과학사	조선기술(선박)사, 항해사
해양탐험사	해양사회사	선원노동사
해양개발사	해양생태사	
항해사	해양도시사	해항도시 교섭사, 해양도서島嶼사
	해양탐험사	
	…	

자료 : 김성준(2020), 「'근현대 해양사 분과 연구동향과 발전을 위한 제언'에 대한
토론문」, 138쪽.

위의 구분에서 알 수 있는 것처럼, 해양사를 구성하는 분야사 가운데
가장 핵심적인 분야는 역시 해군사와 해운사 그리고 수산사라고 할 수
있다. 왜냐하면 위의 세 분야는 인간이 역사시대에 접어든 이래 긴 역사적인
연원을 갖고 나름대로 발전해 왔기 때문이다. 따라서 위의 세 분야는
그동안 적지 않게 연구되어 왔고, 그에 따라 연구성과도 상당히 축적되어
있다.17) 이에 반해 해양개발은 최근에야 부각되기 시작한 분야이기 때문에

---

16) 필자와는 달리 아오키 에이이치靑木榮一는 시파워의 역사, 곧 해양력의 역사를
구성하는 요소로서 국제관계사, 해상전투사, 해군기술발달사, 해군사를 들고
있다. 靑木榮一(1995), 41~42쪽. 이는 그가 메이헌의 개념을 받아들여 시파워를
"전 세계적인 규모에서의 해양지배력"으로 정의하고(25쪽) 시파워에서 가장
중요한 것을 해군력이라고 보았기 때문이다(39쪽).

17) 해전사와 관련된 대표적인 저술로는 Mahan1979), *ISPH & ISPFR* ; Peter Padfield,
Tide of Empires-Decisive Naval Campaigns in the Rise of the West(Routledge & Kegan
Paul) 등을 들 수 있고, 국내 저서로는 김주식(1993), 『서구의 역사와 해양활동』(연
경문화사) 등을 들 수 있다. 해운사와 관련된 대표적인 저술로는 P.L. Cottrell
& D.H. Aldcroft ed.1981), *Shipping, Trade and Commerce*, Leicester Univ. Press;
Fayle, 김성준 역(2004), 『서양해운사』 등이 있고, 국내 저술로는 손태현(1997),
『한국해운사』 등을 들 수 있다. 수산사와 관련된 국내 저술로는 심상준(1989),
『원양어업개척사』 등을 들 수 있다.

해양개발사는 상대적으로 연구가 적은 것이 사실이지만, 앞으로 해양과학이 더욱 발전하고 해양개발의 역사가 더 진전되어 간다면 해양사에서 두드러진 분야가 될 것이다.[18] 반면, 해양탐험사는 과거에는 해양사의 중요 부분을 점하였으나, 세계의 모든 지역이 탐험되고 난 현재는 그 중요성이 크게 경감되었다.[19] 마지막으로 항해사는 그 자체로서보다는 인간이 바다를 무대로 영위하는 해전, 해운, 수산, 해양개발, 해양탐험 등을 전개하기 위한 기본적인 전제라는 면에서 해양사를 구성하는 분야사에 포함시킬 수 있을 것이다.[20]

이상에서 살펴본 바와 같이, 인간이 바다를 무대로 하여 행하는 활동에는 해운, 수산, 해양개발, 해양탐험, 해전 등이 있고, 항해는 이러한 행위를 원활하게 수행하기 위한 기본전제다. 그러나 위와 같은 행위들은 그 자체가 목적이라기보다는 육지를 주무대로 생활하는 인간들의 행위와 밀접하게 상호 연관되어 있다. 따라서 해양사는 그 자체 논리로 성립된다기보다는 내륙을 무대로 전개되는 여타의 역사와 관련지어 파악하지 않으면 안된다.[21] 그렇다면 해양사는 '해양과 내륙 역사의 상호관계'에 초점을 맞춘

---

18) 해양개발사와 관련해서는 Luc Cuyvers, 武部俊一·石田裕貴夫 共譯(1990), 『The Blue Revolution—海洋の世紀』(朝日新聞社)와 Peter Weyl, Oceanography—An Introduction to the Marine Environment / 양재목 역(1976), 『해양학—해양환경의 개관』, 태화출판사, 제1부 제4장 〈해양학의 역사〉 등을 참조할 수 있다.

19) 해양탐험사와 관련된 대표적인 저술로는 Baker(1931), A History of Geographical Discovery ; Sykes(1935), A History of Exploration ; Stefansson(1952), Great Adventures and Explorations 등을 들 수 있고, 국내 저술로는 김신(1997), 『탐험의 세계사』(두남) 등을 들 수 있다.

20) 항해사의 연구대상과 개념에 대해서는 필자의 논문 「항해사의 개념에 관한 연구」를 참조.

21) 메이헌은 다음과 같이 말하고 있다. "해양력이 역사에 영향을 미친 유일한 요소라고 하는 것이 불합리한 것처럼, 해양력을 역사의 주요한 요소에서 빠뜨리는 것도 불합리하다."(Mahan, ISPH, p. 22) 모델스키와 톰슨도 "해양력은 비록 세계정치의 유일한 조건은 아니지만, 필수불가결한 조건이었다"고 지적하였다

역사학의 한 분야사라고 정의할 수 있겠다.[22] 해양과 관련하여 내륙 역사에 가장 큰 영향을 미칠 수 있는 요소가 해양력Sea Power이다. 따라서 해양사는 '해양력이 역사 전개에 미친 영향'을 분석하는 것을 주된 연구 테마로 삼는 분야가 될 것이다.

이제 남은 문제는 해양력이 과연 무엇인가 하는 것이다. 먼저 해양력이란 용어의 역사적인 유래를 살펴보는 것으로부터 논의를 시작하기로 하자. 해양력, 즉 Sea Power는 원래 다음과 같은 두 가지 의미로 사용되어 왔다. 첫 번째는 '해양국가 내지는 해양세력Sea Forces'을 가리키는 용어로 사용되어 왔고, 두 번째는 '해양에까지 그 영향력을 행사할 수 있는 한 국가의 힘'을 가리키는 용어로 사용되어 왔다.[23] Sea Power 는 일차적으로 첫 번째 의미로 먼저 사용되었다가[24] 이어서 두 번째 용법으로 그 사용범위가 확대되었다.[25] Sea Power의 개념에 대한 위와 같은 해석은 국내의 여러

[Modelski & Thompson(1988), p.13]. 이는 해양력이 역사 전개에 중요한 요소로 작용하였다는 사실을 주장한 것이지만, 거꾸로 생각하면 해양력은 그 자체가 역사를 이끌고 간 독립인자는 아니었다고 해석할 수도 있다.

22) Haws와 Hurst는 "해양에서 발생한 사건과 육지에서 발생한 경향이나 사건들은 깊이 연관되어 있으며, 둘 가운데 어느 하나를 언급하지 않고서는 나머지를 제대로 이해할 수 없다"고 밝히고 있다[Haws & Hurst(1985), p. ix]. 이 같은 관점에서 해양사를 파악한 저술로는 Pryor(1988), *Geography, Technology and War* ; Villiers(1973), *Men, Ships and the Sea* 등을 들 수 있고, 국문 저술로는 해군본부(1954), 『한국해양사』; 사회과학출판사(1997), 『조선수군사』(백산자료원) 등을 들 수 있다.

23) *Oxford English Dictionary* Vol.XIV(1989), p.803 ; *New Internation Websters Comprehensive Dictionary of the English Language*(1996), Deluxe Encyclopedic Edition, Trident Press International, p.1135 ; *Random House Dictionary of the English Language* 2nd ed.(1987), 시사영어사, p.1727.

24) 옥스퍼드 영어사전에 의하면 그로트Grote가 그리스사를 개관하면서 "아테네가 육지국가land-power에서 해양국가sea-power로 전환되었다"고 서술한 1849년이 Sea Power의 역사적인 첫 용례인 것으로 나타나 있다. *Oxford English Dictionary* Vol.XIV(1989), p.803.

25) 1883년 실리Sir John R. Seeley는 『영국의 확장』(*Expansion of England*)에서 "투르크의 Sea Power를 무력화시킴으로써 (투르크) 무역을 지중해에서 퇴각시켰다"[이영

사전에서도 그대로 수용되고 있다.[26]

　Sea Power란 용어에 추상적인 의미를 부여한 이는 누구보다도 알프레드 메이헌이었다. 1896년 일본에서 그의 대표작인 『역사에 미친 해양력의 영향』을 번역 출간하면서 Sea Power를 '해상권력海上權力'으로 번역하였다.[27] 그러나 '해상권력'이라는 번역이 잘못되었음을 깨달은 일본 해군대학은 1901년 Sea Power를 '해상무력'으로 번역하였고, Command of the Sea를 '제해권'으로 번역하였다.[28] 2차대전 후에는 '해양력'이라는 말이 많이 사용되었으나,[29] 여전히 통일된 용어로 정착되지는 못했다. 그 결과 1980년대 들어와서 일본 해양국제문제연구소에서는 Sea Power를 '해상무력'으로 번역하는 것도 지나치게 제한적인 해석이라 하여 '해양지배력'이 타당한 번역이라고 주장한 바도 있고,[30] '시파워'라고 발음을 그대로 사용하는 학자들도 있다.[31]

석 옮김(2020), 『영국의 확장』, 나남, 127쪽]고 사용한 용법이 그 첫 용례로 나와 있다. *Oxford English Dictionary* Vol.XIV(1989), p. 803.

26) 『동아프라임 영한사전』 3판(1993), 2013쪽 ; 『뉴월드 영한대사전』(1982), 2153쪽 참조. 그러나 국내에서 가행된 한글사전 및 한글백과사전에는 아직 '해양력'이란 항목이 없으며, 단지 해군력(『두산세계대백과사전』), 해상권[『학원사 세계대백과대사전』(1971)]이란 항목만이 있을 뿐이다. 특히 *New Encyclopaedia Britannica* 백과사전에는 Sea Power란 용어에 대해 자세히 설명되어 있으나, 그 한글판에는 해상력, 해양력, 해양권 등 어떠한 용어로도 번역해 놓지 않았다. 『학원사 세계대백과사전』에 나와 있는 '해상권'을 보면, "해군력으로써 해상의 전부 또는 일부를 지배할 수 있는 군사적 세력 및 통상, 항해상, 해상을 제패할 수 있는 실권"이라고 나와 있으며 제해권 또는 해상지배권이라고도 한다고 부언하였다. 또한 메이헌이 처음으로 사용한 말이라 하여 해상권이 Sea Power의 번역어임을 밝히고 있다. 『학원사 세계대백과사전』 15권(1971), 198쪽. 또 『두산세계대백과사전』의 '해군력' 항목에는 Sea Power를 괄호안에 함께 표기해 놓고 있어 Sea Power를 해군력으로 번역하였음을 알 수 있다. 『두산 세계대백과사전』 27권(1996), 588쪽.

27) 1896년에 일본에서 발간된 『해양력이 역사에 미친 영향』의 일본어판 서명은 『海上權力史論』이다. 北村謙一 譯(1982), 『海上權力史論』, 水交社, p.1 참조.

28) 이선호(1981), 107쪽 참조.

29) 北村謙一 譯(1982), p.3.

30) 이선호(1981), 107쪽 참조.

국내에서 Sea Power에 대해 학문적으로 접근하기 시작한 것은 1970년대 이후의 일이다.[32] 1970년대에 들어와서 Sea Power와 관련된 책자들이 번역되기 시작했고 이 과정에서 Sea Power는 '해상력', '해상세력', '해상권력' 등으로 번역·사용되었으며,[33] 이것은 또 '해운력 shipping power'이나 '해군력 naval power' 등과도 거의 비슷한 개념으로 혼용되기까지 하였다.[34] 그러나 1980년대 중반 이후 해상海上이라는 용어가 지닌 한계성 때문에 해양력이라는 용어가 빈번히 사용되기 시작하여[35] 1990년대 들어와서는 '해양력'으로 완전히 정착되었다.[36]

이상에서는 Sea Power가 일본과 국내에 소개되면서 해양력이란 용어로 정착되어 가는 과정을 정리해 보았다. 다음으로 살펴보아야 할 것은 해양력이 과연 무엇인가 하는 것이다. 먼저 해양력을 역사 분석에 처음으로 도입한 메이헌이 해양력을 어떻게 보았는지를 살펴보도록 하자. 흔히 메이

---

31) Sea Power를 원어 그대로 사용한 학자로는 아오키 에이이치青木榮一, 기타무라 겐이치北村謙一 등이 있다. 특히 기타무라 겐이치는 『海上權力史論』 서문에서 Sea Power가 독자에게 주는 포괄적인 어감을 고려하여 원어를 그대로 사용하고, 해양력은 maritime power나 maritime strength의 번역어임을 밝혔다. 北村謙一 (1982), p.3.

32) Sea Power에 대한 국내의 연구 동향에 대해서는 이선호(1981), 107~109쪽 ; 임인수(1995), 93~94쪽 참조.

33) 실지로 위에서 인용한 바 있는 이선호 국방대학원 교수도 1981년 당시 논문에서 Sea Power를 협의의 '해군력'이라는 뜻과 광의의 '국력의 해상에 있어서의 유형적이고, 무형적인 제 요소와 군사적 및 비군사적 요소를 통합한 힘'이라는 두 가지 의미를 포괄하여 '해상세력'으로 사용하겠다고 밝히고 있다. 이선호(1981), 108~109쪽.

34) 임인수(1995), 93쪽 참조.

35) 이에 대한 예는 임인수(1995), 93쪽 각주 참조.

36) 해군본부는 대양해군 건설이라는 목표를 달성하기 위하여 1992년부터 함상토론회를 개최하여 왔는데, 1996년 토론회 대주제로 '해양력과 국가경제'를 내걸고 있는 것을 볼 때 1990년대 들어와 Sea Power가 '해양력'이라는 용어로 완전히 정착되었음을 알 수 있다. 『해양력과 국가경제』(해군본부, 1996) 참조.

헌은 해양력에 대해 명확하게 정의하지 않았다고 주장하고 있지만,[37] 그의 저서를 주의깊게 읽어보면 그가 해양력을 어떻게 생각하고 있었는지를 파악해 낼 수 있다. 그는 해양력을 협의로는 해군력naval power, 구체적으로는 제해권command of the sea을 의미한다고 보았고,[38] 광의로는 해운력과 해군력이 결합된 것으로 보았다.[39] 이에 대해 소련의 대전략가인 고르쉬코프Sergei Gorshkov는 해양력은 ① 상선대, ② 어선단, ③ 탐사선단, ④ 대양을 이용하고 개발하는 과학, ⑤ 대양과 연관된 여러 산업들, ⑥ 해양산업과 관련된 과학자·공학자·기술자, ⑦ 해군력 등에 의해 좌우된다고 보았다.[40] 이는 그가 해양력을 해양개발력, 해운력, 수산력, 해군력 등이 종합적으로 결합되어 있는 것이라고 보았음을 의미한다.[41] 해양력이 근대 세계체제modern global system에서 "각국이 세계정치의 주요한 행위자로서 행동하기 위한 필수불가결한 근본조건이었다."[42]는 전제 하에 1494년에서 1993년까지의 서양사를 분석한 모델스키와 톰슨Modelski & Thompson은 해양력의 개념을 두 가지로 구분하였다. 첫째는 고전적인 용법인데, 이 용법에 따르면 해양력

37) 靑木榮一(1995), 24쪽 ; 조정제·강종희(1996), 30쪽. 특히 조정제·강종희의 논문은 아오키 에이이치靑木榮一의 저서를 인용하고 있기 때문에 아오키가 범한 오류를 그대로 답습하고 말았다. 그러나 서구 학자들은 메이헌이 해양력에 대해 명확하게 정의하지 않았다고는 보지 않는다. Cuyvers(1999), 시론 ; Modelski & Thompson(1988), pp. 8-11 참조.

38) Mahan, ISPH, passim ; Modelski & Thompson(1988), p. 9.

39) Mahan, ISPH, p. 28. 메이헌이 해양력을 협의로는 해군력, 광의로는 해군력과 해운력이 결합된 것으로 보았다는 데 대해서는 루크 카이버스와 임인수도 필자와 견해를 같이하고 있다[Luc Curvers(1999), 13-15쪽 ; 임인수(1995), 95쪽]. 이 밖에 해양력을 해군력과 해운력이 결합된 것으로 보는 학자로는 소콜Anthony Sokol, 라이첼Wiliam Reitzel 등이 있다. 소콜과 라이첼의 해양력 개념에 대해서는 임인수(1995), 95~101쪽 참조.

40) Sergei Gorshkov, The Sea Power of the State, 국방대학원 역(1987), 『국가의 해양력』, 14쪽 ; 임인수 역(1992), 『국가의 해양력』.

41) Gorshkov(1987), 13쪽.

42) Modelski & Thompson(1988), p.13.

은 "해양을 사용하고 통제하는use and control of the sea" 능력을 의미한다.[43] 두 번째는 현대적인 용법으로, 이 용법에 따르면 해양력은 "해양을 사용하고 통제할 수 있는 대해군력 major naval strength을 보유한 국가"를 가리키거나 "해군력 naval strength을 사용함으로써 세계체제 global system에서 기능을 수행할 수 있는 능력"을 의미한다.[44] 위 두 가지 중 어느 용법으로 사용하든 모델스키와 톰슨이 생각한 해양력은 곧 해군력이었다.[45]

한편, 루크 카이버스Luc Cuyvers는 "해양력은 해군력 그 이상의 무엇을 의미한다."고 지적하면서, 해양력은 "해군력과 해운력 그리고 해양자원 확보 등이 포함되어 있는 종합적인 능력일 뿐만 아니라", "해양은 경제적인 의미나 정치적인 의미보다는 지구 활력의 근원이기 때문에 해양력은 해양을 이용하고 통제하는 능력뿐만 아니라 해양을 보존하고 보호하는 능력까지 포함된 것이어야 한다."[46]고 주장했다.

이상에서는 해양력의 개념을 분석한 대표적인 학자들의 견해를 정리해 보았다. 그런데 여기서 한 가지 흥미로운 사실을 발견할 수 있다. 그것은 시대가 뒤로 갈수록 해양력의 개념을 보다 넓게 파악하고 있다는 것이다. 1890년에 『역사에 미친 해양력의 영향』을 출판한 메이헌은 해양력을 좁은 의미로는 해군력, 넓은 의미로는 해군력과 해운력의 종합으로 보았고, 1976년에 『국가의 해양력 The Sea Power of the State』의 러시아어판을 처음

---

43) Modelski & Thompson(1988), p.3.
44) Modelski & Thompson(1988), p.4.
45) Modelski & Thompson(1988), pp. 3, 11. 물론 모델스키와 톰슨은 "근대 세계체제 (modern world system)는 곧 대양체제(oceanic system)였기 때문에 새로운 대양의 시대에 적합한 해양의 사용과 통제방식은 해양력(Sea Power)이 아니라 대양력(Ocean Power)이라고 해야겠지만, 일반적인 관례에 따라 대양력이라는 용어 대신 해양력이라는 용어를 사용한다"고 밝히고 있다(p. 4). 그러나 그들이 대양력을 사용한다 하더라도 그것은 곧 해군력이었다고 보아도 무방하다.
46) Cuyvers(1999), 10~15쪽.

출판한 고르쉬코프는 해양력을 해군력, 해운력, 수산력, 해양개발력의 총합
으로 이해하였으며, 1993년 『해양력 : 지구여행*Sea Power; A Global Journey*』을
출판한 루크 카이버스는 해양력을 해군력, 해운력, 해양개발력뿐만 아니라
해양을 보호하고 보존하는 능력까지 포함된 개념으로 파악하였다. 물론
1988년에 『세계정치에서의 해양력, 1494~1993』을 출판한 모델스키와 톰슨
은 해양력을 여전히 해군력이라는 좁은 의미로 파악하고 있는데, 그들이
정치학자라는 데서 오는 시야의 한계 때문이었다고 생각된다.[47]

여기서 드는 의문은 왜 동일한 해양력이란 용어의 개념이 시대에 따라
범주를 달리하는가다. 그것은 각 학자들이 처한 시대적 한계 때문이었다.
메이헌 시대에는 아직 해양자원의 중요성이나 해양오염의 심각성 같은
것이 역사 속에서 뚜렷하게 부각되지 않은 때였고, 고르쉬코프 시대 때는
해양오염의 심각성이 두드러지지 않은 때였다. 따라서 그들은 위와 같은
요소들을 간과한 채 해양력의 개념을 파악할 수밖에 없었다. 그렇다면
현 시점에서 해양력의 개념을 파악하려면 이제까지 흘러간 역사 속에서
부각된 해양력의 요소와 함께, 앞으로 다가올 미래 세계에 부각될 것으로
보이는 해양력외 요소들을 모두 연두해 두어야 할 필요가 있다. 이를
감안하고 해양력의 요소들을 정리해 보면 다음 표와 같다.

이제까지 해군력이나 해운력, 수산력이 해양력에 중요한 역할을 해 왔다
는 것은 더 이상 상론이 필요없을 것이다. 최근에는 해양법과 관련해
배타적 경제수역(EEZexclusive economic zone)과 조어도 영유권 문제, 사할린
북방 도서 문제, 독도 문제 등과 관련하여 해양 영유권에 대한 관심이
높아지면서 해양자원과 그것을 개발할 수 있는 능력의 중요성이 점점
커져 가고 있고,[48] 토리 캐넌 Torey Canynon 호, 아모코 카디스 Amoco Cadiz

---

47) 모델스키(Modelski)는 워싱턴 대학(Univ. of Washington)의 정치학(Political Science) 교수고, 톰슨(Thompson)은 클레먼트 대학원(Claremont Graduate School)에서 국제관계학(International Relations)을 강의하고 있다.

| 해양력의 구성 요소 | [49]

```
        ┌─ 해군력
        ├─ 해운력
        ├─ 조선력
해양력 ──┼─ 수산력
        ├─ 해양개발력
        ├─ 해상구조력
        └─ 해양환경보호력[50]
```

호, 애틀랜틱 엠프레스^{Atlantic Empress} 호, 엑슨 발데스^{Exxon Valdez} 호, 씨 프린스^{Sea Prince} 호 등과 같은 대형 유조선의 좌초로 인해 초래된 해양오염의 심각성이 두드러지면서 해양환경을 보호하고 보존할 수 있는 능력도 중요한

---

48) 이에 대해서는 Cuyvers(1999), 제5장 ; 靑木榮一(1995), 30쪽 참조.

49) 임인수도 필자와 비슷하게 해양력의 구성요소를 해군력, 해운력, 어획력(fishing power), 해양이용에 대한 제반 능력으로 파악하고 있다. 그러나 필자와 임인수는 몇 가지 점에서 차이가 있다. 임인수는 fishing power를 어획력으로 풀이하였지만, 필자는 수산력으로 보았고, 필자는 해양력에 해양환경 보호능력을 포함시켰으나 임인수를 이를 제외시켰다[임인수(1995), 109쪽 참조]. 필자는 여기에서는 해양력의 각 요소들이 어떻게 구성되는지에 대해서는 언급하지 않았다. 이에 대해서는 이미 다른 연구자들의 훌륭한 연구가 있기 때문에 참조하기 바란다. 특히 임인수는 해양력을 (해군력+해운력+어획력+기타 해양이용능력)×지원체계×의지의 총합으로 보았고(106~114쪽 참조), 임봉택은 선천적 속성인 지리적 조건, 영토의 특성, 국민성과, 인위적 속성인 해운력, 해군력, 조선력, 수산력, 해양개발능력, 해양무역의존도, 해양인구의 총합으로 이해하였다. 임봉택·이철영(1997), 「해양력 평가를 위한 해양력의 개념과 속성에 관한 연구」, 301~303쪽.

50) 이제껏 해양자원을 개발하고 이용하는 능력을 해양력의 중요 요소로 본 학자들은 많았다. 그러나 해양환경 보호능력을 해양력의 요소로 평가한 연구자는 국내에서는 아직까지 필자가 처음일 것이다. 현재까지의 역사 전개에서는 아직 해양환경 보호능력의 중요성이 크게 부각되지 못하였으나, 앞으로는 해양환경 보호능력이 다른 요소에 못지 않게 중요해질 것이라고 생각했기 때문에 이를 해양력 요소에 포함시켰다. 엑슨 발데스(Exxon Valdez) 호나 씨프린스(Sea Prince) 호 등의 해양오염사고나 엘니뇨(El Niño) 현상으로 인한 기후변화 등을 상기할 때 앞으로 해양환경 보호능력의 중요성은 더욱 커지게 될 것이다.

해양력 요소로 부각되기 시작하였다.

　해양력의 구성요소를 위와 같이 정리할 수 있다면, 해양력은 어떻게 정의할 수 있을까? 먼저 한 국가 차원에서 본다면, 해양력은 '위의 각 구성요소들을 활용해 국가의 이익을 위해 해양을 이용할 수 있는 총능력'[51] 이라고 정의할 수 있을 것이다. 이 경우 전시나 준전시 準戰時에 가장 크게 부각되는 요소는 당연히 해군력이고, 평시 平時에 가장 크게 부각되는 요소는 해운력일 것이다. 또한 앞으로 육지에 매장된 자원이 고갈되고 토지가 부족해질 경우에는 해양 자원을 개발할 수 있는 능력이 해양력에서 가장 중요한 요소로 부각될 것이고, 인구가 증가하게 됨에 따라 농토가 감소하여 식량문제가 발생하게 된다면 수산력이 중요한 요소로 부각될 것이다.[52]

　그러나 이를 국가 차원이 아닌 지구 전체 차원에서 생각해 본다면, 해양력에서 가장 중요한 요소는 단연 수산력과 해양개발력 그리고 해양환경보호력이 될 것이다. 지구적인 차원에서 보면 국가 단위의 해군력이나 해운력의 의미는 상대적으로 감소하게 될 것이기 때문이다. 이를 고려할 때 지구적인 차원에서의 해양력은 '인간의 생존과 복지를 위해 해양을 이용하고 보호하며 보존할 수 있는 인간의 총능력'이라고 정의할 수 있을 것이다. 그러나 해양력이 이와 같이 지구적인 차원에서 행사된 적은 아직 없다. 따라서 해양력을 국가 단위 차원에서 파악하는 것은 여전히 유효하다고 하겠다.

---

51) Gorshkov(1987), 13쪽 ; 임인수(1995), 112쪽.
52) 2차대전 이후 연안국들이 영해와 배타적 수역을 200해리로 지정하는 등의 조처를 통해 자국 연안의 어자원을 확보하려고 한 과정에 대해서는 靑木榮一(1995), 28~29쪽 참조.

II. 메이헌과 해양사

메이헌은 미국 해군사관학교에서 해군사와 해군전략을 강의한 해군전략가였을 뿐만 아니라 해군대학의 총장을 역임하기도 했으며, 미국 역사학회(1902) 회장을 역임한 역사가이기도 했다. 그는 생존 시에도 막대한 영향을 끼쳤는데, 이는 옥스퍼드 대학(1894), 케임브리지 대학(1894), 하버드 대학(1896), 예일 대학(1897), 콜럼비아 대학(1900) 등이 그에게 명예법학박사 학위를 수여한 사실에서도 확인할 수 있다.[53] 사후 오늘날까지도 그의 영향력은 곳곳에 스며들어 있다.[54] 그는 해양력이란 개념을 사용하여 역사를 분석한 최초의 사람이었다. 따라서 해양의 중요성을 얘기한다거나 해양력을 언급한다거나 또는 해양 관련 역사, 이를테면 해군사나 해운사 등을 논하는 사람이라면 누구나 한 번쯤은 그의 이름을 언급하게 된다. 그러나 아직 우리나라에서는 메이헌이 사용한 해양력의 개념과 그가 어떠한 관점에서 해양의 중요성을 강조했는지에 대해서는 제대로 연구되지 못한 것 같다. 따라서 이 글에서는 메이헌이 사용한 해양력의 개념은 무엇이고, 그가 해양력을 근거로 역사를 분석한 목적은 무엇이었는지에 초점을 맞추어 분석함으로써 그가 어떠한 관점에서 해양사를 바라보았는지를 밝혀보고자 한다.

1. 메이헌의 '해양력' 개념

메이헌은 해양력을 "바다를 인접하고 있는 또는 바다에 의해 어느 한

---

53) 메이헌의 약력에 대해서는 A. Mahan(1911), *Naval Strategy Compared and Contrasted with the Principles and Practice of Military Operations on Land*, 이윤희·김득주 역(1974), 『해군전략론』, 393~394쪽 ; 김주식 역(1999), 『역사에 미치는 해양력의 영향』 2권 해설 참조.

54) Modelski & Thompson(1988), pp. 9-11 참조.

민족을 위대하게 만드는 모든 것"[55]이라고 암시하고 있지만, 명확하게 규정해 놓고 있지는 않다. 그 결과 많은 학자들은 메이헌이 사용한 해양력의 개념을 파악하는 데 어려움을 겪었다. 그러므로 메이헌이 사용한 해양력의 개념을 파악하기 위해서는 그의 저술의 행간을 읽어 내려가지 않으면 안 된다. 여기에서는 메이헌이 제시한 해양력의 구성요소들을 구체적으로 분석하여 메이헌이 사용한 해양력 개념을 추출해 보고자 한다.

1) 지리적 위치

메이헌은 지리적 위치와 해양력과의 상관관계를 다음과 같이 파악하였다.

첫째, "어느 한 나라가 내륙에서 자신을 방어할 수 없거나 내륙을 통해 영토를 확대할 수 없는 지정학적인 위치에 위치한다면, 바다 쪽으로 그 목표를 집중함으로써 그 국경선 가운데 어느 한쪽 면을 대륙과 접하고 있는 민족들과 비교할 때 이점을 가질 수 있다."[56] 메이헌은 그 예로 영국은 바다 쪽으로만 집중할 수 있었던 데 비해, 프랑스는 대륙 쪽으로만 집중했으며, 네덜란드는 프랑스의 위협에 대비하기 위하여 막대한 육군을 보유해야 했기 때문에 해양 쪽으로 집중할 수 없었다는 점을 들고 있다.[57]

둘째, "한 나라의 지리적 위치는 그 군사력을 집중시키는 데 유리하게 작용할 뿐만 아니라 가상적국에 대항하는 공격적인 작전을 전개하기 위한 좋은 기지와 전략적인 이점을 제공할 수도 있다."[58]

셋째, "지리적으로 적국이나 공격 목표에 가까이 위치하고 있다는 것은

---

55) 필자는 이 구절을 다음 문장에서 따왔다. "해양력의 역사는, 비록 그 광범위한 범위 속에는 **바다를 인접하고 있는 또는 바다에 의해 어느 한 민족을 위대하게 만드는 모든 것**을 아우르고 있지만, 주로 군사(military history)이다." Mahan, ISPH, p.1.(강조 필자)

56) Mahan, ISPH, p.29.

57) Mahan, ISPH, p.29.

58) Mahan, ISPH, p.30.

무역파괴전^{commerce-destroying}을 전개하는 데 유리하다."59) 메이헌은 그 예로 프랑스가 영국에 매우 가까이 위치해 있었기 때문에 영국에 대해 약탈전^{gurre de course}을 전개하는 데 매우 유리했다는 사실을 들고 있다.60)

넷째, "공격을 위한 편의시설들 외에 자연이 어느 한 나라를 공해^{open sea}로 쉽게 접근할 수 있는 위치를 제공해 주는 경우, 만약 그 나라가 중요한 교통로나 세계 무역로 가운데 하나를 장악하고 있다면 그 지리적 위치가 갖는 전략적인 가치는 매우 높다."61) 이와 관련하여 메이헌은 스페인과 이탈리아의 예를 들었다. 지브롤터^{Gibraltar}를 영국에게 빼앗기지 않았다면 스페인의 지리적 위치는 영국에 버금갔을 것이며, 말타^{Malta}를 영국에, 코르시카^{Corsica}를 프랑스에 빼앗김으로써 이탈리아는 해양강국으로 성장할 수 있는 지리적인 이점을 상실해 버렸다는 것이다.62)

메이헌은 여기에다가 "지리적 위치를 현명하고 지속적으로 활용할 줄 아는 능력이 필요하다."63)고 덧붙이고 있다.

2) 천연자원과 기후 등을 포함한 물리적 환경

메이헌은 천연자원과 기후 등을 포함한 물리적 환경이 해양력에서 차지하고 있는 의의를 다음과 같이 파악하였다.

첫째, "바다를 통해 용이하게 접근할 수 있으면 있을수록 바다를 통해 세계와 교류하려는 사람들의 성향은 더욱 커지게 된다."64) 메이헌은 이러한 예로 스페인-오스트리아의 통치를 받았던 1648년 당시의 벨기에 상황을 들었다. 메이헌은 "어느 한 나라가 매우 긴 해안선을 갖고 있지만 전혀

---

59) Mahan, *ISPH*, p.30.
60) Mahan, *ISPH*, p.31.
61) Mahan, *ISPH*, p.32.
62) Mahan, *ISPH*, p.32.
63) Mahan, *ISPH*, p.29.
64) Mahan, *ISPH*, p.35.

항구가 없다고 가정하면, 그 나라는 해상무역과 선박, 해군도 갖출 수 없을 것"이라고 전제하면서 "이것이 1648년 당시 벨기에가 처한 상황이었다."고 설명하고 있다.[65]

둘째, "수심이 깊은 항구를 많이 보유하고 있는 것은 국력과 국부의 원천 가운데 하나이며, 특히 이들 항구들이 항해 가능한 하천 출구라면 그 효과는 배가된다. 그러나 이 출구가 적절하게 방어되지 않는다면, 전쟁시에는 결정적인 약점이 된다."[66]

셋째, 천연자원이나 토지 등의 내륙의 물리적 환경도 해양력에 영향을 미친다.[67] 프랑스는 지중해와 대서양 쪽에 훌륭한 양항良港(good port)을 많이 보유하고 있지만, 바다로 진출하려 하지 않았다. 메이헌은 프랑스가 이렇게 된 주요한 이유를 토질이 비옥하고 기후가 온화하여 농산물을 충분히 자국 내에서 생산할 수 있었기 때문이라고 설명하고 있다.[68] 이에 반해 영국은 자연의 혜택을 별로 받지 못했고, 해상으로 진출할 유리한 조건을 갖추고 있었기 때문에 해외로 진출하여 비옥하고 넓은 땅을 발견하였다. 그 결과 영국은 제조업과 해운의 발전을 통해 해양력을 성장시킬 수 있었다.[69]

넷째, "바다가 국경선을 이루고 있거나, 국가를 포위하고 있거나 또는 한 국가를 두 부분으로 나누고 있는 경우에는 반드시 바다를 통제해야 한다."[70] 메이헌은 이와 같은 물리적 조건이 해양력을 창출해 내고, 해양력에 힘을 부여하거나 또는 그 나라를 무력하게 만들 수도 있다고 지적한다.[71]

---

65) 당시 네덜란드 연방은 스페인-오스트리아와 강화를 맺는 조건으로 벨기에의 안트베르펜항이 자리잡고 있는 쉘트(Scheldt) 지역의 폐쇄를 요구했다. Mahan, *ISPH*, p.35.
66) Mahan, *ISPH*, p.35.
67) Mahan, *ISPH*, p.36.
68) Mahan, *ISPH*, p.36.
69) Mahan, *ISPH*, pp.36~37.
70) Mahan, *ISPH*, p.40.

3) 영토의 크기

메이헌이 해양력의 세 번째 요소로 든 것은 영토의 크기다. 메이헌은 해양력의 발전에 미치는 영토의 크기를 논할 때는 한 국가의 전체 면적만 얘기할 것이 아니라 해안선의 길이와 항구의 특성들을 고려해야 한다고 밝혔다. 특히 해양력과 관련된 해안선의 길이는 인구의 다과에 따라 해양력의 원천이 될 수도 있고 약점도 될 수 있다는 것을 잊지 않고 지적하였다.[72]

4) 인구 수

메이헌은 지리적 위치, 물리적 환경, 영토의 크기 등 한 국가의 해양력 발전에 영향을 미치는 자연적 조건을 탐구한 뒤에 인구의 규모, 국민성, 정부의 성격 등을 고찰하고 있다. 또한 해양력에 영향을 미치는 인구와 관련해서는 총 인구뿐 아니라 해사산업海事産業에 종사하는 사람number following the sea들의 수 또는 적어도 즉시 승선할 수 있고 해군에 복무할 수 있는 사람들의 수를 고려해야 한다고 주장하였다.[73]

메이헌은 해사산업에 종사하는 사람들의 수가 해양력에 미치는 영향을 고찰하기 위하여 예비전력reserve force, reserve strength이란 개념을 도입하였다. 프랑스는 총인구에서는 영국보다 월등히 많았으나, 해군이나 해운 등 해양력 측면에서는 영국보다 훨씬 약했다. 왜냐하면, 선박을 운용하는 데는 선원들뿐 아니라 선박을 건조하고 수리하는 데 종사하는 사람들과 바다와 관련된 직종에 종사하는 사람들이 많이 필요한데, 영국은 이와 관련된 사람들을 프랑스보다 많이 보유하고 있었기 때문이다.[74] 즉 메이헌은 해사산업에 종사하는 사람들을 일종의 해양력의 예비전력으로서 유사시

---

71) Mahan, *ISPH*, p.40.

72) 이상 Mahan, *ISPH*, pp.42~43.

73) Mahan, *ISPH*, p.45.

74) Mahan, *ISPH*, p.46.

에는 해양력의 핵심인 해군에 투입될 수 있다고 보았던 것이다. 메이헌에 따르면, 해양력의 예비전력에는 ① 조직된 예비전력 organized reserve, 곧 해군, ② 해사산업 종사자들의 수 reserve of seafaring population, ③ 보유하고 있는 기술의 수준 reserve of mechanical skill, ④ 보유하고 있는 국부의 수준 reserve of wealth 등이 포함된다.75)

5) 국민성

메이헌은 해양력에 영향을 미치는 국민성 가운데 무역을 중시하는 경향을 가장 중요한 요소로 들었다.76) 즉 해양력이 평화적이고 대규모적인 무역에 기반을 두고 있다면, 무역에 대한 국민들의 태도야말로 해양에서 영향력을 행사했던 국가들의 가장 두드러진 특징 가운데 하나였다고 본 것이다.77)

메이헌은 이를 입증하기 위해 스페인, 포르투갈, 영국, 네덜란드, 프랑스의 국민성을 비교하였다. 포르투갈인들과 스페인인들은 용감하고 모험심이 강하며 절제할 줄 알고, 열정적이고, 인내심이 강하다는 장점을 보유하고 있어 해양개척을 선도하였지만, 부를 산업이나 무역을 통해서가 아니라 금광에서 나오는 금과 은을 통해 일확천금식으로 얻으려고 했다. 이러한 그들의 국민성은 결국 무역을 건전하게 육성하고 산업을 발전시키는 데는 치명적인 약점이 되었다.78) 이에 반해, 영국인과 네덜란드인들은 성격상 사업가이자 무역업자, 생산업자이자 협상자였다.79) 그들의 타고난 상인 본능 instinct of the born trader은 무역을 할 새로운 물품들을 끊임없이 추구하였

---

75) Mahan, *ISPH*, p.48.
76) Mahan, *ISPH*, p.53.
77) Mahan, *ISPH*, p.50.
78) Mahan, *ISPH*, pp.50-51. 메이헌은 "멕시코와 페루의 금광이 스페인을 파멸시켰던 것처럼, 브라질의 금광이 포르투갈을 파멸시켰다"고 지적하였다. Mahan, *ISPH*, p.51.
79) Mahan, *ISPH*, p.52.

고, 이 과정에서 그들은 또한 생산업자로서도 성공을 거두었다. 따라서 그들이 지배하게 된 해외 식민지는 더욱 비옥해지고, 생산은 증가하고, 본국과 식민지 간의 무역에 필수적인 선박들이 증가해 갔다. 이러한 과정을 통해 그들은 해양력을 발전시켜 갔다.[80] 한편, 프랑스는 훌륭한 국토와 근면한 국민들, 좋은 지리적 위치를 보유하고 있었으나, 해양국가로 성장하지 못했다. 그 이유를 메이헌은 다음과 같이 설명하였다. 국민성으로 한정시켜 살펴본다면, 프랑스인들은 검소하고 절약함으로써 부를 축적하려고 하였는데, 이러한 성향은 개인적인 측면에서는 부를 축적하는 현명한 방법이 될 수도 있으나, 국가 전체 차원에서 본다면 무역과 해운을 발전시키는 데는 장해요인이 되었다.[81]

일반적인 국민성을 비교한 데 이어 메이헌은 각국의 상류층들이 무역에 대해 어떤 태도를 갖고 있었는지 비교·검토하였다. 먼저 유럽의 귀족계급들은 중세 이래로 무역을 경멸하는 태도를 갖고 있었다고 보았다.[82] 스페인 귀족들은 무역을 경멸하고 아울러 부를 축적하기 위해 노동을 하는 것에 대해 거부감을 가졌고, 프랑스의 부유한 상인들과 제조업자들은 프랑스 귀족들이 누리고 있는 명예를 동경하여 그들이 귀족의 명예를 획득한 뒤에는 자신들의 직업을 포기하였다.[83] 그러나 네덜란드와 영국에도 귀족들은 있었지만, 여기에서는 귀족이라는 신분 자체보다 부유함이 사회적인 영향력을 행사하는 기반이 되었다. 따라서 영국과 네덜란드에서는 수입을 많이 올리는 직업이 부 자체에 부여된 명예까지 함께 부여받았다는 것이다.[84]

메이헌은 넓은 의미에서의 국민적 천품national genius도 건전한 식민지를

---

80) Mahan, *ISPH*, pp.51-52.
81) Mahan, *ISPH*, pp.53-54.
82) Mahan, *ISPH*, p.54.
83) Mahan, *ISPH*, p.54.
84) Mahan, *ISPH*, p.55.

육성할 만한 역량을 소유하고 있는 한에서는 해양력의 성장에 영향을 끼친다고 보았다.[85] 메이헌은 이제까지 식민지는 본국의 상품판매지이자 무역과 해운을 위한 온상nursery for commerce and shipping으로 간주되어 왔지만,[86] 모든 식민지가 다 그러한 역할을 했던 것은 아니라고 주장한다. 나아가 식민지화와 그에 부수되는 무역과 해양력은 민족성에 의존한다고 밝히고 있다. 왜냐하면 식민지는 본국의 감시를 받지 않고 자유롭게 성장할 때 최대로 성장할 수 있기 때문이다.[87] 메이헌은 프랑스는 국가 주도로 체계적이고 조직적으로 식민지를 개발하였지만 대식민국가로 성장한 것은 프랑스가 아닌 영국이었다는 사실을 지적하면서 영국이 대식민국가로 발전하게 된 이유를 영국의 민족성에서 찾았다. 즉 첫째, 영국의 식민지 정착민들은 자연적이고 자발적으로 이주한 사람들이었고, 본국에 우호적인 감정을 갖고는 있었지만 결코 본국으로 되돌아가려고 하지 않았으며, 둘째, 영국의 식민지 정착민들은 정착하자마자 식민지를 착취하려 한 것이 아니라 개발하려고 했다.[88] 이에 반해 프랑스의 식민지 정착민들은 식민지에서 돈을 벌어 비옥한 본국으로 되돌아가기를 원하였고, 스페인의 식민지 정착민들은 식민지를 개발하려고 한 것이 아니라 이용하고 착취하려고 하였으며, 네덜란드의 식민지 정착민들은 식민지를 개발하려 하지 않고 상업과 무역상의 이익만 획득하려고 했다는 것이다.[89]

6) 정부의 성격

메이헌이 해양력의 요소 가운데 가장 중요하게 다루고 있는 것은 정부의 성격이다. 메이헌은 첫째, 정부의 특정한 형태와 제도, 둘째, 통치자의

---

85) Mahan, *ISPH*, p.55.
86) Mahan, *ISPH*, p.55.
87) 이상 Mahan, *ISPH*, p.56.
88) Mahan, *ISPH*, p.57.
89) 이상 Mahan, *ISPH*, p.57.

성격이 해양력 발전에 지대한 영향을 끼친다고 보았다.[90] 민주적인 정부라고 하여 그것이 곧 해양력의 발전으로 직결되는 것은 아니며, 오히려 전제적인 정부가 자유로운 정부보다 훨씬 더 신속하게 해양력을 배양시킬 수도 있다고 밝혔다.[91] 그러나 결론적으로 국민정신을 완전히 반영하고, 국민들의 일반적인 성향을 잘 인식하고 있는 정부가 통치할 때 해양력을 최고로 발전시킬 수 있다고 하였다. 그리고 이와 같은 정부는 국민들이 해양력을 배양하는 데 공감대를 형성하고 있을 때만 보증된다고 주장했다.[92] 메이헌은 이를 입증하기 위해 영국, 네덜란드, 프랑스를 비교하고 있다.

영국은 대체적으로 국가정책의 목표를 해양통제력 control of the sea을 장악하는 데 두었다.[93] 영국 정부는 자신들의 지리적 조건을 명확하게 인식하여 해양력을 유지하는 정책을 일관성있게 추진하였는데, 이는 정치적으로 토지소유계급들에게 정치적 힘을 부여해 주었던 영국의 정치제도상의 특징 때문이었다.[94] 영국의 지배계급이라고 할 젠트리 gentry는 세 가지 측면에서 영국의 해양력 발전에 기여하였다. 첫째, 젠트리 계급은 국가적인 영광을 증진시키는 일에 자부심을 갖고 있었으며, 그러한 영광을 유지하기 위해 기꺼이 경제적인 부담을 떠맡으려 했다. 둘째, 젠트리 출신 의원들은 영국의 무역을 보호하고 확장시키는 일을 적극적으로 옹호하였다. 셋째, 영국의 토지귀족들과는 달리 젠트리 계급은 계급감정 class feeling을 강하지 않아 하층계급 출신들이 해군제독 admiral으로 승진하는 것에 대해 거부감을 갖고 있지 않았다.[95] 따라서 영국은 막대한 무역, 기계산업, 광대한 식민지를

---

90) Mahan, *ISPH*, p.58.
91) Mahan, *ISPH*, p.58.
92) 이상 Mahan, *ISPH*, p.58.
93) Mahan, *ISPH*, pp.59, 63. 메이헌은 이에 대한 예로 크롬웰, 찰스 2세, 제임스 2세, 윌리엄 2세, 윌리엄 피트 등의 정책을 들고 있다. Mahan, *ISPH*, pp.59-65 참조.
94) Mahan, *ISPH*, p.66.
95) Mahan, *ISPH*, pp.66-67.

바탕으로 해양력을 육성시킬 수 있었다.96) 그러나 1815년 이후 영국은 정부 권력의 상당 부분이 국민의 손으로 넘어갔기 때문에 평화시에 군사비 지출을 꺼리는 징후를 보이기 시작하고 있다고 덧붙였다.97)

메이헌은 "영국이 바다로 이끌려 들어갔다면, 네덜란드는 바다로 내쫓겼다if England was drawn to the sea, Holland was driven to it"고 보았다. 만약 바다가 없었다면 영국은 쇠약해졌겠지만, 네덜란드는 멸망했을 것이기 때문이다.98) 그러나 네덜란드 연방의 해양력에 대한 지속적인 지원은 영국보다 미흡했다. 네덜란드 국민의 상업정신은 정부 깊숙히 침투해 있었기 때문에 그들의 정체는 상인 귀족정commercial aristocracy이라고 부를 수 있을 정도였는데, 이러한 정부형태는 전쟁에 대비하여 필요한 전비를 부담하는 것에 반대하는 경향이 있다고 메이헌은 설명하고 있다.99) 결국 네덜란드의 빌럼 판 오라녜Willem van Oranje(1650~1702) 공이 이 영국의 윌리엄 3세로 즉위하면서 네덜란드의 해양력은 영국의 해양력에 희생되면서 급속히 쇠퇴하여 갔다.100)

한편, 프랑스는 리슐리외Richelieu (1585~1642) 시대 때 무역과 어업을 장려하고 해군을 건설하는 등 해양력을 육성하였으나, 마자랭Jules Mazarin (1602~1661)이 리슐리외의 정책을 이어받긴 했으나 그의 상무정신은 이어받지 못해 프랑스 해군이 쇠퇴하였다고 메이헌은 보았다.101) 결국 프랑스의

---

96) Mahan, *ISPH*, p.67.

97) Mahan, *ISPH*, p.67.

98) 이상 Mahan, *ISPH*, p.37.

99) Mahan, *ISPH*, p.68. 메이헌은 네덜란드의 함대사령관을 역임한 해군제독 데 비트(Johan de Witt : 1625~1672)의 말을 다음과 같이 인용하고 있다. "네덜란드인들은 위험에 직면하지 않는 한 국방을 위해 돈을 내놓으려 하지 않는다." Mahan, *ISPH*, p.49 재인용.

100) 메이헌은 윌리엄이 영국에서 자신에게 필요한 것은 해양력이라는 사실을 깨닫고 육전에는 네덜란드군을 활용하였고, 전쟁위원회와 영란 연합함대의 지휘관에 네덜란드 제독들을 영국 제독들보다 하위에 위치시켜 네덜란드인들의 바다에 대한 관심을 시들게 만들었다고 설명하고 있다. Mahan, *ISPH*, p.68.

해양력은 콜베르 Colbert (1619~1683)에 의해 육성되게 되었다. 콜베르는 프랑스를 위대하게 만들기 위해 다음 세 가지 정책을 추진하였다. 첫째, 생산을 장려하고, 둘째, 해운을 육성하며, 셋째, 식민지와 시장을 확보하는 것이었다.[102) 메이헌은 콜베르가 추진한 이 세 가지 정책 가운데 두 가지가 해양력과 관련되어 있다고 지적하였다.[103) 그 결과 프랑스의 해군 전력은 콜베르가 재상으로 재직하고 있는 동안에 급성장하였다.[104) 그러나 프랑스의 해양력은 정부의 강력한 후원으로 이룩된 것이었기 때문에 정부의 후원이 사라지게 되었을 때는 급격하게 쇠퇴하였다.[105) 루이 14세가 대륙쪽으로 경도된 정책을 추진하는 바람에 프랑스의 해양력은 약화되고 이에 영국의 해양력에 패배하여 캐나다, 마르티니끄 Martinique, 과들루프 Guadelpoupe, 인도 등을 영국에게 넘겨주고 말았다.[106)

　결론적으로 메이헌은 평화기와 전시로 나누어 정부가 해양력에 어떠한 영향을 미치는가를 검토함으로써 해양력의 요소에 관한 논의를 끝마치고 있다. 메이헌은 먼저 평화시에 정부가 해운활동을 조장하느냐 그렇지 못하느냐에 따라 해양력이 발전할 수도 쇠퇴할 수도 있다고 밝히고 있다. 해군은 평화적인 무역에 의존하기 때문에 정부가 평화시에 해운활동을 장려하고 육성하는 정책을 추진하는 것은 아무리 강조해도 지나치지 않는다는 것이다.[107) 다음으로는 전시를 대비하는 경우인데, 메이헌은 정부는

---

101) Mahan, *ISPH*, p.70.

102) Mahan, *ISPH*, p.71.

103) Mahan, *ISPH*, p.70.

104) 1661년 콜베르가 재상으로 등용될 당시에는 프랑스가 보유한 군함은 30척이었으며, 이 가운데 3척만이 60밀리 이상 되는 포를 장착하고 있었으나, 1666년에는 군함이 70척으로 증가했고 이 가운데 전열함(ship of the line)이 50척, 포함砲艦(fire ship)이 20척이었다. 1671년에는 프랑스 군함이 다시 196척으로 증가하였고, 1683년에는 20밀리포를 장비한 전함만도 107척에 달하였는데, 이 중 12척은 76밀리 포를 장비하고 있었다. Mahan, *ISPH*, p.72 참조.

105) Mahan, *ISPH*, p.72.

106) Mahan, *ISPH*, p.75.

전쟁에 대비하여 일정 규모 이상의 해군을 유지해야 한다고 주장하였다. 그러나 해군의 규모보다 더 중요한 것은 예비전력 reserve power을 신속하게 동원할 수 있는 제도를 갖추는 일이다.[108] 메이헌은 전쟁을 대비하는 데 가장 중요한 것은 해군기지를 확보하는 일이며, 이때 기지로 활용할 수 있는 식민지를 확보해 두는 것은 매우 중요하다고 보았다. 식민지는 해외에서 한 국가의 해양력을 뒷받침해 주는 가장 확실한 수단이기 때문이다.[109]

메이헌은 바다의 일차적이고 중요한 역할을 통상로 great highway[110]로서의 역할이라고 보았다.[111] 그가 바다의 일차적인 기능을 통상로로 보았다면 인간이 바다에서 하는 활동 가운데 가장 중요한 일은 당연히 해운이 될 것이다. 따라서 메이헌은 "모든 나라들은 해운업 shipping business이 자국 선박으로 이루어지기를 바랄 것이며,"[112] "해상무역 sea commerce은 국가의 부와 강대함에 심대한 영향을 미쳤다"[113]고 밝히고 있는 것이다. 이를 좀더 밀고 나가다 보면 해군도 해군 그 자체를 유지하기 위해서 필요한 것이 아니라 "평화적인 해운을 유지하기 위하여" 필요한 것이 된다.[114]

---

107) Mahan, *ISPH*, p.82.

108) Mahan, *ISPH*, p.82.

109) Mahan, *ISPH*, p.83.

110) great highway를 해군본부 번역본과 임인수는 '하나의 거대한 고속도로'로 번역하였다(해군본부, 『해양력이 역사에 미친 영향』, 30쪽 ; 임인수(1995), 95쪽). 그러나 메이헌이 바로 다음 줄에서 '항로'와, '교통로'(line of travel), '무역로'(trade route) 등을 언급하고 있다는 점을 상기하면, great highway는 '통상로'로 번역하는 것이 그리 어긋나지는 않을 것으로 생각한다(Mahan, *ISPH*, p.25).

111) Mahan, *ISPH*, p.25.

112) Mahan, *ISPH*, p.26.

113) Mahan, *ISPH*, p.1.

114) 메이헌은 다음과 같이 밝히고 있다. "아주 제한적인 의미에서 보았을 때, 해군의 필요성은 평화적인 해운을 유지해야 하는 것으로부터 유래하고 … 평화적인 해운이 존재함으로 인해 사라지게 된다."(Mahan, *ISPH*, p.26) 이 밖에 해군은 평화를 유지하기 위해서도 필요하다는 점에 대해서도 메이헌은 첨언하고 있다.(Mahan, *ISPH*, p.27)

따라서 메이헌은 넓은 의미에서 보았을 때, 해양력은 "해양이나 해양의 일부를 무력을 사용하여 지배할 수 있는 해군력 military strength afloat뿐만 아니라, 해군을 무리없이 그리고 건전하게 육성할 수 있게 할 평화적인 무역과 해운peaceful commerce and shipping을 아우르고 있다."고 결론짓고 있다.[115] 결국 메이헌은 해양력을 해운력과 해군력의 총합으로 보았다는 것을 말한다. 메이헌에 따르면, "해군은 해운과 무역에 의존해 있는 것이다."[116]

2. 메이헌의 '해양사' 범주와 정의

앞에서는 메이헌이 해양력을 넓은 의미에서 해군력과 해운력의 총합으로 보았다는 사실을 확인하였다. 그렇다면 해양력의 역사를 서술하겠다고 밝힌[117] 메이헌이 자신의 저서를 해운에 대한 내용은 사장시킨 채 해전과 해군전략 등 해군력에 대한 내용을 중심으로 서술한 이유는 어디에 있을까? 그것은 그가 해양사를 어떻게 보고 있느냐 하는 것과 밀접하게 연관되어 있다. 따라서 여기에서는 메이헌이 해양사를 어떻게 보고 있는지를 검토하고자 한다.

메이헌은 "해양에 대한 이용과 통제는 세계사에서 중요한 요소였고, 당대present까지도 여전히 그러하다."[118]고 하면서, "이제까지 해양과 관련된 일들은 보통 하찮게 취급되어 왔다"[119]고 주장하고 있다. 그 결과, "해양력이라는 것이 당대의 역사에 미친, 따라서 결과적으로 세계사에 미친 해양력의 결정적인 영향력은 간과되어 버리고 말았다."[120] 메이헌에

---

115) Mahan, *ISPH*, p.28.
116) Mahan, *ISPH*, p.28.
117) Mahan, *ISPH*, passim.
118) Mahan, *ISPH*, p.iii.
119) Mahan, *ISPH*, pp.14, 22.
120) Mahan, *ISPH*, p.22.

따르면, "해양력을 역사 전개에 영향을 끼친 유일한 요소라고 주장하는 것이 불합리한 것처럼, 해양력을 역사의 주요 요소에서 빠뜨리는 것 역시 뭔가 부족한 것이 된다."[121] 그리하여 메이헌은 자신이 『역사에 미친 해양력의 영향』을 저술하는 목적을 "유럽과 미국의 일반사와 관련해 해양력이 특별히 역사 전개에 끼친 영향을 탐구하는 것"[122]이라고 밝히면서, "해양력이 역사의 전개와 국가의 번영에 어떠한 영향을 미쳤는가를 탐구한 작품은 아직까지 존재하지 않았다."고 자부하고 있다.[123]

그렇다면 메이헌은 해양사 sea history를 어떻게 보았을까? 메이헌은 "해양사는, 비록 전적으로는 아니지만, 주로는 국가간의 투쟁과 상호 경쟁, 전쟁에서의 극적인 전투에 관해 서술하는 것"이라고 밝히고 있다.[124] 그가 해양력을 넓은 의미에서 해운력과 해군력의 총합으로 보았다는 사실을 생각하면 이는 다소 의아하기까지 하다. 메이헌은 해운의 중요성을 지적하면서 "해상무역 sea commerce 이 국가의 부와 강대함에 심대한 영향을 미쳤다는 것은 … 이미 오래 전부터 뚜렷하게 인식되어 왔다."라고 했다.[125] 그럼에도 메이헌이 해양사를 주로 해군사로 본 이유는 어디에 있을까? 메이헌은 다음 두 가지 이유를 들었다. 첫째, 각국은 해상무역의 이익을 놓고 서로 상이한 이해관계를 갖고 있었고, 해상무역과 상업지역을 차지하기 위해 경쟁하였으며, 이러한 경쟁은 흔히 전쟁으로 비화되었다. 둘째, 해상무역 이외의 다른 원인에 의해 발발한 전쟁들은 해양통제권을 장악하느냐의 여부에 따라 전황戰況이 결정되곤 하였다.[126] 따라서 메이헌은 해양력을 해운력과 해군력의 합으로 보면서도 해운을 장악하기 위한 각국간의 경쟁과

---

121) Mahan, *ISPH*, p.22.
122) Mahan, *ISPH*, p.iii.
123) Mahan, *ISPH*, p.v.
124) Mahan, *ISPH*, p.1.
125) Mahan, *ISPH*, p.1.
126) 이상 Mahan, *ISPH*, p.1.

투쟁이 흔히 전쟁으로 비화되었기 때문에 해양사를 주로 해군사로 보게 되었던 것이다.

메이헌은 식민지 개척사에도 관심을 기울였다. 메이헌에 따르면, 식민지 개척사는 "세계사의 상당히 많은 부분a very great part of the history of the world을 차지하고 있으며, 특히 해양사sea history의 많은 부분을 구성하고 있다."[127] 메이헌은 식민지의 의의에 대해 다음과 같이 설명하고 있다.

> 모든 식민지들이 … 자연적으로 태어나고 성장한 것은 아니었다. 많은 식민지들은 보다 공식적이고, 순전히 정치적인more formal and purely political 목적에서 설립되었으며, 개인들에 의해서보다는 국가의 법령에 의해서 설립되었다. … 무역기지trading-station들은 설립 목적과 그 본질 면에서 정교하게 조직되었고 특허를 받은 식민지와 같았다. 자국 상품을 판매하기 위한 새로운 분출구를 찾고 있던 본국은 낯선 땅에서 견고한 발판, 자국 해운을 위한 새로운 영역, 자국민들을 위한 더 많은 일자리와 더 많은 부를 식민지와 무역기지에서 얻게 되었던 것이다.[128]

그러나 메이헌은 식민지와 무역기지가 단순히 무역만을 위한 것은 아니었다는 점을 지적하고 있다. 메이헌에 따르면, 식민지와 무역기지는 상업적인 성격과 군사적인 성격을 동시에 지녔다.[129] 왜냐하면 식민활동이 본격적으로 추진되던 당시의 바다에서는 약탈이 횡행하였고, 해양국가 사이에 평화가 정착된 기간도 매우 적었기 때문이다. 따라서 희망봉, 세인트 헬레나St. Helena, 모리셔스Mauritius 등의 기지들은 무역을 위해서만이 아니라 방어와 전쟁을 위해서도 필요하였으며, 각국은 주로 전략적인 목적에서 지브롤터

---

127) Mahan, *ISPH*, p.27.
128) Mahan, *ISPH*, p.27.
129) Mahan, *ISPH*, p.28.

Gibraltar, 말타Malta, 미 북동해안의 세인트 로렌스St. Lawrence 만 입구의 루이스버그Louisburg 등의 요새들을 점유하려고 했던 것이다.130) 그리하여 메이헌은 바다에 면한 국가들이 "교역할 상품을 생산하고, 생산된 물품을 운송할 해운을 육성하며, 해운활동을 촉진하고 확대하며, 다수의 안전한 무역거점을 확보함으로써 해운을 보호하는 역할을 하는 식민지와 관련된 정책을 어떻게 펼치느냐는 것이 그들의 역사에서 중요한 역할을 했다."131) 고 지적하고 있다. 이는 메이헌이 해양사에서 해운사를 전혀 도외시하지는 않았다는 사실을 반증한다고 하겠다.

이상에서 살펴본 바와 같이, 메이헌은 해양사를 넓은 의미에서는 "바다에 의해 어느 한 민족을 위대하게 만드는 모든 것에 대해 서술하는 역사"로 보았으나, 좁은 의미에서는 "주로 해군사naval military history"라고 정의하였다.132) 따라서 그는 해군사를 중심으로 『역사에 미친 해양력의 영향』을 서술하게 되었던 것이다.

III. 메이헌의 해양사 연구의 의의와 한계

1. 의의

위에서는 메이헌이 해양사를 넓은 의미로는 해운사, 식민지개척사, 해군사를 포괄하는 것으로 보았고, 좁은 의미에서는 주로 해군사로 보았음을 확인하였다. 단, 해양사를 주로 해군사로 보았다고 해서 전적으로 해군사만

---

130) Mahan, *ISPH*, p.28.
131) Mahan, *ISPH*, p.28.
132) Mahan, *ISPH*, p.1.

취급한 것은 아니다. 메이헌은 "해양사 sea history는 일반적으로 제 국가의 흥망성쇠의 한 요소에 불과하다"[133]는 사실을 잘 인식하고 있었다. 따라서 메이헌은 "만약 해양사와 밀접한 관계를 맺고 있는 그 밖의 요소들에 유념하지 않는다면, 해양사의 중요성을 과장하거나 왜곡하는 오류를 범할 수 있다."[134]고 경고했던 것이다. 그리하여 메이헌은 "지금까지의 역사서들은 해양 문제 maritime matters를 단순히 부수적인 것으로, 또한 일반적으로 냉담한 것으로 다루고 있기 때문에 자신은 해양과 관련된 이해관계들 maritime interests 을 전면에 부각시키겠지만, 그렇다고 해서 일반사에서의 원인과 결과로부터 분리시키지는 않을 것"이라고 밝혔다.[135] 이로부터 그가 해양사를 탐구하는 목적이 '일반사와 해양사의 상호관계를 밝히는 것'이었다는 사실을 알 수 있다.[136]

그렇다면 메이헌은 자신이 해군사를 서술하는 의의를 어떻게 생각하고 있었을까? 그는 자신이 해군사를 연구하는 것은 전쟁 지도자들이 미래에 있을 전쟁에 대비하고 전쟁을 능숙하게 수행하는 데 필수적이기 때문이라고 밝히고 있다.[137] 메이헌이 보기에 군사작전이 성공하려면 하나의 기준 standard, 즉 전략strategy이 가장 중요한데,[138] 전략이라는 것은 역사 속에서 그 풍부한 예들을 찾을 수 있다는 것이다.[139] 메이헌은 이에 대해 다음과 같이 말하고 있다.

해전 maritime contest과 군사작전 안에 역사의 항구적인 교훈이 있다. 왜냐

133) Mahan, *ISPH*, p.90.
134) Mahan, *ISPH*, p.90.
135) Mahan, *ISPH*, p.vi.
136) Mahan, *ISPH*, p.iii.
137) Mahan, *ISPH*, p.1.
138) Mahan, *ISPH*, p.7.
139) 메이헌은 다음과 같이 말하고 있다. "역사가 전략적인 연구의 소재를 제공해 주고 있고, 전쟁 원칙을 예증해 주고 있다."(Mahan, *ISPH*, p.13)

하면 다른 조건은 예나 지금이나 동일한 상태로 남아 있기 때문이다. 전쟁의 무대는 클 수도 있고 작을 수도 있으며, … 대적하고 있는 군대들이 (과거에 비해) 다소 커졌을 수도 있고, 필요한 기동작전이 (과거에 비해) 다소 용이해졌을 수도 있지만, 이러한 것들은 종류상의 차이가 아니라, 규모와 정도의 차이일 뿐이다.[140]

따라서 메이헌은 해군전략을 수립하기 위해서는 역사 탐구가 중요하다고 강조하고 있다. 왜냐하면, "역사의 사례들은 다른 상황들이 상대적으로 영속적이기 때문에, 원칙의 실례로서뿐만 아니라 전례로서도 유용"하기 때문이다.[141] 메이헌은 "해군전략은 전시뿐만 아니라 평화시에도 한 나라의 해양력을 구축하고, 지원하고, 증가시키는 데 목적이 있다"[142]고 전제하면서, "해양력에 대한 연구는 자유로운 국가의 모든 시민들을 위해서도 중요하지만, 외국이나 군사 관련 업무를 책임지고 있는 사람들에게 특히 중요하다"[143]고 밝히고 있다. 결국 메이헌이 해양사를 연구한 목적은 역사 속에서 해군전략의 모델을 추출해 내기 위해서였다고 할 수 있다.[144] 이는 그가 『역사에 미친 해양력의 영향』을 저술하게 된 궁극적인 목적과 밀접하게 연관되어 있다. 스스로도 자신이 『역사에 미친 해양력의 영향』을 저술하게 된 동기에 대해, 해양력이 역사에 막대한 영향을 미쳤다는 사실을 독자들에게 알림으로써 미국의 해군 당국과 연방정부에게 강력한 해군을 건설할 필요성과 당위성을 인식시키기 위한 것이었다고 밝혔다.[145] 결국 『역사에 미친 해양력의 영향』의 저술은 미국이 해외로 팽창하기 위해서는 강력한

---

140) Mahan, ISPH, p.7.
141) Mahan, ISPH, p.9.
142) Mahan, ISPH, p.23.
143) Mahan, ISPH, p.23.
144) Mahan, ISPH, pp.2, 7, 89.
145) Mahan, ISPH, pp.87-88 ; ISPFR, p.iv.

해양력, 곧 대양해군을 건설해야 한다는 것을 논증하기 위한 것이었다고 할 수 있다.

그러면, 메이헌이 해양사를 연구한 의의를 어떻게 평가할 수 있을까? 우선 그가 이제껏 간과되거나 무시되어 왔던 해양의 중요성을 사람들에게 인식maritime awareness시켜 주었다는 점을 첫 번째로 꼽을 수 있겠다. 루크 카이버스가 적절히 지적한 바와 같이, 해양력의 중요성을 강조한 사람이 메이헌이 처음은 아니었으나, 해양력을 처음으로 대중화했다는 점에서 그가 이룩한 업적을 결코 과소평가해서는 안 될 것이다.146) 두 번째로는 그가 해양력을 세계정치의 주요 의제로 올려놓았다는 점이다.147) 이를 다른 관점에서 보면 그가 건함경쟁을 촉발시킨 한 요인으로 작용하였다는 점에서 역사전개에 부정적으로 작용하였다고도 볼 수 있지만, 그것은 어디까지나 결과론이다. 어쨌든 메이헌 자신도 적절히 지적한 바와 같이, 해양력은 근대 이후 국제정치 무대에서 강대국의 세력관계를 규정하는 가장 중요한 요소 가운데 하나였다는 것은 이제 더 이상 부정할 수 없는 역사적 사실이 되었다.148) 세 번째로는 그가 해양력을 결코 독립적인 요소로 보지 않고 일반사와 상호관련 지으면서 파악하려 했다는 점이다. 흔히 한 분야사에 관심을 갖고 연구하다 보면 자기 분야에 매몰되어 보통 여타 분야에는 무관심하거나 경시하게 되는데, 메이헌은 해양력의 역사, 구체적으로는 해군사를 심도있게 분석하면서도 일반사와의 관련성을 늘 염두해 두었다. 이 점을 감안한다면 메이헌은 탁월한 역사감각을 지니고 있었다고 평가할 수 있겠다.149)

---

146) Cuyvers(1999), 12쪽.
147) Modelski & Thompson(1988), p.8.
148) 함대를 먼저 출동시키고 외교적 협상을 벌이는 이른바 '포함외교'(gunboat diplomacy)가 그 대표적인 예다. 루크 카이버스는 걸프전을 예로 들었다.
149) Livezey는 메이헌을 종래의 정치사, 제도사 중심의 역사에서 탈피하고 경제의 중요성을 강조하여 새로운 학파를 창시했다며 높이 평가하였다. William E.

2. 한계

이상에서 살펴본 바와 같이, 메이헌은 해군전략 연구와 역사연구, 나아가 역사 전개에 큰 영향을 끼쳤다.[150] 그럼에도 불구하고 그는 또한 한계성도 안고 있었던 것이 사실이다.

우선 첫 번째로 그가 해양력을 대단히 좁은 의미로 사용하고 있다는 점이다. 해양력을 넓은 의미에서 해운력과 해군력의 총합으로 보기는 했지만, 그는 여전히 제해권을 중심으로 한 해군력을 해양력의 가장 핵심적인 요소로 보았다. 루크 카이버스의 지적처럼, 메이헌은 해양 그 자체나 해양자원marine resources의 중요성에 대해서는 도외시했던 것이다.[151]

두 번째는 그가 팽창주의 내지는 제국주의 이론의 선도자 역할을 했다는 점이다. 메이헌은 해군력의 확장을 통해 미국이 해외로 적극적으로 팽창해 나가야 한다고 주장했다.[152] 이는 소콜Anthony Sokol이 적절히 지적한 바와 같이, 그가 "제국주의적 팽창, 특히 세계의 저개발지역을 획득함으로써 영토를 확대시키는 것이 국가의 위대성과 국민복지를 위한 전제조건이 된다고 하는 서구적 사고방식이 지배하는 시대에 살고 있었기 때문이다."[153]

Livezey(1947), *Mahan on Sea Power*, Univ. of Oklahoma Press, p.35 ; 김세웅(1982), 69쪽 재인용.

150) 이윤희는 다음과 같이 말하고 있다. "메이헌의 해군전략사상은 1950년대까지 약 50년간 세계열강의 국가정책을 좌우했고, 그들의 해군정책과 전략에 결정적인 지침을 주었다. … 세계 열강은 1차대전을 전후로 하여 전함을 주력함으로 하는 전투함대를 경쟁적으로 건조하였다. 영국은 대함대(grand fleet), 독일은 대양함대(high sea fleet), 일본은 연합함대(combined fleet), 미국은 백색함대(white fleet) 등을 만들었다. 이러한 전함경쟁시대는 2차대전 중반기까지 계속되었는데, 이는 실로 메이헌의 전략이론이 낳은 산물이라 해도 과언이 아니다."(이윤희·김득주 역(1974), 「역자의 말」, 『해군전략론』, 5쪽)

151) Cuyvers(1999), 14쪽.

152) Mahan, *ISPH*, passim.

153) Anthony Sokol(1961), *Sea Power in the Nuclear Age*, Washington, D.C.: Public Affairs Press ; 이윤희·김득주 역(1974), 「역자의 말」, 7쪽 재인용.

실제로 메이헌은 다음과 같이 말하였다.

> 미국은 원하건 원하지 않건 당장 해외로 시야를 돌려야 한다. … 미국의
> 공업생산력이 팽창을 요구하고 있으며, 증가일로에 있는 여론이 팽창을
> 원하고 있으며, 또한 오래된 두 문명세계 가운데 놓여 있고, 두 개의
> 거대한 대양 사이에 자리잡고 있는 미국의 지리적 위치가 팽창을 희구하
> 고 있다. 미국은 대서양과 태평양을 새롭게 연결시킴으로써 곧 강력해질
> 것이다. …154)
>
> 어떤 견지에서 보았을 때, 우리 미합중국은 오직 방어를 위해서만 해군을
> 유지해 왔다. … 그러나 만일 우리 해군이 보호해야 할 이익들이 해외에
> 많이 있다면 해군은 당연히 연안을 방어하는 것보다 더 많은 일을 수행해
> 야 한다. 그리고 도덕적인 견지에서 보았을 때 전쟁이 아무리 방어를
> 위해 수행된다 하더라도 전쟁에서 승리하고자 한다면, 공격적으로 수행
> 해야 한다는 사실은 일반적으로 널리 인정된 군사원칙이다.155)

그가 팽창주의자 내지는 제국주의자로 비판을 받는 것은 바로 이러한
이유 때문이다.156)

세 번째로 지적할 수 있는 것은 그가 지나간 과거의 역사 속에서 해군전략
의 선례를 찾으려고 했기 때문에 불가피하게 범선시대에 초점을 맞출
수밖에 없었다는 점이다.157) 메이헌은 자신이 범선시대에 관심을 집중하게
된 이유를 "증기선 해군이 아직 … 어떠한 교훈을 줄 만한 역사도 만들어

---

154) A. Mahan(1970), *The Interest of American in Sea Power* ; *Present and Future*, Kennikat
　　 Press, pp.21-22 ; 김세웅(1982), 12쪽 재인용.
155) Mahan(1970), *Interest of American*, pp.156-157 ; 김세웅(1982), 22쪽 재인용.
156) 메이헌이 팽창주의를 주장하게 된 배경에 대해서는 김세웅(1982), 11~14쪽
　　 참조.
157) Sokol(1961) ; 이윤희·김득주 역(1974), 「역자의 말」, 7쪽 재인용.

내지 못했기 때문"이라고 밝힌 바 있다.[158] 그 결과 그의 이론을 핵시대인 오늘에 적용하려면 상당 부분 수정이 되어야만 한다.

이상에서 지적한 한계성은 상당 부분 메이헌이 살았던 시대적 상황과 무관하지 않다. 메이헌은 중상주의적인 사고방식이 지배적이던 17세기 중반부터 19세기 초기까지의 역사를 중점적으로 연구하였다. 특히 그가 살았던 19세기 말에는 전 세계가 제국주의적인 팽창의 기운에 휩싸였고, 미국은 남북전쟁을 치른 뒤 사회적인 안정을 이룩하면서 해외로 팽창하려는 움직임이 가시화되기 시작하였다.[159] 따라서 메이헌은 자신의 해양력 이론을 국가의 부의 요소로서 국가의 대규모 해운력과 식민지 통상의 가치를 강조하는 중상주의 경제이론에 근거를 두게 되었던 것이다.[160]

이제까지 메이헌은 해양사를 체계적으로 정리한 최초의 사람[161]이라는 견해에서부터 대해군주의 Navalism를 바탕으로 국가의 팽창을 주창한 이른바 메이헌 주의 Mahanism [162]의 창시자이자, 제국주의를 정당화한 제국주의 자[163]임과 동시에 역사를 서술하고 해석하는 데 그치지 않고 역사를 창조한 사람[164]이라는 등 실로 다양한 평가를 받아 왔다. 그러나 그를 해군확장경쟁을 촉발시킨 인류평화의 공적 共敵이라고 일방적으로 혹평하는 것도 정당한 평가가 아니듯, 그의 이론을 지나치게 강조하는 것 또한 정당한 평가는 아니다. 왜냐하면, 메이헌 이론의 근저에는 식민주의와 제국주의가 자리잡

---

158) Mahan, *ISPH*, p.2.

159) 이에 대해서는 William Appleman Williams, 박인숙 역(1995), 『미국외교의 비극』, 늘함께, 26~37쪽 참조.

160) 이윤희·김득주 역(1974), 「역자의 말」, 13쪽.

161) Gooch(1965), *History and Historians in the 19th Century*, p.395..

162) *The New World Comprehensive English-Korean Dictionary*(1973), 시사영어사, p.1376.

163) Samuel Johnson(1968), *An Interpretation of American History*, Baron's Educational Series, Inc., p.3 ; 김세응(1982), 68쪽 재인용.

164) Gooch(1965), p.396.

고 있었기 때문이다.[165]

---

165) 이윤희·김득주 역(1974), 「역자의 말」, 13쪽.

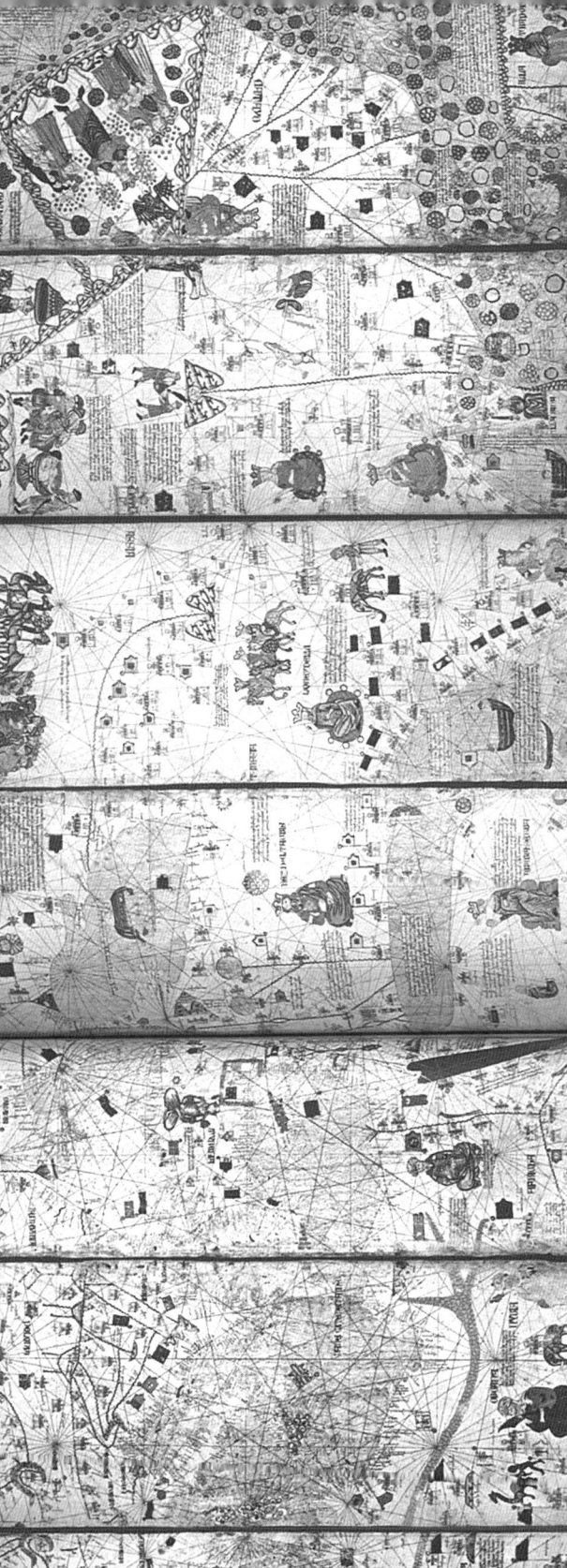

제1부

배와 항해

제1장

배의 크기 단위에 대한 역사지리학적 고찰

　해사 관련 학계나 업계에 종사하는 사람들이 가장 빈번하게 사용하는 용어는 단연 '톤ton'일 것이다. 톤은 무게를 나타내는 단위이자, 배의 크기를 나타내는 단위로서 해사산업계에서 가장 널리 쓰이는 용어다. 무게의 단위로서 톤은 세 가지 용례로 사용된다. 2000 lbs를 1 ton으로 환산하는 short ton(미국)과, 2240 lbs를 1 ton으로 환산하는 long ton(영국), 그리고 1000 kg을 1 ton으로 환산하는 metric ton이 그것이다.

　그러나 해운·조선업계에서 톤이란 용어는 무게 단위로서보다는 배의 크기를 나타내는 단위로 더 자주 사용된다. 배의 크기를 나타내는 톤수에는 부피를 기준으로 한 국제총톤수·총톤수·순톤수·갑판하톤수·운하톤수 따위가 있고, 무게를 기준으로 한 톤수에는 배수량·재화중량톤수 따위가 있다. 여기에다가 근대 해운·조선업의 발상지라고 할 수 있는 영국에서 이용된 바 있는 측정 톤수measured tonnage와 등록 톤수registered tonnage까지 더한다면 전문가들조차 그 용례에 혼란을 느낄 정도다.

　이처럼 시기와 장소, 그리고 용례에 따라 톤은 다양한 용법으로 사용되어 왔다. 따라서 경제사를 전공하는 학자들조차 톤의 용법을 제대로 구분하지 못하는 것은 어쩌면 당연할지도 모른다. 영국 해운경제사에서도 사료에 나타난 배의 측정 톤수나 등록 톤수를 오늘날의 톤수로 환산하려는 시도가 꾸준히 이어졌다.[1] 영국의 산업화 과정에서 가장 많은 자본이 투자된 산업 중의 하나가 해운업이었다. 이를테면 18세기 말 영국 면 공장의 평균 고정자본은 3000~5000파운드였고, 1799년 올드노우Oldknow나 카우프 앤코Cowpe & Co. 같은 대형 섬유회사들이 약 1만 파운드 정도의 자본금을 보유하였던 것에 비해,[2] 마이클 헨리 앤 선Michael Henley & Son이라는 선주는 1800년에 약 2만 7000파운드의 고정자본(배)을 소유하고 있었다.[3] 따라서 여러 연구자들은 사료에 남아 있는 선박량의 가치를 재평가함으로써 해운업에 투자된 자본량이 어느 정도였는지를 구하여 해운업이 산업혁명, 나아가 산업화에 기여한 바를 밝혀내려고 시도하였다. 하지만 결과는 그리 만족스럽지 못했다. 현재 사료에 남아 있는 영국의 등록 톤수를 오늘날의 단위로 환산한다는 것이 실질적으로 거의 불가능했기 때문이다.

이 글에서는 역사적으로 각 지역에서 배의 크기를 어떻게 나타냈는지와 오늘날 배의 크기를 나타내는 고유명사인 톤의 역사적 유래에 대해 살펴볼 것이다. 이는 배의 크기 단위인 톤의 용례에 대한 이해를 높이는 데 기여할 것이다.

1) Craig(1971), "Capital Formation in Shipping"; Feinstein(1967), "Capital Formation in Great Britain"; Ville(1987), *English Shipowning*.
2) Chapman(1967), *Early Factory Masters*, p.126; Chapman(1970), "Fixed Capital Formation", p.239.
3) Ville(1987), *English Shipowning*, p.28.

I. 서양에서의 배의 크기 단위

1. 고대 그리스와 로마

역사상 처음으로 배를 이용하여 해상무역을 장악한 민족은 페니키아인 Phoenician이었다. 구약시대의 선지자인 에제키엘도 지중해의 여러 민족들이 페니키아인들로부터 물자를 공급받았다고 언급하고 있고,[4] 기원전 600년 즈음에는 일단의 페니키아인들이 홍해에서 출발하여 아프리카를 돌아 지중해를 거쳐 3년 만에 이집트로 되돌아왔다[5]는 얘기가 전해질 정도로 이들의 해상 활동은 왕성하였다. 하지만 이들에 관한 사료라고는 도자기와 부조에 조각된 몇 개의 배 그림뿐이다. 페니키아인들의 경제생활에서 배는 떼려야 뗄 수 없는 생존수단이었음이 확실하지만 이들이 배의 크기를 어떻게 나타냈는지는 전혀 알 길이 없다.

서양에서 배의 크기를 일정한 단어로 표현한 민족은 그리스인이 처음이었다. 호메로스는 『오딧세이Odyssey』에서 그리스의 전형적인 범선으로 노잡이가 30명인 배와 50명인 배를 자주 언급하였는데Homeros(passim), 이를 그리스 사가들은 트리아콘테레스triaconteres와 펜테콘토로스pentekontoros라고 부르고 있다. 트리아콘테레스가 1단 갤리선이었다면 길이가 23m 정도, 펜테콘토로스가 1단 갤리선이었다면 34~38m, 2단 갤리선이었다면 대략 20~24m 정도였을 것으로 추정되고 있다.[6] 트리아콘테레스와 펜테콘토로스는 장비한 노의 수를 기준으로 배의 크기를 나타낸 것이다.

그리스·로마인들은 배에 실을 수 있는 화물의 양을 기준으로 하여 배의

---

4) 구약성서: 에제키엘서, 27 : 12-25.

5) Herodotos(1987), 『역사』, 392쪽.

6) Casson(2001), 『고대의 배와 항해이야기』, 92쪽 ; 김재근(1980), 『배의 역사』, 53쪽.

크기를 나타내기도 했다. 카슨Casson에 따르면, 기원전 5세기 무렵 지중해를 왕래하는 화물선을 가리키는 용어가 '만 개를 실어 나르는 배'였다. 카슨은 "만 개라는 숫자가 배에 실을 수 있는 항아리amphora의 숫자를 뜻하는지 곡물 부대의 숫자를 뜻하는지는 불분명하다."고 밝히면서도, 이 배의 적재량이 대략 400톤 가량 되는 것으로 추정하였다.[7] 그러나 레인Lane은 "고대 지중해에서 가장 중요한 화물 가운데 하나가 포도주였기 때문에 포도주를 담을 수 있는 용기인 항아리의 수로 배의 크기를 나타냈다."고 명확하게 밝히고 있다. 실제로 로마의 철학자 키케로Cicero도 '항아리 2000개인 배2000 jar ship'에 대해 언급한 바 있다. 하지만 현재까지 발굴된 자료로 보건대, 고대 지중해역에서 이용된 항아리의 크기는 일정하지 않았다. 예컨대 19~20 litre 짜리가 있는가 하면, 26 litre 짜리도 있었다. 게다가 항아리의 자체 무게만 해도 26 litre 짜리의 경우 17~18kg이나 나가는 것으로 추산되고 있다.[8]

2. 북유럽의 last

포도주 운송 무역에서 톤이라는 용어가 유래되었다는 것은 널리 알려진 사실이다. 톤의 역사적 유래와 변천에 대해서는 뒤에서 상세히 다룰 것이므로 여기에서는 북유럽에서 사용된 배의 크기 단위에 대해 살펴보기로 한다. 유럽에서 포도주 외에 널리 해상으로 운송된 화물은 곡물이었다. 곡물의 양으로 배의 크기를 나타낸 것은 주로 북유럽이었다. 한자동맹 도시에서는 곡물 단위인 라스트last가 널리 이용되었다. 처음에는 '네 마리 말이 끄는 마차나 두 마리 말이 끄는 마차 두 대에 실어 운송할 수 있는 무게'였던 라스트는 각 항구마다 용법이 다양했다.[9] 이를테면 한자동맹

---

7) Casson(2001), 206쪽.

8) Lane(1964), "Tonnage, Medieval and Modern", p.218.

관할 하의 단치히 Dantzig(현 폴란드의 Gdynia, 러시아명 Gdansk)에서는 last of rye(3.105m³, 2257kg)가 배의 크기를 나타내는 데 이용되었고, 17세기 함부르크에서는 grain last(3.159 m³, 111.5 ft³)가 일반적으로 이용되었지만, 배의 크기를 나타내기 위해 Schiffslast(2000 Hamburgpounds, 1935 kg, 4266.9 Eng. lbs)라는 특별한 단위가 사용되기도 했다.[10] Lubeck last는 12세기에 약 4480 또는 4800 lbs였다. 중세 한자동맹 도시들이 배의 크기를 라스트로로 표시하였다는 것은 여러 법률을 통해 확인할 수 있다. 1358년에 공표된 한자동맹의 법에 따르면, 도르트레흐트 Dordrecht 근처의 뫼즈 강 Meuse(네덜란드명 Maas)까지 올라가는 해항선에 세금을 부과하는 기준을 60 herring last 이상과 그 이하로 나누었다.[11] 그리고 한자동맹 참사회 Council of League가 1412년 배에 과적하는 것을 방지하기 위해 공포한 법에는 "청어 100 last(1400 barrel) 이상을 실을 수 있거나, 만재흘수가 6 Lubeck ells[12]를 초과하는 배를 지을 수 없으며, 건조감독관은 배를 진수하기 전에 배가 법규에 맞게 건조되었다는 사실을 증명하기 위해 도시의 문장紋章을 배에 새겨야 한다."고 규정하고 있었다.[13]

네덜란드도 여러 가지 화물의 양을 기준으로 배의 크기를 나타냈다. 암스테르담에서는 단치히 곡물 단위인 Kornlast를 사용하여 곡물량을 나타냈지만, 배의 크기는 Schiffslasten(2000 Amsterdam pounds, 1976 kg, 4356.3 lbs)을 사용하였다. 그런데 단치히의 Kornlast는 부피 단위였던 데 반해, 암스테르담의 Schiffslasten은 배가 실어 나를 수 있는 무게를 나타냈다. 대체로 말하면 한자동맹과 네덜란드의 Schiffslast는 약 4480 lbs(2032 kg)와 같고, Kornlast는 17세기에 부피의 단위로 약 112 ft³(3.2m³)로 고정되

---

9) A. van Driel(1925), *Tonnage Measurement : Historical and Critical Essay*, p.22.
10) Lane(1964), p.224.
11) Driel(1925), p.23.
12) 1 ell=약 45 inch, 6 ells=270 inch=6.85 m.
13) Fayle(2004), 『서양해운사』, 122쪽.

었다.[14) 네덜란드에서도 배의 크기에 따라 세금을 징수하였다. 이를테면 1507년 암스테르담과 그 인근 지역에서 시행되었던 lastage 징수에 관한 법에 따르면, 노르웨이에서 오는 배는 배의 lastage에 따라 세금이 징수되었던 반면, 그 외의 배는 운송되는 화물에 따라 징수되었다. 세금은 70 lasts 이하의 배는 10 Dutch shilling, 70 lasts 이상은 15 shilling이었다.[15)

네덜란드에서는 라스트[last] 외에 'var'란 단위가 사용되기도 했는데, 이는 네덜란드어 voer에서 유래한 것으로, cart load(마차에 실은 짐)라는 의미였다. var는 이미 1188년 뤼벡에 부여된 황제의 특허장[Imperial Charter]에서도 사용된 바 있다. 그 밖에 vas나 vat라는 단위도 사용되었다. 이 단위는 프랑스의 포도주 운송과 관련되어 있었는데, 암스테르담 vat는 931.34 litres(4232 gallon)를 담을 수 있었다. 16세기에는 Brouage(또는 Brouages)나 Zent라는 단위도 사용되었는데, 이는 프랑스 서해안의 소금을 운송하는 것과 관련되어 있었다. 브르아쥬[Brouage]는 프랑스 로셰르[Rochert] 부근의 항구로 중세 때 소금 수출로 유명했는데, 1 brouage는 약 1/6 ton보다 약간 많았다.[16)

덴마크에서도 라스트를 사용하였다. 덴마크의 헬싱괴르[Helsingør]에서는 해협을 지나는 배와, 그 해안에서 하르부르크[Harburg]의 서쪽 또는 남쪽으로 가는 배들은 통행세를 납부해야 했는데, 통행세 징수 기준은 30 lasts 이하, 30~100 lasts, 100 lasts 이상의 대형선으로 배의 크기를 구분하였다.[17)

---

14) Lane(1964), pp.224-225.
15) Driel(1925), p.25.
16) Driel(1925), pp.16, 22, 30.
17) Driel(1925), p.25.

3. 남유럽의 cantara, milliaria, ster, carra, botte, tonelada

라틴 유럽에서는 배의 크기를 나타내는 데 자체의 고유한 단위를 사용하였다. 제노바에서는 14세기에 중량화물이 중요했으므로 무게 단위인 cantar 또는 cantara가 사용되었는데,[18] 이는 47.6 kg(105 lbs)에 상당한다. 베네치아에서는 13세기에 무게 단위인 milliaria(단수형 milliarium)가 사용되었으나,[19] 14세기가 경과하는 동안 경량화물의 중요성이 더 커졌기 때문에 14세기 말에 승무원·무장·세금·용선과 관련한 법에서는 부피 단위인 botte 또는 botta가 사용되었다. 레인 Lane은 베네치아의 botta를 포도주 통 자체의 무게로 약 8%를 포함하여 무게는 총 640 kg(1411 lbs, 63 long ton), 부피는 약 900 litres(0.9 m³, 31.8 ft³)로 추산하였다.[20]

베네치아에서는 ster(복수형 stera 또는 staia)가 배의 크기를 나타내는 데 자주 이용되었다. 베네치아인들은 밀 1 ster를 132 litres(138.6 Eng. lbs, 62.9 kg)로 계산했는데, 배의 크기를 나타낼 때 1 ster는 botta의 1/10으로 간주되었다. 10 stera는 1 botta와 같은 무게나 같은 부피, 또는 둘 다를 의미할 수 있었다.[21] 라구사 Ragusa와 나폴리에서는 carra 또는 carro가 사용되었다. 이 용어는 스페인에서 기원한 둔중한 선형의 배로 네덜란드인들이 오랫동안 사용한 caraques나 kraack 같은 낱말에 그 흔적이 남아 있다.[22]

---

18) Fayle(2004), 『서양해운사』, p.99.
19) 중세 베네치아 법은 배의 크기에 따라 선원의 수를 명확하게 규정해 놓고 있었다. 200 milliaria 급의 배는 군인과 요리사를 제외하고 선원 20명을 승선시켜야 했고, 200 milliaria 이상의 배들은 10 milliaria마다 선원 한 사람을 추가로 승선시켜야 했다. Fayle(2004), 『서양해운사』, 95~96쪽.
20) Lane(1964), pp.222-223.
21) Lane(1964), p.223.
22) Driel(1925), p.20.

스페인에서도 포도주 통으로 배의 크기를 나타냈는데, 이때 사용된 단위가 tonelada였다. 16세기 초 tonelada는 세비야에서는 1.4m³(49.4 cubic ft.), 비스케이만 연안에서는 1.7m³(60 cubic ft.)였다.[23] 스페인은 배의 크기를 일정한 수치로 나타내려고 시도한 최초의 나라였다. 1590년 공포된 스페인 법률에는 배의 크기를 tonelada 단위로 표시하도록 규정하였는데, 이것이 스페인의 old registered tonnage로 알려진 것이다. 쇼뉘[Pierre Chaunu]는 이 수치가 배에 포도주 통 tonelada 몇 개를 실을 수 있는지를 의미하는 것이 아니라, 선수미루를 제외한 상부갑판을 포함한 배의 전체 폐쇄공간의 적재용량을 나타내는 것이라고 보아 오늘날의 등록 총톤수[gross registered tonnage]와 같은 것이라고 생각했다. 하지만 드리엘[Driel]과 레인은 이를 입증할 증거가 없다고 반박하였다.[24] 위에서 살펴본 여러 지역에서 사용된 배의 크기를 나타내는 단위를 미터법과 비교해 보면 다음 표와 같다.

표 배 단위의 환산

	환산 단위	사용 지역과 시기
1 metric ton burden	1 deadweight	잉글랜드
	1 tonneau de mer	프랑스
	1/2 last	북유럽
	1 tonelada	1520년 세비야
	0.6 registered tonelada	1620년 스페인
	2/3 carro	라구사, 나폴리
	1.6 botte	베네치아
	2 milliaria	베네치아

자료: Lane(1964), "Tonnage, Medieval and Modern", p.229.

---

23) Lane(1964), p.226.
24) Driel(1925), p.21 ; Lane(1964), p.227.

II. 동양의 배 크기 단위

유럽 각국은 대부분 북해에서부터 지중해에 이르기까지 바다에 면해 있었기 때문에 중세 전성기 이후 해상운송이 활발히 전개되었다. 그 결과 각 지역에 따라 해상으로 대량 운송되는 화물이 다양했고, 이는 각 지역마다 배의 크기를 나타내는 고유 용어를 만들어 사용하는 경향을 초래했다. 이에 비해 동양권에서는 해상으로 대량 운송되는 화물이 주로 쌀이었기 때문에 배의 크기 또한 미량 단위로 나타내게 되었다.

중국에서는 고대 이래 선박의 적화량(부피)을 재는 단위로서 료料를 사용하였다. 당대唐代에는 곡斛을 사용하여 쌀의 석石을 계산하였으나, 송대에 료가 사용되기 시작하여 명대까지 이어졌다. 『송사』 식화지食貨誌에는 "호인胡人들은 300 근斤을 1 파란婆蘭이라 한다. 선박에서 가장 큰 것을 독장獨檣이라 하며 1000 파란을 실을 수 있고, 다음 것은 우두牛頭라고 하며 독장보다 1/3을 적게 싣는다. 다음 것은 목박木舶 또는 료하料河라고 하며 우두의 1/3을 싣는다."는 기록이 있다.[25] 이로부터 당송 시대에 가장 큰 배는 30만 근을 실을 수 있었음을 알 수 있다.[26]

료는 단순히 배의 크기를 나타내는 단위로만 사용된 것이 아니었다. 첸지요陳希育의 연구에 따르면, 료는 네 가지 용법으로 사용되었다.[27]

첫째, 용적 단위로서 료는 배의 용골의 길이·너비·화물창의 깊이를 곱하여 구한 수치다. 이를테면 배의 총 길이 10장丈, 용골의 길이 7장, 너비 1.8장, 깊이 0.85장인 배의 적재량은 7×1.8×0.85=10.7장을 척尺으로 환산한 107척을, 1척 = 10료에 대입하여 얻은 수치 1070료가 된다. 따라서 이

---

25) 『二十五史·宋史(上)』, p.588.

26) 白壽彛, 『中國交通史』; 최운봉·강상택 옮김(2000), 「隋唐宋 時代的 交通」, 120쪽.

27) 陳希育(1991), 『中國帆船與海外貿易』, pp.38-45; 崔云峰(2002), 「중국 宋代의 조선기술 및 海船 유형에 관한 연구」, 27~29쪽.

배는 정수만 취한 1000료선料船이 된다.

둘째, 적화중량을 나타내기도 했다. 송대에 사용되었던 적화중량은 (길이 ×너비×깊이) ÷ 4의 식에 따라 구한 값을 석으로 표시하였다. 여기에서 길이·너비·깊이는 모두 척尺 단위로 계산하여야 한다. 이를테면, 용골의 길이 7장, 너비 1.8장, 깊이 0.85장을 척으로 환산하면 각각 70척·18척·8.5척이 되는데, 이를 곱하여 4로 나누면 2667.5가 된다. 이 수치에서 정수를 취하면 2600석이 되어 이 배를 2600료선이라고 했다. 『수운기술사전水運技術辭典』에 따르면, 일반적으로 중국에서는 쌀 100석을 실을 수 있는 배를 백료선百料船, 1000석을 실을 수 있는 배를 천료선千料船이라고 불렀는데, 이는 1료一料가 곧 1석一石이었음을 의미한다. 중국에서 1석은 오늘날 120근에 상당한다.[28]

셋째, 료는 선박 건조시 사용된 조선물료造船物料를 나타내기도 하였다. 관에서 운영하는 조선소에는 전문직인 도료장都料匠 또는 요인장料人匠을 두어 배에 들어가는 물건의 양을 계산하게 했다. 각 조선소에는 『요례문책料例文冊』을 비치해 두고 각 선박을 건조하는 데 물료物料가 얼마나 들어갔는지를 기재하였다. 이를테면 원대의 100료 하선河船은 판목板木 223개, 저판底板 24개, 선장船匠의 작업일 106일이 소요되어 건조되었고, 명대의 1000료 해선海船은 삼목杉木 302개, 잡목雜木 149개, 동유桐油 3012.8근, 석회 9037.8근이 들었다.

관에서 운영하는 조선소에서 건조한 같은 료급料級의 선박도 척수가 같지 않으며 소요된 물료도 동일하지 않았다. 이를테면 200료 과인순선顆印巡船은 전장 5.87장, 선폭 1.2장, 선심船深 0.42장이었지만, 200료 순사선巡沙船은 전장 6.1장, 선폭 1.23장, 선심 0.42장이었다. 그리고 400료 첩풍선鉆風船은 석회 3005근, 동유 1001근, 염마捻麻 929근이 들었지만, 400료 천선淺船은

---

28) 『水運技術辭典』(1980), p.110.

석회 600근, 동유 30근, 염마 200근이 들었다. 그 밖에 조선소에서는 조선에 소요되는 재료의 양을 계산할 때에도 료라는 단위를 사용하였는데, "선박의 전장, 선심, 선폭을 측정하여 계산하였다.丈量通長, 深, 闊丈尺揭算"29)

넷째, 료는 배를 건조할 때 들어간 비용을 나타내기도 했다. 사료에는 민간공료民間工料, 사료私料, 관료官料 따위의 낱말이 나타나는데, 민간공료와 사료는 민간에서 선박을 건조할 때 들어간 비용을 가리켰고, 관료는 관에서 선박을 건조할 때 들어간 비용을 뜻했다. 이를테면 전장이 5장이고, 선폭이 1.2장인 선박을 건조했을 때 든 비용은 사료로 400여 관이 든다. 그러나 관료로 계산하면 그 수치가 작아진다. 왜냐하면 관에서 선박을 건조할 때는 경비가 충분하지 못했을 뿐만 아니라 관에서 규정한 저렴한 가격으로 민간으로부터 재료를 구입하여 건조하였기 때문이다.

민료의 계산방법은 수선장水線長에 갑판의 선폭을 곱한 값이며, 관료는 선저 장에 선저의 선폭을 곱한 값이다.30) 『송회요집고宋會要輯稿』에는 다음과 같은 기록이 있다. "첨저해선 6척을 만들었는데 매척의 갑판 선폭은 3장이고 선저의 선폭은 20척으로서 약 2000료다." 이 수치를 일정한 비례31)에 따라 계산하면 나음과 같은 수치를 구할 수 있다. 즉 갑판 선폭이 3장이고 선저 선폭이 2장인 2000료의 해선은 선장이 10장, 수선장 7장, 선저장이 5장이다. 수선장 7장과 갑판 선폭 3장을 곱하면 21장이고 이를 다시 척으로 환산하면 210척이 된다. '1척은 10료'라는 수식에 의해 정수 200에 10을 곱하면 2000료가 나온다. 이것은 민간료에서 사용한 2000료다. 관료의 계산방법에 의해 선저 장 5장에 선저 선폭 2장을 곱하면 10장이며 척으로 계산하면 100척이 된다. 이것을 다시 료로 계산하면 1000료가 된다. 이것이

---

29) 李昭祥 『龍江船廠志』 卷1.

30) 韓振華(1988), 「論中國船的船料及其計算法則」.

31) 船底長의 1.4배가 水線長이며, 水線長의 1.4배가 船長이고 船長의 1.4배가 全長이다. 甲板 船幅과 船底 船幅의 비는 0.7이다. 韓振華(1988), p.200.

관료다. 두 개의 수치를 비교하면 관료가 민료의 절반이라는 것을 알 수 있다.

원대의 중국 선박은 3개 등급으로 나뉘어져 있었다. 가장 큰 것은 '진극鎭克 (Junk)', 중간 크기는 '조曹(Zao)', 제3급은 '객극모喀克姆(Kakam)'라 했다. 진극에 는 1000명이 승선할 수 있었는데, 크기에 따라 다시 '1반一半(Half)', '3분의 1三之一(Third)', '4분의 1四之一(Quarter)' 따위로 나뉘어 불렸다. 그 밖에 중국에서 는 글자 자체로 배의 크기와 종류를 구분하기도 하였다.[32]

일본도 쌀 적재량을 기준으로 배의 크기를 나타냈다. 일본에서 배의 크기를 석으로 나타내도록 법제화한 것은 나라奈良 시대부터였다. 일본의 경우 도량형이 통일된 것은 1669년이었는데, 이 당시 1석을 6.4827입방척으 로 정하였다. 하지만 나라 시대의 1석은 이것의 40% 정도밖에 안 되었다. 일본에서 배의 크기 단위로 사용되는 석은 적재량을 표시하는 것이 아니라, 적재중량을 나타내는 것이다. 중량단위로서 쌀 1석은 1669년의 도량형 통일령에 따르면 40관(0.15톤)에 상당한다. 따라서 천석적千石積 회선廻船은 쌀 1000석을 실을 수 있다는 것이 아니라 쌀 1000석의 중량, 즉 4만 관(150톤) 을 실을 수 있을 뿐이다.[33]

일본에서도 석수를 일정한 계산식에 따라 측정한 것으로 알려지고 있다. 대략 15세기에 이르기까지는 실제로 쌀을 직접 실어서 계산하였다. 그러다 가 15세기에 이르러 용골의 길이, 선폭, 선심을 곱한 뒤 일정한 정수로 나누어 적석수積石數를 구하는 근사계산법이 고안되었다는 주장이 있다. 이시이 겐지石井謙治는 그 근거로 1467년에 출판된 『무자입명기戊子入明記』에 실제 선적한 화물의 양과는 관계없이 배의 크기를 1000석 또는 1800석으로 나타내는 기록이 많이 남아 있다는 사실을 들고 있다. 이 근사계산법은 에도江戸 시대 중기에 이르면 나눗수가 10으로 고정되기에 이르렀는데,

---

32) 劉熙, 최운봉·허일 역(2002), 『釋舟摘要(註解)』, 145~183쪽.
33) 石井謙治(1988), 『江戸海運と弁才船』, pp.246-247.

이 계산법은 정간척^{正間尺} 또는 대공간척^{大工間尺}으로 불리며 적석수를 계산하는 표준방식으로 널리 보급되었다. 그러다가 1884년(明治 17년) 7월 1일부터 실행된 선박적량측도규칙^{船舶積量測度規則}에 따라 서양형 선박의 적화량은 100입방척을 1톤으로 하고, 일본형 선박은 10입방척을 1석으로 계산하도록 하였다. 이로써 일본의 석과 톤은 10 대 1로 환산할 수 있게 되었다.[34]

우리나라의 경우 이미 "고려 초에 남도수군^{南道水郡}에 12조창을 설치"하여 조운^{漕運}을 도입한 이래 조선시대 말까지 이어졌다. 고려조 이래 우리나라에서도 조운선의 크기를 쌀의 석^石으로 표시하였다. 『고려사』에 따르면, "정종(재위 1034~1046) 때 12조창의 조선 수를 정하였는데, 해안지대에 있는 10조창에는 1000석을 실을 수 있는 초마선^{哨馬船} 6척을 배치하고, 내륙 하안^{河岸}의 조창에는 200석을 실을 수 있는 평저선을 배치하였다."[35] 조선시대에도 조운선의 크기를 쌀 적재량으로 구분하였다. 성종대에 편찬된 『경국대전』에 따르면, 조선의 적재량을 1000석 이상, 700석 이상, 600석 이상으로 구분하였음을 알 수 있다.[36]

우리나라의 석은 곡류의 단위인 섬(10말)을 일컫는 것으로 시기와 지방에 따라 차이가 있지만, 1910년(隆熙 4년) 3월에 공포된 선박적량측도법에서는 10입방척을 1석으로 하고, 10석을 1톤으로 규정하였다.[37]

메소포타미아 지역에서는 배의 크기를 나타내는 단위로 kur(7260 litre)가 사용되었다는 기록이 남아 있고, 인도에서는 후추 포대의 수로 부피를 쟀다고 한다.[38]

34) 石井謙治(1988), pp.247-248, 252.
35) 『高麗史』卷79 食貨誌2, 漕運條.
36) 한국정신문화연구원 편, 『譯註經國大典』, 277쪽.
37) 김종길·박경현(2003), 『선박행정의 변천사』, 369-370쪽.
38) 김종길·박경현(2003), 369쪽.

III. ton의 어원과 변천

흔히 알려져 있는 것처럼, 배의 크기를 정하는 데는 포도주 운송무역이
중요한 영향을 끼쳤다. 포도주 무역은 1273년 런던·포츠머스·사우샘프턴
·샌드위치의 4개 항구로 수입된 포도주가 8846 tuns 이상이었을 정도로
중세 시대에 이미 잉글랜드에서 가장 중요한 무역 가운데 하나였다.[39]
우리가 오늘날 사용하고 있는 톤^{ton}이라는 용어는 바로 이 포도주를 담는
포도주 통에서 유래하였다. ton은 고대 영어 tun에서 기원한 것이다.
옥스퍼드 영어사전에 따르면, 본디 큰 술통^{cask}을 뜻하는 낱말이었는데,
tonne, toun, tonne, tunne, tun, tunn과 같이 다양한 형태로 사용되었다.[40]
그러나 포도주 통 자체^{tun}가 처음부터 배의 크기를 나타내는 단위로 사용된
것은 아니었다. 처음에는 그저 포도주를 담는 용기를 가리키는 데 지나지
않았다.

중세 라틴어에서도 tunna라는 단어가 'barrel'(통)을 뜻하는 낱말로 사용
되었지만, 고전 라틴어에서는 전혀 사용되지 않았다. 네덜란드의 조선^{造船}
전문가인 드리엘^{Driel}에 따르면, "중세 라틴어 tunna는 고전 라틴어에서
'포도주를 실은 배^{wine-ship}'를 뜻하는 'tina'라는 단어가 변형된 것"이다.
중세 영어의 ton은 프랑스어 tonneau와도 그 어원이 같다. 원래 포도주를
가득 채운 목재 나무통^{barrel}을 가리켰던 프랑스어의 tonneau는 "그 크기가
말 두 마리가 끄는 마차 위에 실어 운송할 수 있는 양이었다."[41] 그러나
한 가지 염두에 두어야 할 것은 포도주 생산지로 유명한 보르도 지역이
잉글랜드와 프랑스 간의 백년전쟁(1337~1453)이 종결될 때까지 잉글랜드

---

39) Driel(1925), p.8

40) *OED*, XVIII, p.215.

41) Driel(1925), p.6. 중세 라틴어 tina는 '포도주를 넣는 작은 병'을 뜻한다. *Oxford
Latin Dictionary*, p.1942.

영토였다는 사실이다. 이를 감안하면 중세 영어 tun과 프랑스어 tonneau는 잉글랜드와 대륙의 잉글랜드령인 보르도 지역 간의 포도주 무역에 쓰인 포도주 통을 가리키는 잉글랜드의 두 지방어와 같은 용어였다고 할 수 있다.

12~14세기에 규격이 일정하지 않았던 포도주 통 tun은 점차 규격화되기에 이르렀다. 1423년 잉글랜드의 헨리 5세 때 252 gallon 이하의 tun에 포도주를 싣는 것을 금하는 법이 발효되었는데,[42] 252gallon짜리 tun에 포도주를 가득 채울 경우 대략 2000 lbs(약 900kg) 정도 나가게 된다. 곧이어 잉글랜드에서는 tun의 전체 무게를 2240 lbs(1016 kg)로, 프랑스에서는 2000 livres(979 kg)로 고정되었고, 여기에다가 tun 자체의 무게로 약 8~10%가 추가되었다.[43]

화물은 무게뿐만 아니라 부피에 따라 배에 실을 수 있는 양이 정해지게 된다. 따라서 잉글랜드에서는 화물 1 ton이 운임을 지불하고 차지할 수 있는 부피를 40 ft³로 표준화하였는데, 이를 운임 톤freight ton이라 하였다. 그러나 40 ft³는 2240 lbs짜리 포도주 통이 실제로 차지하는 공간의 2/3 내지 4/5에 불과하다. 이에 대해 프랑스에서 운임 톤으로 이용된 '바다 톤tonneau de mer'은 잉글랜드 피트법으로 51 ft³(1.44 m³)가 되어 포도주 통이 차지하는 실제 부피에 가까웠다.[44]

중세 잉글랜드 해상무역에서는 tontight라는 용어도 사용되었다. 이는 배의 일반적인 화물 적재능력cargo capacity을 나타낼 필요가 있을 때 사용하는 용어로서, 포도주 통wine tun에 상응하는 짐burden이나 적재화물load을 폭넓게 가리키는 낱말로서 'ton weight'와 동의어로 사용되기도 했다. 일반

---

42) Salisbury(1966), "Early Tonnage Measurement in England", p.41.

43) Lane(1964), p.219.

44) 프랑스에서는 1681년에 tonneau de mer의 크기가 42 pieds cubes Fr.(50.8 cubic ft)으로 고정되었다. Lane(1964), pp.220, 225.

적으로 배에 tontight를 사용할 경우, 이 낱말은 무게나, 적재능력 또는 양 어느 것으로 나타내건 간에 배가 어떤 물품을 특정한 수만큼의 포도주 tun을 실어 나를 수 있다는 것을 의미했다. 그리고 운임을 나타낼 경우 tun과 tontight는 동일한 의미로 사용되기도 했다. tontight는 또 이따금 portage란 용어와 동의어로 사용되기도 했다. portage는 배의 전체 운송능력 ship's total carrying capacity을 나타낼 때 관습적으로 사용되던 용어였는데, 이에 상응하는 프랑스어는 tonnetite였다. 국왕이 용선한 상선 목록을 보면, 배는 'of the portage of x ton'과 같이 표현되어 있고, 1427~30년 잉글랜드 의회 청원서에서는 portage와 tontight가 동의어로 사용되고 있음을 확인할 수 있다.[45] 따라서 배의 크기를 (1) of x tons burden, (2) of the portage of x tons, (3) of x tontight와 같이 나타낼 수 있었다. 그러나 ton이 배의 적재능력을 나타내는 단위로 널리 사용되면서 portage와 tontight는 점차 사용되지 않게 되었다.[46]

중세 잉글랜드에서는 해상으로 수입되는 포도주와 기타 물품에 세금을 부과하였다. 먼저 'prisage'라는 것이 있었는데, 이것은 국왕이 공공의 목적을 위해 자신이 정한 가격으로 필요한 물품을 선점하는 것이었다. 홀Hall의 연구에 따르면, 포도주에 대한 prisage는 10 tuns, 또는 10~20 tuns에 대해 1 tun, 20 tuns 이상에 대해서는 2 tuns을 각각 선점하였는데,[47] 왕이 지불하는 가격은 포도주 시장가격의 대략 절반 수준이었던 것으로 보인다. prisage는 처음에는 내외국인을 막론하고 동일하게 적용되었으나, 1303년 외국인이 수입하는 포도주에 대해서는 tun당 2 d.의 수입세를 부과하고 prisage를 적용하지 않게 되었다. prisage 이외에도 포도주와 다른 물품에 부과한

---

45) Burwash(1947), *English Merchant Shipping*, p.92-93.
46) Salisbury(1966), "Early Tonnage Measurement in England", p.42.
47) Hubert Hall(1885), *A History of the Custom-Revenue in England* ; cited by Driel(1925), p.7.

세금으로 tunnage라는 것이 있었다. tunnage는 에드워드 3세(1327~77) 때부터 의회에 의해 고정되기에 이르렀고, 세관원은 배에 실려 있는 포도주 통barrel의 수만 헤아려 10~20 tuns마다 세금을 징수하였다. 10 tuns 이하를 싣고 있는 경우에는 세금을 면제하였다. 따라서 사람들은 곧 tunnage를 내는 배와 내지 않는 배를 구분하기 위해 'vessel of 10 tons' 또는 'vessel of 20 tons'이라는 용법을 사용하기 시작했다. 즉 처음에는 배에 부과하는 일종의 세금이었던 tunnage가 배의 크기를 나타내는 용어로 전환되기에 이르렀던 것이다.[48]

포도주를 담는 용기였던 tun이 배의 크기를 나타내는 용어로 전환되게 된 계기 역시 잉글랜드에서 비롯되었다. 1379년 프랑스 배 한 척이 폭풍우에 떠밀려 스카버러Scarborough로 피항하는 사건이 발생했다. 당시 잉글랜드 국왕이었던 리처드 2세(1377~99)는 이 같은 사태의 재발을 막기 위해 함대를 건조할 목적으로 잉글랜드에서 입출항하는 상선에 대해서는 tun당 6 s.를, 어선에 대해서는 일주일마다 tun당 6 s.의 세금을 징수하도록 명령하였다. 드리엘은 "14세기 말 즈음에 tun이란 용어가 배에 실은 포도주 통이 아니라 배의 크기를 나타내는 용어로 사용되기 시작했음이 분명하다"고 밝히고 있다.[49]

그러나 옥스퍼드 영어사전에 따르면, 문서 기록을 기준으로 할 경우 ton이 배의 크기를 나타내는 단위로 명확하게 사용된 것은 잉글랜드의 경우 대략 1509~30년 즈음이었다. 16~17세기에 tun이라는 표기와 함께 쓰이던 ton은 1688년경 낱말의 뜻이 분화되어 tonne은 포도주 통과 액량 단위liquid measure로, ton은 단위 또는 무게 단위로 정착되었다.[50]

---

48) Driel(1925), pp.7-8.
49) Driel(1925), p.8.
50) OED, p.216.

이상에서 살펴본 바와 같이, 배의 크기는 각 지역과 시대에 따라 해상으로 운송되는 주된 화물이 무엇이냐를 기준으로 나타내는 것이 일반적이었다. 잉글랜드와 프랑스를 중심으로 한 서유럽에서는 포도주가 주요 화물이었으므로 포도주 통을 가리키는 ton이 배의 크기 척도로 사용되었고, 북유럽에서는 곡물 단위인 last가 사용되었으며, 남유럽에서는 지역에 따라 milliaria, carro, cantar, botte, tonelada와 같은 다양한 단위가 이용되었다.

이에 대해 극동에서는 쌀이 가장 중요한 화물이었으므로 쌀의 단위인 석石이 배의 크기를 나타내는 단위로 널리 이용되었다. 특히 중국에서는 료料라는 단위로써 적재량, 중량, 건조비, 조선에 들어간 물자의 양 따위를 나타내기도 하였지만, 특수한 용법으로 사용되는 데 불과했다.

이렇듯 지역과 시대에 따라 다양하게 쓰였던 배의 크기 척도는 1854년 무어섬 George Moorsom 방식에 의한 선박측정법이 잉글랜드에서 법제화되고, 이것이 세계 여러 나라로 전파됨으로써 톤 ton이 배의 크기를 나타내는 단위로 자리 잡기에 이르렀다.[51]

---

51) 미국 1865년, 프랑스·독일·이탈리아 1873년, 스페인 1874년, 네덜란드 1875년, 일본 1884년, 스웨덴과 노르웨이 1893년, 덴마크 1889년 순으로 무어섬 (Moorsom) 방식이 채택되었다. Driel(1925), pp.20, 21, 29, 47, Chap.Ⅵ.

제2장

선박톤수 측정법의 역사적 변천

배의 크기에 관심을 갖고 있는 당사자는 크게 세 부류로 나누어 생각해 볼 수 있다. 첫째는 배를 소유하고 운항하는 선주다. 선주는 운임 수입과 세금 납부의 두 가지 면을 동시에 고려해야 했기 때문에 배의 크기에 가장 관심이 큰 이해당사자였다. 둘째는 배에 화물을 실어 운송해야 하는 화주다. 화주는 배에 실려 있는 자기 화물의 양이 정확히 얼마인가를 확인하고, 그에 대한 운임이 얼마나 되는지 알아야 했기 때문에 역시 배의 크기에 관심을 가질 수밖에 없었다. 마지막으로 정부는 세금을 걷기 위해 배의 크기에 관심을 가졌다. 이 가운데 배의 톤수에 가장 큰 이해관계를 가진 것은 역시 선주였다. 따라서 선주들은 용선료나 운임은 실제 화물을 실을 수 있는 재화톤수deadweight, cargo capacity로 받고, 세금을 내는 기준이 되는 등록톤수는 법에 규정된 측정 톤수보다 적게 신고하는 경향이 있다. 이 같은 경향은 1854년 무어섬 방식이 도입될 때까지 지속되었다.

I. 무어섬 방식 도입 이전의 선박톤수

중세 유럽 각국은 포도주 통이나 곡물량으로 배의 크기를 나타냈지만, 문제는 각국에서 사용되는 포도주 통이나 곡물을 담는 마대의 단위가 일정하지 않았다는 데 있었다(표 2-1 참조). 이러한 상황에서 선주들이 배에 부과되는 세금을 적게 내고, 다른 한편 배의 운임은 많이 받으려 한 것은 너무나 당연했다. 결국 정부에 세금을 적게 내기 위해서는 배의 크기를 작게 나타내고, 용선료를 많이 받기 위해서는 배의 크기를 크게 나타내려는 움직임으로 나타났다. 영국에서 선박등록제가 실시된 1786년 이후에는 영국적 선박의 톤수를 모두 확인할 수 있다. 하지만 이 이전에도 징발할 수 있는 상선에 관한 보고서를 기록한 추밀원Privy Council 문서, 조선장려금 지불대장인 재무성 증서Exchequer Warrant, 세관 자료, 사문서 등에 단편적으로 배의 톤수가 기록되어 있다. 이 자료들을 보면, 1854년 무어섬 방식에 의한 톤수 측정법이 확립되기 이전 영국에서는 같은 배에 대해 세 가지의 서로 다른 톤수가 사용되었음을 확인할 수 있다. 아래에서는 이에 대한 몇 가지 사례를 제시해 볼 것이다.

표 2-1. tun과 last의 무게와 부피

	잉글랜드 tun		프랑스 tonneau de mer	
	무게	부피	무게	부피
포도주 통	2240lbs(1016kg)	40cubic ft	2000livres(979kg)	51 cubic ft
	단치히 last		암스테르담 Schiffslasten	
곡물량	2257kg	3.105m³	1976kg	4356.3lbs

자료: 김성준 외(2004), 「배의 크기단위에 관한 역사지리학적 연구」, 340~341쪽.

1459년 보르도에서 포도주를 선적하던 마가릿 오브 오웰Margaret of Orwell 호가 안전통항safe-conduct을 준수하지 않았다는 이유로 억류되었다. 이 배의 안전통항증에는 배에 400 톤까지만 실을 수 있게 되어 있었는데,

실제는 600~700 톤까지 실을 수 있었기 때문이다. 이 배의 지분 절반을 소유하고 있던 공동 선주 윌리엄 발드리William Baldry는 배의 크기가 안전통항증에 기록된 것보다 더 크다는 사실을 인정하면서도 처녀항해였기 때문에 배의 크기가 얼마인지 몰라서 그런 것이지 항만 관리들을 속일 의도는 없었다고 탄원하였다. 그의 탄원은 받아들여졌다.[1]

영국 해군Royal Navy의 초석을 세운 이는 헨리 8세(1509~1547)였다. 헨리 8세는 부왕인 헨리 7세로부터 왕실 소유선 6척을 물려받아 이를 항구적인 왕실 해군으로 발전시키고 유지하기 위해 1545년에 행정조직인 해군위원회 Council of the Marine(또는 Admiralty)를 신설하였으며, 해군 전용 조선소를 운용하였다.[2] 헨리 8세의 명령에 따라 울위치Woolwich 해군 조선소에서 건조된 그레이트 해리Great Harry(또는 Henry Grace à Dieu) 호는 사료에 따라 1000 톤과 1500 톤으로 기록되어 있다.[3]

잉글랜드에서 선박의 톤수 측정법이 처음으로 수식으로 제시된 것은 1582년이었다. 엘리자베스 여왕(1558~1603)은 통치 후반기에 조선을 장려하기 위해 조선장려금을 지원하였다. 1592년에서 1595년까지 4년 동안 48척에 대해 조선장려금이 지불되었고, 1596년 9월에서 1597년 9월 사이에 300톤 또는 400톤급 8척과 200~300톤 사이의 32척을 포함하여 적어도 57척에게 조선장려금이 지불되었다.[4]

조선장려금은 배의 톤수에 따라 지급되었지만, 이때의 톤수는 대략적인 추산에 지나지 않았다. 당시 배의 톤수는 두 가지로 나타냈다. 하나는 '화물의 적재량burden'으로, 다른 하나는 '중량톤deadweight of ton'으로 재는 것이었다. 보르도산 포도주 통을 계산하는 데는 보통 '화물의 적재량'이

1) Burwash(1947), *English Merchant Shipping*, p.90.
2) Davies(1965), "The Administration of the Royal Navy".
3) Driel(1925), *Tonnage Measurement*, p.8.
4) Fayle(2004), 『서양해운사』, 188~189쪽.

사용되었고, 중량화물에는 '중량톤'을 사용하는 것이 더 정확했는데, 중량톤은 대략 적재량에 1/3을 더하면 되었다. 1582년 엘리자베스 시대의 일급 조선기사였던 베이커Mathew Baker는 배의 적재량과 중량톤을 다음과 같은 식에 따라 측정하는 법을 제시하였다. 당시 사료에 나타난 전함 2척의 톤수를 비교해보면, 그 당시 일반적으로 통용되던 톤수와 베이커가 제시한 식에 따라 계산한 톤수에는 상당한 차이가 난다는 것을 확인할 수 있다(표 2-2 참조). 5)

$$\text{Baker's tonnage} = [\frac{K \times B \times D}{97} = A] + A\frac{1}{3} \cdots ①$$

(K=length of Keel, B=length of Beam, D=Depth, A=burden in cask of oil or wine)

표 2-2. 엘리자베스 치세기 전함의 톤수 (단위: ft., ton)

	관습적 톤수*					Baker식 톤수**				
	Keel	Beam	Depth of Hold	Burden	Ton & Tonnage	Keel	Breadth at midship	Depth from breadth	Burden in cask	Deadweight tonnage
Golden Lion	100	32	14	448	560	102	32	12	403	537
Elizabeth Jonas	100	38	18	684	855	100	40	18	740	$986\frac{2}{3}$

자료 * : *State Papers, Domestic*, cclxxxvi, 36 and Add. MSS., 9336, f.10.
　　** : *State Papers, Domestic*, clii, 19.

영국 해양사에서 오랫동안 풀리지 않은 수수께끼 중의 하나는 1580년 영국인으로서 처음으로 세계를 일주한 드레이크Sir Francis Drake(1540?~96)의 펠리컨 호Pelican(항해 도중 Golden Hind 호로 개명)의 톤수가 얼마인가 하는 것이었다. 현재까지 확인할 수 있는 자료에만도 펠리컨 호의 크기는 네 가지로 나타나고 있다. 드레이크의 세계 주항기라고 할 수 있는 *The World*

---

5) 〈표 2-2〉는 Oppenheim(1988), *A History of the Administration*, pp.124, 132의 표를 정리한 것이다.

Encompassed(1628)에는 100톤,[6] 리처드 해클류트 Richard Hakluyt(1553~1616)가 편집한 *The Principal Voyages Traffiques & Discoveries*(1589~1600)에는 120톤, *State Papers*(1577)에는 150톤,[7] 스페인인이 쓴 서한에는 약 400톤으로 각각 기록되어 있다.[8] 내쉬 Naish는 이를 다음과 같이 설명하였다.

먼저 펠리컨 호를 지었을 개연성이 가장 큰 조선소로 데프트포드 Deptford 선거를 꼽고, 그 선거의 크기인 길이 75 ft., 너비 24 ft. 이내에서 배를 건조하였을 것으로 추정하였다. 1582년 이전에 잉글랜드에서는 배의 크기를 다양한 방식으로 나타냈고, 톤수를 측정하는 특정한 공식은 없었다. 1577년 출항 당시 펠리컨 호의 크기는 정부문서에 150톤으로 기록되었는데, 이 정부문서는 말하자면 용선계약서 Chartering Agreement라고 할 수 있다. 이에 따르면 선주는 톤당 5 s.을 받게 되어 있었으므로 가능한 한 배의 크기를 크게 표시하는 것이 유리했다. 내쉬는 당시 일반적으로 쓰이던 배의 톤수 계산식에 따라 펠리컨 호의 톤수를 다음과 같이 150.71톤으로 계산하였다(② 식).

$$\left[\frac{K \times B \times D}{100} = A\right] + A\frac{1}{3} = \frac{47 \times 18.5 \times 13}{100} + 113.035 \times \frac{1}{3} = 150.71 \cdots ②$$

(K=keel, B=beam + planking 6 inch, D=Draught of Water, English ft.)

드레이크가 세계를 일주하고 돌아온 뒤 거의 50여 년이 흐른 1628년에 출판된 *The World Encompassed*에 기록된 100톤이라는 수치는 다음 ③ 식으로 계산해 낼 수 있다.

---

6) Annon.(1628), *The World Encompassed and Analogous Contemporary Documents concerning Sir Francis Drake*, p.xxv.

7) *State Papers*, Domestic CXXXVI, 35.

8) Naish(1948), "The Mystery of the Tonnage and Dimensions of the Pelican-Golden Hind", p.42.

$$\left[\frac{K{\times}B{\times}Dh}{100} = B \right] + B\frac{1}{4} = \frac{47{\times}18{\times}9.5}{100} + 80.37 \times \frac{1}{4} = 100.46\cdots\text{③}$$

(K=keel, B=Beam inside planking, Dh=Depth of Hold)

해클류트가 언급한 120톤은 위의 ② 식에서 A(1÷3)를 뺀 것이다. 이렇게 해서 계산한 톤수가 적재 톤수^{burden in tons}가 된다.

$$\frac{K{\times}B{\times}D}{100} = \frac{47{\times}18.5{\times}13}{100} = 120.25\cdots\text{④}$$

마지막으로 자라테^{Don Francisco de Zarate}가 뉴 스페인^{New Spain}의 총독^{Viceroy} 엔리케즈^{Don Martin Enriquez}에게 보낸 서한에 언급된 약 400톤은 드레이크가 스페인령 아메리카 대륙의 태평양 서해안을 약탈한 행위를 변명하기 위해 골든 하인드 호의 크기를 실제보다 다소 과장한 것으로 볼 수 있다. 이 같은 논증 끝에 내쉬는 "펠리컨 호의 크기가 여러 가지로 나타나게 된 것은 제원이 같은 한 척의 배를 다른 방식으로 톤수를 계산한 데 따른 것"이라고 결론지었다.[9]

이미 앞에서 1582년 베이커가 용골의 길이, 너비, 깊이를 이용하여 배의 톤수를 계산하는 식을 제시하였다는 사실에 대해서는 논급하였다. 그러나 용골의 길이를 측정할 때 부주^{副柱(false-post)}를 포함할 것인가 제외할 것인가, 배의 중앙 너비를 잴 때 외판 판재의 안쪽을 잴 것인가 바깥쪽을 잴 것인가, 깊이는 화물창 내의 깊이인가 아니면 흘수선까지의 깊이인가가 불확실했고, 이에 대해 의견이 분분했다. 결국 찰스 1세 치세기인 1626년에야 조선 전문가들이 세 가지 방식의 톤수를 인정했다. 이에 따라 입스위치^{Ipswich} 선적의 어드벤처^{Adventure} 호의 톤수는 224·277·294 톤으로 각각 측정되었고, 321톤이라는 계산까지 나오기도 했다. 이러한 상황에서 왕실 소유선조차 포획상금을 분배받을 때는 톤수가 크게 달라졌다는 사실은 전혀 놀라운

---

9) 이상 Naish(1948), pp.42-45. *Golden Hind* 호는 1662년에 해체되었다.

일이 아니다. 이를테면 포어사이트Foresight 호는 300톤급이었지만, 다른 사나포선과 공동으로 대형 캐랙선 한 척을 나포하였을 때 지분 소유자인 엘리자베스 여왕은 450톤으로 계산하여 포획 분배금을 받았다.[10]

잉글랜드에서 선박톤수 측정법이 법제화된 것은 윌리엄 3세William III(1689~1702)와 메리 2세Mary II(1689~1694) 공동통치기인 1694년이었다.[11] 1694년 톤수 측정법(⑧ 식)은 이후 1695·1709·1716·1738·1744년에 일부 개정되어 1773년에 대폭 수정될 때까지 각종 공식문서에 등록톤수로 사용되었다. 1694년부터 1773년까지 사용된 등록톤수는 1786년 선박등록법이 도입된 이후 사용된 등록톤수와 구별하기 위해 '옛 등록톤수old registered tonnage'라고 부르기도 한다.[12]1767~74년까지 북 아메리카의 '수출입감독관 Inspector General of Imports and Exports'과 '선박등록관Register of Shipping'을 역임한 토마스 어빙Thomas Irving은 '톤수를 측정하여 등록한 톤수는 실제 업계에서 통용되는 톤수와 일치해야 하지만, 선주들이 1695년 톤수 측정법으로 계산한 수치의 2/3를 등록톤수로 신고했다'고 생각했다.[13]

영국에서는 1786년 선박등록법에서 '영국(GB)에 속한 15톤 이상 또는 갑판이 있는 모든 선박을 등록'하도록 법징하였다. 이 법에 따라 영국 선주들이 무역성에 등록한 톤수를 '등록톤수registered tonnage'라고 했다.[14] 하지만 이 법에서는 배의 톤수를 "현재 법에 명시된 규칙에 따라according to the Rule now by Law prescribed "[15] 등록하도록 규정하였을 따름이다. 따라서

---

10) Fayle(2004), 『서양해운사』, 190쪽 각주 6.

11) 5 & 6 William & Mary, c.20, viii. An Act for Granting to their Majesties several Rates and Duties upon Tonnage of Ships and Vessels.

12) Lane(1964), p.217.

13) cited by McCusker(1967), "Notes: Colonial Tonnages Measurements", p.86.

14) 선박등록부는 현재 BT 107로 분류되어 런던의 공문서보관서(PRO)에 소장되어 있다.

15) 26 Geo. III, c.60, article XIV ; 법의 전문全文은 김성준(2002), 『영국 해운업에서의 전문 선주의 대두와 경영성과 1770-1815』, 고려대학교 박사학위논문, 부록 F

당시 시행되고 있던 1773년 톤수 측정법에 따라 측정한 톤수를 등록하는 것이 당연했지만, 선주들은 세금을 적게 내기 위하여 측정 톤수보다 줄여서 등록하는 것이 일반적이었다.

톤수 문제가 이것으로 끝난다고 생각하면 오산이다. 당시 선주들은 용선료나 운임을 계산할 때 측정톤수나 등록톤수가 아니라, 실제 화물을 실을 수 있는 재화톤수tons burden, deadweight tonnage를 기준으로 했다. 일반적으로 재화톤수가 등록톤수나 측정톤수에 비해 컸을 것으로 생각할 수 있다. 데이비스Davis는 "17세기 잉글랜드 건조선의 경우 대부분 재화톤수가 측정톤수의 3/4 정도였다고 보통 생각하지만, 1700년에 이르면 두 톤수가 거의 비슷해졌고, 1775년까지는 대부분의 상선들은 측정톤수보다 많이 운송하게 되었다"고 주장했다.[16]

이는 맥커스커McCusker, 프렌치French, 월튼Walton, 비일Ville의 연구를 통해 확인된 바 있다. 맥커스커는 18세기 필라델피아·버지니아·서인도 제도의 영국 식민지 무역에 종사하는 상선 163척을 조사하여 등록톤수가 측정톤수보다 적게는 30%에서 많게는 50%, 평균 35% 정도 작았다는 사실을 밝혀냈다. 그는 또 1729~74년 사이에 식민지 무역에 종사한 상선 17척의 사례를 분석하여 재화톤수가 등록톤수에 비해 평균 106톤이 컸음도 확인했다.[17] 월튼은 영국령 아메리카 식민지였던 버지니아에서 출항한 90척의 배를 분석하여 등록톤수가 측정톤수보다 평균 37.4% 작았다고 계산하였으며,[18] 프렌치는 등록톤수가 측정톤수보다 34% 정도 작았다고 추산하였다.[19]

참조.

16) Davis(1962), *The Rise of the English Shipping*, p.372.

17) McCusker(1967), "Colonial Tonnages Measurements", pp.82-91 ; McCusker (1981), "The Tonnage of Ships Engaged in the British Colonial Trade", pp.73-105.

18) Walton(1967), "Colonial Tonnage Measurement: A Comment", pp.393-397.

19) French, "18th Century Tonnage Measurements", pp.433-443 ; cited by Simon Ville(1989), "The Problem of Tonnage Measurement in the English Shipping Industry, 1780-1830", pp.80-81 footnote 35.

한편, 비일은 런던의 선주인 마이클 헨리 앤 선Michael Henley and Son의 문서를 분석하여 실제 선박 운항 능력을 나타내는 화물톤수cargo capacity가 등록톤수보다 대략 40% 정도 컸다는 사실을 밝혀냈다.[20] 맥커스커의 분석에 따르면, 18세기 잉글랜드 상선의 등록톤수와 측정톤수, 그리고 재화톤수의 비율은 대략 2 : 3 : 4 정도였다.[21]

표 2-3. 등록톤수·측정톤수·적재톤수 비교

	McCusker			Walton		Ville		
	Mary	Black Prince	비율	Seahorse	Burwell	101~200톤 (18척)	201~300톤 (31척)	301~400톤 (19척)
	1740	1774		1725~1726		1780~1830		
등록톤수	100	200	2	100	200	100%	100%	100%
측정톤수	143	300	3	137	350	-	-	-
적재톤수	-	-	4	-	-	143%	148%	146%

주: McCusker와 Walton의 자료는 톤수고, Ville의 자료는 백분율로 표시한 것이다.
자료 1. McCusker, "Colonial Tonnages Measurements", p.89 Table 1 ; "Tonnage of Ships engaged in Colonial Trade", p.91.
　　 2. Walton, "Tonnage Measurement: Comment", p.394 Table 1.
　　 3. Ville, "Problem of Tonnage Measurement", p.77 Table 1.

II. 영국 범선의 톤수 측정법의 변천

영국에서 일정한 수식에 따라 선박의 톤수를 측정하기 시작한 것은 앞서 언급한 것처럼 1582년이었다. 이후 조선 전문가들은 해운업계에서 관용적으로 사용되던 배의 톤수에 근접한 톤수를 계산해내기 위해 지속적으로 새로운 톤수측정식을 개발하려고 시도하였다. 영국 왕실에서 왕실용 선박을 건조하거나, 왕실용으로 사용할 선박을 용선하고자 할 때 배의 톤수를

---

20) Ville(1989), "Problem of Tonnage Measurement", p.79.
21) McCusker(1981), "Tonnage of Ships engaged in Colonial Trade", p.91.

측정하는 방법을 처음으로 정식화한 것은 1628년이었다.[22] 1628년 5월 26일 추밀원은 선박의 톤수를 측정하는 방법을 추밀원령 Order in Council으로 공포하였다.[23] 여기에서는 두 가지 방식의 톤수를 정의하였는데, 하나는 용골의 길이, 외판 안쪽의 최대 너비, 깊이를 곱하여 100으로 나눈 수치를 tons이라 하였고, 여기다가 1/3 tons을 더한 값을 tons and tonnage라 하였다.

$$1628년 \ tons \ and \ tonnage = [\frac{K \times B \times D}{100} = A] + A\frac{1}{3} \cdots ⑤$$

(K=length of keel, without false post, B=greatest breadth within plank, D=depth perpendicular from the said breadth to upper edge of keel, A=tons)

영국 해군의 몬순 Sir William Monson(1568~1643) 제독이 편집한 *Naval Tracts*라는 책에 조선공들이 사용하던 톤수 계산법(⑥ 식)이 소개되어 있는데, 이것이 'old carpenter's rule'로 알려진 방법이다.[24] 그의 책자는 요약본 형태로 1682년에 처음으로 출판되었고, 완본은 1704년에야 출판되었는데, 몬순 제독이 사망한 1643년 이전에 수고본을 완성했을 것임에 틀림없다.[25]

$$Monson's \ tonnage = \frac{K \times B \times D}{100} \cdots ⑥$$

(K=length of keel, B=length of Beam, D=Depth)

몬순 식을 표 2-2의 골든 라이언 Golden Lion 호(K=102 ft., B=32 ft., D=12 ft.)에 적용해 보면 392톤이 되는데, 이는 베이커의 측정법으로 계산한 적재량 Burden in ton보다 10톤, 중량톤 deadweight tonnage보다는 145톤이 작다.

---

22) Salisbury(1966), "Rules for Ships Built for, and Hired by, The Navy", p.173.
23) Salisbury(1966), "Early Tonnage Measurement in England, Part III", p.51 Appendix 8.
24) Driel(1925), p.51 Appendix 8.
25) *New Britannica Encyclopaedia* 15th ed., Vol. 8(1988), p.271.

따라서 영국 해군이나 동인도회사가 배를 용선할 때는 베이커 식보다 톤수가 작게 계산되는 몬순 식에 따라 배의 톤수를 결정했다.

그러나 용골의 길이·너비·깊이를 측정하는 정확한 기준이 없어 논란이 일어날 소지가 다분했다. 세관 당국도 해군이 제시한 식으로 배의 크기를 재는 데는 반대하지 않았다. 하지만 배의 치수를 잴 경우, 갑판 위의 길이와 너비를 재는 데는 어려움이 없지만, 배에 짐이 실려 있을 때 용골의 길이와 깊이를 재는 데는 어려움을 겪을 수밖에 없었다. 이 문제를 해결하기 위해 너비의 절반을 깊이로 계산하는 편법이 등장하였다. 이에 영국 해군에서는 1677년에 ⑦ 식을 만들어냈다.[26] 이 식은 1773년 법에 다시 채택되었다.

$$1677 \cdot 1773년 \ tonnage = \frac{(L - 3/5 \ B) \times B \times \frac{1}{2} B}{94} \cdots ⑦$$

(L=main stem post의 뒤에서부터 bowsprit 아래 main stem 앞부분에서 perpendicular line까지 용골의 rabbet을 따라 직선으로 잰 용골의 길이, B=너비가 가장 넓은 곳의 외판의 바깥 면을 잰 배의 너비)

너비의 절반을 깊이로 추산하는 편법은 조선업계에서도 널리 사용되었다. 1678년에 출판된 *The Compleat Shipwright*의 저자인 부쉬넬 Edmund Bushnell 은 런던과 템즈 강변의 조선공들이 ⑧ 식으로 배의 크기를 측정한다고 소개하였다. 조선공들은 용골의 길이, 최대 바깥 너비, 너비의 절반을 곱한 뒤 94나 100으로 나누어 톤수를 계산하였다.[27] 이렇게 측정한 톤수를 '측정톤수 measured tonnage' 또는 '조선공 톤수 shipwright's tonnage'라고 불렀다.[28]

---

26) Lane(1964), p.228.

27) Driel(1925), p.9.

28) Bushnell(1678), *The Compleat Ship-Wright* 4th ed., p.41 ; cited by McCusker(1967), "Colonial Tonnage Measurement", p.85 footnote 7.

$$\text{Bushnell's tonnage} = \frac{(MOB \times \frac{1}{2} B) \times L}{94 \ (\text{또는 } 100)} \quad \cdots \text{⑧}$$

(MOB=maximum outer breadth, B=breadth from plank to plank at midship, L=length of keel)

부쉬넬은 조선공 톤수가 화물적재 능력을 정확히 나타내는 것은 아니라고 지적하고, 화물적재 능력을 측정하기 위해서는 먼저 적재흘수선^{load water line}의 영역을 결정하고, 두 흘수선^{waterline} 사이의 용적^{capacity}을 계산할 것을 제안하였다.[29] 하지만 1694년에 잉글랜드에서 처음으로 선박톤수 측정법이 법제화되었을 때 채택된 것은 부쉬넬 식이 아니라, 몬순 식이었다.[30] 다만 몬순 식을 그대로 답습하지 않고 나눗수를 100에서 94로 바꾸었다.

$$1694년 \ 톤수측정법 = \frac{L \times B \times D}{94} \quad \cdots \text{⑨}$$

(L=length of keel, B=breadth along the longest beam, D=Depth of hold)

여기에서 의문이 드는 것은 나눗수가 어떤 근거에서 나왔는가 하는 점이다. 이미 앞에서 살펴본 것처럼, 1582년 베이커는 나눗수로 97을, 1640년대 몬순 제독은 100을, 1678년 부쉬넬은 94를 각각 사용하였다. 잉글랜드 북서해안의 조선소에서는 1800년까지도 95를 나눗수로 사용하였다고 알려져 있다. 솔즈베리의 연구에 따르면, 나눗수는 어떤 특별한 근거에서 나온 것이 아니었다. "나눗수는 그 자체로서 어떤 의미가 있는 것이 아니라, 처음에는 관습적으로 사용되던 톤수와 부합되도록 하기 위해 사용되다가 나중에 법령에 채택되었다."[31]

---

29) Driel(1925), p.10.

30) 5 & 6 William & Mary, c.20, viii. An Act for Granting to their Majesties several Rates and Duties upon Tonnage of Ships and Vessels.

31) Salisbury(1959), "Answers: Tonnages, Divisor of 94", p.84.

1694년 톤수측정법은 1695년에 깊이 D 대신 1/2B를 사용하는 것으로 수정되었다.[32] 1711년 서더랜드 William Sutherland가 출판한 *The Shipbuilders' Assistance*에 따르면,[33] 1770년대까지도 부쉬넬 식이 조선공들 사이에서 널리 이용되었음을 확인할 수 있다. 게다가 조선공들은 1694년 법에 따른 톤수측정법을 사용하면서도 나눗수를 94가 아닌 95를 사용했고, 대포를 장비한 전함의 경우에는 100을 사용했다. 서더랜드는 부쉬넬 식뿐 아니라, 위와 같은 조선공들의 톤수측정법도 비판하였지만,[34] 1695년식 톤수측정법은 1709·1716·1738·1744년 법에도 그대로 채택되었다.[35]

$$1695년 \ 톤수측정법 = \frac{L \times B \times \frac{1}{2}B}{94} \quad \cdots ⑩$$

1773년 조지 3세 치하에서 모든 상선의 톤수측정을 강제하는 법안이 제정되었다.[36] 1773년 법에서는 1677년 해군에서 도입했던 톤수측정법(⑦식)이 그대로 채택되었는데, 이 측정법은 1786·1819·1833년에 수정되어 1835년까지 시행되었다. 1773년 톤수측정법은 모든 상선의 톤수 측정에 적용되어 1773년 이후의 선박에 관한 통계자료는 등록톤수로 나타나게 되었다.[37] 1773년식 톤수측정법은 'Builder's Old Measurement'(BOM)라고 불렸는데, 이러한 방식으로 측정된 등록톤수는 중량톤 deadweight이나 운임톤 freight ton으로 표시되는 실제 운송 능력과는 상당히 차이가 나게 되었다. 1773년 법은 배를 건선거에 올리지 않고 배의 길이를 측정하는 데 주된

---

32) 6 & 7 William & Mary, c.12, ix. An Act ..... for ascertaining the Admeasurement of the Tunnage of Ships.
33) William Sutherland(1711), *The Ship-builder's Assistance*, London.
34) Driel(1925), p.12.
35) 8 Anne c.8, iv ; 6 Geo. I, c.21, xxxiii ; 11 Geo. II, c.32 ; 17 Geo. II, c.20.
36) 13 Geo. III, c.74, An Act for the better ascertaining the Tonnage and Burthen of Ships and Vessel.
37) Lane(1964), pp.228-229.

목적이 있었다. 그러나 이 법에 따라 톤수를 측정할 경우 배의 너비가 배의 크기에 가장 큰 영향을 미치게 된다. 즉 배의 너비가 넓을수록 톤수가 커진다. 이 법이 조선에 미친 영향에 대해 무어섬은 "선주들이 배를 짧고, 넓게, 깊게 건조하는 경향이 있었다"고 보았지만,[38] 대부분의 연구자들은 배의 톤수가 크게 표시되어 각종 세금을 많이 부담하게 되는 것을 피하기 위해 선주들이 배를 지나치게 길고, 깊고, 좁게 만들려는 경향이 있었다고 보았다.[39] 어쨌든 BOM식 톤수측정법은 잉글랜드와 스코틀랜드의 조선업에 치명적인 영향을 미쳤다. 작은 톤수로 더 큰 배를 만들기 위해 배의 깊이는 지속적으로 커져 깊이가 너비의 70% 이상으로 증가했다. 19세기 중반 철범선의 화물창 깊이는 너비의 61%를 넘지 않았던 것으로 알려져 있다.[40] 그에 따라 19세기 초반 영국의 배들은 길이가 길고, 너비는 좁고, 화물창은 깊은 볼썽사나운 모양을 하게 되었다. 그 결과 많은 배들이 좌초되었고, 톤수측정법에 대한 불만은 더욱 증가했다.

영국정부는 톤수측정법을 개정하기 위해 1821년 왕립위원회Royal Commission 를 구성하였다. 이 위원회는 공선흘수와 만재흘수 사이의 차이를 측정하도록 제안하였으나, 이는 현실적으로 실행하기 어려웠다. 따라서 위원회는 배 안에서 너비는 5곳, 깊이는 2곳에서 측정하여 평균 너비와 평균 깊이를 구하여 이 값에 용골 길이를 곱한 뒤 112로 나눈 값을 톤수로 할 것을 제안했으나, 채택되지 않았다. 1833년 해군성 Admiralty [41]은 새로운 왕립위

38) Moorsom(1952), *Review of the Laws of Tonnages*, London ; cited by Salisbury(1966), "Early Tonnage Measurement in England, Part III", p.338.
39) C. Ernest Fayle, "Shipowning and Marine Insurance" ; C. Northcote Parkinson (1948), "The East India Trade", both in C. Northcote Parkinson ed., *The Trade Winds*, pp.33, 145.
40) Driel(1925), p.13.
41) 1832년까지 영국의 해군 조직은 Board of Admiralty와 Navy Board로 이원화되어 있었다. Board of Admiralty는 해군장관(Lord Admiral)을 장으로 하는 기관으로 주로 함정의 군사적 행동이나 사관의 인사를 관할하였고, Navy Board는 함정의

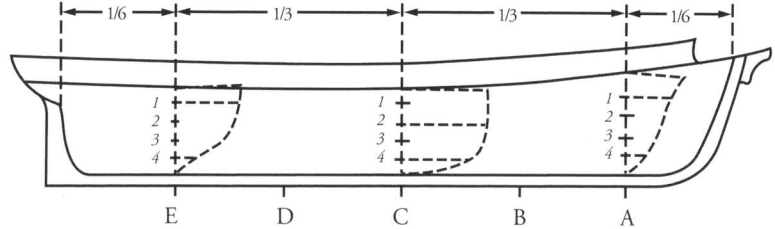

① 선수재와 선미재 사이의 상갑판 길이를 6등분한다.
② 화물창의 깊이는 A·C·E 지점에서 측정하고, 각 화물창은 5개로 나눈다.
③ A1·A4·C2·C4·E1·E4 지점에서 너비를 측정한다.
④ 너비 A1·A4·3 × C2·C4·E1·2 × E4를 더하여 너비를 구한다.
⑤ A·C·E 지점에서 화물창의 깊이를 측정한 뒤 더한다.
⑥ 중앙부 화물창의 중간 높이에서 내부 길이(internal length)를 측정한다.
⑦ (내부 길이 ⑥ × 너비의 합 ④ × 깊이의 합 ⑤) ÷ 3500
⑧ 선미갑판의 톤수는 주요 내부 치수를 곱하여 92.4로 나누어 구한다.
⑨ 기관실의 용적은 인접한 두 bulkhead 사이의 주요 세 치수(L, B, H)의 곱을 92.4로 나누어 구한 뒤, 총톤수에서 제외한다. 기관실의 용적은 1819년부터 총톤수에서 제외되었다.
자료: Driel, *Tonnage Measurement*, p.14.

원회를 구성하였다. 왕립위원회는 과거와 같이 기존의 톤수가 바뀌는 것을 신경쓰지 않고, 근본적인 해결방안을 모색하여 톤수는 화물의 운송 능력이 아닌 내부 용적 internal capacity에 근거하여 산출해야 한다고 결론지었다.[42)]

관리, 부사관과 수병의 인사, 군수품 조달 등을 담당하였다. 18세기 초엽에 Admiralty는 해군장관이 없어지고 위원회제도가 되어 함대사령부 기능이 약화되어 육상 관청의 성격이 강해졌다. 1806년 찰스 미들턴 경(Sir Charles Middleton, 1726~1813)이 사임한 후 정치가가 Board of Admiralty의 수석위원(First Lord)으로 임명되었고, 1832년 Navy Board를 폐지하는 조직개편을 통해 Board of Admiralty가 해군을 관할하는 유일한 기구가 되었으며, 수석위원은 해군을 대표하여 내각의 일원으로서 의회에 대해 책임을 지게 되었다. 따라서 Admiralty는 1832년을 기점으로 해서 그 이전은 '해군본부'로, 그 이후에는 '해군성'으로 번역할 수 있다. 靑木榮一(2000), 『시파워의 세계사 II』, 162~163쪽 ; 김성준(2025), 『해사영어의어원』, 6쪽.

1833년 왕립위원회가 제안한 톤수측정법은 1835년에 발효되어 New Measurement Rule로 불렸지만,[43] 시행 결과는 그리 만족스럽지 못했다. 원인은 여러 가지였지만, 이 방법으로 측정한 톤수가 옛 방식에 비해 더 크게 계산된다는 것이 가장 큰 문제였다. 드리엘Driel은 이 법의 시행으로 배의 톤수가 과거보다 7% 정도 커졌다고 추산하였다. 따라서 이 법을 회피하기 위해 선박 설계사들은 온갖 방법을 동원하여 등록톤수보다 15% 정도 큰 배를 건조해내기도 하였다.[44]

III. 조지 무어섬의 선박톤수 측정법

1849년 해군성은 다시 위원회를 구성하지 않으면 안 되었다. 위원회 간사secretary를 맡고 있던 무어섬 George Moorsom(1804~1863)은 "선박에 부과되는 세금은 선박의 잠재소득수익능력에 근거를 두어야 한다"는 전제 하에, "화물이나 여객을 운송하기 위해 이용될 수 있는 모든 가용 장소의 내부 용적에 따라 톤수를 결정해야 한다"고 생각했다.[45] 그에 따라 무어섬은 선박의 상갑판 아래 공간과 상갑판 위의 공간으로서 전적으로 여객을 수용하거나, 화물과 비품을 적재할 수 있는 폐쇄된 공간의 내부 용적을 정확히 측정하기 위하여 구분적분법으로 각 구획의 용적을 구하여 합산한 뒤 100(ft³)으로 나누어 톤수를 산정할 것을 제안하였다. 당시 영국의 선박보유량은 370만 톤이었는데, 이들 선박의 내부 용적을 무어섬 방식으로 계산한 결과 3억 6341만 2456 ft³가 되었다. 따라서 종래의 선박 톤수와

---

42) Driel(1925), pp.13-14.
43) 1835년 〈신 측정규칙〉에 대해서는 김종길·박경현(2003), 『선박행정의 변천사』, 376~377쪽에 잘 정리되어 있다.
44) Driel(1925), p.15.
45) Corkhill, *Tonnage Measurement of Ships*, pp.2 ; 10.

동일하게 하기 위해서는 98.22(3억 6341만 2456 ÷ 370만 0000)를 나눗수로 해야 했으나, 사용하기에 편리하고 선주들이 기존 톤수보다 커지는 것을 꺼려할 것을 고려하여 근사값인 100을 나눗수로 택하였다.46) 그의 제안은 위원회와 의회에서 받아들여져 1854년 상선법에 수용되었다.47) 이로써 부피 100 ft³를 1톤으로 환산하는 혁신적인 톤수측정법이 출현하기에 이르렀다.

1854년의 무어섬 방식에서는 두 가지 새로운 톤수, 즉 총톤수gross tonnage 와 순톤수net tonnage를 규정하였다. 총톤수는 선박의 전체 내부 용적에서 제외 공간exempted space의 용적을 뺀 것이다. 제외 공간에는 조타실과 해도실, 식당, 계단, 등화와 통풍장치light and air space가 차지하는 공간이 포함되었다. 이에 대해 순톤수는 총톤수에서 비수익 공간non-earning space 또는 화물운송에 적합해 보이지 않는 일정한 공간의 용적을 공제deduction한 것으로 선박의 수익능력의 지표로서 각종 세금의 부과기준이 되었다.48) 순톤수를 산정할 때 공제되는 공간으로는 선장과 선원의 거실, 안전설비와 창고가 차지하는 공간, 그리고 기관실이 있었다. 선원의 거주구역은 총톤수의 5% 이내여야 제외될 수 있었고, 기관실은 기관실의 실제 톤수를 공제하는 것이 아니라 기관실의 실톤수와 총톤수의 비례에 따라 일정 값을 공제하도록 규정하였다. 이를테면 외륜 기선vessel propelled by paddle-wheel인 경우 기관실이 차지하는 톤수가 총톤수의 20% 이상 30% 미만일 때는 총톤수의 37%를 공제하고, 스크류 추진기선screw-steamer의 경우 기관실이 총톤수의 13% 이상 20% 미만일 때에는 총톤수의 32%를 공제하도록 했다. 그 밖의 선박은 세관원이 기관실 공간을 측정하되 외륜기선의 경우 기관실의 실제 톤수의 50%까지, 스크류 추진기선의 경우 실제 톤수의 75%까지 늘어날 수 있다는

---

46) Driel(1925), p.49 ; 김종길·박경현(2003), 378쪽.
47) 17 & 18 Victoria, c.120.
48) Corkhill(1980), pp.3, 10.

사실을 이해하고 선주와 협의해 위와 동일한 방식으로 공제할 수 있었다.[49]

　무어섬 방식은 세금의 부과기준으로 순톤수를 사용하도록 하였는데, 순톤수를 산정하는 데 기관실의 실톤수를 공제하는 것이 아니었기 때문에 불합리한 요소가 내재되어 있었다. 그럼에도 불구하고 세계 각국은 무어섬 방식을 도입하였다.[50] 이는 톤수측정법을 국제적으로 통일시키는 주춧돌이 되었다.

　1869년 수에즈 운하의 개통으로 선박 톤수를 국제적으로 통일해야 할 필요성이 제기되었다. 그에 따라 수에즈 운하 통항료 산정기준을 마련하기 위해 개최된 국제톤수위원회에서 〈1873년 콘스탄티노플 국제톤수위원회가 추천한 톤수 측정규칙〉을 채택하기에 이르렀다. 그러나 1874년 영국이 이 제안을 국내 입법화하기 위한 법안을 의회에 제출하였을 때 톤수가 기존에 비해 증가할 것을 우려한 선주들의 반대로 채택되지 못했다. 각국도 영국의 뒤를 따르면서 1873년 콘스탄티노플 규칙은 결국 사장되고 말았다.

　1925년 11월 국제연맹은 '해사톤수측정기술위원회 Technical Committee for Maritime Tonnage Measurement'를 설치하여 선박의 톤수 측정기준을 마련하는 작업에 착수하였다. 이 위원회는 1931년 10월 〈선박의 톤수를 측정하기 위한 규칙 초안〉을 마련하여 주요 해운국의 의견을 청취하였다. 한편 스웨덴과 노르웨이를 중심으로 한 북유럽 국가들도 1938년 오슬로에서 회의를 열고, 국제연맹이 마련한 1931년 초안은 수정할 필요가 있다고 제안하였다. 이에 따라 국제연맹은 1939년 1월 제2차 기초위원회를 구성하여 〈선박의 톤수 측정에 관한 국제규칙 International Regulations for Tonnage

---

49) Driel(1925), p.53.
50) 미국 1865년, 프랑스·독일·이탈리아 1873년, 스페인 1874년, 네덜란드 1875년, 일본 1884년, 스웨덴과 노르웨이 1893년, 덴마크 1889년 순으로 무어섬 (Moorsom) 방식이 채택되었다. Driel(1925), pp.20, 21, 29, 47, Chap. Ⅵ.

Measurement of Ships)을 발간하였다. 1939년 6월 오슬로 회의에 참가하였던 스웨덴·노르웨이·벨기에·덴마크·핀란드·네덜란드는 파리에서 회의를 열어 〈국제톤수 측정 협약 초안〉을 성안하였다. 그러나 1939년 9월 제2차 세계대전이 발발하고 국제연맹이 해체되어 이 시도 역시 결실을 맺지 못하였다.

제2차 세계대전 후인 1947년 노르웨이의 발의로 벨기에·덴마크·핀란드·프랑스·아이슬란드·네덜란드·노르웨이·스웨덴 8개 국과 영국·미국이 참관국 자격으로 참가하여 제2차 오슬로 회의가 개최되었다. 이 회의에서 1939년 파리 규칙을 구체화한 오슬로 협약으로 불리는 〈선박 톤수측정법의 통일에 관한 협약〉이 채택되었고, 덴마크·아이슬랜드·네덜란드·노르웨이·스웨덴이 1954년 12월 30일 협약안을 발효시켰다. 이후 독일·핀란드·프랑스·세네갈 등이 오슬로 협약에 가입하거나 비준함으로써 가맹국이 16개 국에 이르렀다. 그러나 영국·미국·일본·그리스 같은 전통적인 해운국이 여기에 가입하지 않아 제대로 효과를 거두지는 못하였다.

1959년 1월 국제연합 산하에 '정부간 해사자문기구(IMCO)'가 창설되었다. 이 기구에 부여된 첫 임무는 선박의 톤수 측정에 관한 규칙을 통일시키는 문제를 해결하는 것이었다. 1959년 6월 '톤수 측정 소위원회'가 구성되어 첫 회의를 시작한 이래 10여 년에 걸친 연구와 검토 끝에 초안 7개를 IMCO에 제출하였다. IMCO는 이 제안을 중심으로 선박톤수 측정에 관한 국제협약을 제정하기 위해 1969년 런던에서 국제회의를 개최하였다. 세계 각국 대표 314명과 참관자들이 참석한 가운데 5월 27일에서 6월 23일까지 개최된 런던회의에서 〈1969년 선박톤수 측정에 관한 국제협약International Convention on Tonnage Measurement of Ships 1969〉이 채택되기에 이르렀다. 이 협약은 비준국 25개 국 이상, 비준국의 상선 선박량이 세계 상선 선박량의 65% 이상이어야 한다는 발효조건을 충족시키는 데 무려 11년이 소요되어 1980년 7월 17일에야 비로소 발효가 되었다.[51]

이상에서 살펴본 바와 같이, 배의 크기는 단순히 배에 실린 포도주 통의 수를 헤아리던 데서 배의 치수를 활용하여 수식으로 계산하는 방향으로 발전하였으며, 1854년 무어섬 방식에 이르러 정점에 이르렀다. 무어섬 방식은 세계 여러 나라에 도입되어 선박 톤수를 국제적으로 통일시키는 데 주춧돌이 되었다. 선박 톤수의 국제적 통일은 선주들과 각 나라의 이해관계, 국제정세에 휘말려 우여곡절 끝에 100여 년의 세월이 경과한 뒤에야 채택될 수 있었다. 이 기나긴 과정에서 영국은 해운국으로서 주도적인 역할을 하였는데, 이는 기존 관습을 끊임없이 합리화하려는 영국인들의 경험주의의 산물이었다. 오늘날 영국은 대해운국의 지위를 상실하였지만, 과거 그들이 만들어 놓은 해상보험Lloyd's·선급Lloyd's Register·용선 및 매매계약Baltic Exchange·해사언론Lloyd's List은 아직까지도 세계 해사산업을 이끌어 가고 있다. 그런 점에서 해사산업에서 영국은 여전히 세계의 중심인 셈이다.

---

51) 이상 김종길·박경현(2003), 407~445쪽.

제3장

항해용 가남쇠의 사용 시점에 대한 동서양 비교

2000년대를 전후해 한국 항해사 연구에서 주목할 만한 주장이 제기되었다. 바로 9세기 장보고의 무역선에서 가남쇠[1]가 이용되었다는 주장이다. 최근식은 "육상에서 지남기가 기원전 4세기부터 사용되었는데, 기록이 남아 있지 않다고 하여 해상에서만 12세기에 이르러서야 지남기가 사용되었다는 것은 납득하기 어렵다"고 비판하고, "여러 정황 증거를 볼 때 9세기에 장보고의 무역선에서 지남기가 사용되었다"고 주장하였다.[2] 그는 자신의 논지를 입증하기 위한 정황 증거로 중국에서 방위를 가리키는 사남司南, 지남기指南車 따위가 기원전 4세기부터 사용되었다는 점, 지남거를 융적戎狄이 만들었다는 『송서宋書』의 기록, 울산의 달천철산達川鐵山이 천연자석의

---

1) 우리가 흔히 나침반이라고 부르는 것은 한자문화권에서는 지남기指南器라 칭하고, 유럽어권에서는 compass(영어. Kompaß:독어, compas:프랑스어, compasso:이탈리아어, compás:에스파냐어)와 boussole(프랑스어. busolla:이탈리아어, brújula:에스파냐어) 형태로 쓰이고 있다. 영어의 compass는 명사, 형용사, 동사로 사용되는데, 항해용 나침반이라는 의미로 처음 사용된 것은 14세기 중반이었다(1994, OED2 on CD-Rom Ver. 1.13, OUP). 이 논문에서는 원문을 인용할 경우를 제외하고 일반적으로 남북을 가리키는 방향탐지기를 의미할 때는 동서양을 막론하고 토박이말 '가남쇠'로 표기한다.

2) 최근식(2000), 「9세기 장보고 무역선의 指南器 사용 가능성에 대하여」 ; 최근식(2002), 「장보고 무역선과 항해기술 연구-신라선 운항을 중심으로-」, 제4장.

원료인 자철광磁鐵鑛 주산지였다는 점, 문무왕 9년(669) 신라가 당에 자석을 보냈다는 『삼국사기』 기록, 엔닌圓仁이 839년 입당入唐할 때 4월 16일과 17일 무중항해霧中航海를 하였으므로 지남기 같은 방향지시기를 사용하였을 것이라는 추정을 제시하였다.

이러한 주장은 두 가지 점에서 항해학계에 적지 않은 파장을 일으켰다. 우선, 그의 주장이 사실이라면 한민족은 세계 역사상 가장 먼저 가남쇠를 항해에 이용한 민족이 되겠지만, 둘째, 그가 자신의 주장을 입증하기 위해 내세운 정황 증거들이 그의 의도와는 달리 설득력이 약했다는 점 때문이었다. 이 같은 학계의 분위기는 정진술의 논문에서 명확하게 표명되었다.

정진술은 최근식의 논지를 세 가지 점에서 비판하였다. 첫째, 최근식은 정수일, 윤명철, 김정호가 8~9세기에 동아시아 해역에서 항해에 가남쇠를 이용하였음을 당연시 한다는 점을 들고 있으나, 이들의 주장은 사료를 곡해한 데서 나온 것이다. 둘째, 최근식은 가남쇠가 기원전 4세기부터 육지에서 이용되었으므로 여러 정황으로 보아 9세기에 장보고 무역선에서 가남쇠가 사용되었다고 추정하였으나, 이는 지나친 비약이다. 셋째, 최근식은 엔닌이 이틀 동안 안개 속에서 무사히 항해한 것으로 보아 가남쇠를 이용했을 것으로 추정하였으나, 엔닌이 탔던 배가 다른 2척이 도착한 지점과는 200마일 이상 떨어진 해안에 도착한 것으로 미루어 가남쇠를 이용했다면 이는 상상할 수 없는 항해술이다.[3] 결론적으로 정진술은 문헌기록상 항해용 가남쇠의 등장 상한을 1078년으로 보았다.[4]

이제까지의 통설은 중국에서 발명된 가남쇠가 아랍인들을 통해 유럽으로 전해졌다는 것이다. 이 같은 주장을 널리 퍼트린 장본인은 19세기 독일의 지리학자 알렉산더 폰 훔볼트 Alexander von Humboldt(1769~1859)다. 그는 "컴퍼스compass가 인도양과 페르시아, 아라비아 해안 전역에 걸쳐 일반적으로

---

3) 정진술(2002), 「장보고 시대의 항해술과 한중항로에 대한 연구」, 264~265쪽.
4) 정진술(2002), 236쪽.

사용되고 난 이후에 동양에서부터 유럽으로 유입되었으며, 십자군전쟁 때 아랍인들과 접촉했던 십자군들이 나침반을 유럽으로 유입시키는 데 어떤 역할을 했을 것"이라고 주장하였다.[5] 그러나 이를 입증할 만한 문헌기록이나 실물 증거는 아직까지 발견된 바 없다.

가남쇠가 중국에서 유럽으로 전해졌다고 주장한 유력한 근거는 가남쇠를 사용했다는 중국의 문헌기록이 유럽보다 한 세기 가량 앞섰다는 정황적 증거뿐이다.[6] 일반적으로 중국 문헌에서 가남쇠를 항해에 이용했음을 밝혀주는 기록이 나타난 것은 11세기이고, 유럽의 경우는 12세기라는 것이 이제까지의 통설이었다. 그러나 이 시기에는 동양과 서양이 직접 교류를 하지 못했고, 아랍인들이 이들을 중계하였다.

만약 아랍인들이 중국인이 사용하던 가남쇠를 유럽에 전해주었다면 아랍인들은 유럽인에 앞서 가남쇠를 항해에 이용했을 것이다. 그러나 아랍인들이 가남쇠를 항해에 이용한 것은 유럽에 비해 반 세기 이상 뒤졌다. 이는 아랍인들이 중국의 가남쇠를 유럽에 전해주지 않았을 개연성이 크다는 것을 시사한다. 그럼에도 불구하고 국내의 아랍 전문가들은 아랍인이 중국의 가남쇠를 유럽에 전해주었다는 고정 관념을 견지하고 있다.[7] 따라서 가남쇠를 항해에 이용하게 되기까지의 과정을 비판적으로 재검토해 보고, 동양과 서양이 서로 독립적인 과정을 거쳐 가남쇠를 항해에 사용했을 개연성을 상정해 볼 필요가 있다.

이 글에서는 자석이 발견되고 항해용 가남쇠가 출현하기까지의 과정을 동서양 비교연구를 통해 밝혀보고자 한다. 이를 위해 역사적인 문헌기록과 이제까지의 연구성과를 종합적으로 비교·검토할 것이다. 이렇게 함으로써

---

5) Alexander von Humboldt, trans. by E.C. Otté, *Cosmos, A Sketch of A Physical Description of the Universe* Vol. 1(1856), p.180 / Vol.2(1866), p.253.

6) May & Holder(1973), *A History of Marine Navigation*, p.52.

7) 정수일(2001), 『씰크로드학』, 296~297쪽.

서로 상이한 역사 발전 과정을 걸었던 동양과 서양이 서로 유사한 경로를 밟아 비슷한 시기에 가남쇠를 항해에 이용하게 된 역사적 보편성을 확인하고자 한다.

I. 동양에서 가남쇠의 변천 과정

전설에 따르면, 중국에서는 기원전 4000년 전 황제黃帝 시대 때 지남거를 만들었다고 하지만,[8] 역사적 기록과 비교해 보면 터무니없는 이야기다. 지남거를 만들었다는 기록은 11세기나 되어서야 나타나기 때문이다.[9] 중국에서 자석을 이용하여 방향을 탐지하기 시작한 것은 기원전 4세기 즈음이었다. 현재 남아 있는 기록에 따르면, 기원전 4세기에 중국에서는 이미 사남이 이용되고 있었다. 기원전 4세기에 저술된 『귀곡자鬼谷子』에는 "옛날 정鄭 나라 사람이 옥을 가지러 갈 때에는 반드시 사남을 소지하였는데, 이는 길을 잃지 않기 위해서다"라고 기록되어 있다.[10] 이보다 조금 뒤인 기원전 3세기에 저술된 『한비자韓非子』에도 "선왕께서는 사남을 세워 조석朝夕을 확인하였다"[11]는 기록이 있다. 중국과 우리나라 학자들은 『귀곡자』의 기록을 자석의 이용을 확인시켜 주는 가장 오래된 기록으로 보고 있다.[12]

중국과학사가인 왕전두오王振鐸가 복원한 사남은 반盤과 숟가락 모양의

---

8) 『航運史話』(1978), p.101 ; 劉明金(2002), 「沒有指南針就只能靠岸行船嗎?」, p.347.

9) 『水運技術詞典』(1980), p.8.

10) "故鄭人之取玉也, 必載司南, 爲其不惑也" ; 陶弘景 注, 鬼谷子 謀篇 第10卷(1968, 臺北: 臺灣商務印書館).

11) "先王立司南以端朝夕." 韓非子 卷第二 有度第六(中華民國 71年, 臺灣中華書局), 五面.

12) 汶江(1989), 『古代中國與亞非地區的海上交通』, pp.143-144 ; 席龍飛(2000), 『中國造船史』, p.135 ; 최근식(2002), 「장보고 무역선과 항해기술 연구」, 135쪽 ; 정진술(2002), 「장보고 시대의 항해술과 한중항로에 대한 연구」, 229쪽.

지남기로 이루어져 있으며 지남기를 반에 올려놓고 돌리면 사남의 손잡이 부분이 남쪽을 가리키게 된다.[13] 동한東漢(25~220)의 왕충王充은 83년에 편찬한 『논형論衡』에 "사남을 땅에 놓으면 그 손잡이가 남쪽을 가리킨다"[14]고 적었다. 하지만 사남은 움직이거나 평평하지 않으면 지반 위에서 균형을 잡지 못해 사용할 수가 없고, 천연자석을 사남으로 가공할 때 열을 받아 자성을 잃게 되어 그 자성도 비교적 약했다. 이 때

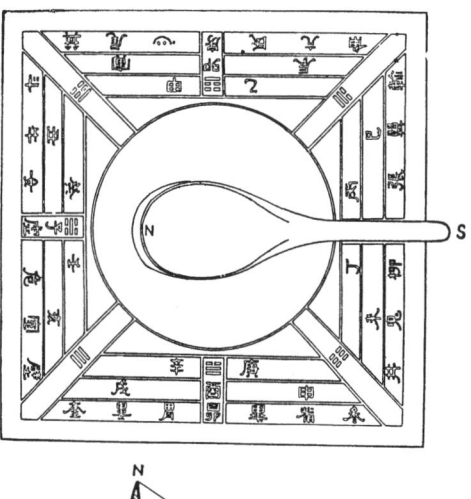

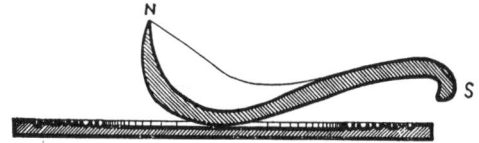

그림 3-1. 왕전두오가 재현한 사남 자료
자료: 王振鐸(1978), 「中國古代磁針的發明和航海羅經的創造」, p.54.

문에 사남이 풍수지리가들에게 비교적 오랫동안 사용되었음에도 불구하고, 항해용으로 이용하기는 원천적으로 불가능했다.[15]

사남에서 한 차원 진전된 형태가 지남주指南舟, 지남어指南魚, 지남거指南車, 지남귀指南龜 따위다. 이 가운데 기록에 가장 먼저 등장한 것이 지남주다. 『송서宋書』에 따르면, 진晉 나라(265~420) 때 지남주가 있었다고 한다.[16]

---

13) 王振鐸(1948·1949·1951), 「司南指南針與羅經盤-中國古代有關靜磁學知識之發現及發明」 上·中·下.

14) "司南之杓 投之于地 其柢(抵)指南"; 王充 纂集, 論衡, 「是應篇」[民國18(1929), 上海: 涵芬樓[商務印書館].

15) 孫光圻(1991), 『中國航海史綱』, p.123.

16) 宋書, 沈約(梁) 撰[民國22年(1933), 上海: 商務印書館]; 汶江(1989), 『古代中國與亞非地區的海上交通』, p.144; 『航運史話』(1978), p.104 참조.

여기에 기재된 지남주가 단순히 배 모양을 한 지남기구였는지, 아니면 지남반이었는지는 불분명하다. 주舟라는 글자는 선船이라는 뜻과 반盤이라는 뜻을 동시에 갖고 있어서 이 글자 자체만으로는 어느 쪽으로든 해석이 가능하다.[17] 하지만 해석이 어느 쪽이든 가남쇠를 항해에 이용한 것이 아님은 분명하다.

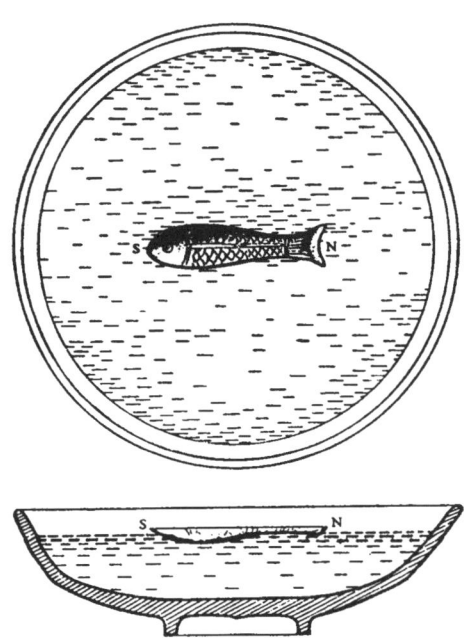

그림 3-2. 지남어
자료:『武經總要』前集 卷15；王振鐸(1949),「司南指南針與羅經盤(中)」, p.191.

대략 11세기 북송 시대에 이르러 '인공자철人工磁鐵'이 발명되면서 지남어, 지남거, 지남귀와 같은 여러 가지 형식의 지남 기구가 제작되었다.『송사宋史』「여복지與服志」에는 "인종 천성仁宗天聖 5년(1027)에 공부낭중工部郎中 연숙燕肅이 지남거를 받쳤다"[18]고 기록되어 있으며, 경력慶歷 4년(1044) 북송 시대의 『무경총요武經總要』에는 다음과 같이 여러 가지 가남쇠가 소개되어 있다.

"만약 구름이 끼고 바람이 부는 날이나 캄캄한 밤에 방향을 식별하지 못하면 늙은 말을 앞세워 길을 찾아가게 하거나, 혹은 지남거나 지남어로 방향을 식별한다. 지남거의 제작법은 전하지 않는 비밀이다. 지남어의 제작법은 얇은 철판을 길이

---

17)『航運史話』(1978), p.104.
18) "仁宗天聖五年, 工部郎中燕肅, 始進指南車",『二十五史·宋史(上)』, p.454.

2촌寸, 넓이 5분分에 수미首尾가 뾰족한 물고기 형태로 오린 후 석탄불에 넣고 가열한다. 뻘겋게 달았을 때 집게로 물고기 머리[魚首]를 집어서 꺼낸다. 물고기 꼬리[魚尾]가 자위子位(0도)를 향하게 물그릇에 담그면 물고기 꼬리가 얼마간 물에 잠기면서 뜬다. 이것을 밀기에 보관한다. 사용할 때는 물 사발을 바람이 없는 곳에 평행하게 놓고 물고기를 물 위에 띄우면 물고기 머리가 항상 남쪽[午]으로 향한다."19)

원元 태정년간泰定年間(1324~1328)에 천위안징陳元靚이 저술한 『사림광기事林廣記』에도 남송 말년에 목제 지남어와 지남귀가 있었다고 전하면서 제작법이 상세하게 소개되어 있다. "지남어는 나무로 물고기를 조각한 후 배를 갈라서 자석덩이 하나를 넣고 다시 밀랍으로 채운다. 바늘 절반을 물고기 입 속으로 밀어넣고 수중에 놓아두면 자연히 남쪽을 가리킨다."20) 지남귀도 이와 비슷한 방법으로 만들었다. "나무로 거북 한 마리를 조각해 전법前法과 같이 제작한다. 꼬리 옆으로 바늘을 찔러넣고 … 거북의 복부에 얕은 홈을 내어 못 위에 올려놓고 돌린다. 항상 북쪽을 가리킨다."21)

대련해사대학의 순구앙기孫光圻는 "실용성을 감안해 볼 때 지남귀는 육상에서 이용되었고, 지남어는 해상에서 이용되었을 가능성이 크다"고 추정하였으나,22) 시롱페이는 "지남어가 마차와 배, 즉 육지와 해상에서 모두

---

19) "若遇天景用薄鐵葉剪裁, 長二寸, 闊五分, 首尾銳如魚形, 置炭火中燒之, 候通赤, 以鐵鈐鈐出魚首出火, 火尾正對子位, 蘸水盆中, 沒尾數分則上, 以密器收之 … 置水碗于無風處平放, 魚在水面乏浮, 其首常南向午也"; 曾公亮 等撰, 『武經總要』 前集卷15, 響導篇, 欽定四庫全書. 子部. 兵家類, 國立中央圖書館籌備處 編[民國24(1935), 上海: 商務印書館].

20) "以木刻魚子一個, 如母子大, 開腹一竅, 陷好磁石一塊子, 卻以蠟塡滿; 用針一半, 僉從魚子口鉤入, 令沒放水中, 自然指南, 以手爸載, 又復如初"; 孫光圻(1989), 『中國古代航海史』, p.439; 航運史話編寫組(1978), 『航運史話』, p.103 재인용.

21) "以木刻龜子一個, 一如前法制造, 但于尾邊敲針入去 … 龜腹下微陷一穴, 安釘子上撥轉, 常指北, 須是釘尾后"; 孫光圻, 『中國古代航海史』, p.439 재인용.

22) 孫光圻(1989), 『中國古代航海史』, p.439.

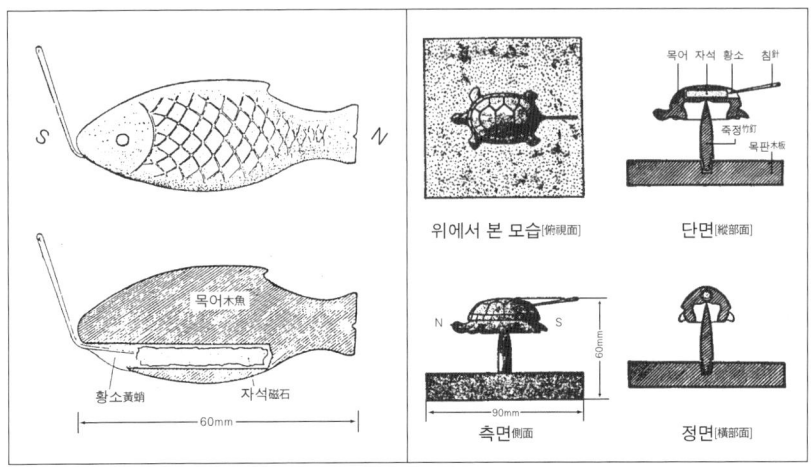

그림 3-3. 지남어
자료: 『事林廣記』 卷十 ; 王振鐸, 「司南指南針
與羅經盤(中)」, p.203.

그림 3-4. 지남귀
자료: 『事林廣記』 卷十 ; 王振鐸, 「司南指南針
與羅經盤(中)」, p.204.

사용"되었을 것으로 보고 있다.[23] 하지만 당시까지 지남어를 해상에서
사용했다는 기록은 발견되지 않았다. 설사 지남어가 해상에서 이용되었다
고 하더라도 자성이 크지 않았기 때문에 실용가치는 크지 않았을 것이다.[24]

11세기 중엽에 이르면 중국에서는 매우 다양한 방식으로 가남쇠를 활용하
였다. 가우 嘉祐 8년 (1063) 북송의 과학자 심괄 沈括(1031~1095)은 『몽계필담 夢溪
筆談』 권24 「잡지일 雜志一」에 다음과 같이 기록하였다.

방술가 方術家들은 자석으로 바늘의 끝을 마찰하여 그것이 남쪽을 가리키
게 할 수 있다. 그러나 언제나 약간 동쪽으로 치우쳐 정남을 가리키지
않는다 [方家以磁石磨針鋒, 則能指南, 然常微偏東, 不全南也]. 바늘을 물 위에 뜨게 하면
언제나 흔들거린다. 손톱 위와 그릇의 가장 자리에도 모두 둘 수 있으며,

23) 席龍飛(2000), 『中國造船史』, p.135.
24) 孫光圻(1989), 『中國古代航海史』, pp.438, 439.

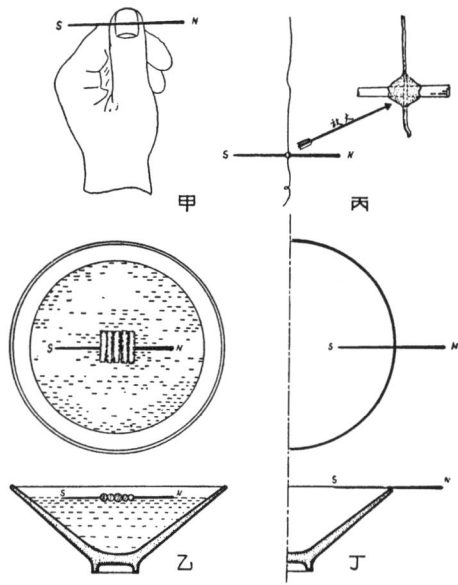

그림 3-5. 왕 전두오가 재현한 4종의 지남기
자료: 王振鐸(1978), 「中國古代磁針的發明和航海羅經的創造」, p.55.

매우 잘 돌아가지만, 단단하고 매끈하여 잘 떨어진다. 따라서 그보다는
실로 매다는 것이 가장 좋다.[25]

『몽계필담』의 기록만으로는 지남을 항해에 이용했는지의 여부는 확인할
수 없다. 다만 지남에는 네 종류가 있으며, 그 가운데 침을 실에 매단
것이 가장 유용하고, 주로 방술가들이 지남을 이용했다는 사실만을 확인할
수 있을 뿐이다.

중국에서 지남을 항해에 이용했음을 확인시켜 주는 가장 오래된 문헌은
북송의 주욱朱彧이 선화宣和 연간(1119~1125)에 편찬한 『평주가담』이다.[26]

---

25) 沈括, 최병규 역(2002), 『몽계필담(하)』, 145쪽.
26) 『航運史話』(1978), p.104. 이에 대해 孫珖圻(1991), 席龍飛(2000), 정진술(2002)은

주욱은 "주사舟師가 지리를 알아 밤에는 별을 관측하고 주간에는 태양을 관측하며 흐린 날에는 지남침을 관측한다"고 기록하였다.[27] 이 기사는 주욱의 부친 주복朱服이 광저우廣州에서 관리로 복무하고 있을 때의 견문을 기록한 것이다. 주복은 1098년부터 1102년까지 광저우에서 복무한 것으로 확인되고 있다.[28]

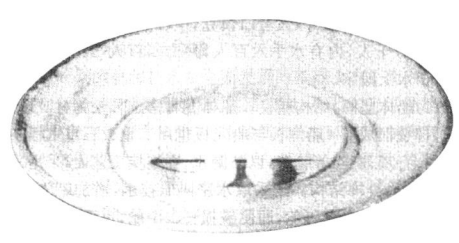

그림 3-6. 송대 지남침
자료: 孫珖圻(1989), 『中國古代航海史』, p.441.

『평주가담』의 기록을 통해 지남침이 항해에 이용되기는 하였으나, 전천후로 이용된 것이 아니라, 별이나 해를 볼 수 없는 흐린 날씨에 한하여 방향을 확인하기 위한 항해보조기구로 활용되었음을 알 수 있다.

그리고 『평주가담』에 기재된 지남침은 나침반이 아니라 물 위에 나침을 띄운 지남부침指南浮針이다. 이는 북송의 서긍徐兢(1091~1153)이 선화 6년(1124)에 편찬한 『선화봉사고려도경宣和奉使高麗圖經』의 기록을 통해 확인할 수 있다.

서긍은 북송 휘종徽宗의 명으로 고려에 사절로 파견되었는데, 1123년 5월 28일 절강성의 봉래산을 지난 뒤 반양초半洋礁 부근을 지나면서 다음과 같이 기록하였다.

1119년에(『中國航海史綱』, p.123 ; 『中國造船史』, p.137 ; 「장보고 시대의 항해술」, 233쪽), 최근식(2002)은 1111~1117년에 저작된 것으로 각각 보고 있다(「장보고 무역선과 항해기술 연구」, 164쪽 각주 588).

27) "舟師識地理, 夜則觀星, 晝則觀日, 陰晦觀指南針" ; 朱彧, 『萍洲可談』, p.26.

28) 주복이 광저우에서 복무한 시기에 대해서는 학자들에 따라 다소 차이가 있다. 孫珖圻(『中國航海史綱』, p.123)는 元府 2년(1099)부터 崇寧 元年(1102)까지로, 石龍飛(『中國造船史』, p.137)는 建中 靖國 元年(1101)부터 崇寧 2년(1103)까지로 각각 보고 있으나, 1098년부터 1102년까지로 보는 것이 일반론이다[中國航海學會(1988), 『中國航海史－古代航海史』, p.126 ; 王振鐸(1978), 「中國古代磁針的發明和航海羅經的創造」, p.56].

밤에 바다에 있었는데 제자리에 머물러 있을 수 없어서 오로지 북두칠성을 보면서 전진하였다. 만약 날씨가 흐려 캄캄해지면 지남부침指南浮針을 사용하여 남북을 분간하였다.

夜洋中 不可住, 維視星斗 前邁, 若晦冥, 則用指南浮針, 以揆南北 29)

『평주가담』과 『선화봉사고려도경』의 기록에는 지남의 방위[羅經]와 배의 침로에 대한 기술이 없다. 이 시기에 사용된 가남쇠가 물 위에 나침을 띄운 수부단침水浮單針이었기 때문이다.30) 이 시기에는 일반적으로 낮에는 해를 보고, 밤에는 북두칠성을 보며 항해를 했고, 지남부침은 흐린 날에만 사용하는 항해 보조기구에 지나지 않았다.31)

송대 이래 중국의 해선海船에서 사용한 가남쇠는 모두 지남부침指南浮針(또는 수부나경水浮羅經)이다. 『몽계필담』에 소개된 네 가지 형태의 지남기 가운데 물 위에 나침을 띄운 수부침水浮針이 항해용에 적합하였다. 순구앙기는 "항해 측면에서 보았을 때 수부침이 가장 간편하고 실용적이다.… 선박이 바다 가운데서 동요가 생겨도 용기 중의 수면은 항상 수평면을 유지하기 때문에 수부침의 지향指向 효과는 아주 안정적이다"고 평가하였고,32) 왕구안주오도 "수부법水浮法 지남침은 사발 속의 물이 수평을 유지하기 때문에 동요가 심하지 않으면 방향을 식별할 수 있다"고 설명하고 있다.33)

가남쇠를 본격적으로 항해에 이용하기 위해서는 나침이 지시하는 방위를 읽을 수 있도록 지반地盤에 방위가 표시되어야 한다. 중국 문헌에서 나침의 방위[羅經]가 처음 등장한 것은 12세기 초다. 선 상인曾三因(또는 曾三異)의 『인화록因話錄』에는 "오침午針을 지라地螺[羅]라고 한다"는 내용이 기록되어 있다.34)

---

29) 徐兢, 『몽계필담』, 316, 536쪽.
30) 中國航海學會(1988), 『中國航海史-古代航海史』, p.126
31) 王振鐸(1978), 「中國古代磁針的發明和航海羅經的創造」, p.56.
32) 孫珖坼(1989), 『中國古代航海史』, p.439.
33) 王冠倬(2000), 『中國古船圖譜』, p.151.

이 당시의 지반地盤에는 甲乙, 丙丁, 庚辛(申), 壬癸의 4 천간天干과 子, 丑, 寅, 卯, 辰, 巳, 午, 未, 申, 酉, 戌, 亥의 12 지지地支, 그리고 乾, 坤, 艮, 巽의 4 팔괘八卦가 새겨져 있어 당시 24 방위를 가리키는 데 사용하였음을 알 수 있다.35) 하지만 『인화록』의 기록으로 확인할 수 있는 것은 가남쇠가 수부침에서 나침羅針으로 발전하였다는 사실뿐이고, 선원들이 이를 실제 항해에 활용하였는지의 여부는 불분명하다.

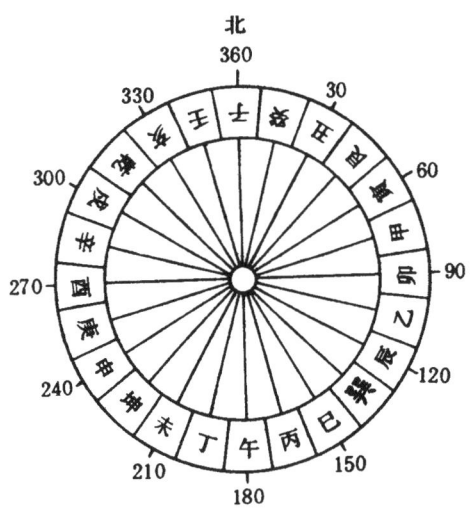

그림 3-7. 24방위가 새겨진 중국의 가남쇠
자료: 中國航海學會(1988), 『中國航海史 - 古代航海史』, p.127.

나침이 실제 항해에 활용되었음을 확인시켜 주는 기록은 『동경몽화록東京夢華錄』, 『몽양록夢梁錄』, 『제번지諸蕃志』 따위다. 니덤과 왕링은 1126년 북송의 수도 개봉開封이 함락되어 항저우杭州로 천도한 뒤 맹원로孟元老가 『동경몽화록』을 저술하였는데, 그 기사 가운데 "비가 오고 흐릴 때에는 침에 따라 항해하는데, 화장火長이 그것을 관리한다"는 기록이 있으며, 이 기사는 "1110년경에 있었던 일을 기록한 것"이라고 밝히고 있다.36) 그리고 오자목吳自牧이

---

34) 王振鐸(1978), 「中國古代磁針的發明和航海羅經的創造」, p.56 ; 中國航海學會(1988), 『中國航海史-古代航海史』, p.126 재인용.

35) 中國航海學會(1988), 『中國航海史 - 古代航海史』, p.127.

36) "風雨冥晦時, 惟憑針盤而行, 乃火長掌之" ; J. Needham & Wang Ling, *Science and Civilization in China* Vol. 4 Part 1 Physics ; 海野一隆 3人 譯(1979), 『中國の科學と文明』, p.336.

1154년에 쓰고37) 남송 함순咸淳 연간(1265~1274)에 편찬된38) 『몽양록』에는 "바람이 불고 비가 오는 흐린 날에는 오직 침반針盤으로 항행한다. 화장火長이 그것을 책임지고 있는데, 털끝만큼이라도 오차도 있으면 안 된다. 배 한 척에 탄 사람들의 목숨이 거기에 달려 있기 때문이다"39)라고 기록되어 있다. 또한 조여적趙汝適이 1225년에 지은 『제번지』에도 복건시박사福建市舶司에 관한 구절에 "주선舟船의 왕래는 모두 지남침에 의거하며 주야로 조심스럽게 관찰한다. 털끝만큼의 오차에도 생사가 달려있다"고 기록되어 있다.40)

『동경몽화록』, 『몽양록』, 『제번지』에서 언급된 지남침과 침반은 모두 나침반을 가리킬 것이다. 만약 나침의 방위[羅經]가 없다면 "털끝만큼의 오차라도 있다면"이라고 기재하지 않았을 것이기 때문이다. 결론적으로 중국 학자들은 12세기에서 13세기 사이에 중국에서 가남쇠(지남부침 指南浮針 또는 나침반羅針盤)가 항해에 이용되었다고 보고 있다.41) 그러나 이는 단순히 항해에 가남쇠를 이용했다는 기록을 기준으로 한 데 불과하다. 실제로 항해에 나침방위를 이용했음을 보여주는 기록은 이보다 후대에 나타난다.

중국의 선원들이 나침방위를 기준으로 항해했음을 보여주는 최초의 문헌은 주달관周達觀이 저술한 『진랍풍토기眞臘風土記』다. 주달관은 원대 원정

---

37) 『航運史話』(1978), p.105.

38) 汶江(「古代中國與亞非地區的海上交通」, p.145)은 1274년에 편집되었다고 밝히고 있다.

39) "風雨冥晦, 惟憑針盤而行, 乃火長掌之, 毫釐不敢差誤, 蓋一舟人命所系也";『吳自牧夢梁錄』卷12,「江海船艦」;王振鐸(1978),「中國古代磁針的發明和航海羅經的創造」, p.56 재인용.

40) "舟舶來往, 惟以指南針爲則, 晝夜守視唯謹, 毫釐之差, 生死繫焉";趙汝適, 楊博文 校釋(1999),『諸蕃志』卷下, 海南條, p.216.

41) 王振鐸(1978),「中國古代磁針的發明和航海羅經的創造」, p.56;孫光圻(1991),『中國航海史綱』, p.123;汶江(1989),『古代中國與亞非地區的海上交通』, p.145;席龍飛(2000),『中國造船史』, p.136;王冠倬(2000),『中國古船圖譜』, p.150;『水運技術詞典』(1980), p.10;『航運史話』(1980), p.104;中國航海學會(1988),『中國航海史-古代航海史』, p.126.

元貞 연간(1295~97)부터 대덕 大德 원년(1297) 사이에 사신으로 진랍 眞臘(현 캄보디아)에 파견된 뒤 돌아와 1297년에 저술한 『진랍풍토기』에 "온주 溫州에 서 출항한 후 정미침 丁未針(202°30′)으로 항해하여 … 점성 占城(현 베트남)에 이르며 … 점성에서부터 순풍이 불면 반달이면 진포 眞蒲에 이르며, 다시 진포에서 떠나 곤신침 坤申針(232°30′)으로 항해해 곤창양 昆倉洋을 지나 입항하 였다"[42]고 적었다.

또한 원대(1331년)에 간행된 『해도경 海道經』에는 "침 針을 의지하여 정북으 로 항행한다"는 기록이 있고,[43] 14세기에 편찬된 『대원해운기 大元海運記』에도 "오직 침로에 따라 행선 行船의 방향을 정하며 천상 天像을 관측하여 날씨의 흐리고 개임을 판단한다"고 기록되어 있다.[44] 이는 12~13세기 초 북송 시기에 항해 보조기구에 불과했던 가남쇠가 13세기 중엽에서 14세기 원대에 이르면 기본항해기구로 활용되었음을 보여준다.

그러나 중국에서는 청 건륭 乾隆 연간(1736~1795)에 이르기까지 항해에 수부침을 이용하였다. 정화 鄭和의 함대도 남해 항해시 수부침을 사용하였음 은 항해에 참여한 바 있는 공진 鞏珍이 명대 선덕 宣德 9년(1434)에 저술한 『서양제국지 西洋番國志』의 기록으로 확인할 수 있다.[45] 중국에 건나침반 乾羅針 盤(旱羅盤)이 소개된 것은 일본을 통해 유럽식 나침반이 소개된 16세기 중엽이 었고, 중국인들이 건나침반을 실제 항해에 이용한 것은 18세기 초였다.[46]

---

42) "自溫州開洋, 行丁未針, 歷閩廣海外諸洲港口, 過七洲洋, 經交趾洋到占城, 又自占城順風可, 半月到眞蒲, 乃其境也, 又自眞蒲行坤申針, 過昆倉洋入港"; 周達觀 撰(中華民國五十八年), 『眞臘風土記』, 總捷, 台北: 廣文書局有限公社, 3面.

43) "依針正北望 便是顯神山 … 依針正北行使"; 『海道經』(1985), 北京: 中華書局, 3面.

44) "惟憑針路定向行船, 仰觀天像以卜明晦"; 王振鐸(1978), 「中國古代磁針的發明和航海羅經 的創造」, p.57 재인용.

45) "皆斲木爲盤, 書刻干支之字, 浮針于水, 指向行舟"; 王振鐸(1978), 「中國古代磁針的發明和 航海羅經的創造」, p.57 재인용.

46) 王振鐸(1978), 「中國古代磁針的發明和航海羅經的創造」, p.59.

동양권에서 중국을 제외한 기타 지역들이 항해에 가남쇠를 이용한 것은 중국에 비해 늦었다. 아랍권의 경우 이븐 쿠르다지바Ibn Khurdadhibah가 845년[47])에 저술한 『제도로諸道路 및 제왕국지諸王國誌』를 보면 지남기에 대한 언급이 전혀 없고,[48]) 14세기 중엽의 대여행가인 이븐 바투타Ibn Batuta (1304~1368)도 해로를 자주 이용하고 중국 배에 승선했으면서도 가남쇠에 대해서는 전혀 언급하지 않았다.[49]) 이제까지의 연구결과를 종합해 볼 때 아랍인들은 대체로 13세기 중엽에는 수부침 형태의 가남쇠를 항해에 이용한 것으로 확인된다. 아랍권에서 가남쇠에 관한 가장 오래된 문헌은 1232년 무함마드 알 아피Muhammad al-Awfi가 페르시아에서 편집한 『만물론Jami al-Hikayat, On the All Things』이다. 이 일화집 속에 "철편으로 만든 물고기를 자석에 문지른 뒤, 물이 가득 담긴 상자에 넣으면 이것이 물에 떠서 돌다가 남쪽을 가리킨다"는 내용이 기록되어 있다. [50])

아랍권에서 가남쇠를 항해에 이용했다는 것을 확인시켜 주는 가장 오랜 기록은 1282년에 바일락 알 킵자키Bailak al-Qibjaqi가 쓴 『상인보감Kitab Kanz al Tujjar fi ma rifat al ahjar, Treasure of Traders to know the Secrets』(비밀을 알아내기 위한 상인들의 보물)이라는 글이다. 이 글에서 킵자키는 1242~43년에 시리아의 트리폴리Tripoli에서 알렉산드리아Alexandria로 항해하는 배에서 "뱃사람들이 물에 띄운 지침을 사용하는 것을 목격했다"고 기록하고 있다.[51]) 아랍인들이 나침방위를 이용해 항해를 한 것은 15세기 후반이었다. 후아 타오에 따르면, 아랍권에서 나침방위를 이용했다는 증거는 15세기 후기의 이븐 마지드Ibn Majid나, 16세기 초 술라이만 알 마흐리Sulaiman al-Mahri의 저서에서

---

47) 무함마드 깐수(1995), 『세계 속의 동과 서』, 137, 155쪽.
48) Tao(1991), "Ibn Khurdadhbah's Description", pp.131-148.
49) Ibn Batuta, 정수일 역(2001), 『이븐바투타의 여행기』.
50) Schmidl(1997-98), "Two Early Arabic Sources on the Magnetic Compass", p.83.
51) Schmidl(1997-98), p.85 ; Needham & Wang(1985), Science and Civilization in China Vol.4, Taipei: Caves Books, pp.299-301.

비로소 나타난다.[52] 하지만 마르코 폴로, 프라 마우로 Fra Mauro, 니콜로 데 콘티 Nicolo de Conti 같은 유럽인들은 15세기에서조차도 "인도양의 아랍인 들은 가남쇠 magnetic compass를 사용하지 않았다"고 전하고 있다.[53] 레인 교수는 이러한 기록들을 "아랍인들이 항해용 컴퍼스를 사용하지 않았다는 증거로 해석해서는 안 되고, 인도양에서는 계절풍을 따라 항해할 수 있었으 므로 컴퍼스가 아랍 항해자들에게 중요하지 않았음을 보여주는 것으로 해석해야 한다"고 밝히고 있다.[54]

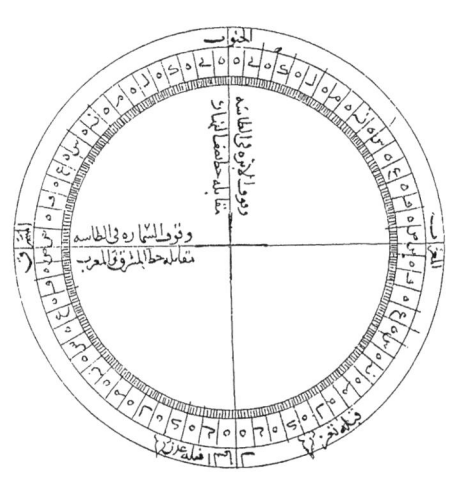

그림 3-8. 1290년경 알 아슈라프(Al-Ashraf)의 나침 반 카드
자료: Schmidl(1997~98), "Two Early Arabic Sources", p.131.

이상의 논의를 통해 아랍인 들은 13세기 초에 중국의 가남 쇠를 받아들였으나,[55] 이를 항 해에 이용한 것은 한 세기 이상 뒤졌음을 확인할 수 있다. 그런 데 이 시기에 아랍인들이 받아 들인 것은 지남어였다. 정수일 은 "라틴어 문헌에 12세기 말엽 중국의 나침반이 아랍인을 통 해 유럽에 전해졌다고 기록하 고 있다"면서, "유럽 최초의 전 수국인 이탈리아는 중국식 나 침반을 한침반 旱針盤으로 개량 해 14세기 초부터 사용하기 시작했다"고 밝히고 있으나[56] 이는 명백한

---

52) Tao(1991), pp.131-148.

53) cited by Lane(1963), "Economic Meaning of the Invention", pp.610-611.

54) Lane(1963), p.611.

55) 정수일(『씰크로드학』, 297쪽)은 13세기 초 아랍의 지리학자 아불 피다(Abu'l Fida)가 그의 지리학서에서 중국 나침반을 소개하고 있다고 하였으나, 전거는 제시하지 않았다.

오류다. 왜냐하면 12세기 말에 중국에는 나침반이 아니라 수부침이 사용된 것이며, 뒤에서 살펴볼 네캄의 기록을 기준으로 한다면 유럽에서도 최소한 12세기 말에 이미 표침 漂針(floating needle)과 축침 軸針(pivoted needle)을 항해에 활용하고 있었기 때문이다.

만약 흔히 이야기되는 것처럼 아랍인들이 13세기에 중국으로부터 받아들인 가남쇠를 지중해역의 유럽인들에게 전해주었다면 유럽인들도 지남어 형태의 가남쇠를 활용했을 것이다. 그러나 유럽의 기록에서 지남어에 대한 기록은 전혀 나타나지 않고 있다. 이는 아랍인들이 중국의 가남쇠를 유럽에 전해주었을 가능성이 매우 낮음을 시사한다.

오히려 유럽인들이 가남쇠를 아랍인들에게 전해주었을 가능성이 크다는 주장도 있다. 화이트는 "컴퍼스는 아랍어로 '알-콘바스 al-konbas'라고 하는데 이는 아랍인들이 유럽으로부터 나침반을 전수받았음을 시사하는 것"이라고 밝히고 있다.[57] 그러나 이는 다소 유럽 중심적인 사고에서 비롯된 것이다. 왜냐하면 아랍인들이 가남쇠를 '알-콘바스'라고 부르기도 하는 것은 사실이지만, 이는 영어의 compass를 아랍어로 표기할 경우에 한하여 드물게 사용되는 표기법이기 때문이다. 중세 아랍어로 지남기는 '알-타사 al-tasa'(compass bowl)나 '바이트 알-이브라 Bayt al-ibra'(magnetic compass)라고 했고,[58] 현내어로는 보통 '알-보슬라 al-boslah'라고 한다.

II. 서양에서 Magnetic Compass의 발전 과정

유럽에서 자성이 알려진 것은 기원전 수세기 전의 일이다. 기원전 2세기경

---

56) 정수일(2001), 『씰크로드학』, 297쪽.
57) White(1962), *Medieval Technology and Social Change*, p.132.
58) Schmidl(1997-98), p.98 footnote, 43 & p.99 footnote 46.

의 니칸데르 Nicander of Colophon(BC 197?~BC 130)라는 시인이 전하는 바에 따르면, "크레타 Creta의 마그누스 Magnus라는 양치기가 자성이 함유된 바위 위에 앉아 쉬고 있었는데 신발에 박은 철못과 지팡이 끝에 박은 쇠붙이가 바위에 붙는 것을 보고 자성을 발견하게 되었다"고 한다.[59] 영어의 자석을 뜻하는 'magnet'이라는 단어가 바로 자석 산지인 소아시아의 '마그네시아 Magnesia' 또는 그곳에 거주하는 종족인 '마그네테스 Magnetes'에서 유래된 것이다.[60] 이는 유럽에서도 중국과 비슷한 시기에 천연자석 lodestone에 대해 알려져 있었다는 것을 뜻한다. 콜린더(1954, p.102)는 유럽에서 천연자석이 알려진 것은 최소한 기원전 600년경으로 보고 있다.[61]

로마 시대에 이르면 유럽인들은 자석의 성질을 보다 깊이 파악하게 된다. 기원전 1세기에 로마의 철학자 루크레티우스 Titus Lucretius Carus(BC 94?~55?)는 6권으로 된 『사물의 본질에 대하여 De Rerum Natura』라는 장편시에서 "자석이 철을 끌어당기는 힘도 있고 그와 동시에 밀치는 성질도 있다"는 사실을 묘사하고 있다.[62] 중국인들이 자석이 같은 극끼리 밀치는 성질을 갖고 있다는 사실을 깨닫게 된 것은 988년경이다.[63]

유럽에서 천연자석을 항해에 이용했음을 암시해주는 가장 오래된 기록은 바이킹의 사가 saga인 『란드나마보크 Landnamabok』(아이슬랜드 개척서) (tome, I, chap. II, 7)에서 찾아볼 수 있다. 노르웨이의 연대기 작가인 아리 프로디 토르길손 Ari Frodi Thorgilsson(Ara Frodi 또는 Arius Polyhistor)(c.1067~1148)은 아이슬랜

---

59) Hewson(1983), *A History of the Practice of Navigation*, p.45 ; May & Holder(1973), *A History of Marine Navigation*, p.43.

60) Hewson(1983), p.45 ; Per Collinder(1954), *A History of Marine Navigation*, p.100.

61) Per Collinder(1954), p.102.

62) Titus Lucretius Carus, *On the Nature of the Things* Book VI, "Extraordinary and Paradoxical Telluric Phenomena", trans. by William Ellery Leonard. in http://www.fordham.edu/ halsall/ancient/lucretius-natureot.txt(2003.5.21)

63) "太平御覽九八八引淮南万畢術云 : 取鷄血与針磨擦之, 以和磁石, 用涂棋頭. 曝干之, 置局上, 相拘不休"; 王振鐸, 「司南指南針與羅經盤(上)」, p.178.

드 발견 과정에 대해 기술하는 대목에서 다음과 같이 서술하고 있다.

"유명한 바이킹으로 아이슬랜드를 세 번째로 발견한 플로키 빌게르데르센 Flocke Vilgerdersen이 868년경 노르웨이의 로갈란 Roagaland을 출항하여 가데스홀름 Gadersholm(아이슬랜드)을 찾아나섰다. 그는 방향잡이 용으로 갈가마귀 3 마리를 데리고 갔는데, 이 갈가마귀들을 성화聖化하기 위해 출항을 준비하고 있던 스마르순 Smarsund에서 제물을 바쳤다. 왜냐하면 당시에는 북유럽에는 'leidarstein'이 없었기 때문이다."[64]

아이슬랜드어로 'leidarstein'은 '지침석 guiding stone'을 뜻한다. 이 사가를 통해 아리 토르길손이 생존할 당시 북유럽에서는 '천연자석'이 항해에 이용되었다는 사실을 유추해 낼 수 있다. 아리 토르길손은 1068년에 출생한 것으로 확인되고 있으므로, 그가 사가를 기록한 것은 대략 11세기 말로 볼 수 있다. 이 사가의 기록을 액면 그대로 받아들인다면 북유럽에서 바이킹들이 항해에 천연자석을 이용하기 시작한 시기는 플로키가 아이슬랜드를 향해 출항한 868년과 11세기 밀 사이가 될 것이다.[65]

바이킹들이 설사 천연자석을 사용했다고 하더라도 그것은 커다란 나무통 안에 물을 재워 작은 나무상자를 띄워 놓고 그 나무상자 위에 천연자석을 올려놓는 단순한 형태에 지나지 않았을 것이다. 이것에 굳이 이름을 붙인다면 '표자석漂磁石(floating lodestone)'이라고 부를 수 있을 것이다. 이러한 방향지시기를 바다 위에서 전천후로 이용하기란 불가능하다. 그러므로 바이킹들이 항해에 천연자석lodestone을 이용했다 하더라도 날씨가 흐려 낮에 해가 보이지 않거나 구름이 끼어 별을 볼 수 없는 밤, 그것도 바다가 잔잔할

---

64) cited by Hewson(1983), p.46 ; Winter(1937), "Who invented the Compass?", p.9.
65) Sir William Thompson(1891), *Popular Lectures and Address* Vol.III, p.233.

그림 3-9. 초창기 천연자석(로드스톤)
자료: 안트베르펜해양박물관 전시품(재연품)

경우로 한정되었을 것임에 틀림없다.

표자석 형태의 조잡했던 컴퍼스는 12세기 말에 이르러 '표침 漂針'이나 '축침 軸針' 형태로 개량되었다. 파리 대학 교수로 재직하다 브리튼으로 귀국하여 시렌스터 Cirencester 대수도원장이 된 알렉산더 네캄 Alexander Neckam(1157~1217) 은 1187년경 『『사물의 본질에 대하여 De Rerum Natura』와 『도구에 대하여 De Utensilibus』

라는 두 권의 책을 저술하였다. 그는 『사물의 본질에 대하여』에서 다음과 같이 적고 있다.

> 선원들이 바다를 항해할 때 구름이 끼어 더 이상 해를 볼 수 없거나 칠흑같이 어두운 밤에 어느 방향으로 조선해 가야 할지를 모를 때 선원들은 자석에 바늘을 문지른 다음 돌린다. 바늘이 멈추면 바늘 끝이 정확히 북쪽을 가리킨다.[66]

네캄은 또 『도구에 대하여』에서 배에 갖고 다녀야 할 비품을 열거하는 가운데 '선회축 위에 올려놓은 바늘 a needle mounted on a pivot'을 들고, "이것은 흔들리다가 바늘 끝 point이 북쪽을 가리킬 때까지 돈다. 이로써 선원들은

---

66) cited by Hewson(1983), p.49.

날씨가 나빠 북극성이 보이지 않을 때도 침로를 유지하는 방법을 알게 된다"[67]고 적었다.

프로방스 출신의 기요 Guyot de Provins가 1203~1208년 사이에 지은 시도 유럽에서 자석을 항해에 이용하였음을 입증하는 유력한 사료로 제시되고 있다. 기요는 교황이 북극성 같은 존재여야 한다는 견해를 피력한 뒤 다음과 같이 적고 있다.

결코 움직이지 않는 별이 있다네
결코 속이지 않는 기술art이 있다네
그것은 울퉁불퉁한 갈색 돌인 **자석**magnet을 이용하는 것이지.
자석은 언제나 철을 끌어당기고, 일정한 방향을 가리키지.
자석에 바늘을 문지른 뒤
물통 한가운데 지푸라기straw 위에 올려놓고
지푸라기가 바늘을 떠받치게 하지
그러면 바늘은 돌다가
어김없이 그 별 쪽을 가리킨다네
별도 달도 볼 수 없는
칠흑 같은 어두운 밤에
불빛으로 이 바늘을 비추어 보면
바늘이 그 별을 가리키는 것을 볼 수 있다는 것을 믿지 않을 수 있을까?
뱃사람들은 이 바늘에 기대어
가야할 바른 항로를 찾아내지
이것이 결코 속이지 않는 기술이라네.[68]

---

67) *De Utensilibus*, ed. by Thos. Wright(1857) ; cited by Hewson(1983), p.49.
68) cited by Hewson(1983), p.48 ; Collinder(1954), p.103.

네캄과 기요 이후 유럽에서 나침반이 항해에 이용되었음을 보다 명확히 확인시켜주는 사료는 페레그리누스 Petrus Peregrinus(c.1220~?)가 1269년 8월 친구 시게루스 Sygerus에게 써 보낸 「자석에 관한 서한 Epistola de Magnete」69)이다. 이 서한은 크게 두 부분으로 이루어져 있는데, 앞부분에서는 천연자석의 특성을 다루었고, 뒷부분에서는 자석의 활용법에 대해 서술하였다. 페레그리누스는 "네모난 철편을 천연자석에 문지르고 난 뒤 작은 나무나 갈대 조각에 묶어 물 위에 놓으면 한 쪽 끝이 항해성航海星(nautical star, 북극성) 쪽으로 돌아간다"고 쓴 뒤, "자성을 띤 돌은 북부지역에서 널리 발견되고 있으며, 북해의 전 지역, 특히 노르망디, 피카르디, 플랑드르 선원들은 이것을 지니고 다닌다"고 적었다.70) 이어 그는 자석 활용법에 대해 서술하면서, 당시 널리 이용되고 있던 '물통 가운데 놓인 나무판재 위에 띄워놓은 천연자석 덩어리a lump of lodestone floated in water on a piece of board에 불과한 '표자석漂磁石'에 대해 설명한 뒤, 철편을 자화시켜 선회축 pivot 위에 올려놓고 사용하는 '축침pivoted needle'에 대해 상세히 소개하였다.71)

이들 기록을 통해 유럽에서는 12세기 말부터 13세기 중엽 사이에 세 가지 형태의 지남기, 즉 표자석 floating lodestone, 표자침 floating magnetized needle, 축침 pivoted needle이 혼용되어 쓰이고 있었음을 확인할 수 있다.72) 이상과 같은 기록을 보건대, 유럽에서는 늦어도 13세기 중엽에는 자석이 항해에 널리 이용되었음을 알 수 있다. 그러나 이 당시에 뱃사람들이 사용하기에 가장 적합한 컴퍼스라고 할 축침조차 방향을 표시하는 카드card

---

69) 원명은 「Maricourt 출신 Peter Peregrinus가 군인인 Foucaucourt 출신 Sygerus에게 보내는 자석에 관한 서한」(Epistola Petri Peregrini de Maricourt ad Sygerum de Foucaucourt, militem, de magnete)이다.

70) cited by Winter(1937), p.99.

71) cited by May & Holder(1973), pp.45-46.

72) Marcus(1956), "The Mariner's Compass"(p.19)는 "전 유럽에 나침반으로 이용된 자석이 알려진 것은 13세기였다"고 주장하였다.

가 없어서 단지 남북만을 확인할 수 있었을 뿐이다. 또한 나침반은 아직 날씨가 흐려 해나 별을 볼 수 없는 경우에 한해 이용되는 항해 보조장비에 지나지 않았다.

오늘날 사용되는 방위판 있는 가남쇠는 13세기 말에서 14세기 초 사이에 출현하였다. 1290년경 지중해 해역에서 출현한 포르톨라노 Portolano 해도에는 풍배도 Wind-rose가 그려져 있는데, 이러한 형태의 가남쇠가 뱃사람들 사이에서 사용되었음을 시사한다. 하지만 이는 역사적 사실과는 다소 다르다. 왜냐하면 최초의 포르톨라노 해도에는 풍배도가 그려져 있지 않았으며, 1375년 발간된 포르톨라노 해도에서야 비로소 8방위를 표시한 풍배도가 나타났기 때문이다.[73]

그렇다면 방위판이 있는 컴퍼스는 언제 누가 만들었을까? 이에 대해 이탈리아인들은 1302년 아말피 Amalfi의 플라비오 조이아 Flavio Gioja가 오늘날과 유사한 형태의 컴퍼스를 만들었다고 주장하고 있다.

그러나 니덤과 왕링, 메이, 콜린더, 윈터와 같은 학자들은 플라비오가 오늘날 사용하는 것과 유사한 컴퍼스를 발명했다는 주장을 논박하고 있다. 첫째, 이를 입증할 만한 증거가 하나도 없고, 플라비오가 실제로 생존했던 인물인지 입증할 만한 증거가 없다. 둘째, 플라비오가 컴퍼스를 발명했다고 주장하는 중요한 근거는 방향을 지시하는 용어가 이탈리아어라는 것인데, 이는 아무런 관계가 없다. 셋째, 카드판의 문양으로 사용되어 온 '붓꽃 문양 fleur-de-lis'(flower of lily) 역시 그 기원이 이탈리아가 아니라 포르투갈이나 카탈로니아다.[74] 이로써 이탈리아인들이 방향판 있는 컴퍼스를 만들었다는 주장은 일축되었다.

하지만 14세기에 오늘날과 유사한 형태의 가남쇠가 등장했다는 사실에

---

73) May(1973), pp.46, 50.

74) Needham & Wang(1985), *Science and Civilization in China* Vol.4, p.301 ; Winter(1937), pp.96-97 ; Collinder(1954), p.105 ; May & Holder(1973), p.51.

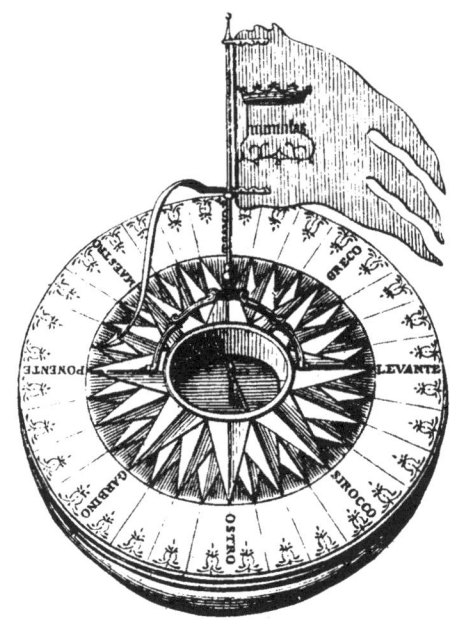

대해서는 그 누구도 부인하지 않는다. 14세기경 유럽의 가남쇠는 나침이 가리키는 방향을 확인할 수 있도록 바늘 주위에 방향판을 올려놓고, 바람의 영향을 피하기 위해 이를 나무나 황동 상자 안에 넣은 가남쇠로 발전하였다. 잉글랜드의 초서Chaucer(1340?~1400)는 1391년에 쓴 『원측의론圓測儀論(Treaties on the Astrolabe)』에서 원측의의 모양을 묘사하면서 "컴퍼스에는 양 자리, 황소 자리, 쌍둥이 자리,

그림 3-10. 1400년 대 유럽의 컴퍼스
자료: Casterreagh(1971), *Great Age of Exploration*, p.161.

게 자리, 사자 자리, 처녀 자리, 저울 자리, 전갈 자리, 화살 자리, 염소 자리, 물병 자리, 물고기 자리와 같은 12 가지 이름이 새겨져 있다"고 적었다.[75] 이는 그의 시대에 나침 주위의 원반에 12 방위를 표시한 컴퍼스가 사용되었음을 의미한다. 유럽에서 360도를 포인트(point, 11°15′)로 나누어 32 방위를 표시한 컴퍼스 카드가 등장한 것은 16세기에 이르러서였다.[76]

이상에서 살펴본 바와 같이 중국을 대표로 한 동양권에서 사남이 발견되고 가남쇠가 항해에 이용되기까지 장구한 세월이 소요되었다. 또한 이

---

75) Geoffrey Chaucer, ed. by Walter W. Skeat(1872), *Treatise on the Astrolabe*, N. Trübner & Co., p.6. in www.hti.umich.edu/cgi(2003.5.25)
76) Hewson(1983), p.50.

과정은 어떤 불연속적인 진보나 혁명적 발전에 의해 이루어진 것이 아니라 점진적이고 연속적인 진화의 산물이었다. 이는 중국을 중심으로 한 동양에만 해당하는 것은 아니었고, 유럽도 마찬가지였다. 이상의 논의로부터 다음과 같은 결론을 얻을 수 있다.

첫째, 동서양 모두 가남쇠를 항해에 이용하게 되기까지 비슷한 과정을 거쳤다. 즉 동서양을 막론하고 자석 발견 → 지남부침指南浮針(floating magnetized needle) → 축침 pivoted needle → 컴퍼스 카드의 순으로 가남쇠가 항해에 활용되었던 것이다. 이 과정에서 동서양 간에 나타난 차이라면 동양이 먼저 방위 지시판을 도입하였고, 유럽은 건나침반 사용이 동양에 훨씬 앞섰다는 점이다.

둘째, 그동안 학계에서는 『평주가담』이 세계에서 가남쇠를 항해에 가장 먼저 이용했음을 확인시켜주는 기록으로 인식해 왔다.[77] 그러나 토르길손의 사가의 기록을 사실로 받아들인다면, 유럽인과 중국인은 거의 비슷한 시기에 가남쇠를 항해에 이용했다고 할 수 있을 것이다. 하지만 이 사가가 1225년에 가필된 사실이 밝혀져 신빙성에 의문이 제기되었다. 쇨버 Sølver, 폰 리프만von Lippmann, 마아커스Marcus는 가필된 사료에 근거해 바이킹들이 1190년 이전에 컴퍼스를 사용했다고 보는 것은 잘못이라고 주장하고 있다.[78] 이에 대해 배그로와 윈터는 바이킹들이 가남쇠를 사용했다고 믿고 있다.[79] 그렇다면 토르길손의 사가는 어떻게 해석해야 할 것인가? 필자는 다음과 같은 몇 가지 전제하에 이를 역사적으로 재해석하고자 한다.

---

77) 『航運史話』(1978), p.104 ; 王振鐸(1978), 「中國古代磁針的發明和航海羅經的創造」, p.56 ; 최근식(2002), 「장보고 무역선과 항해기술 연구」, 164쪽 ; 정진술(2002), 「장보고 시대의 항해술과 한중항로에 대한 연구」, 233쪽.

78) Needham & Wang(1985), Science and Civilization in China Vol.4, p.301 참조.

79) Leo Bagrow(1951), Die Geschichte der Kartographie, Berlin, p.48 ; cited by Lane (1963), p.612 ; Winter(1937), pp.95-102.

1) 가필이 이루어진 1225년 당시 이미 유럽에서도 표침^{floating magnetized} needle과 축침^{pivoted needle}이 항해에 널리 이용되고 있었다.

2) 필사자가 설사 가필을 했다 하더라도 사가 전체를 가필한 것이 아니라 일부 문장과 단어를 가필했을 것이다.

3) 바이킹들은 어느 민족보다도 방향지시기가 필요했던 민족이었다. 플로키가 아이슬랜드에 정착한 뒤에 그의 아들인 붉은 털 에릭^{Erik Thorvalsson}이 986년 그린란드에 도달하였고, 1000년 전후에는 레이브^{Leiv Eriksson}가 북아메리카에 이르렀다.[80] 바이킹들이 북아메리카에 이르렀다는 얘기는 오랫동안 사가 속에 나오는 전설로 치부되어 왔으나, 고고학적인 유물과 1957년 커네티컷^{Connecticut}에서 발견된 지도, 시험 항해를 통해 이제는 역사적으로 확실한 사실로 받아들여지고 있다.[81]

4) 1225년 당시에는 중국인이나 유럽인 중 어느 쪽이 먼저 가남쇠를 항해에 이용했는가는 전혀 문제가 되지 않았다.

위의 네 가지 전제를 고려해 본다면, 1225년 당시 필사자가 사가에 가필을 가했다 하더라도 최소한 '천연자석^{leidarstein}' 부분에는 가필을 하지 않았을 것으로 추정할 수 있다. 필사자가 이 부분에 굳이 가필을 해야 할 필요성도 없을 뿐더러, 설사 무심코 가필을 했다고 한다면 '천연자석'보다는 당시 유럽에서 일반적으로 널리 이용되고 있던 '표침^{floating needle}'이나 '축침^{pivoted needle}'을 언급했을 개연성이 더 크기 때문이다. 결론적으로 바이킹들은 네캄의 기록 이전에 이미 가남쇠를 항해에 이용했었다고 보는 것이 역사적 사실에 부합된다고 할 수 있다.[82]

---

80) 김성준(2003), 「바이킹과 유럽의 역사」, 50~67쪽 ; MacDonald(1971), *Beyond the Horizon*, pp.21-62.

81) MacDonald(1971), pp.50-51 ; 김주식(1995), 『서구의 해양기담집』, 33쪽.

동서양에서 거의 비슷한 시기에 가남쇠를 항해에 이용했다면, 아직 직접 교류가 이루어지지 않고 있던 당시대에 중국 지남기가 아랍인을 통해 유럽으로 전해졌다는 기존의 학설은 재고할 필요가 있다 할 것이다. 오히려 유럽과 동양은 서로 독자적으로 가남쇠를 항해에 이용했다고 보는 것이 타당하다고 하겠다.[83]

셋째, 니덤은 항해에 가남쇠를 활용했는지의 여부를 기준으로 원시항해시대와 수량적 항해시대로 양분하였는데,[84] 이는 지나치게 단순한 구분이다. 앞에서 살펴본 바와 같이, 동서양 모두 가남쇠를 항해에 이용하기 시작한 11세기경에도 지남기는 단순한 항해 보조기구에 지나지 않았다. 중국이 전적으로 지남침에 의지하여 항해를 하기 시작한 것은 14세기 초였고, 유럽은 대양 항해시대가 개막된 15세기였다.[85] 따라서 항법을 기준으로 항해사를 시대구분해 본다면, 지문 항해시대 → 천문 항해시대 → 나침 항해시대로 구분하는 것이 항해사의 전개 과정을 이해하는 데 보다 유용할 것이다.

82) Bagrow(1951), p.48 ; cited by Lane(1963), "Economic Meaning of Invention", p.612 ; Winter(1937).
83) May(1973), p.52 ; Colinder(1964), p.105 ; *Encyclopaedia of Britannica* Vol.3(1988), p.503.
84) Needham and Wang(1985), *Science and Civilization in China* Vol.4, p.562.
85) Lane(1963), p.605.

제4장

유럽의 항해용 가남쇠와 관련한 논쟁적 사료 평석評釋

　가남쇠가 중국에서 발명되어 아랍을 경유해 유럽으로 전해졌다는 주장은
일반인들 사이에 상식에 속한다. 이러한 생각을 널리 퍼트린 장본인은
독일의 자연철학자이자 탐험가인 알렉산더 폰 훔볼트 Alexander von Humboldt
(1769~1859)다.[1] 그는 『코스모스: 세계의 물리적 특징에 관한 소묘 Cosmos
: A Sketch of A Physical Description of the Universe』 제2권(1847)에서 "유럽인은
자침 magnetic needle의 남북 지향력 directive power에 관한 지식, 즉 마리너스
컴퍼스 mariner's compass의 사용에서 아랍인에게 신세를 지고 있고, 이들(아랍
인)은 결국 그것에 대해 중국인에게 빚을 지고 있다"[2]고 썼다.

　그러나 엄밀하게 얘기한다면, 가남쇠를 중국인이 발명했다는 이야기는
역사적 사실이 아니다. 왜냐하면 가남쇠란 자석을 이용해 남북을 가리키는
지남기의 하나로서, 중국 역사상 사남, 지남(침), 지남거, 지남주, 지남어,
지남귀, 지남부침, 나반羅盤, 나침羅針, 자반磁針, 수라경水羅經(水鍼盤), 건나경乾

---

1) Hewson(1983), p.46.
2) Alexander v. Humboldt, trans. by E.C. Otté, Cosmos(1866), A Sketch of A Physical
　Description of the Universe 2, NY: Harper & Brothers, reprinted by Forgotten
　Books(2012), p.253.

羅經(早鍼盤) 등과 같이 다양한 형태와 명칭이 존재했고, 중국 문헌에 나침반羅針盤이란 형태로 쓰인 예는 전무하기 때문이다. 오늘날 중국인들은 나침반을 나경羅經, 침나경針羅經, 지남침指南針, 지북침指北針이라고 부른다. 따라서 '중국인이 나침반羅針盤을 발명했다'는 문장은 '중국인이 지남기를 발명했다'고 정정해야만 한다.

중국인이 발명했다는 지남기는 기원전 4세기 『귀곡자』에 나타난 사남, 『송서』의 '진晉 나라(265~420) 때 있었다는 지남주,3) 『송사』「여복지」의 "인종仁宗 천성天聖 5년(1027)에 공부낭중工部郎中 연숙燕肅이 바쳤다는 지남거,"4) 경력慶歷 4년(1044)에 발간된 『무경총요』의 지남어 등을 일컫는다.

또한 나침반을 영어로 '컴퍼스compass'라고 할 경우, 이것을 중국인이 발명했다는 주장은 더욱 역사적 사실에 부합되지 않는다. 왜냐하면 'compass'의 어원인 'compasso'는 이탈리아인이 만든 것이기 때문이다. 'compasso'는 1250~1265년 사이에 이탈리아에서 등장한 항해용 해도, 즉 'portolano'(항해 안내서)와 'carta'(즉 해도)를 가리키는 용어였다. 'compasso'는 라틴어 com(함께)+passus(한 걸음)를 합성하여 만들어진 낱말로, 프랑스어 동사 'compasser'(측정하다)의 고대 프랑스어 명사 'compas'(원, 반지름, 양각기)를 거쳐 1300년경 space, area, extent, circumstance 등의 뜻으로 영어에 유입되었다. 영어 단어 compass에 '나침반' 내지 '지남기'란 의미가 더해진 것은 14세기 중반인데, 이는 나침반 모양이 둥글고, 양각기의 다리 모양처럼 뾰족한 침이 있었기 때문이다.5)

항해역사상 가장 뜨거운 논쟁 중의 하나는 바로 mariner's compass, 즉 항해용 가남쇠의 사용 시점에 관한 것이다. 가남쇠의 역사적 변천에

---

3) 『宋書』, 沈約(梁) 撰(1933, 上海: 商務印書館).
4) "仁宗天聖五年, 工部郎中燕肅, 始進指南車"; 『二十五史·宋史(上)』(1986, 上海書店, 上海 古籍出版社), p.454.
5) 김성준(2025), 『해사영어의 어원』, 122쪽.

대해서는 이미 필자를 비롯하여 여러 연구자들이 정리하여 발표한 바 있으므로 여기에서 재론할 필요는 없을 것이다. 다만, 이 글의 논지 전개상 항해용 가남쇠의 변천을 우선 이해하는 것이 필수적이므로 간략하게 정리해 두고자 한다.

표 4-1. 중국, 아랍, 유럽에서의 가남쇠의 변천

중국		아랍		서양	
연대	단계	연대	단계	연대	단계
BCE 4C	司南				
				BCE 2C	자성 발견
				BCE 50	척력
3~4C	指南舟				
988	척력 발견			868~1100경 floating loadstone 항해에 이용(?)	
1027~1044	指南車·指南魚·指南龜				
1098~1102	指南浮針 항해에 이용				
12C 초엽	子午水浮羅針 → 24 방위 나침			1187	1. floating needle 2. pivoted needle(?) 항해에 이용
1154	子午水浮羅針 항해에 활용				
		1232	지남부침	1269	pivoted needle
1297	磁針 航海	1282 [1242~43]	지남부침, 항해에 이용	1300경	건나침반 (dry compass)
				1390	12방위 나침
				15C	磁針 航海
16C 중엽	유럽식 乾羅針盤 유입				
18C 초엽	건나침반 항해에 활용				

자료: 김성준 외(2003), 「항해나침반의 사용시점」, 423쪽 수정 및 보완.

표 4-1에서 정리한 바와 같이, 현재까지 학자들 간에 의견 일치를 보이는 것은 항해에 가남쇠를 처음 이용한 것을 확인해주는 문헌이 중국 1098~1102년,[6] 유럽 1187년,[7] 아랍 1282년[8]에 각각 출현했다는 점이다. 물론 이

---

6) 王振鐸(1978), 「中國古代磁針的發明和航海羅經的創造」, 56쪽 ; 『航運史話』(1978), 105

시기에 중국, 유럽, 아랍의 선원들이 항해에 이용한 가남쇠는 "자침을 갈대나 지푸라기 등에 끼우고 물 위에 띄워 남북을 가리키게 하는 지남부침이나 표자침 浮磁針(floating needle)"에 지나지 않았다. 현재까지 학계의 일반적인 정설에 따르면, 중국인이 항해에 가남쇠를 사용한 것은 유럽에 비해 약 80여 년 앞서고, 유럽인은 아랍인에 비해 반세기 이상 앞선다. 따라서 중국의 항해용 가남쇠가 아랍을 경유해 유럽에 전해졌다는 설은 성립되지 않는다.[9]

또 다른 논쟁은 1100년경 집필된 노르만의 아이슬랜드 발견에 관한 연대기 『란드나마보크 *Landnamabok*』(아이슬랜드 개척서)와 1187년에 알렉산더 네캄 Alexander Neckam(1157~1217)이 쓴 『도구에 대하여 *De Utensilibus*』와 관련한 논쟁이다. 만약 『란드나마보크』의 기사에 보이는 leidarsteinn 즉, 천연자석을 1100년 즈음에 노르만이 항해에 사용했다면, 이는 유럽인이 항해용 지남기를 중국인과 거의 비슷한 시기에 사용했다는 말이 된다. 또한 네캄의 『도구에 대하여』의 기사 중 'acum jaculo suppositam'을 축침, 즉 건나침반 pivoted needle으로 해석한다면 이는 기존에 알려졌던 1269년의 문헌보다 약 80여 년이 앞선다. 이렇게 본다면 유럽인은 중국인에 비해 건나침반을 4세기 이상 앞서 사용한 셈이 된다.

쪽 ; 中國航海學會(1988), 『中國航海史·古代航海史』, 127쪽 ; 孫光圻(1991), 『中國航海史綱』, 124쪽 ; 席龍飛(2000), 『中國古代造船史』, 137쪽 ; Needham & Wang(1962), *Science and Civilization in China* Vol.4, pp.249-250 ; Aczel(2005), 『나침반의 수수께끼』, 97~98쪽 ; Gurney(2005), 『나침반, 항해와 탐험의 역사』, 39쪽.

7) Aczel(2005), 41쪽 ; Guerney(2005), 35쪽. 니덤은 네캄의 논문의 집필연도를 1190년으로 보고 있다. Needham & Wang(1962), *Science and Civilization in China* Vol.4, p.246.

8) Needham & Wang(1962), *Science and Civilization in China* Vol.4, p.247 ; Petra G. Schmidl(1997-98), "Two Early Arabic Sources on the Magnetic Compass", p.85 ; 정수일 편저, 『실크로드사전』, 57쪽. 정수일은 이 책의 저술 연도를 1281년으로 보고 있다.

9) 김성준 외(2003), 「항해나침반의 사용시점」, 413~424쪽.

위의 두 사료는 연구자들에 따라 자신들의 주장을 입증할 증거로 다양하게 해석되어 왔다. 따라서 이 글에서는 항해용 가남쇠의 사용 시점과 관련하여 논쟁이 분분한 두 사료를 소개하고, 논점이 되는 기사를 항해사가의 관점에서 재해석해 보고자 한다. 이는 가남쇠와 관련한 우리들의 상식을 재검토하는 계기를 제공할 것이다.

I. 아리 토르길손의 『란드나마보크』

가남쇠의 역사에서 가장 큰 쟁점이 되는 주제는 노르만이 가남쇠를 활용해 항해했는지의 여부다. 이와 관련하여 노르웨이의 지구물리학자인 한스틴 Christopher Hansteen(1784~1873)이 『지자기 연구 Inquiries concerning the Magnetism of the Earth』(1820)에서 『란드나마보크 Landnamabok』(아이슬랜스 개척서)를 발굴해 소개하였다. 『란드나마보크』는 연대기 작가인 아리 토르길손이 쓴 아이슬랜드 발견에 관한 연대기다. 한스틴은 이 연대기의 다음 문장에 주목하여 이후 논쟁에 불을 지폈다.

> 유명한 바이킹으로 아이슬랜드를 세 번째로 발견한 플로키 빌게르데르센 Flocke Vilgerdersen이 868년경 노르웨이의 로갈란 Roagaland을 출항하여 가데스홀름 Gadersholm(아이슬랜드)을 찾아나섰다. 그는 방향잡이로 as guides 갈가마귀 3 마리를 데리고 갔는데, 이 갈가마귀들을 성화聖化하기 위해 출항을 준비하고 있던 스마르순 Smarsund에서 제물을 바쳤다. **왜냐하면 당시 북유럽에는 'leidarstein'이 없었기 때문이다.** [강조는 후대 가필][10]

---

10) William Thompson Kelvin(1891), *Popular Lectures and Address* Vol.3, p.233 ; refer on French translation to M.J. Klaproth(1834), *Lettre a M.A. de Humboldt, sur l'Invention de la Boussole*, p.39.

위의 기사에 보이는 'leidarstein'은 아이슬랜드어로 지침석 guiding stone이라 뜻이다. 이 기사를 통해 아리 토르길손이 『란드나마보크』를 썼을 당시 북유럽에서는 '천연자석'이 항해에 이용되었다는 사실을 유추할 수 있다. 아리 토르길손은 1067년에 출생했으므로, 그가 『란드나마보크』를 쓴 시점은 대략 11세기 말로 볼 수 있다. 그러므로 한스틴은 "토르길손이 책을 쓸 당시에는 북구인들이 자석의 극성에 대해 알고 있었다"[11]고 보았다. 이 주장이 사실이라면 북유럽에서 바이킹들이 항해에 천연자석을 이용하기 시작한 것은 플로키가 아이슬랜드를 향해 출항한 868년과 11세기 말 사이가 된다.[12] 그렇다면 유럽인이 항해에 가남쇠를 사용한 것은 1187년 네캄의 기록보다 거의 80여 년 이상 앞당겨지게 되고, 중국과 거의 동시대가 된다.

그러나 현재 남아 있는 『란드나마보크』의 판본은 가필된 것으로 밝혀져 이견이 제기되었다. 한스틴의 회고록을 독일어로 번역한 쾨미츠 M.L.F. Koemitz는 "문제가 된 인용구 leidarstein가 11세기까지 거슬러 올라가지 않는다"[13]는 사실을 밝혀냈다. 클라프로스 Klaproth도 1834년 훔볼트에게 보낸 보고서에서 『란드나마보크』가 후대에 가필되었기 때문에 북구인들이 1100년 이전에 지남기구를 항해에 이용했다는 주장을 받아들이지 않고 있다.[14]

최근까지의 연구결과에 따르면, 『란드나마보크』가 '1225년 이전에 가필되었다'는 주장이 일반적으로 받아들여지고 있다. 쇨버 Sølver는 1945~46년에 발표한 논문에서 현재 남아 있는 『란드나마보크』(Hauksbok 판본)의 필사자인 에를렌드손 Haukr Erlendssond은 두 개의 필사본을 참조하였는데, 하나는 1245년 사망한 카라손 Stymir Karason이 필사한 판본(현재 전하지 않음)과 1284년 사망한 토르다르손 Sturla Thordarson이 필사한 판본이 그것이다. 그런데 이

---

11) cited by Klaproth(1834), p.39.

12) Kevin(1891), p.233 ; Hewson(1983), p.47.

13) Klaproth(1834), p.39.

14) Klaproth(1834), p.40.

두 개의 판본에는 "당시 북구에는 leidarstein이 없었기 때문이다"라는 문장이 없다는 것이다.[15] 이러한 사실은 1834년 클라프로스가 훔볼트에게 제출한 보고서를 쓸 당시에도 알려져 있었다.[16] 따라서 쇨버, 폰 리프만, 마아커스, 니덤 등은 후대에 가필된 사료에 근거해 바이킹들이 1190년 이전에 마그네틱 컴퍼스magnetic compass를 사용했다고 주장하는 것은 잘못된 것이라고 밝혔다.[17]

이에 반해 켈빈Kelvin, 바그로Bagrow, 윈터 Winter, 휴슨Hewson 등은 바이킹들이 항해용 가남쇠를 사용했다고 믿었다.[18] 특히 켈빈과 윈터는 이 기사를 "마리너스 컴퍼스가 북유럽권에 868~1100년 사이에 알려졌다는 사실을 믿을 만한 (강력한) 증거를 갖게 되었다"[19]고 사료적 가치를 인정하였다.

그렇다면, 『란드나마보크』의 천연자석leidarstein에 관한 기사는 어떻게 해석해야 할 것인가? 필자는 이에 대해 다음과 같은 견해를 밝힌 바 있다. "1225년 『란드나마보크』의 필사자가 가필을 했다고 하더라도 최소한 'leidarstein' 부분에는 가필을 하지 않았을 것으로 추정할 수 있다. 왜냐하면 필사자가 굳이 이 부분에 가필을 해야 할 필요성도 없었고, 그가 무심코

---

15) Sølver(1945-46), "Ledidarsteinn: The Compass of the Vikings", p.294.

16) "Landnamabok에 따르면, 이 책의 저자인 Arius Polyhistor(Ari Frodi-Thorgilsun)는 11세기 말까지 생존한 것이 확실하다. 그러나 그 책의 필사자가 여러 명 있었고, 1334년에 죽은 에를렌드손(Hauks Erlandsun)이 전체적으로 다시 썼다. 게다가 그 개정판의 편집자인 Jean Finnoeus는 '이것은 Hauk가 새로 편집한 것'(Hoc caput est secundum Hauksbok)이라고 밝히고 있다. 요컨대 문제의 그 문장은 Landnamabok의 다른 필사본 3권에는 없다." Klaproth(1834), p.40.

17) Sølver(1945-46), pp.293-321 ; Lipmann(1932), "Geschichte der Magnet-Nadel bis zur Erfindunng des Kompasses" ; Marcus(1953), "The Navigation of the Norsemen", pp.112-131 ; Needham & Wang(1985), Science and Civilization in China Vol.4, p.249.

18) Leo Bagrow(1951), Die Geschichte der Kartographie, Berlin, 48쪽. cited by Lane(1963), "Economic Meaning of the Invention", p.612 ; Winter(1937), pp.95-102.

19) Kelvin(1891), p.233 ; Hewson(1983), p.47.

가필을 했다고 하더라도 '천연자석'을 언급하기보다는 당시 유럽에서 널리 이용되고 있었던 부자침이나 축침을 언급했을 개연성이 더 크기 때문이다."[20]

그러나 『란드나마보크』의 leidarstein 부분이 가필된 것으로 확인된 이상 상기와 같은 해석에 근거한 기존 주장을 수정하지 않을 수 없게 되었다. 우선, 『란드나마보크』의 원본을 작성한 토르길손이 1148년까지 생존했다. 둘째, 『란드나마보크』 원본은 이후 leidarstein 부분이 가필된 1225년경까지 100여 년 동안 필사되어 여러 판본으로 전해졌을 것이다. 셋째, 1940년대 쉴버의 연구에 따르면, 1225년부터 1940년대까지 전해진 『란드나마보크』 판본은 2~3종에 불과했고, 1225년 필사자는 카라손 Stymir Karason 판본(현재 전하지 않음)과 토르다르손 Sturla Thordarson 판본을 참조해 필사하였다. 넷째, 필사자가 "leidarstein이 없었기 때문"이라고 가필했을 당시 유럽에는 이미 표침 floating needle이라는 것이 알려져 있고, 페레그리누스 Petrus Peregrinus가 서한을 쓴 1269년에는 건축침 dry pivoted compass도 알려져 있었다.

이상의 역사적 사실을 종합해 볼 때, 1225년 필사자기 leidarstcin 부분을 가필할 당시에는 쉴버가 추정한 2개의 판본 이외에도 『란드나마보크』의 다른 판본이 더 있었을 수 있고, 그 판본에는 '천연자석'과 관련된 문장이 있었을 개연성이 있다. 또한 필사자가 1225년 가필 당시 북유럽에서는 '천연자석 leidarstein'이 항해에 이용되었음을 유추할 수 있다. 그런데 남·서유럽에는 늦어도 1187년에는 이미 부자침浮磁針이 항해에 사용되었고, 1269년에는 건축침이 알려져 있었다.

위의 두 가지 확실한 역사적 사실에 근거하면 다음과 같은 새로운 사실을

---

20) 김성준 외(2003), 「항해나침반의 사용 시점」, 423~424쪽 ; 김성준(2015), 『서양항해선박사』, 108~109쪽.

유추할 수 있다. 최소한 1187년 이전에 남·서유럽에서는 '부자침'이 항해에 이용되었으며, 북유럽에서는 1225년 이전에 '천연자석'이 항해에 이용되었다. 그렇다면 남·서유럽에서도 '부자침'이 항해에 이용된 1187년 이전에 '천연자석'을 항해에 이용해 방향을 가늠했다고 보는 것이 논리적으로 타당하지 않을까? 물론 이것은 하나의 추론에 불과하다. 현재까지 남·서유럽에서 '천연자석을 항해에 이용했다'는 문헌 기록은 발견되지 않았기 때문이다. 그러므로 현재로서는 1225년 가필된 『란드나마보크』의 기록은 첫째, 북유럽에서는 1225년 이전에 '천연자석'이 항해에 이용되었고, 둘째, 1187년 '부자침'이 항해에 이용되기 이전 남·서유럽에서는 '천연자석'이 항해에 이용되었을 가능성이 있음을 시사하는 사료로서 그 역사적 의미를 한정해야 한다.

II. 네캄의 『사물의 본질에 대하여』

역사상 항해에 가남쇠를 처음으로 활용했음을 문헌적으로 입증해주는 사료는 중국 북송의 주욱이 선화宣和 연간(1119~1125)에 편찬한 『평주가담』이다. 주욱은 이 책에서 "주사舟師가 지리를 알아 밤에는 별을 관측하고 주간에는 태양을 관측하며 흐린 날에는 지남침을 관측한다.舟師識地理, 夜則觀星, 晝則觀日, 陰晦觀指南針"21)고 기록했다.

유럽의 경우에는 파리 대학의 교수를 역임한 뒤, 브리튼으로 귀국하여 시렌스터Cirencester 대수도원장인 된 알렉산더 네캄Alexander Neckam(1157~1217)이 1187년에 쓴 기록을 항해용 지남기에 관한 최초의 문헌증거로 보는 데 이견이 없다. 네캄은 『사물의 본질에 대하여 De Rerum Natura』 제98장

---

21) 朱彧, 『萍洲可談』, p.26.

에서 다음과 같이 적고 있다.

> 선원들이 바다를 항해할 때 구름이 끼어 더 이상 해를 볼 수 없거나 칠흑같이 어두운 밤에 어느 방향으로 조선해 가야할 지를 모를 때 선원들은 바늘을 자석에 문지른 다음 돌린다. 바늘이 멈추면 바늘 끝이 정확히 북쪽을 가리킨다.[22]

네캄은 또 『도구에 대하여*De Utensilibus*』에서 배에 갖고 다녀야 할 비품을 열거하면서 그 중 하나로 바늘(자침)을 들고 "이것은 흔들리다가 바늘 끝point이 동쪽orientem을 가리킬 때까지 돈다. 이로써 선원들은 날씨가 나빠 북극성이 보이지 않을 때에도 침로를 유지하는 방법을 알게 된다"[23]고 적었다. 네캄이 언급한 기사에 '바늘'을 '갈대나 지푸라기에 끼워 물에 띄웠다'는 구체적인 언급은 보이지 않지만, 1203~1208년 사이에 프로방스 출신 기요Guyot de Provins라는 수도사가 쓴 장시 〈성서La Bible〉를 보면, 그것이 부자침 浮磁針(floating magnetized needle)이었음을 알 수 있다.

Mais cele estoile ne se meut.	결코 움직이지 않는 별이 있다네
Un art font qui mentir ne peut,	결코 속이지 않는 기술art이 있다네
Par la vertu de la magnette.	그것은 울퉁불퉁한 갈색 돌인

---

22) "The sailors, moreover, as they sail over the sea, when in cloudy weather, they can no longer profit by the light of the sun or when the world is wrapped up in the darkness of the shades of night and they are ignorant to what point of the compass their ship's course is directed, they touch the magnet with a needle, which is whirled round in a circle until, when its motion ceases its point looks direct to the north." Aczel(2005), 29쪽 ; Hewson(1983), p.49.

23) *De Utensilibus*, cited by Hewson(1983), p.49. 네캄의 원문에는 '동쪽'(orientem)으로 되어 있는데, 휴슨(Hewson)은 지남기의 바늘이 동쪽을 가리킬 수 없다 하여 이를 '북쪽'으로 옮겼으나 필자는 원문을 기준으로 '동쪽'으로 옮겼다.

Une pierre laide et brunette	자석^{magnet}을 이용하는 것이지.

Une pierre laide et brunette   자석magnet을 이용하는 것이지.

Qù li fers volontiers se joint   자석은 언제나 철을 끌어당기고,

Ainsi regardent le droict point ;   일정한 방향을 가리키지.

Puis, qu'une aiguile l'ait touchie   자석에 바늘을 문지른 뒤

Et en un festi l'ont fichie   **물통 한 가운데 지푸라기**^{straw} **위에 올**

En l'eau la mettent sans plus   **려놓고**

Et le festus la tient desus.   지푸라기가 바늘을 떠받치게 하지

Puis se tourne la pointe toute   그러면 바늘은 돌다가

Contre l'estoile, si sans doute   어김없이 그 별 쪽을 가리킨다네

Que jà por rien ne faussera   별도 달도 볼 수 없는

Et mariniers nul dotera.   칠흑 같은 어두운 밤에

Quant la mers est obscure et brune,   불빛으로 이 바늘을 비추어 보면

Qu'on ne voit estoile né lune,   바늘이 그 별을 가리키고 있는 걸

Dont font à l'aiguile alumer ;   볼 수 있다는 것을 믿지 않을 수 있을까?

Puis, n'ont-il garde d'esgarer.   뱃사람들은 이 바늘에 기대어

Contre l'estoile va la pointe,   가야 할 바른 항로를 찾아내지

Por ce, sont li mariner cointe   이것이 결코 속이지 않는 기술이라네

De la droite voie tenir,

C'est un ars qui ne peut fallir.[24]

이에 대해 아랍권에서 지남기를 항해에 이용했음을 확인시켜 주는 가장 오래된 기록은 유럽보다 100년 가까이 늦게 나타났다. 1282년 『상인보감 *Kitab Kanz al Tujjar fi ma rifat al ahjar, Treasure of Traders to know the Secrets*』에서

---

24) 원문은 Needham & Wang(1962), *Science and Civilization in China* Vol.4, pp.246-247. 영어 번역문은 Amir Aczel(2001), *The Riddle of the Compass*, pp.30-31 ; Hewson(1983), p.48 ; Collinder(1954), p.103 참조.

바일락 알 킵자키 Bailak al-Qibjaqi는 1242~43년에 시리아의 트리폴리 Tripoli에서 알렉산드리아 Alexandria로 항해하는 배에서 "뱃사람들이 물에 띄운 자침을 사용하는 것을 목격했다"고 기록하고 있다.[25]

위의 세 기록을 통해 확인할 수 있는 사실은 중국과 유럽, 아랍에서 처음으로 항해에 이용된 지남기구는 모두 지남부침 내지 부자침이었다는 것이다. 다만, 네캄의 『도구에 대하여』에서는 '다트 jaculo, dart 아래에 장착한 바늘 acum jaculo suppositam'을 사용한 사실이 언급되어 있는데, 이것이 학계에서 논쟁이 되는 기사다. 만약

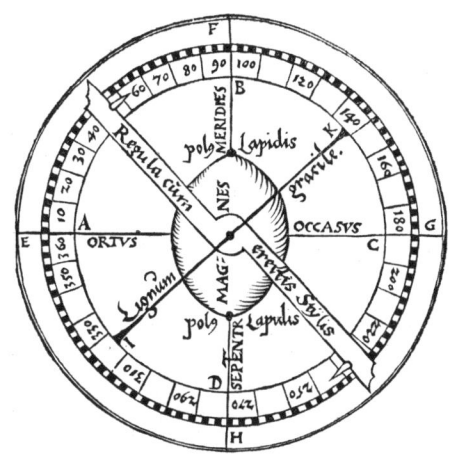

그림 페레그리누스의 피봇 나침반[26]

이것을 축침 pivoted needle (건나침반)이라고 해석한다면, 유럽이 항해에 축침을 사용한 시점은 중국에 비해 무려 4세기 이상이나 앞서기 때문이다. 현재까지는 1269년 페레그리누스 Petrus Peregrinus de Maricourt의 서한이 유럽에서 건나침반에 대한 가장 오래된 문헌이라는 것이 정설이다.[27]

이에 대해 중국이 일본을 통해 건나침반을 받아들여 사용하기 시작한 것은 16세기 이르러서였다. 니덤과 왕 Wang에 따르면, "(중국에서) 지남부침 needle floating on water은 수라경 水羅經(wet compass)으로 불렸다. 왜구들이

25) Schmidl(1997-98), p.85 ; Needham & Wang(1962), *Science and Civilization in China* Vol.4, p.247.
26) Petrus Peregrinus(1269), *The Letter of Petrus Peregrinus on the Magenet*, McGraw Publishing Company(1904), p.28.
27) ref. to Peregrinus(1269), *The Letter of Petrus Peregrinus on the Magenet*.

1522~66년 연간 중국 해안을 약탈한 뒤 일본식이 사용되기 시작했는데, 이를 건한경乾羅經(dry compass)이라 부른다.”28)(李豫亨, 『靑鳥緖言』, 1570년경)

표 4-2. 『도구에 대하여*De Utensilibus*』 원문과 영어 번역문 비교29)

원문	영어 번역문	
Qui ergo munitam vult habere navem, ... habeat etiam acum *jaculo suppositam*, torabitur enim et circumvolvetur acus donec cuspis *acus* respiciat *orientem*, sicque comprehendunt quo tendere debeant naute cum cinossura latet in aeris turbacione.	D'Avezac (1858)	Therefore he who wants to have a well-equipped ship ..... let him also have *a needle mounted on a pivot*, for the needle will rotate and revolve until the point of the needle is directed towards the *north*, and thus sailors perceive in which direction they ought to go, when the Little Bear is hidden in disturbed weather.
	May (1973)	Therefore he who wants to have a well-equipped ship ..... let him also have *a needle placed under a dart*; for the needle will rotate and revolve until the point of the needle looks towards the *east*, and thus & C.

네캄의 『도구에 대하여』에 언급된 '다트 아래에 장착한 바늘'은 단순한 부자침인지 아니면 축침인지에 따라 그 의미가 크게 달라진다. 그러므로 네캄의 원문과 그 해석을 신중히 검토할 필요가 있다. 네캄의 『도구에 대하여』의 원문과 다베자크D'Avezac와 메이May 제독의 영어 번역문을 정리한 것이 표 4-2다.

메이 제독이 라틴어 원문을 영어로 직역한 문장을 번역해 보면, "그러므로 의장이 잘된 선박을 원하는 사람은, 다트jaculo 아래에suppositam 장착한 바늘acum을 갖추어야 한다. 왜냐하면 이 바늘 끝이 동쪽orientem으로 향할 때까지 돌 것이기 때문이다. 뱃사람들은 악천후에 작은곰자리가 보이지 않을 때 자신들이 가야 할 방향을 알 수 있다"가 되어 바늘이 동쪽을 가리키는 것으로 되어 있다. 따라서 이 문장에서 '바늘 끝이 동쪽을 향할

---

28) Needham & Wang(1962), *Science and Civilization in China* Vol.4, p.289.

29) 라틴어 원문 및 영어 번역문 모두 May & Holder(1973), pp.104-105.

때까지'라는 표현은 어딘가 어색해 보인다.

이러한 점에 착안하여 다베자크 D'Avezac(1798~1875)는 라틴어 원문을 필사할 때 'superpositam'(위에)으로 써야 할 것을 'suppositam'(아래로)으로, 'septentrionem'(북쪽)으로 써야 할 것을 'orientem'(동쪽)으로 잘못 썼다는 견해를 제시하였다. 다베자크의 견해에 따르면, "…… 피봇 jaculo 위에 superpositam 장착한 바늘을 갖춰야 한다. 왜냐하면 자침이 북쪽 septentrionem 을 가리킬 때까지 바늘이 선회할 것이기 때문이다"라는 뜻이 되어 자연스럽게 된다.30)

네캄의 『도구에 대하여』에서 문제가 되는 또 다른 낱말이 'jaculo'인데, 이 낱말의 원형은 동사 jacio(던지다, 내보내다, 발언하다)의 중성명사형 jaculum으로, '투창 spear'이나 '투망'을 뜻한다. 학자에 따라 이를 'dart'나 'pivot'으로 옮긴다. 그런데 다트는 jaculum의 의미를 살린 것으로 볼 수 있지만, pivot과는 다소 다르다. 물론 pivot도 뾰족하다는 점에서는 일종의 jaculum으로 볼 여지가 있지만, 그렇게 할 경우 라틴어 원문상의 suppositam(아래)이 superpositam(위)으로 바뀌어야 자연스러운 문장이 된다.

메이 제독은 "다베자크의 견해를 면밀히 검토한 결과, 그의 견해가 근거가 없다는 것이 최근의 일반적인 추세"라고 밝히고 있다. 그는 네캄의 『도구에 대하여』의 글 가운데 'jaculo'를 'arrow-headed pointer'(화살촉 모양의 바늘)로 보고, 'suppositam'(아래)은 'superpositam'(위)을 잘못 쓴 것이나 'orientem'(동쪽)은 맞는 것으로 보아 "바늘 위에 장착한 다트 a dart mounted above a needle"를 묘사한 것이라고 보았다. 네캄은 『사물의 본질에 대하여 De Rerum Natura』에서 '바늘이 북쪽을 가리킨다'고 명시하였기 때문이다. 즉 『사물의 본질에 대하여』에서 나침이 '북쪽'을 가리키는 것을 이미 인지하고

---

30) Marie-Armand de Castera-Macaya d'Avezac(1858), *Anciens témoignages historiques relatifs à la boussole*. cited by May & Holder(1973), p.105.

있던 네캄이 『도구에 대하여』에서 나침이 '동쪽'을 가리킨다고 쓸 이유는 없다. 이는 네캄이 일반적인 자침을 얘기했거나, 필사자가 북쪽으로 써야 할 것을 동쪽이라고 잘못 옮겨 쓴 것이 아니라, 자침의 북단이 동쪽으로 튀어나온 형태를 묘사했다고 보는 것이 합리적일 것이다. 메이 제독도 네캄이 '바늘 위에 장착한 다트는, 다트 중심축이 북쪽을 가리킬 때, 동쪽을 가리키는 것'을 묘사했다고 본다. 그는 후대의 소형 주머니 컴퍼스small pocket compass 중에는 바늘을 뾰족한 부리를 가진 새 모양으로 만들어 자침이 남북을 가리킬 때 새부리가 동쪽을 가리키게 한 것들이 제작되었다는 점을 덧붙이고 있다.[31]

이처럼 상반된 두 주장 가운데 메이의 견해가 타당하다는 것이 필자의 생각이다. 문제는 라틴어 원문 'acum jaculo suppositam'(아래에)을 'acum jaculo superpositam'(위에)의 필사상의 오류로 보았을 때 'jaculo 위에 장착된 바늘'이 무엇인가 하는 것이다. 이에 대해서는 '자석에 문질러 갈대나 지푸라기에 끼운 바늘'이라고 보는 견해와, '피벗(침) 위에 올려놓은 자침'이라고 보는 견해로 대별할 수 있다. 이는 각각 '부자침'과 '건나침반'을 의미하여 두 가남쇠 간의 차이는 매우 크다. 'jaculo 위에 장착된 바늘'이 무엇인가에 대해서는 그 동안 학자들 사이에 치열한 논쟁이 전개되었지만 아직 이렇다 할 결론에는 이르지 못하고 있다.[32] 따라서 니덤이나 아미르 액설Amir Aczel 등과 같은 과학사가들은 나침반의 역사를 서술하면서 네캄의 『도구에 대하여』의 기사를 논외로 두고 있기도 하다.[33]

여기에서는 『도구에 대하여』의 'acum jaculo suppositam'과 'orientem'과 관련하여 다음과 같은 견해를 제시하고자 한다. 첫째, 오늘날의 가남쇠의

---

31) May & Holder(1973), p.105.

32) Gurney(2005), 35쪽 참조.

33) Needham & Wang(1962), *Science and Civilization in China* Vol.4 ; Aczel(2005), 『나침반의 수수께끼』.

관점에서 보면 acum jaculo suppositam(다트 아래에 장착한 바늘)보다는 acum jaculo superpositam(다트 위에 올려놓은 바늘)이 합리적이고 타당하다. 둘째, 이를 받아들인다면, suppositam은 superpositam의 필사상의 오류라는 메이의 견해가 타당하다. 셋째, 형태적으로 보았을 때 orientem(동쪽)이 septentrionem(북쪽)의 필사상의 오류일 개연성 매우 낮다. 왜냐하면 네캄이 『사물의 본질에 대하여』에서는 '바늘이 북쪽을 가리킨다'고 쓰고 있기 때문이다. 그렇다면 네캄이 『도구에 대하여』를 썼던 1180년대에는 '다트 위에 올려놓은 바늘', 즉 가남쇠의 자침을 새 모양으로 제작한 것이 존재했을 수도 있다. 넷째, 유럽에서 건나침반에 대한 확실한 기록은 1269년 페레그리누스가 쓴 「자석에 관하여 병사 시제리우스 드 포쿠쿠르에게 보내는 서한Epistola Petri Peregrini de Maricourt ad Sygerum de Foucaucourt, militem, de magnete」이다. 이 서한에서 페레그리누스는 지남부침과 건축침dry pivoted compass을 동시에 언급하고 있다.[34] 이를 고려하면 페레그리누스가 건나침반에 대해 언급한 것보다 80여 년 전에 네캄이 축침 또는 건나침반을 언급했다는 것이 그렇게 이상하거나 특이한 것도 아니다.

이상에서의 논의를 종합해본다면, 네캄의 『도구에 대하여』에서 언급한 'acum jaculo suppositam'(다트 아래에 장착한 바늘)은 'acum jaculo superpositam'(다트 위에 올려놓은 바늘)의 필사상의 오류로서 '피봇 또는 다트 위에 올려놓은 새 모양의 자침'일 개연성이 크다는 메이의 주장이 설득력이 있다.

방향탐지기로서 가남쇠가 중국에서 처음 출현하였다는 것은 누구도 부정할 수 없는 객관적 사실이다. 그러나 가남쇠를 '나침반'이라는 용어로

---

34) Peregrinus(1269), *The Letter of Petrus Peregrinus on the Magenet.*

바꿔보면 그 의미가 완전히 달라진다. 왜냐하면 중국인들은 나침반이라는 용어를 사용하지 않았을 뿐 아니라, 가남쇠를 컴퍼스compass의 번역어로 볼 경우 컴퍼스 자체는 1250년경 이탈리아에서 해도나 항해지침서로 제작되었기 때문이다. 따라서 '나침반은 중국인이 발명하여 아랍인을 경유해 유럽에 전해졌다'는 주장은 역사적 진실과는 거리가 있다. 중국인들은 지남을 발명하였고 1100년경 항해에 가남쇠 중 하나인 지남부침을 활용하였다. 현재까지 확인된 사료에 따르면, 유럽인들은 중국인에 비해 80여 년 뒤 지남부침을 항해에 이용하였고, 아랍인은 유럽인에 비해 100년 가량 늦게 지남부침을 항해에 사용하였다.

그렇다면 유럽인들은 가남쇠를 자체적으로 개발했던 것일까 아니면 중국인으로부터 배웠던 것일까? 이러한 의문에 대해 해답을 보여줄 수 있는 사료가 바로 『란드나마보크』와 『도구에 대하여』이다. 1068년부터 1100년경까지 생존한 아리 토르길손이 쓴 『란드나마보크』에 언급된 "(868년) 당시에는 북유럽에 'leidarstein'이 없었다"는 문장은 1225년에 가필된 것으로 확인되었다. 따라서 켈빈, 바그로, 윈터, 휴슨 등이 주장하는 것처럼, 이 기사를 바이킹들이 적어도 1100년 전후 천연자석을 항해에 이용했다고 주장하는 근거로 삼아서는 안 된다. 하지만, 1225년에 가필되었을 당시 쇨버가 추정한 2개의 판본 이외에도 『란드나마보크』의 다른 판본이 있었을 가능성은 여전히 남아 있다.

이에 대해 네캄이 1187년에 저술한 두 저술 『사물의 본질에 대하여』와 『도구에 대하여』는 해석상 역사적 상상력을 필요로 한다. 우선 네캄이 『사물의 본질에 대하여』에서 '바늘을 천연자석에 문지르면 북쪽을 가리킨 다'고 한 기사는 분명 '지남부침'에 대해 언급한 것이라는 데 이견이 없다. 문제는 『도구에 대하여』의 'acum jaculo suppositam'(다트 아래에 장착한 바늘)을 둘러싼 해석으로, 논쟁이 분분하다. 니덤이나 아미르 액설처럼 지남기와 관련한 사료로서 논급조차 하지 않은 연구자가 있는 반면, 메이처럼 축침 또는 건나침반에 대한 유럽에서 가장 오래된 사료로서 중시하는 연구자도 있다. 앞에서 자세히 살펴본 것과 같이, 네캄의 『도구에 대하여』에서 언급된 이 문구는 '다트 위에 올려놓은 바늘'의 필사상의 오류로서 '피봇 또는 다트 위에 올려놓은 새나 화살 모양의 자침'일 개연성이 크다.

　결론적으로 『란드나마보크』는 북유럽에서는 1225년 이전에 '천연자석'이 항해에 이용되었으며, 1187년 '부자침'이 항해에 이용되기 이전 남·서유럽에서 '천연자석'이 항해에 이용되었을 가능성이 있음을 시사하는 사료로 그 역사적 의미를 한정해야 한다. 또한 네캄의 『도구에 대하여』는 비록 필사상 오류가 있기는 하지만, 1187년경 유럽에 축침 또는 건나침반이 사용되었음을 입증하는 사료로 활용할 수 있다. 이는 유럽인의 건나침반 사용 시기에 대한 최초의 사료로 인정된 1269년설에 비해 80여 년 앞서 축침 또는 건나침반을 사용했음을 보여준다는 점에서 의미가 있다. 그럼에도 불구하고 중국인이 유럽인보다 80여 년 앞서 가남쇠(지남부침)를 항해에 사용하였다는 기존의 견해는 그대로 견지되어야 한다.

제5장

'가남쇠 중국 기원설'에 관한 훔볼트 테제 비판

가남쇠는 화약·종이와 함께 중국의 3대 발명품이라고 흔히 얘기한다. 이는 일반인, 지식인, 전문 과학사가 등을 막론하고 하나의 상식에 속한다.[1] 그러나 이것을 항해용 가남쇠 mariner's compass로 한정하면 이야기가 달라진다. 왜냐하면 항해용 가남쇠를 누가 먼저 사용했는지에 대해서는 논쟁이 분분하기 때문이다. 필자는 2003년 "동서양 모두 가남쇠가 항해에 이용되기까지 비슷한 과정을 거쳤고, … 서로 직접 교류를 하지 못하고 있었던 시대에 중국의 가남쇠가 아랍인을 통해 유럽으로 전해졌다는 기존 학설은 이제 재고되어야 한다"는 견해를 제기하였다.[2] 이 논문은 "9세기 장보고 선단이 지남기를 사용하여 항해했다"는 최근식, 정수일, 윤명철, 김정호 등의 견해를 논박하기 위하여 집필한 것이었는데, 아직까지 국내 학계에서는 이에

---

1) Jared Diamond(1997), *Guns, Germs, and Steel* ; 김진준 옮김(1998), 『총, 균, 쇠』, 문학사상사, 602쪽 ; 황태연·김종록(2015), 『공자, 잠든 유럽을 깨우다』, 김영사, 31쪽 ; 정수일(2001), 『씰크로드학』, 창작과비평사, 297쪽 ; 정수일(2013), 『실크로드사전』, 창비, 55~56쪽 ; 정수일(2014), 『해상실크로드사전』, 창비, 38~39쪽 ; Carlo Cipola(1965), *Guns, Sails and Empire in the Early Phase of European Expansion, 1400-1700*, Collins & Co..

2) 김성준 외(2003), 「항해나침반의 사용시점」, 413~424쪽 ; 김성준(2015), 『서양항해선박사』, 84~109쪽에 재수록.

대한 반론이 제기되지 않고 있다. 흥미로운 사실은 2015년과 2024년에 동일한 논지의 논문을 중국학회에서 발표했으나, 중국 항해 전문가들로부터 이렇다 할 반대나 이견이 제기되지 않았다는 점이다.[3] 이는 필자가 가남쇠 일반을 다룬 것이 아니라, 항해용 가남쇠로 한정하여 논지를 편 것이라 중국 학자들도 반론을 제기할만한 여지가 없었기 때문이었다.

인류가 처음으로 항해에 이용한 가남쇠는 '자화된 자침을 지푸라기나 갈대에 넣고 물에 띄워 남북을 가리키는' 중국의 지남부침 指南浮針(水浮針)과 유럽의 부자침 浮磁針(floating magnetized needle)이다. 문헌 기록상 중국에서 1100 년경, 유럽에서 1187년, 아랍에서 1242년에 각각 처음으로 항해에 사용된 것으로 확인되고 있다. 그렇다면, '중국에서 개발된 항해용 가남쇠를 아랍인들이 유럽에 전해줬다'는 통설은 성립되지 않는다. 왜냐하면 아랍인이 지남부침 형태의 가남쇠를 항해에 사용한 시점이 유럽인에 비해 반세기 가량 늦기 때문이다.[4]

독일의 자연철학자 알렉산더 폰 훔볼트 Alexander von Humboldt(1769~1859)는 『코스모스: 세계의 물리적 특징에 관한 소묘 Cosmos : A Sketch of A Physical Description of the Universe』(Vol. 2, 1847)에서 "유럽인들은 자침 magnetic needle의 남북 지향력 directive power에 관한 지식, 즉 항해용 컴퍼스 mariner's compass의 사용에 대해 아랍인들에게 신세를 지고 있고, 이들(아랍인)은 결국 그것에 대해 중국인에게 빚을 지고 있다."[5]고 썼다. 이미 앞에서 언급한 것처럼, 자석의 지북력을 이용한 기구, 즉 사남을 처음 발명한 것은 중국인이지만, 역사상 항해에 처음으로 이용된 가남쇠는 중국의 지남부침(수부침)이나

---

3) 金成俊·崔雲峰(2015), 「航海指南針使用起点的東西方比較研究」, pp.158-175 ; S. June Kim(2024), "A Critical Review on Alexander von Humboldt's Argument on the mariner's compass", ANC 2024, Oct. 30-31, Beijing, China.
4) 김성준 외(2003), 「항해나침반의 사용시점」; 김성준(2015) , 『서양항해선박사』 참조.
5) Humboldt, Cosmos Vol.2, p.253.

유럽의 부자침floating magnetized needle 형태다. 이 둘은 용기에 물을 채우고 자침을 부유성 물질에 끼워 띄워 방향을 알아낸다는 점에서 동일하다. 따라서 훔볼트가 언급한 항해용 컴퍼스는 '지남부침'이나 부자침일 수밖에 없다.

영국의 엑스트라 마스터Extra Master이자 해양사가인 휴슨Hewson은 "컴퍼스가 동양에서 유럽으로 전해진 것이 인도양과 페르시아, 아라비아 해안에서 일반적으로 사용되고 난 뒤였다는 것은 알렉산더 폰 훔볼트의 견해였다."6)고 썼다. 이 글은 항해용 가남쇠, 즉 지남부침(수부침)이 중국에서 유래해 아랍을 거쳐 유럽에 전해졌다는 이른바 '훔볼트 테제'의 역사적 사실성을 비판적으로 재검토한 것이다. 먼저 훔볼트의 언급이 있기 전까지 유럽에서 가남쇠의 기원에 대한 논의가 어떻게 진행되어 왔는지 살펴보고, 훔볼트가 위와 같은 주장을 하게 된 근거를 비판적으로 재검토해 볼 것이다. 이를 통해 '중국에서 발명된 가남쇠가 아랍을 경유하여 유럽에 전해졌다'는 우리들의 상식이 알렉산더 폰 훔볼트의 명성과 영향력에 의해 조성되었으며, 그가 그러한 결론을 도출한 근거에 심각한 오류와 오독이 포함되어 있음이 드러날 것이다. 이는 우리의 잘못된 상식 중의 하나를 바로잡을 수 있다는 점에서 의미있는 작업이 될 것이다.

I. 알렉산더 폰 훔볼트 이전의 논의들

여기에서는 알렉산더 폰 훔볼트 이전 유럽인들이 지남기의 발명 또는 유래에 대해 어떠한 견해를 가졌는지를 살펴볼 것이다. 유럽에서 최초로 '물에 띄운 바늘'에 대해 기록을 남긴 네캄Alexander Neckam(1187)이나 기요

---

6) Hewson(1983), p.46.

드 프로뱅 Guyot de Provins(1150~1208?)은 '유럽 해역에서 뱃사람들이 부침 浮針 (floating needle)을 사용한다'는 사실을 전하였으나, 그 기원에 대해서는 아무런 언급도 하지 않았다.[7] 이보다 조금 늦은 1218년, 십자군에 참가했던 프랑스의 자크 더 비트리 Jacques de Vitry(c. 1160/70~1240) 주교도 자침 magnetized needle에 대해 언급했다. 그는 지중해를 항해하여 이스라엘의 아크레 Acre에 있는 교회에 도착하고 나서 철침 iron needle에 대해 "자석과 접촉하고 나면 바늘은 예외없이 … 북극성을 가리킨다. 따라서 바다를 여행하는 사람들에게 바늘은 필수품이다"라고 썼다. 그는 "자철석이 마법에 대한 저항력을 지녔고, 광기를 치유하며, 해독이나 불면증 치료에도 이용할 수 있다"[8]고 썼다. 하지만 자침의 유래나 기원에 대해서는 언급하지 않고 있다.

1269년, 앙주 공작의 프랑스 군이 이탈리아의 남부 루체라 Lucera를 포위할 당시 참전했던 피에르 마리쿠르 Pierre Pélerin de Maricourt(보통 페트루스 페레그리누스라고 불림)는 피카르디 Picardy의 친구 Sigerius de Faucoucourt에게 장문의 편지를 보냈는데, 이 편지에는 유럽의 지남기 역사에서 매우 중요한 내용이 담겨 있다. 피에르는 이 서한에서 '쌍축나침 雙軸羅針(a double-pivoted compass needle)'과, 부침 floating needle에 대해 서술하였다. 1187년에 집필된 네캄의 『도구에 대하여』에 언급된 '다트 위에 장착한 바늘'을 축침 (건나침, pivoted needle)으로 해석하지 않는다면, 피에르의 이 언급은 유럽 최초의 건축자침 乾軸磁針(dry-pivoted magnetized needle)에 관한 최초의 기록이다. 피에르가 언급한 축침은 "추축 위에 바늘이 얹혀 있고, 상자의 뚜껑은 유리로 만들어져 있었으며, 상자의 각 모서리에는 방위각을 표시해 별의 위치를 살필 수 있도록 고안되었다."(그림 5-1 참조)[9]

7) 상세한 내용은 김성준 외(2003), 「항해나침반의 사용시점」 참조.
8) Gurney(2005), 『나침반, 항해와 탐험의 역사』, 38쪽.
9) Peregrinus(1269), *Letter of Petrus Peregrinus*, pp. 25-31.

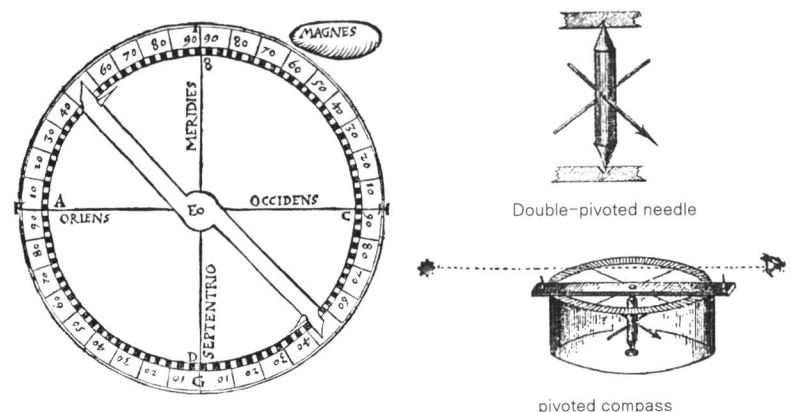

그림 페레그리누스의 방위각 나침반(Azimuth Compass: 좌)과 쌍축침(Double-pivoted needle: 우)[10]

피에르의 서한은 다수의 사본이 출간되어 이후 유럽에서 자성과 컴퍼스에 관한 모든 연구의 기초가 되었다. 물론 여기에는 오류가 포함되어 있기도 하다. 예를 들어 피에르는 '자침이 북극성에 끌린다'고 생각했지만, 자침이 가리키는 것은 진북이 아닌 자북이다. 이에 대해서는 이미 영국의 존 디John Dee(1527~1608)가 피에르 서한의 여백에 주석을 달아 바로잡은 바 있다.[11] 그런데 피에르의 서한에는 컴퍼스의 중국유입설에 대해서는 아무 언급도 없다.

'자성학의 아버지 father of magnetic philosophy'[12]로 높이 평가받는 잉글랜드의 윌리엄 길버트William Gilbert(1544~1603)는 1600년, 자석과 자성에 관한 최초의 전문연구서인 『자석De Magnete』을 출판하였다. 그는 이 책에서 'versorium'에 대해 언급하고 있다. 이것은 '침point 위에서 자유롭게 움직이

---

10) Peregrinus(1269), *The Letter of Petrus Peregrinus*, pp.28 & 30.

11) Aczel(2005), 45쪽.

12) P. Fleury Mottelay(1893), "Translator's Preface", in William Gilbert, *De Magnete*, Dover Publications, rep.(1958), p.v.

는 철침 iron needle'인데, 그는 이것으로 전기 excited electricity를 측정하였다. 그는 총 6권 115개 장으로 구성된 이 책의 서장 격이라 할 1권 1장 '천연자석에 관한 고대와 당대의 저자들의 기록 Book I Chap. I. Writing of ancient and modern authors concerning the loadstone: Various opinion and delusions'에서 다음과 같이 쓰고 있다.

> 항해용 컴퍼스 mariner's compass에 관한 지식은 1260년경 **중국에서 컴퍼스에 관한 기술을 배워온 베네치아인 마르코 폴로**에 의해 이탈리아로 들어온 것으로 보인다. 하지만 나는, 아말피 사람들에 의해 지중해 지역에서 컴퍼스가 일반적으로 처음 만들어졌다는 사실을 고려하면, 여전히 그들이 차지하고 있는 영예를 빼앗고 싶지는 않다. 고로피우스 Goropius (1519~1572)는 컴퍼스 위에 새겨진 32개의 바람[風] 방위를 영국인이나 스페인인, 프랑스인을 막론하고 모든 뱃사람들이 게르만어로 읽는다는 점을 근거로 들어 (컴퍼스) 발명의 공을 킴브리족 Cimbri이나 튜톤족 Teutons에게 돌리고 있다. 그러나 이탈리아인들은 그것을 토속어로 부르고 있다.[13)]

길버트의 위의 문장에서 우리는 세 가지 중요한 사실을 알 수 있다. 하나는 그의 시대(16세기 말)에 지중해 지역에서 항해용 컴퍼스를 처음 일반적으로 만든 것은 아말피 사람들로 알려졌다는 설, 둘째는 항해용 컴퍼스에 관한 지식이 유럽으로 들어온 것은 마르코 폴로에 의해서였다는 설, 셋째는 게르만족에서 유래되었다 등 세 가지 설이 있었다는 것이다.

그러나 길버트의 이 같은 언급은 이후 역사적 사실에 부합되지 않는 것으로 입증되었다. 우선 항해용 컴퍼스가 아말피 사람들에 의해 처음

---

13) Gilbert, *De Magnete*, p.7.

널리 만들어졌다는 주장은 플라비오 조이아Flavio Gioia(또는 Joannes Goia)가 필사 과정에서 빚은 오류가 낳은 가공의 인물임이 밝혀지면서 사실이 아니라고 확인되었다.14) 항해용 컴퍼스를 마르코 폴로가 중국에서 배워왔다는 언급 또한 그보다 80여 년 앞서 1187년 네캄이 이미 언급했다는 역사적 사실과, 『동방견문록』에 지남기에 대한 언급이 전혀 없다는 점에 비추어 사실에 부합되지 않는다.15) 이러한 사실은 훔볼트Alexander von Humboldt도 이미 지적한 바 있고, 길버트의 『자석』을 영어로 번역한 모트레이Mottelay도 "지자기地磁氣에 관한 최초의 고전작가인 길버트가 중국 저술에 대해 아무 지식도 없었다는 사실은 주목할 만하다"16)며 비판하였다. 그렇다면 남은 것은 항해용 컴퍼스의 게르만 기원설인데, 비록 근거가 미약하고 주창자도 소수이기는 하지만 여전히 논쟁중이다.

길버트의 책은 당대에 큰 주목을 받았는데, 갈릴레이는 그의 책을 읽고 자석에 관심을 갖게 되었을 뿐 아니라 길버트를 "관찰을 통해 새롭고도 가치있는 사실을 밝혀냈다는 점에서 칭찬 받을 만큼 대단great to a degree that is enviable"한 사람이라고 높이 평가하였다.17) 포겐도르프Johann Christoff Poggendorff(1796~1877)는 『물리학의 역사Geschichte der Physik』(1879)에서 길버트를 '자기학의 갈릴레오'라고 불렀고, 프리스틀리J. B. Priestley(1773~1804)는 '근대 전기의 아버지father of modern electricity'라고 불렀다.18) 이러한 말이 지나친 평가도 아닌 것이, 길버트는 electricity(전기), electricity force(전기력), electric emanations(전기 방사), electric attraction(전기 인력), pole(전극) 같은 낱말을 처음 사용한 사람이기 때문이다.19) 그러나 길버트는 자석과

---

14) Aczel(2005), 『나침반의 수수께끼』, 75~88쪽.

15) Aczel(2005), 129쪽.

16) Mottelay, in Gilbert, *De Magnete*, p.7 footnote 각주 1.

17) Mottelay, "Translator's Preface", in Gilbert, *De Magnete*, p.xii ; Gurney(2005), 『나침반, 항해와 탐험의 역사』, p.76.

18) Mottelay, "Translator's Preface", in Gilbert, *De Magnete*, p.xiii.

자성, 전기의 특성을 엄밀하게 실증하는 데는 능했지만, 지남기의 유래에 대해서는 그리 진지하게 다루지 않은 것 같다. 그가 『동방견문록』을 읽었다면 위와 같은 식으로는 말하지 않았을 것이고, 플라비오 조이아에 대해 조금만 주의를 기울였다면 그가 허구의 인물임을 파악할 수 있었을 것이기 때문이다. 이렇게 보건대 항해용 컴퍼스가 중국에서 유럽으로 전해졌다는 길버트의 언급은 풍문으로 전해들은 사실을 기록한 데 불과했음을 알 수 있다. 그럼에도 불구하고 길버트의 『자석』은 항해용 컴퍼스가 중국에서 유럽으로 유입되었다고 언급한 최초의 유럽권 서적이라는 점에서 주목할 필요가 있다.

길버트와 동시대인으로 방위각 컴퍼스를 고안한 윌리엄 발로William Barlowe(?~1625)는 1597년 『항해자 보급품The Navigators Supply』과 1616년 『자석 홍보Magneticall Advertisement』를 출간했다. 그는 이 두 책을 통해 나침카드의 불균형 개선, 나침에 자성을 다시 부여하는 방법, 편차 측정이 가능한 방위각 컴퍼스를 고안하는 등 컴퍼스 발전에 크게 기여하였다. 실제로 그가 고안한 방위각 컴퍼스는 이후 200여 년간 뱃사람들의 표준 컴퍼스로 널리 사용되었다. 그러나 그는 길버트와는 달리, 지남기의 발명이나 유래에 대해서는 "이 놀라운 도구를 발명해 생명을 불어넣은 사람이 누군지 알 길이 없다"고 쓰고 있다.[20]

이에 대해 식민지 개척자이자 항해가인 롤리Sir Walter Raleigh(1554~1618)는 항해용 컴퍼스가 북유럽에서 발명되었다고 보았다. 롤리는 1615년경 「선박, 닻, 컴퍼스 등의 발명에 관한 논설」을 집필하였는데, 컴퍼스의 발명에 대해 다음과 같이 설명하였다.

---

19) Mottelay, "Translator's Preface", in Gilbert, *De Magnete*, p.xv ; Gurney(2005), p.77.
20) William Barlowe(1597), *The Navigators Supply*, cited by Gurney(2005), p.10.

컴퍼스는 우리 **북구 나라**^{our northern nations}에서 발명되었고, 독일인이나 노르웨이인, 아니면 영국인이나 덴마크인 가운데서 발명된 것이 확실하다. 왜냐하면 컴퍼스의 4 방위에 대한 바람권역 ^{division of winds}을 부르는 명칭이 오늘날까지 옛 북구어 ^{old northen words}를 사용하고 있기 때문이다. 이는 비단 네덜란드인, 독일인, 스웨덴인, 영국인은 말할 것도 없고, 자국어로 풍향을 이해하는 바닷사람 모두^{all in the ocean}가 그렇게 사용하고 있다. 그러나 프랑스인과 스페인인들은 '해 뜨는 쪽에서 부는 바람을 동쪽, 해지는 쪽에서 부는 바람을 서쪽, 그 나머지는 북쪽과 남쪽'으로 부르고 있다.[21]

롤리의 언급처럼, 북유럽권 국가들은 모두 게르만어에서 유래한 East, West, South, North 같은 계열의 낱말을 사용하고 있지만, 그리스나 이탈리아인들은 고대부터 바람의 방향에 따라 방위를 사용하였다. 이를테면 그리스인들은 기원전 100년에 안드로니쿠스 키르레스테스^{Andronicus Cyrrhestes}가 아테네에 세운 8각형 기념탑의 8 방위를 Boreas(북), Kaikias(북동), Apeliotes(동), Euros(남동), Notos(남), Lips(남서), Zephuros(서), Skiros(북서)로 부르고 있다. 흥미로운 것은 호메로스 시대에는 Euros가 동풍이었는데 기원전 2세기에는 남동풍으로 바뀌었다는 점이다. 이는 8 방위를 일정한 방향이 아니라 불어오는 바람의 성질에 따라 부른 데서 연유한 것이다. 이탈리아인들은 12세기경 8 방위를 자국어로 Tramontana(북), Greco(북동), Levante(동), Scirocco(남동), Ostro(남), Garbino(남서), Ponente(서), Maestro(북서)라고 불렀다. 방위는 4방위 → 12방위 → 16방위 → 32방위로 늘어났는데, 그리스와 이탈리아식은 매우 복잡하였기 때문에 사용이 불편하였다. 그에 따라 북유럽식 풍향 이름이 이베리아 국가들에

---

21) Raleigh, *A Discourse of the Invention*, p.322.

먼저 채택되었고, 17세기에서 18세기 초에는 프랑스 선박에서도 사용되기 시작하였으며, 18세기 말에는 이탈리아에서도 자리를 잡게 되었다.[22]

이상에서 살펴본 것처럼, 길버트, 발로, 롤리의 기록을 통해 확인할 수 있는 것은 1600년 전후 항해용 가남쇠가 중국에서 개발되어 유럽으로 전해졌다는 주장은 정설이 아니었을 뿐 아니라 소수의 설에 불과했다는 점이다. 17세기에서 19세기에 이르기까지 유럽에서는 항해에 관한 많은 책이 출판되었다. 하지만 그 주된 관심사는 경위도 측정법, 정확한 해도 제작 등이었고, 가남쇠와 관련해서는 자침, 자차, 편차 등을 개선하는 데 초점을 맞추었을 뿐 유래에 대해서는 상대적으로 무관심하였다. 따라서 중국의 가남쇠가 유럽으로 유입되었다는 주장은 훔볼트 시대에도 그리 일반적으로 받아들여진 것이 아니었다. 훔볼트보다 약 20여 년 전 사람인 아주니Domenico Alberto Azuni(1749~1827)는 1805년에 발간한 『컴퍼스의 기원에 관한 논설Dissertation sur l'Origine de la Boussole』에서 훔볼트와는 상반된 주장을 펼쳤다. 그는 이 책에서 다음과 같이 서술하고 있다.

정신 나간 저자들은 컴퍼스boussole 발명의 영광을 근거도 없이 중국인에게 돌리기도 하고, 1260년 마르코 폴로가 중국에서 유럽으로 가져왔다고 얘기하기도 한다. 그리고 포르투갈 사람들이 중국에서 중국인들이 컴퍼스를 사용하는 것을 보았다거나 다른 동양인들도 이미 몇 세기 전에 컴퍼스를 사용했다는 이야기들이 있는데, 이는 막연하고 근거가 없다. 푸르니에Fournier와 트롬벨리 Trombelli에 따르면, 중국에는 물을 채운 사발 위에 자침을 띄운 자침 외에 다른 것은 없었다. … 키르커 Kirker는 『자석De Magnete』에서 가장 믿을 만한 여행가들과 중국에 관한 유식자들에게

---

22) May & Holder(1973), pp.47-49.

문의해본 결과, 그 누구도 중국인들이 컴퍼스에 대해 어떤 지식을 갖고 있는지에 대해 이렇다 할 증거를 찾아내지 못했다.

중국인들이 내가 이제껏 묘사한 종류의 컴퍼스 boussole를 활용하였는지, 또는 그들이 우리들의 컴퍼스를 도입했는지는 알 수 없다. 왜냐하면 (오늘날) 그들이 인도양을 항해하는 데서 나타난 것처럼, 그들은 유럽식 컴퍼스를 사용하고 있기 때문이다. 이러한 사실에는 어느 누구도 반대하지 못할 것이다.23)

이상의 논의를 통해 우리는 훔볼트가 정식화할 당시까지 '가남쇠가 중국에서 발명되어 아랍인을 경유하여 유럽에 전해졌다'는 주장이 유럽에 일반화된 것이 아니었음을 확인할 수 있다. 오히려 북구 게르만족에서 유래되었다는 주장도 만만치 않은 여론을 형성하고 있었다. 심지어는 중국이 유럽의 항해용 컴퍼스를 도입해서 사용했다는 주장까지 나왔다.

II. 가남쇠에 관한 훔볼트 테제와 그 비판

항해용 가남쇠가 중국에서 아랍을 통해 유럽으로 유래되었다는 학설을 정식화하고 널리 전파시킨 사람은 지리학자이자 자연철학자, 탐험가인 알렉산더 폰 훔볼트였다. 그는 총 5권의 방대한 저서인 『코스모스 : 세계의 물리적 특징에 관한 소묘』 제1권(1845) '천체 자기 Terrestrial Magnetism'에서 다음과 같이 썼다.

비록 토산 철자석이나 천연자석이 인력을 갖는다는 사실은 서양 국가에서도 매우 오래 전에 알려진 것으로 나타나 있지만, ① 자침의 지북력 directive

---

23) Azuni(1809), *Dissertation sur l'Origine de la Boussole*, pp.68-69, 71-72.

power과 그것의 지자기地磁氣에 대한 관계에 대한 지식은 중국에 … 독특한 peculiar 것이라는 놀라운 사실을 입증해주는 역사적 증거가 있다. 지금부터 천년 이상 전에 … 중국에는 이미 지남거 指南車(magnetic carriage)가 있었다. 지남거 위에는 사람 형상의 동완動腕(movable arm)이 있어 지속적으로 남쪽을 가리켰다. 이것을 타타르 너머 방대한 초원지역 너머로 길을 찾는 길잡이로 활용했다. 그러므로 유럽 해역에서 항해용 컴퍼스가 사용되기 최소한 700년 전인 ③ **기원후 3세기에 중국 배들은 남쪽을 가리키는 자침**magnetic needle pointing the south**의 인도 하에 인도양을 항해하였다.** 나는 다른 저서에서 이 지세학적 방위라는 수단이 어떤 이점이 있는지와, 자침magnetic needle을 일찍 알게 되고 그것을 활용하게 됨으로써 중국인 지리학자들이 그리스와 로마인들보다 뛰어났다는 사실을 알게 되었다. 이를테면 그리스와 로마인들은 피레네 산맥과 아펜니노 산맥의 실제 방향이 어떻게 되는조차 모르고 있었다.[24]

훔볼트는 『코스모스』 제2권(1847) '자침의 활용Use of the Magnetic Needle'에서 다음과 같이 더욱 구체적으로 썼다.

① 유럽인들은 자침magnetic needle의 남북 지향력 directive power에 관한 지식, 즉 ④ 항해용 컴퍼스mariner's compass의 사용에 대해 아랍인들의 덕을 보고, 이들(아랍인)은 결국 중국인에게 빚을 지고 있다. ② 중국문헌 가운데는 기원전 2세기 전반에 지남거magnetic cars에 대해 암시하는 기사를 찾아볼 수 있는데, 고대 주周(Tscheu) 왕조의 경왕頃王(Tsing-wang)(BC?-613)이 900년 이상 전에 통킹 Tunkin과 코친Cochin에서 온 사신들이 귀로를 잃지 않도록 그들에게 지남거를 하사했다고 한다. 허신 許愼(Hiutschin) (c.58~

---

24) Humboldt(1856), *Cosmos* Vol.1, p.180. ①~④ 번호는 동일한 취지를 구분하기 위해 필자가 임의로 붙인 것이다. 아래도 같다.

c.147)의 『설문說文』(說文解字의 약칭, Schuewen)에는, 기원후 3세기 한[Han] 왕조 때 한쪽 끝이 남쪽을 가리키는 특성 property of pointing with one end toward the south을 정연하게 두드려 철편[iron rod]에 부여했다는 기록이 있다. 당시에는 보통 남향 항해가 일반적이었던 까닭에 자석이 남쪽을 가리킨다고 the south pointing of the magnet 말하는 것이 일반적이었다. ③ 한 세기 뒤(4세기) 진晋(Tsin) 왕조 하의 중국 선박들은 대양을 안전하게 가로지르기 위해 침로를 알려주는 자석 magnet을 채용했고, ④ 이들 배를 통해 컴퍼스에 관한 지식이 인디아로 전해졌으며, 그곳에서부터 아프리카 동쪽 해안으로 전해졌다.[25]

이 기록을 통해 훔볼트는 컴퍼스가 "인도양과 페르시아, 아라비아 해안 전역에 걸쳐 일반화되고 난 뒤 동양에서 유럽으로 도입되었다"는 견해를 갖고 있었음을 확인할 수 있다.[26] 아래에서는 훔볼트의 주장이 구체적으로 무엇이었는지를 살펴보고, 그 주장의 근거를 추적해 볼 것이다. 먼저 훔볼트의 주장을 요약해 보면 다음과 같다.

① 자석의 인력은 서양에도 알려져 있었지만, 지북력은 중국의 고유한 것이었다.
② 중국인들은 기원전 2세기에 이미 지남거를 방위를 가늠하는 데 사용했다.
③ 중국의 배들은 기원후 3~4세기에 이미 지남침 magnetic needle pointing the south을 항해에 사용하였다.
④ 중국의 항해용 컴퍼스가 아랍인을 통해 유럽에 전해졌다.

---

25) Humboldt(1866), *Cosmos* Vol.2, p.253.
26) Hewson(1983), p.46.

위의 주장들 가운데 ①과 ②는 오늘날의 견지에서 보았을 때도 역사적 사실에 부합한다. 그러나 ③은 역사적 사실에 부합되지 않으며, ④는 훔볼트의 글이 나오기 이전에는 그렇게 일반적인 주장이 아니었다는 사실을 앞에서 살펴본 바 있다. 그렇다면 훔볼트가 위의 ③과 ④처럼 주장하게 된 근거는 무엇이었을까?

훔볼트는 『코스모스』 1권의 인용 문장에서 이렇다 할 출처를 밝히지 않았지만, 『코스모스』 2권의 인용 문장에서는 "중국인의 사남에 관한 초창기 지식에 대해서는 클라프로스 M.J. Klaproth(1783~1835)의 『컴퍼스의 발명에 관하여 훔볼트 경에게 보낸 보고서 *Lettre a M.A. de Humboldt, sur l'Invention de la Boussole*』(1834)를 참조하라"고 각주에서 밝히고 있다.[27] 클라프로스의 보고서는 138쪽에 불과한 작은 책자로, 1834년 1월 훔볼트로부터 "중국인이 자성에 대해 알게 된 시점과, 자성을 언제 컴퍼스에 적용했는지를 알아봐 달라"는 의뢰를 받고 연구에 착수하여 같은 해 최종 결과를 훔볼트에게 보고한 보고서다.[28] 그렇다면 훔볼트가 클라프로스의 보고서 중 어느 부분을 인용하였는지 검증해 보도록 하자.

먼저 ①의 진술은 논쟁의 여지가 없는 만큼 논외로 해도 좋을 것이다. ②와 관련해서 클라프로스는 주周 경왕 때 지남거가 있었다는 『동사강목東史綱目』의 기록과 후한 때 자석으로 방향을 찾았다는 『설문說文』의 기록을 원문과 함께 소개하고 있다. 그런데 정작 『설문』에는 클라프로스가 인용한 문구가 없다. 중국의 사남을 복원한 왕전두오王振鐸는 『강희자전康熙字典』의 '磁'자 항목에서 '『설문』에는 자磁는 돌 이름으로 바늘[鍼]을 끌어들일 수

---

27) 훔볼트는 각주에서 "지남침에 관한 중국인의 초기 지식에 대해서는 클라프로스 (Klaproth)의 책 41, 45, 50, 66, 79, 90쪽을 참조하라"고 명시하고 있다. 하지만 이 책의 41, 45, 50쪽은 모두 유럽에 관한 내용들이다.

28) M.J. Klaproth(1834), *Lettre a M.A. de Humboldt*, p.5.

있다'고 기재하였는데, 무엇을 근거로 했는지 자세하지 않다."고 밝히고 있다.[29] 그러나 훔볼트는 이 문장을 인용해 주 경왕이 사신에게 지남거를 하사했다고 하고, 후한 왕조 때의 자침을 만드는 방법까지 덧붙이고 있다.

표 훔볼트의 인용구와 클라프로스의 원문 비교

훔볼트	클라프로스
②	『동사강목東史綱目』에는, 주周의 2대 황제인 경왕(Tchhing Wang) 통치 6년(BC 110)에 지남거(chars magnétiques)에 관하여 덧붙이고 있다.···(p.79) 중국에서는 고대부터 자석이 있었고, 그 인력과 극성에 대해 알고 있었다. 그러나 이 돌의 독특한 특성에 대한 고대의 언급은 부유자침(fluid magnétique au fer)에 대한 것인데, 허신이 쓴 유명한 사전 『설문說文』에는 후한(後)漢 왕조의 안제安帝(Ngan ti, 121) 황제 통치 15년 말년이 처음이라고 나온다. 거기에는 자석에 대한 기사에 다음과 같이 적고 있다. "石名可以引鐵" 돌의 이름으로, 이 돌을 갖고 침에 방향을 부여할 수 있다.(p.66)
③	···『패문운부佩文韻府』에는 진晉(265~419) 왕조 하에서 자석(aimant)으로 남쪽으로 항해한 배들이 있었다고 적혀 있다.(p.67)
④	앞서 인용한 (유럽) 여러 저서의 문장 중에는 유럽에서 그것(자침, aiguille aimantée)이 발명되었다고 언급한 것은 없다. 이를 보건대, 유럽인들이 자침과 이 자침을 항해에 활용할 수 있는 방법을 알게 된 것은 십자군 기간 동안이라고 추정할 수 있다. ··· 내가 앞서 말한 것처럼, 아랍인들이 프랑크족 이전에 자침에 대해 알고 있었고, 프랑크족은 아랍인을 통해 자침을 받아들였을 가능성이 매우 높다.(pp.54-55) (컴퍼스의) 발명은 중국에서 아랍으로 직간접적인 통교를 통해서거나, 최초의 십자군 기간 동안 프랑크족에게 전해졌다.(p.66)

③과 관련해 클라프로스가 18세기 강희제 때 편찬된 『**패문운부**佩文韻府』에 **진대**晉代**에 자석을 이용해 남쪽으로 항해했다**는 기록을 소개하고 있는데 반해, 훔볼트는 중국 배들이 3~4세기에 지남침을 이용하여 인도양까지 항해한 것으로 구체화하고 있다. 그러나 클라프로스 자신은 "중국인들이 배에서 컴퍼스를 사용한 것으로 확실하게 확인할 수 있는 문헌자료는 1111~1117년"(p.68)[30]이라고 분명하게 밝히고 있다. 클라프로스가 괄호

---

29) 王振鐸(1948),「司南指南針與羅經盤－中國古代有關靜磁學知識之發現及發明－(上)」, p.255 각주(1).

안에 삽입한 68쪽을 보면, 그가 중국에서 항해에 컴퍼스를 사용한 최초의 문헌으로 든 것이 송대 1111~1117년 연간에 구종석寇宗奭(Keou Tsoung Chy)이 편집한 『본초연의本草衍義(Pen Thaso Yan I)』였음을 알 수 있다.

그러나 이 책에는 '중국인들이 가남쇠를 항해에 이용했다'는 기록이 아니라, '자침이 동쪽으로 기울어서 정확히 남쪽을 가리키지 않았다'(자침 편각)는 내용을 포함하고 있을 뿐이다.[31] 이는 클라프로스도 잘 알고 있었는데, 그가 무슨 문구를 근거로 『본초연의』를 '중국인이 항해용 가남쇠를 처음 사용했음'을 기록한 최초의 문헌이라고 주장하였는지 알 수 없다.[32] 또한 오늘날 중국인이 수부침 또는 지남부침을 항해에 이용한 것은 1098~1100년임이 확인되었다.

④와 관련해서는 훔볼트가 클라프로스의 주장을 그대로 따랐음을 확인할 수 있다.

이상의 논의를 통해 한자를 독해하지 못했던 훔볼트가 중국의 컴퍼스에 관해 조사해줄 것을 일본전문가 클라프로스에게 의뢰를 했고, 클라프로스는 당대까지 수집 가능한 자료를 섭렵하여 연구한 결과를 훔볼트에게 보고했음을 알 수 있다. 그러나 현 시점에서 보았을 때 클라프로스의 보고서에는 다수의 오류가 포함되어 있었던데다 훔볼트가 이를 인용하는 과정에서 오류를 확대 재생산했음을 확인하였다. 그 오류를 정리해 보면 다음과 같다.

먼저 클라프로스는 지남거Char magnétique나 지남귀Tchi Nan Kiu, 지남부침boussole à eau에 대해서는 알고 있었지만, 그 이전에 사용된 사남에 대해서는

---

30) Klaproth(1834), *Lettre a M.A. de Humboldt*, p.95.

31) "磁石 … 磨針鋒則能指南, 然常偏東, 不全南也." 寇宗奭, 『本草衍義』 第五卷, p.32.

32) Klaproth(1834), *Lettre a M.A. de Humboldt*, pp.68-69 ; William Snow Harris(1850), *Rudimentary magnetism*, p.253.

알지 못했다. 따라서 니덤은 "클라프로스의 주장의 많은 부분이 아직까지 유지되고 있지만, 그가 지남거와 마그네틱 컴퍼스를 제대로 구별하지 못하여 망치고 말았다."고 평가하고 있다.[33] 거기에다 한자를 해독하지 못했던 훔볼트는 클라프로스가 언급한 중국의 지남거 Char magnétique, 지남귀 Tchi Nan Kiu, 지남부침 boussole à eau(수부침)을 모두 사남 south-pointing needle=컴퍼스 compass=항해용 컴퍼스 mariner's compass라는 식으로 단순화시켜 버렸다. 클라프로스는 이렇다 할 근거를 제시하지 못한 채 중국의 자침 aiguille animantée 이 아랍을 통해 유럽으로 전해졌다는 자신의 추정을 '가능성이 매우 높다 extrêmement probable'고 보았다. 훔볼트는 이것을 아예 "4세기 중국 배들이 가남쇠를 사용해 인도양까지 항해했고, 아랍인을 통해 가남쇠는 유럽으로 전해졌다"고 정식화했다.

'아랍인이 유럽인보다 자침에 대해 먼저 알고 있었다'는 클라프로스의 진술과는 달리, 유럽인들이 아랍인보다 먼저 자침에 대해 알고 있었다는 주장이 오늘날 학계의 상식으로 되어 있다. 유럽인들이 자침을 알고 있었고, 또 항해에 사용하였다는 것을 알려주는 최초의 문헌은 1187년 네캄의 기록이다. 이에 반해 수부침의 일종인 지남어에 관한 가장 오래된 아랍권 문헌은 1232년 무함마드 알 아피 Muhammad al-Awfi가 페르시아에서 편집한 『만물론 Jami al-Hikayat, On the All Things』이다. 이 일화집에는 "철편으로 만든 물고기를 자석에 문지른 뒤, 물이 가득 담긴 상자에 넣으면 이것이 물에 떠서 돌다가 남쪽을 가리킨다"는 내용이 기록되어 있다.[34]

클라프로스는 '3~4세기 진晉 대에 중국인들이 가남쇠를 이용해 인도양까지 항해했다'는 청대의 『패문운부』 기록을 인용하였는데, 이 과정에서

---

33) 니덤은 중국의 지남거와 마그네틱 컴퍼스를 구별한 최초의 사람을 H. A. Giles로 보고 있다. Needham & Wang(1962), *Science and Civilization in China* Vol.4, Part 1, p.244.

34) Schmidl(1997-98), p.83.

클라프로스는 "진(265~419) 왕조 하에서 『패문운부』 대사전에 … 언급되어 있다Sous la dynastie des Tsin(de 265 à 419 de J.C.), dit le grand dictionnaire *Poei Wen Yun Fou*"35)라고만 적어 놓았고, 이를 본 훔볼트는 『패문운부』를 진대에 간행된 책이라고 오해하였다. 하지만 『패문운부』는 청대인 1711년에 간행되었을 뿐 아니라, 그 책에서 '진대에 자석을 이용해 남쪽으로 항해한 배들이 있었다'는 내용 자체도 찾아볼 수 없다.36)

따라서 왕관주오王冠倬, 시롱페이席龍飛, 웬지앙汶江, 순광치孫光圻, 왕전두오王振鐸, 니덤 등은 컴퍼스의 역사를 논할 때 『패문운부』의 기록에 대해서는 전혀 언급하지 않고 있다. 이보다는 오히려 『송서宋書』의 '진대에 지남주가 있었다'는 기록이 널리 인용되고 있지만, 이 기록 역시 3~4세기 진대에 가남쇠를 이용하여 항해했다는 의미로 해석하는 학자는 아무도 없다.37) 그럼에도 오류를 포함하고 있는 클라프로스의 보고서를 전적으로 신뢰하였던38) 훔볼트는 그가 범한 오류를 답습하는 데 그친 것이 아니라 이를 재확인하고 더욱 확대하였다.

알렉산더 폰 훔볼트는 19세기에 나폴레옹과 더불어 가장 유명한 명사 중의 한 사람이었다. 이는 주로 그의 저서 『코스모스』의 학문적 성과와 대중적 인기에 힘입은 바 크다. 사우스캐롤라이나 대학University of South Carolina의 로라 월리스Laura Dassow Wallis 교수는 "1850년대는 훔볼트의 시기decade였다"39)고 말했다. 훔볼트는 안데스 산맥을 탐사한 뒤 1805년 『식물

---

35) Klaproth(1834), *Lettre a M.A. de Humboldt*, p.67.
36) (淸) 張玉書 等 76人, 『佩文韻府』 卷71, 晉條, pp.2892-2893.
37) 다만 "舟를 船이나 盤으로 보아 指南船 또는 指南盤으로 해석할 수도 있다"는 견해가 제시된 바 있다. 『航運史話』(1978), p.104.
38) 훔볼트가 '중국 지남기(수부침)의 유럽 유입설'을 부정한 아주니(D.A. Azuni)의 저서를 읽었다는 것은 각주를 통해 확인할 수 있으나, 본문에서는 그의 주장을 전혀 언급하지 않고 있다. Humboldt(1866), *Cosmos* Vol.2, p.254 각주.
39) Laura Dassow Wallis(2009), "Introducing Humboldt's Cosmos", p.3.

지리학에 관한 에세이『*Essay on the Geography of Plants*』를 출판해 괴테에게 헌정하였다. 이후 출판사의 요청으로 1834년부터 출판 준비에 착수한 훔볼트는 1845년『코스모스』제1권을 출판하여 초판은 두 달 만에 매진되고, 1851년까지 8만 부가 판매되는 성공을 거두었다. 훔볼트는 스스로도 "『코스모스』가 기대 이상으로 인기를 끌 것"[40]이라고는 생각하지 못했다고 한다. 『코스모스』가 이후 학계와 일반인의 상식에 미친 영향이 어떠했을지는 상상하고도 남음이 있다. 그러나 그는 중국의 항해용 컴퍼스의 유럽 유입설에 대해서는 분명 오류를 범했다. I에서 살펴본 것처럼, 훔볼트가 언급하기 이전까지 유럽에서 컴퍼스와 관련해서는 적어도 세 가지 설이 공존했다. 즉 중국의 항해용 컴퍼스가 아랍을 통해 유럽에 유입되었다는 설, 북유럽에서 발명되었다는 설, 심지어 중국이 유럽의 컴퍼스를 도입했다는 설이 그것이다.

그러나 II에서 정리해 본 것처럼, 훔볼트는 1847년 출판된『코스모스』제2권에서 '컴퍼스가 중국에서 발명되었고, 3~4세기 중국 배들이 인도양까지 항해하면서 아랍에 전해졌고, 이들을 통해 유럽으로 전해졌'는 설을 정식화하였다. 이 결론을 도출할 때 그는 자신의 연구보다는 조언자의 연구에 전적으로 의존했다. 자신이 한자를 해독하지 못하였던 탓에 일본전문가인 클라프로스에게 중국 컴퍼스의 역사에 대한 조사를 의뢰하였던 것이다. 클라프로스가 중국문헌을 광범위하게 조사하여 1834년 훔볼트에게 제출한 보고서에는 심각한 오류들이 포함되어 있었다. 예컨대 1711년 편집된『패문운부』에 "진晋(265~419) 왕조 하에서 자석 aimant을 이용하여 남쪽으로 항해한 배들이 있었다"는 내용이 있다고 했지만 정작 이 책에는 그런 기록이 없다. 그리고 "유럽 문헌에는 자침이 유럽에서 발명되었다는 기록이 없다"는 점을 들어 "유럽인들이 자침을 항해에 이용하게 된 것은 십자군 기간 동안 아랍인을 통해서였을 가능성이 매우 높다"고 보고했다.

---

40) Humboldt, *De Terra*, p.359 ; Humboldt, *Varnhagen*, p.197 ; cited by L.D. Walis(2009), "Introducing Humboldt's Cosmos", p.5.

훔볼트는 클라프로스의 이 보고서를 참조하여 "3~4세기 중국 배들이 자침을 활용하여 항해하였고, 이들과 접촉한 아랍인들을 통해 컴퍼스에 대한 지식이 유럽으로 전해졌다"고 단정하였다. 그는 당대 중국 가남쇠의 유럽 유입설을 강하게 논박했던 아주니D.A. Azuni의 『컴퍼스의 기원에 관한 논설Dissertation sur l'Origine de la Boussole』(1809)을 읽었음에도 불구하고, 그의 주장보다는 클라프로스의 견해에 크게 의존하였던 것이다. 게다가 클라프로스는 '1111~1117년 편찬된 『본초연의』가 중국인들이 항해에 가남쇠를 사용한 것을 보여주는 최초의 문헌'이라고 명백하게 밝히고 있다. 하지만 오늘날 중국인이 항해에 지남부침을 사용한 것은 1098~1100년이라는 사실이 확인되었다.

그런데 훔볼트는 클라프로스의 『본초연의』의 관련 인용문은 무시한 채 "『패문운부』에 진대 중국 배들이 남쪽을 가리키는 자침을 채용해 인도양까지 항해했다고 기록되어 있다"는 또 다른 인용문을 중시하였다. 『패문운부』에는 그런 기록이 없는데도 말이다. 실제로 『송서宋書』의 기록과 역사적 사실을 근거로 하면 '진대(2~4세기)에 지남주가 있었다'는 정도에 불과하다. 뿐만 아니라 훔볼트는, 클라프로스가 지남거Char magnétique, 지남귀Tchi Nan Kiu, 지남부침boussole à eau을 각각 구별할 수 있었던 것과는 달리, 사남south-pointing needle=컴퍼스compass=항해용 컴퍼스mariner's compass를 혼동하여 동일한 것으로 보았다.

이상의 논의를 통해 다음과 같은 결론을 도출할 수 있다.

첫째, 중국인이 역사상 처음 발명한 것은 '나침반'이나 '컴퍼스'가 아니라 방향탐지기 또는 사남(지남)이다. 그러므로 중국인이 나침반을 발명했다고 보는 것은 오류다. 컴퍼스는 유럽에서 13세기 중엽 항해안내서나 해도 등의 의미로 사용되다가 14세기 이후에나 가남쇠를 뜻하기 시작했다. 나침반은 19세기 말 일본에서 만들어낸 용어로, 일반적으로 근대적 의미의 나침반^{pivoted compass}을 가리킨다.

둘째, 항해에 사용된 최초의 가남쇠는 나침반이나 컴퍼스가 아니라 지남부침 指南浮沈=수부침 水浮針(floating needle)이다.

셋째, 한자를 해독하지 못했던 훔볼트는 일본전문가인 클라프로스의 사적 보고서에 의존해 중국의 지남기를 이해했는데, 클라프로스의 보고서 자체와 자신의 저서 『코스모스』에 포함된 다수의 오류에 근거하여 '중국의 컴퍼스가 아랍을 경유해 유럽에 전해졌다'고 주장하였고, 그의 이 같은 견해는 그의 명성과 학문적 영향력에 힘입어 광범위하게 유포되었다.

넷째, 항해에 지남부침(수부침)^{floating needle}을 사용한 시기가 중국 1100년 전후, 유럽 1187년, 아랍 1242년 순이라는 점과, 훔볼트의 주장에 다수의 오류가 내포되어 있다는 점을 염두에 두면 '중국의 컴퍼스가 아랍을 경유하여 유럽에 전해졌다'는 주장은 역사적 사실에 부합되지 않는다.[41]

---

41) 20세기 최대의 중국과학사가인 니덤은 "자기컴퍼스를 항해에 사용함으로써 항해술은 원시적 항해술 시대에서 정량적 항해술 시대로 이행했는데, 중국은 최소한 서양보다 1세기 이상 앞섰다"는 점을 명시하고 있지만, "항해용 컴퍼스가 인도양에서 어느 정도 확산되었는지는 아직 알려지지 않고 있다"는 사실을 덧붙임으로써 중국의 지남부침이 인도양을 거쳐 유럽으로 전해졌다는 훔볼트의 주장에 대해서는 이견을 보였다. Needham and Wang, *Science and Civilization in China* Vol.4 Part III ; 김주식 역(2016), 『동양항해선박사』, 462~491쪽.

대항해시대 유럽의 배와 항해

15세기 유럽의 해양팽창은 세계사의 전개에 매우 중요한 사건이었다. 인도항로와 신대륙 '발견 discovery'[1]으로 상징되는 유럽의 해양팽창은 당시까지 상호 고립적으로 발전하고 있던 여러 문명들을 연결시킴으로써 진정한 의미의 '세계사'가 형성되는 하나의 계기가 되었고, 자본주의 경제의 형성과 발전에 큰 영향을 주었기 때문이다. 그러나 다른 한편에서는 유럽인에 의한 비유럽인의 지배가 시작되는 계기가 되었다는 점에서 비판석으로 보아야 한다는 시각도 존재한다.

흔히 유럽의 해양팽창 원인에 대해서는 기후적 요인론, 인구론, 경제적 동기론, 기술적 동기론, 종교적 동인론 등 다양한 견해가 제기되었다. 이 글에서는 유럽 해양팽창의 원인 내지 배경 중 하나로 제기되는 기술적 요인에 대해 검토해 볼 것이다. 선박과 범장이 개량되고 항해술이 발전함에

---

1) 흔히, 15세기에 이루어진 유럽인들의 해외팽창을 '지리상의 발견'(discovery)이라고 칭하지만, 필자는 '발견'이란 용어는 서구인이 자기 선조들의 업적을 미화하고 합리화하려는 의도가 무의식적으로 내포된 개념이라 생각하기 때문에, 이 시기에 이루어진 역사적인 사건을 칭할 때에는 '발견'이란 말 대신 '탐험' 또는 '해양팽창'이라는 용어를 사용할 것이다. 단, 서양 학자들의 논문이나 저서를 인용할 때는 그들이 사용한 용어를 그대로 사용한다. '발견'이란 용어 사용의 문제점에 대해서는 Hale(1974), 『탐험시대』, 11~12쪽 참조.

따라 유럽인들이 대양으로 팽창했다는 것이 기술적 동인론의 요지다. 그러나 이미 언급한 바와 같이, 기술적 발전 없이는 유럽인들이 대양항해를 할 수 없었겠지만, 그렇다고 기술적 발전으로 인해 유럽인들이 전 세계 바다로 항해해 갔다고 볼 수는 없을 것이다. 유럽인들이 선박과 항해술이 발전했기 때문에 대양항해와 해양팽창을 한 것이 아니라, 아프리카 연안 탐험과 대서양 탐험을 겪으면서 그에 필요한 선박과 항해술을 개량하고 발전시켜 나갔다고 보는 것이 역사적 사실에 부합할 것이다. 이 글을 통해 이러한 사실이 입증되기를 기대한다.

유럽의 대항해시대는 넓게는 엔리케 왕자가 아프리카 탐사를 시작한 1400년대 초부터 제임스 쿡이 전 세계 바다를 탐사했던 18세기 말까지로 볼 수 있다. 그러나 좁게는 엔리케 시대부터 마젤란 함대가 세계를 일주했던 15세기부터 16세기 중엽까지로 보는 것이 일반적이다. 여기에서는 주로 15세기 초반부터 16세기 중엽까지 대항해시대의 유럽 항해선박사에 초점을 맞추어 정리해 볼 것이다.

I. 대항해시대 유럽의 배

1. 중세의 갈레아스와 코그

중세 유럽의 해상로는 대체로 북해 항로와 지중해 항로로 대별할 수 있다. 지중해 무역은 제노바와 베네치아 등의 이탈리아 도시국가들이 주도하였으며, 흑해, 소아시아, 이베리아 반도, 브리튼 섬 등을 연결하였다. 이에 대해 한자 동맹이 주도했던 북해 무역은 볼틱해 연안에서 스칸디나비아, 서유럽과 브리튼 섬 등을 잇는 해상로였다.[2] 그리스·로마의 전통을 간직하고 있던 이탈리아 도시국가들이 주도한 지중해 항로에서 이용된 배는 갈레아스galleass 선이었다. 갈레아스 선은 그리스와 로마의 갤리galley 선이 범노선으로 발전된 형태다. 갤리 선은 기본적으로 외대박이 돛대에 네모돛을 달고 있었지만, 주된 동력원은 노oar였고 장폭비는 10 : 1 정도로 '긴 배longship'에 속하였다. 갈레아스 선 역시 긴 배에 속하지만, 그 장폭비를 4 : 1로 줄여 거친 바다에서도 견딜 수 있도록 개량되었다. 13세기 베네치아 의 전형적인 갈레아스 선은 돛대 두 개에 각각 세모돛을 달고, 좌우현에 노를 장비하였다.3) 이 갈레아스 선은 비교적 잔잔한 지중해 해역에서만 활용되었던 것으로 보이는데, 이는 주요 해사 관련 어원사전이나 현대 영어사 전에서 'galleass'라는 낱말을 전혀 찾을 수 없다는 사실로도 입증된다.4)

유럽의 범선에 세모돛이 주돛으로 사용되었다는 것은 매우 의미심장하 다. 그리스나 로마, 바이킹의 배들은 주로 노를 이용하고, 돛은 네모돛, 그것도 보조동력원으로만 사용하였다. 로마 상선에서 윗돛topsail에 세모돛 이 사용되기는 했지만, 이 역시 어디까지나 보조 돛에 지나지 않았다. 유럽에서 도 세모돛이 알려지기는 했었다. 이를테면 5세기 말~6세기 『일리아드Iliad』 수고본에 비잔틴 제국의 드로모dromon 선5)을 묘사하면서 세모돛을 언급하 고 있고, 880년 성 그레고리St. Gregory of Nanzianzus의 설교문 수고본에도 명백히 나타나 있다.6) 그럼에도 불구하고 유럽인들에게 세모돛의 유용성을 소개한 사람들은 무어인moor이었다는 것이 학계의 지배적인 견해다.7)

1300년을 기준으로 북해 항로에서 주로 이용된 배는 코그cog 선이었다.

---

2) Fayle(2004), 『서양해운사』, 2-3장 참조.
3) Peter Kemp(1978), *The History of the Ships*, p.54
4) William Falconer(1784), *An Universal Dictionary of the Marine* ; W.H. Smyth(1991), *The Sailor's Word-Book of 1867.*
5) 5~12세기 비잔틴제국의 주력 갤리선으로서 이후 이탈리아 도시국가의 갤리선으 로 계승되었다.
6) Woodman(1997), *The History of the Ship*, p.48.
7) Parry(1998), 『약탈의 역사』, 38쪽.

그림 6-1. 13세기 베네치아 갈레아스 선 모형[8]

그림 6-2. 오스티아(Ostia)의 유적에 부조된 로마 상선[9]

코그라는 낱말의 초기 형태는 코게kogge로 948년 네덜란드 기록에 처음으로 등장하였다. 이 낱말은 스칸디나비아어의 쿠곤kuggon 또는 쿠콘kukkon에서 유래하며, 통을 닮은 용기나 배가 불룩한 배를 일컬었다고 한다. 독일 브레머하벤 국립해사박물관 학예사의 설명에 따르면, 코그는 옛 독일어로 '그릇' 또는 '용기'를 뜻한다고 하는데, 이는 코그가 결국 영어의 vessel과 같은 뜻에서 유래했음을 의미한다. 프랑스에 정착한 노르만족은 자신들의 코게 선 형태를 처음에는 배를 뜻하는 라틴어 '나비스navis'에서 유래된 '네프nef'라고 불렀고, 영국의 노르만족은 그저 '둥근 배round ship'라고 불렀다. 이후 유럽인들의 교류가 늘어나면서 프리슬란트 명칭인 코게가 널리 쓰이게 되었고, 오늘날에는 영어인 코그 선으로 알려지게 되었다.

선형의 하나로서 '코그'란 단어가 처음 기록된 것은 9세기인데, 독일 주요 도시의 문장紋章(seal)에 묘사된 것 외에는 코그 선의 실체를 밝혀줄 만한 것이 없었다. 그러던 중 1962년 독일 브레멘의 베제르Weser 강을 준설하는 과정에서 침몰선이 발굴되었는데, 이 배를 통해 코그 선의 실체가 상당수 밝혀졌다. 보통 베제르 코그 선으로 불리는 이 배는 브레머하벤 독일 국립해사박물관에 보존되어 있으며, 길이 23.27m, 너비 7.62m, 높이

---

8) Kemp(1978), p.54.

9) Kemp(1978), p.33.

그림 6-3. 『경이로운 책들(*Livres des Mervilles*)』 그림 6-4. 베제르 코그 선(1380)[11]
(1307)의 코그 선 삽화 [10]

7.02m, 적재부피 160m³, 적재톤수 120톤 정도다. 이 코그 선은 바닥판(용골)
이 선수 끝에서 선미 끝까지 깔려져 있고, 선수재 근처의 뱃전판과 바닥판이
겹쳐져 철못으로 결합되어 있다. 외판과 외판 사이는 뱃밥으로 틀어막아
물이 스며드는 것을 방지했다. 잔존 목재의 탄소 연대 측정에 따르면,
베제르 코그 선은 대략 1380년경의 것으로 추정되고 있다.[12]

12세기 즈음 독일에서 등장한 코그 선은 첨저형 선저와 중앙타, 그리고
네모돛을 장착하여 이후 유럽 범선의 원형을 제시해 주었다. 코그 선은
주로 독일을 중심으로 북해와 볼틱해라는 거친 바다에서 항해하여 그
흔적이 많이 남아 있지 않으며, 베제르 코그 선 정도만이 그 실체의 일부를
보여주고 있을 뿐이다. 코그 선은 유럽 선박 최초로 선미중앙타를 설치하고
순전히 돛만으로 항해했다는 두 가지 점에서 유럽선박사에서 특기할 만한
배이며, 이후 유럽 범선의 원형이 되었다는 점에서 역사적 의의가 있다.

시간이 경과하면서 코그 선은 적재량 200톤에 이르는 대형선도 건조되었
고, 배의 외형 역시 서서히 달라졌다. 뱃머리는 점점 포르투갈의 카라벨

10) Woodman(1997), p.41.

11) S. McGrail(2006), *Ancient Boats and Ship*, p.46.

12) 김성준(2015), 『역사와 범선』, 64~65쪽.

선처럼 둥근 형태를 띠고, 선수루와 선미루도 점점 높아졌다. 북해의 코그 선은 15세기 중엽 이베리아 반도에서 시작된 대양 탐험의 영향으로 급격한 변화를 겪었다. 오랫동안 돛대 하나에 네모돛 하나를 설치한 야거리 형태에서 세 개의 돛대를 설치한 세대박이로 진화되었던 것이다. 그 결과 대형 코그 선은 카라크 선이나 카라벨 선과 선형 면에서 큰 차이가 없게 되었다.[13]

2. 대항해시대의 카라크와 카라벨

갈레아스 선이 그리스와 로마의 전통을 발전적으로 계승한 배라면, 카라크 선은 지중해의 전통과 북해의 전통이 창조적으로 결합된 배였다. 십자군 전쟁기 말에 이르러 북해의 코그 선들이 지중해까지 진출했고, 14세기 초가 되면 일반화되었다.[14]

지중해 지역의 세모돛 배인 래틴 lateen은 노어 knorr보다도 땅딸막한 선형을 갖고 있었다. 래틴은 주로 화물 수송을 위해 인구가 조밀한 연안이나 비교적 안전한 바다에서 활용되었다. 세모돛을 활용하여 맞바람에도 비스듬히 항해할 수 있는 것이 래틴 선의 가장 큰 장점이었다. 1200년 즈음에 와서 래틴도 대형화되었다. 선루가 설치되고, 돛대가 하나에서 둘로 늘어났다. 14세기 중엽 북해선이 지중해 선에 영향을 미쳐 두 선형이 결합되어 두대박이 배로 네모돛과 세모돛을 함께 장착한 카라크 선이 등장하기에 이르렀다. 카라크 선의 원형은 두대박이로서 북유럽의 코그 선과 지중해의 두대박이 래틴 선이 결합된 것임을 알 수 있다.

카라크란 말의 기원은 불분명하다. 다만 중세 라틴어 carraca와 이탈리아어 caracca 등이 사용되었는데, 이 두 낱말은 상선을 뜻하는 아랍어 qurqur의 복수형 qaraqir에서 기원했을 것으로 추정된다. 그런데 이 아랍어 자체는

---

13) 김성준(2015), 『역사와 범선』, 68~69쪽.
14) Woodman(1997), p.49.

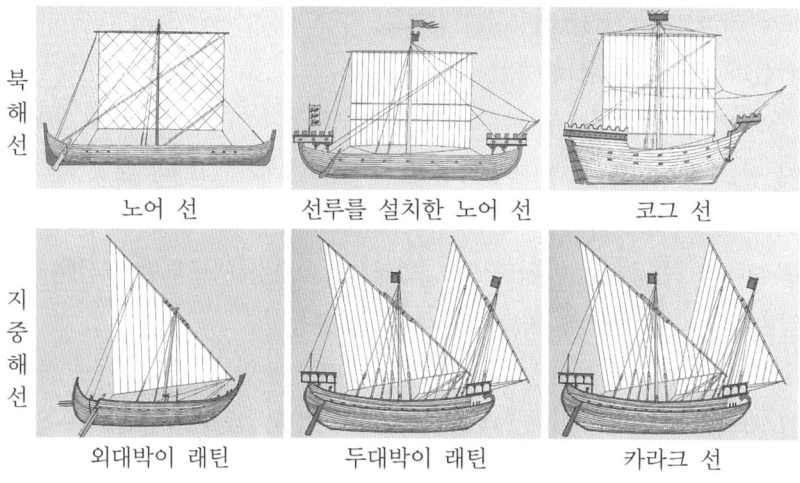

<table>
<tr><td rowspan="1">북
해
선</td></tr>
</table>

북
해
선

노어 선 | 선루를 설치한 노어 선 | 코그 선

지
중
해
선

외대박이 래틴 | 두대박이 래틴 | 카라크 선

그림 6-5. 유럽 범선의 발달 15)

'작은 배'(boat나 pinnacle)를 뜻하는 그리스어 karkouros나 '마차에 짐을 싣다'를 뜻하는 라틴어 carricare(영어 charge의 어원)에서 기원했을 것으로 추정된다. 중세 라틴어 carraca가 스페인어 carraca로 채택되고, 중세 프랑스어 caraque를 경유하여 14세기 말에 영어 carrack로 정착했다.16)

카라크는 네모돛과 세모돛을 함께 장착하여 맞바람에도 항해할 수 있었다. 네모돛의 경우 뒷바람일 때 유리하고, 세모돛은 맞바람일 때 네모돛보다 항해에 이점이 있었다. 카라크의 선형은 선수루와 선미루가 있고, 선미에 고정타가 달려 있어서 북해선과 유사하다. 그러나 하체는 선수와 선미다 같이 둥글게 되어 있어 지중해 식을 따르고 있다. 카라크 선은 14세기 말에 지중해와 이베리아 반도에서 처음 등장한 흔적이 짙지만, 널리 보급된 것은 1450년경 이후고, 그 뒤 원양 항해가 빈번해지면서 급격히 발전하였다. 16세기 이후 범선의 전성시대에 나타난 범선은 상선과 군선을 막론하고

---

15) Hale(1974), 86~87쪽.

16) Doughlas Harper, *Online Ethmology Dictionary.* at http://etymonline.com(2001 ~2024).

모두 카라크형 범장을 개량시킨 것으로, 카라크 선이야말로 전형적인 유럽 범선의 원형이라 할 수 있다.

카라크 선은 15세기 말에는 400톤 정도이던 것이 16세기에 이르러 1000톤에 이를 정도로 급격히 대형화되었다. 1500년 베네치아의 대형 카라크 선은 길이 30m, 너비 10m, 깊이 6.5m의 제원에, 각 현에 각각 28개씩 총 56개의 함포가 설치된 것도 있었다. 1520년경 포르투갈 군선은 6층 갑판에 140문 이상의 포를 장착하기도 했다.[17]

코그 선과 카라크 선은 그 기원이 불분명한 데 반해, 카라벨 caravel 선은 그 기원이 포르투갈이라는 데에 별 이견이 없다. 영어 '카라벨'의 어원은 포르투갈어 caravela, 스페인어 carabela인데, 이 낱말은 그리스어의 딱정벌레나 가재를 뜻하는 karabos에서 기원한 말로서, 후기 라틴어에서는 '가죽으로 덮어씌운 작은 배'라는 의미의 carabus로 활용되었다. 포르투갈에서는 caravo(현대 포르투갈어에서는 사용되지 않음) 형태로 사용되었고, 이후 이보다 큰 선박이 등장하면서 caravela, 스페인에서는 carabela, 프랑스에서는 15세기에 caravelle이라는 형태로 각각 사용되었고, 영어에서는 1520년대에 caravel로 정착되었다.[18] '카라벨'라는 낱말이 처음 기록된 것이 1255년인 것으로 미루어 용어 자체는 포르투갈에서 이미 13세기 중엽에 사용된 것으로 보인다.[19] 하지만 13세기 중엽의 카라벨라는 선형이라기보다는 'caravo'보다 '약간 큰 배'라는 의미로 사용되었고, 포르투갈 북부 포르투 항이 있는 도로 강 Douro River에서 20~30톤 내외의 작고 경쾌한 어선으로 활용되었다.[20]

---

17) 김재근(1980), 110~112쪽.

18) Doughlas Harper, *Online Ethmology Dictionary*. at http://etymonline.com(2001~2024).

19) Woodman(1997), p.56 ; 강석영·최영수(1988), 『스페인·포르투갈사』, 388~389쪽.

20) Boorstin(1987), 『발견자들 I』, 256쪽.

세모돛 카라벨라(Caravela Latina)[21]   둥근 카라벨라(Caravela Redonda)[22]

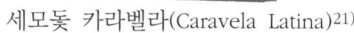

그림 6-6. 대항해시대 카라벨라

1436년까지 아프리카 탐험에는 사각돛을 단 바르카barca(영어 barque) 또는 바리넬barinel(영어 balinger)이라는 배가 이용되었다. 그러나 보자도르 곶Cape Bojador 이남으로 점차 내려가면서 북동무역풍과 거친 바다에 적응할 수 있는 새로운 선형의 배가 필요하게 되었다. 보자도르 곶 이남까지 항해했던 질 야니슈Gil Eanes(1395~?)와 발다이아Afonso Gonçalves Baldaia (1415? ~1481)는 네모돛만 단 바르카 선으로, 역풍과 역조 시 포르투갈로 귀환하는 데 어려움을 겪었다.[23]

그리하여 엔리케 휘하의 누군가가 이집트와 튀니지아 연안에서 아랍인들이 사용하던 세모돛을 단 카라보스caravos 선과 네모돛을 단 포르투갈의 바르카 또는 바리넬, 속력이 빠른 카라벨라의 장점을 조합해 원양탐사용 카라벨라(포르투갈어 : caravela, 영어 : caravel) 선형을 개발해 냈다.[24] 초창기의 카라벨라 선은 돛대를 두 개 설치하고, 각 돛대에는 세모돛과 네모돛을 달았으나, 15세기의 전형적인 카라벨라 선은 돛대 세 개에 모두 세모돛을 달거나 앞돛대와 주돛대에는 네모돛을 달고 뒷돛대에는 세모돛을 달았다.

---

21) Kemp(1998), p.68.
22) Humble(1979), *The Explorer*, p.49.
23) Luc Cuyvers(1999), *Into the Rising Sun*, p.35.
24) Boorstin(1987), 『발견자들 I』, 256쪽.

원양탐사용 카라벨라 선이 개발되기 이전에 유럽인들은 네모돛을 사용하였다. 그러나 네모돛은 바람을 많이 받기 때문에 맞바람이 불 때는 항해가 곤란했다. 이에 반해 아랍인들은 세모돛을 사용하였는데, 세모돛을 단 배는 돛의 면적을 크게 하는 데는 한계가 있었지만 맞바람이 불 때도 항해할 수 있다는 이점이 있었다. 물론 세모돛을 단다고 해도 정면에서 부는 맞바람을 맞으며 항해할 수 있었던 것은 아니다. 네모돛을 단 배는 맞바람을 피하기 위해 거의 정횡正橫에 가까운 67도로 항해해야 했지만, 세모돛을 단 배는 55도까지 맞바람에 근접하여 항해할 수 있는 정도였다.

결국 1488년 바르톨로메 디아스Bartolomeu Dias(1450?~1500)의 항해 이후 카라벨라 선은 바람이 센 원양항해용으로는 적합하지 않다는 것이 판명되었다. 세모돛을 장착한 카라벨라 선은 일정한 크기 이상으로 건조할 수 없어 원양항해에 필요한 충분한 식량과 비품을 선적할 수 없었던 것이다. 이러한 단점을 보완하기 위하여 15세기 말경에 카라벨라 레돈다Caravela Redonda(둥근 카라벨라) 선이 개발되었다. 15세기 말에서 16세기 초에 이루어진 대부분의 해양탐험에는 주로 이 카라벨라 레돈다 선이 이용되었다. 이 배는 세 개의 돛대를 장비하였는데, 주돛대와 뒷돛대에는 세모돛을 달고, 앞돛대에는 네모돛을 달았다.

카라벨라 레돈다 선은 기본적으로 세대박이로서 네모돛과 세모돛을 모두 장착한 점에서는 카라크 선과 차이가 없다. 그러나 카라크 선은 두대박이일 수도 있고 세대박이일 수도 있다. 두대박이 카라크라면 주돛대에는 네모돛을 달고 뒷돛대에는 세모돛을 달았고, 세대박이 카라크라면 앞돛대와 주돛대에 네모돛을 달고 뒷돛대에는 세모돛을 달았다. 그러나 이것이 항구적으로 고정된 것은 아니었고, 필요에 따라 범장을 현장에서 교체할 수 있었다.[25]

II. 유럽의 항해술

항해는 '특정 A점에서 목적지 B점까지 배를 조종하여 이동해가는 행위'를 말하며, 이를 위해서는 선위船位를 확인할 수 있어야 한다. 대항해시대는 물론 19세기까지도 지구상의 한 점 위에 있는 선위를 확정하는 것은 천문지리학적 지식을 요하는 과학의 한 분야였다. 중세의 지중해와 북해 항로는 기본적으로 육지를 보며 선위를 확인할 수 있었기 때문에 항해술이 라고 해 봐야 돛이나 노를 이용하여 배를 이동시키는 게 전부였다고 할 수 있다.

그러나 포르투갈인들이 아프리카 연안을 탐사하여 대서양 상으로 진출하게 되면서 선위를 확인하는 것은 매우 중요한 일이 되었다. 대항해시대의 항해술을 살펴보기 위해서는 해도26)와 선위를 확인하기 위해 활용된 각종 천측기구에 대한 이해가 선행되어야 한다. 그런 연후에 이 같은 도구들을 활용하여 대항해시대 유럽의 항해자들이 어떻게 선위를 확인하였는지를 살펴보아야 한다.

1. 해도

중세의 대표적 항로였던 북해와 지중해 항로는 모두 연안 가까이 항해하거나 연안을 보지 못하더라도 하루 이틀 정도면 연안을 볼 수 있었기

---

25) Humble(1979), p.49.

26) 영어 chart는 후기 라틴어 charta(종이, 카드, 지도)에서 기원한 단어로 중세 프랑스어 charte(카드, 지도)를 경유하여 15~17세기 영어에서는 carte와 card 두 형태가 다 사용되었으나, 1400년경 card가 '카드 놀이'로, 1570년대 이후 chart는 '항해용 해도'를 뜻하는 것으로 각각 분화되었다. Doughlas Harper, *Online Ethmology Dictionary*, at http://etymonline.com(2001~2024)

27) Hale(1974), 74쪽.

제6장 대항해시대 유럽의 배와 항해 | **169**

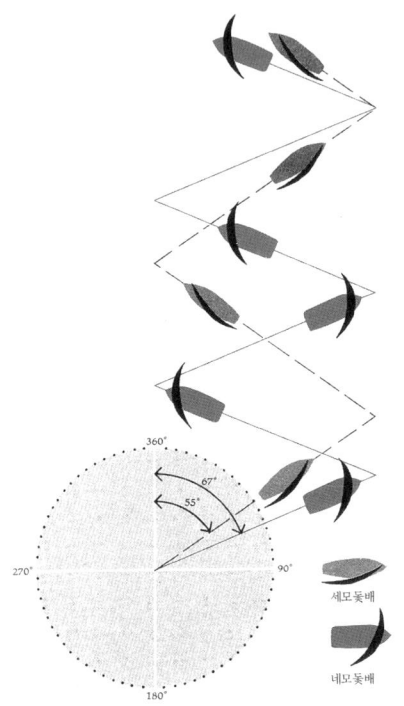

그림 6-7. 네모돛배와 세모돛배의 역진성[27]

때문에 선위를 확인하거나 목적지까지의 침로를 결정하는 것이 그리 어려운 일은 아니었다. 유럽 중세의 대표적인 지도는 마파 문디 Mappa- Mundi(세계지도) 형 지도다. 이 지도는 성서聖書적 세계관을 표현한 것으로 뱃사람들이 항해용으로 사용하기에는 부적절했을 뿐만 아니라, 중세 초기 뱃사람들에게도 특별히 해도가 필요했던 것도 아니었다. 그러므로 당시까지 알려졌던 지중해권을 비교적 상세히 묘사한 지도가 유럽인이 아닌 아랍인에 의해 제작된 것은 어쩌면 당연한 일이었다. 시칠리아의 루지에로 2세 Ruggiero II(1095~1154)의 궁정지리학자였던 모로코 태생의 이슬람인 알 이드리스 al-ldris(1100~1166?)가 1138년에 〈루지에로의 세계지도〉를 제작하였다. 이 세계지도는 루지에로 2세의 관할령을 표시하기 위한 것으로 프톨레마이오

그림 6-8. 〈피사 해도〉(1300년경)[28]

스의 지리관을 기초로 하여 경위선을 교차하는 방법으로 유럽과 아시아, 아프리카 북부 지역을 묘사하였다.[29] 이 지도는 당시로서는 가장 사실적인 묘사로 명성을 얻었고 그 까닭에 후대에 필사본이 다수 제작 유포되었지만, 현재는 옥스퍼드 대학 보들리안 도서관에 1456년 필사본 한 점이 소장되어 있을 뿐이다.

중세 유럽에서 본격적인 항해용 해도가 등장한 것은 13세기 중엽이다. 이 시기에 컴퍼스가 항해에 이용되면서 항해용 해도에 방사형 침로를 삽입할 필요가 있었기 때문이다. 이렇게 해서 컴퍼스와 항로를 표시한 '포르톨라노 portolano' 해도가 등장하였다. 이탈리아어 'portolano'는 항구 harbour를 뜻하는 명사 'porto'의 형용사형으로, 포르톨라노 해도는 침로, 정박지, 항만 등을 기록한 '항해안내서'를 뜻한다. 현재 전 세계적으로 200여 점의 포르톨라노 해도가 남아 있는데, 이 중 가장 오래된 것은 1275~1300년 사이에 제노바에서 제작된 것으로 추정되는 〈피사 해도 Carta Pisana〉(현재

---

28) Hale(1974), 77쪽.
29) Short(2009), 『지도, 살아있는 세상의 발견』, 145쪽.

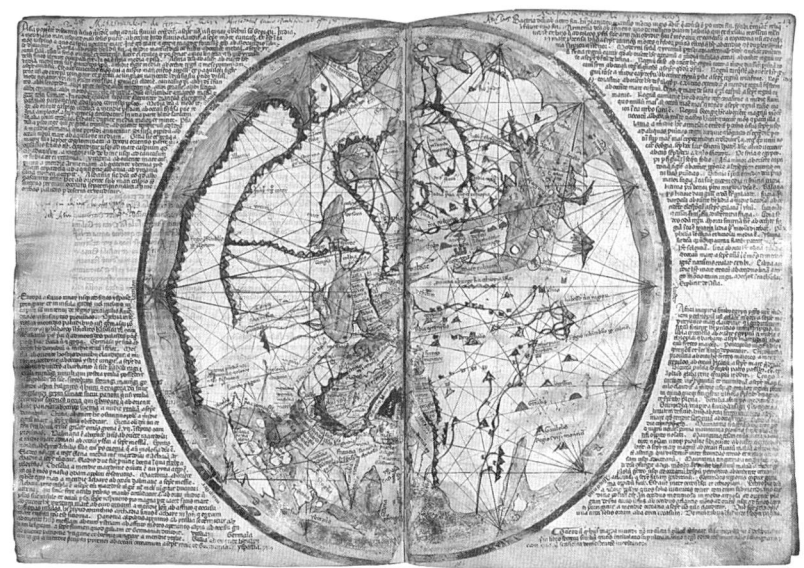

그림 6-9. 베스콘테의 세계지도(1320)[30]

파리 국립도서관 소장)다. 이탈리아 피사에서 발견되었다고 하여 이러한 이름
이 붙었는데, 양피지 한 장에 지중해 전역과 흑해, 북아프리카의 모로코에서
오늘날 네덜란드에 이르는 영역이 묘사되어 있다.[31] 지중해 해역에 대한
묘사는 비교적 정확하나 서유럽 지역은 정확성이 현저히 떨어진다. 이는
1300년 이전 지중해 항로와 북해 항로가 아직 이렇다 할 교류가 없었음을
시사한다. 어쨌든 '피사 해도는 진정한 의미에서 최초의 해도'라는 점에서
역사적 의의가 있다.

포르톨라노 해도 가운데 유럽 해안선이 비교적 정확하게 그려진 해도는
제노바의 베스콘테Petrus Vesconte가 1320년에 그린 것이다. 피사 해도보다
불과 한 세대 후에 제작되었음에도 유럽 해안선이 실제 지형과 일치할

---

30) 량얼핑梁二平(2011), 79쪽.
31) 량얼핑梁二平(2011), 『세계사의 운명을 바꾼 해도』, 74쪽.

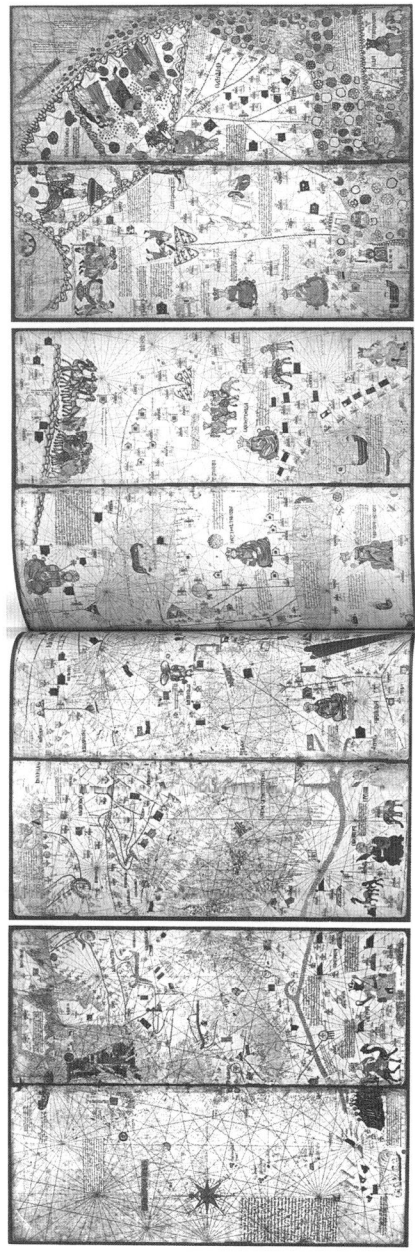

그림 6-10. 아브라함의 세계전도(1375)[33]

정도로 묘사가 비교적 정확하다. 베스콘테 해도에는 바다와 육지에 해도 특유의 컴퍼스 방위선이 표시되어 있고, 대서양, 지중해, 흑해, 아조프 해가 상당히 정확히 묘사되어 있다. 베스콘테 해도는 중세 TO지도의 방위 설정을 따라 아시아를 위쪽, 유럽을 왼쪽, 북아프리카를 오른쪽에 각각 배치하였다. 이전 포르톨라노들이 안내문을 주로 하고 해도는 부록으로 첨가했던 것에 반해, 베스콘테 해도는 해도 자체가 본래의 지위를 차지했다는 점에서도 의의가 있었다.[32]

같은 포르톨라노 해도지만 제작된 지역에 따라 스페인 카탈로니아에서 제작된 해도는 카탈란 해도 Catalan chart 식으로 불리는 게 보통이다. 중세 해도의 진전은 카탈란 해도에서 절정을 이루었다. 마요르카 팔마 섬 출신의 유태인 지도제작자인 크레스케 아브라함 Cresques Abraham(1325~1387)이 1375 년에 카탈루냐 지도첩 Catalan Atlas을 제작했다. 길이 69cm, 너비 49cm의 양피지 여섯 장을 붙여 지도를 그린 뒤 얇은 널빤지에 한 장씩 붙였으나, 시간이 흐르면서 널빤지 가운데 접힌 부분이 떨어져 나가 현재는 12장의 지도첩으로 파리 국립도서관에 소장되어 있다. 이 지도첩은 중앙에 예루살렘을 배치하고, 북쪽을 위에 배치하여 실제 방위 배치와 일치되도록 제작되었다. 아브라함의 카탈란 지도첩에는 지브롤터해협에서 동중국해에 이르는 유라시아 대륙과 아프리카 북부지역이 묘사되었다. 이 세계 지도는 '중세 시대 가장 아름답고 완벽한 세계지도첩'으로 평가되고 있다.[34]

주경철 교수는 콜럼버스가 1차 항해 때 1375년판 카탈란 해도[아브라함의 1375년 카탈루냐 지도첩 Catalan Atlas을 지칭]나 안드레아 비앙코 Andrea Bianco 의 1436년 포르톨라노 해도를 사용했을 것으로 추정했다.[35] 이에 대해

---

32) 량얼핑粱二平(2011), 78~79쪽.
33) 량얼핑粱二平(2011), 82~83쪽.
34) 량얼핑粱二平(2011), 81~82쪽.
35) 주경철(2013), 『크리스토퍼 콜럼버스』, 96쪽.

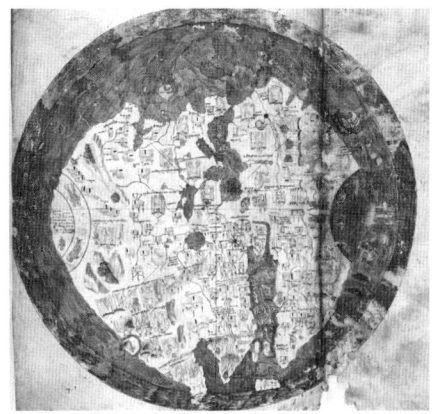

그림 6-11. 안드레아 비앙코의 세계지도(1436)　　그림 6-12. 코르나로 지도첩 중 General Map(1485)[36]

제임스 켈리는 1983년 콜럼버스 1차 항해의 항로를 시뮬레이션 할 때, 베네치아의 코르나로 Cornaro 가문의 일원 중 한 명이 제작했을 것으로 추정되는 1485년판 코르나로 지도첩 Cornaro Atlas : British Library(Egerton MS 73)에 포함된 '포르투갈령 기니 Ginea Portogalexe'를 사용했을 것으로 추정하였다.[37] '포르투갈령 기니'는 코르나로 지도첩에 포함된 31번째 지도로, 이베리아 반도 서해안과 케이프 베르데 제도 북서해안, 아프리카의 황금해안까지 묘사되어 있다.[38] 콜럼버스가 실제 어떤 해도를 사용했는지는 확인할 수 없지만, 분명한 것은 그가 유럽 해역에서는 포르톨라노 해도를 사용했으리라는 데에는 이견이 없다. 그러나 대서양 너머에 대해서는 그의 머릿속에 토스카넬리적 지리관이 자리했으리라는 것이 그의 아들 페르난도의 견해다.[39]

---

36) https://en.wikipedia.org/wiki/Bianco_world_map and https://en.wikipedia.org/wiki/Cornaro_Atlas(2025.3.10.)

37) James E. Kelly, Jr.(1983), "In the Wake of Columbus on a Portolan Chart".

38) *Catalogue of the Manuscript Maps, Charts, And Plans and of the Topographical Drawings in the British Museum* Vol.1, p.19.

대항해시대의 지리학에서 빼놓을 수 없는 것은 프톨레마이오스 Klaudios Ptolemaios(100?~170?)의 세계지도다. 프톨레마이오스는 로마 시민권을 가진 그리스계 이집트 학자로서 고대 천문학과 지리학을 집대성한 인물이다. 그는 『천문학집성Almagest』 13권과 『지리학Geographia』 8권을 저술하였는데, 그의 원전은 1000여 년 동안이나 유럽에서 자취를 감추었다. 다행히도 아랍인들이 그의 원전을 아랍어로 보존하고 있었다.[40] 12세기에 『천문학집성』이 이탈리아와 스페인에서 라틴어로 번역되어 유럽에 재수입되었고, 『지리학』은 동로마의 그리스인 학자 플라누데스 Maximus Planudes(1260?~1305?)에 의해 재발견되어 1300년경 그의 라틴어 번역본이 유럽에 재수입되었다. 그러나 이 라틴어 번역본에는 지도는 첨부되지 않은 채 지도 제작방법과 세계가 원형이라는 이론만 실려 있었다. 프톨레마이오스의 지도가 첨부된 『지리학』 필사본이 콘스탄티노플에서 유럽으로 전해진 것은 15세기 초엽에 이르러서였다.[41]

우리가 사용하고 있는 일반적 세계지도이자 진정한 의미에서의 항해용 전문해도가 등장한 것은 벨기에의 지도제작자 메르카토르 Gerardus Mercator(1512~1590)에 의해서였다. 메르카토르는 1569년 지도첩 Atlas 3권을 간행했는데, 이 가운데 포함된 세계지도는 원명이 '항해자들이 사용할 수 있도록 새로 수정되고 증보된 지구 전도Nova et Aucta Orbis Terrae Descriptio ad Usum Navigantium Emendate Accommodata'인 데서 알 수 있듯이, 항해자들이 목적지까지의 침로를 손쉽게 확인할 수 있게 제작되었다.

메르카토르는 3차원의 입체형상인 지구를 2차원인 평면에 도시하고,

---

39) Ferdinand Columbus, *The Life of the Admiral*, pp.19-23. 토스카넬리 지도는 이 책 4장 참조.
40) 프랑스 스트라스부르그대학 도서관에는 820년 아랍의 지리학자이자 수학자인 무함마드 이븐 무사 알 콰리즈미(Muḥammad ibn Mūsā al-Khwārizmi, 780?~850?)의 그리스어판 『지리학』 아랍어 번역본이 소장되어 있다.
41) 량얼핑粱二平(2011), 58쪽.

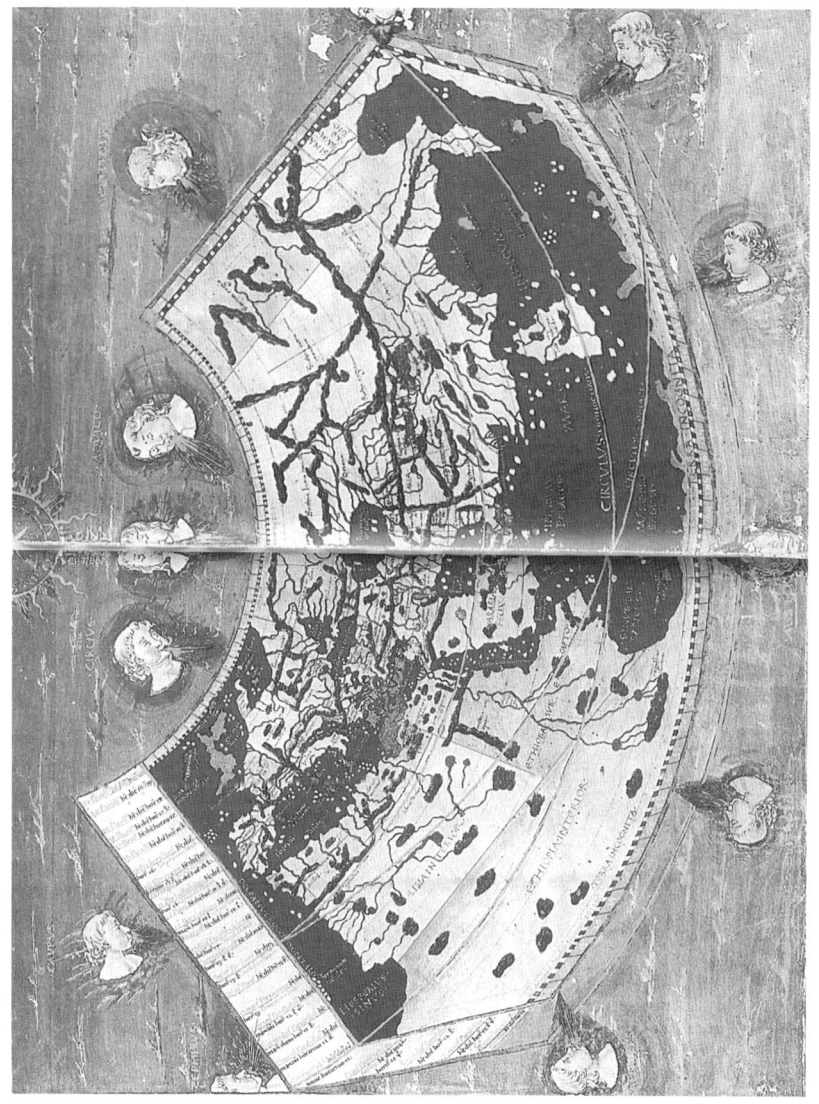

그림 6-13. 프톨레마이오스의 세계지도(1480, 리스본 국립해사박물관에 소장된 사본)[42]

항해자들의 침로를 직선으로 나타내기 위해 다음과 같은 과정을 거쳐

---

42) 오지 도시아키応地利明(2010), 『세계지도의 탄생』, 13쪽.

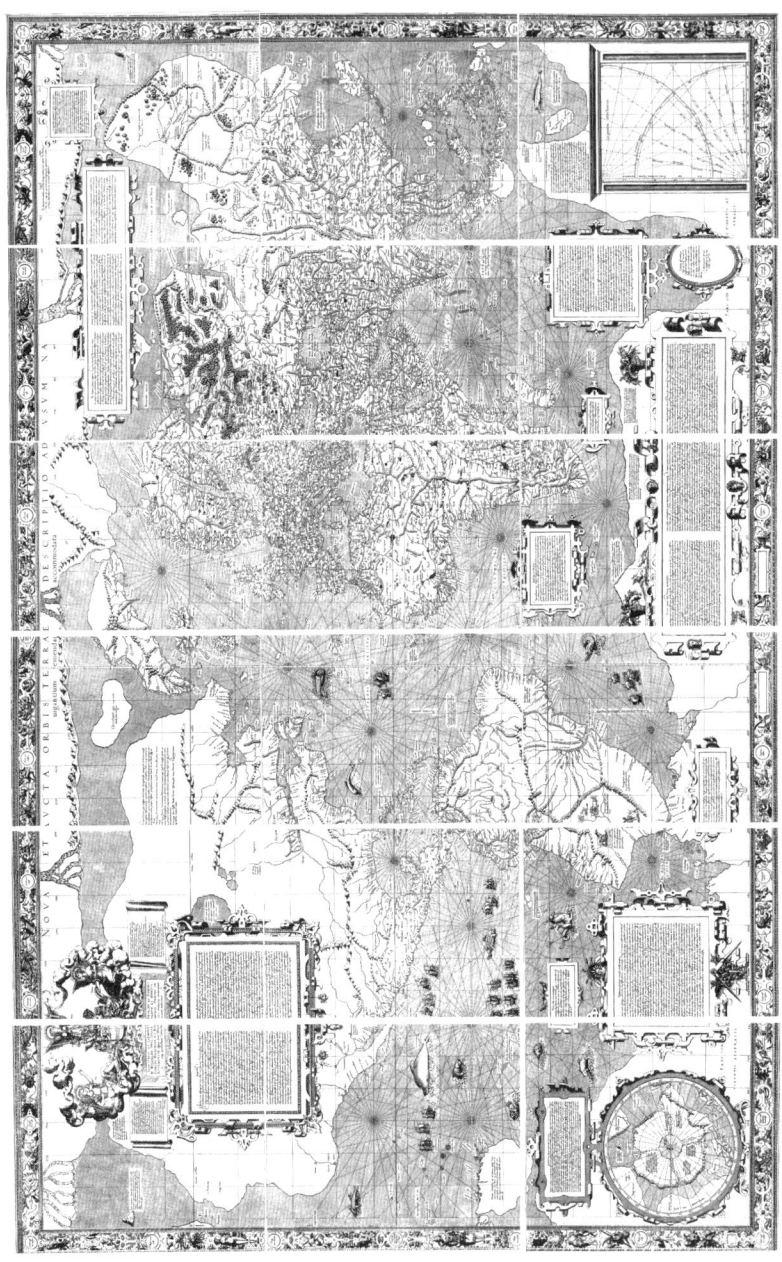

그림 6-14. 메르카토르의 세계지도(1569)[43]

1569년 세계지도를 제작하였다. ① 지구상에 점으로 표시된 항정선 rhumb line(loxodromes)을 사각의 경위선망 위에 옮겨 그린다. ② 이어 이 항정선이 일직선이 되도록 경·위도선 사이의 간격을 조정한다. 이는 결과적으로 고위도 지방의 면적을 크게 확대시켰다. 그러나 지구상의 두 지점 간의 각도는 지구 위에서의 각도와 일치하게 되었다. 이로써 항해용 지도의 제작이라는 메르카토르의 본래 목적에 따라 항정선을 직선으로 나타낼 수 있게 했다. 실제로 메르카토르는 1569년 세계지도에 대서양, 인도양, 태평양 등 각 대양별로 항정선을 교차선으로 그려넣어 항해자들이 쉽게 침로로 활용할 수 있도록 하였다.[44] 이 메르카토르 해도가 출현함으로써 항정선은 지표면상에서의 각도와 동일한 각도로 해도에 도시되었고, 거리 또한 같은 위도에서 측정했을 때 비교적 쉽게 계산할 수 있다는 항해용 해도의 두 가지 조건을 모두 충족시킬 수 있게 되어[45] 메르카토르 해도는 18세기 이후 오늘날까지 표준 해도로 널리 이용되고 있다.

2. 가남쇠와 천측기구

이미 앞에서 언급한 것처럼, 지구상의 바다를 항해하기 위해서는 현재의 선위와 목적지까지의 침로를 알아야 한다. 침로를 확인하기 위한 기구가 가남쇠고, 대양에서 선위를 확인하기 위해서는 태양이나 별들의 고도를 측정하여 천측력을 활용하여 본선의 위도를 결정해야 한다. 경도를 결정하는 문제는 훨씬 어려워서 18세기 중엽 이후 크로노미터라는 정밀시계가 개발될 때까지 기다려야 했다.

---

43) With Permission of Mercator Museum, Sint-Niklaas, Belgium.
44) 김성준·루크 카이버스(2014), 「메르카토르 해도의 항해사적 공헌」, 186쪽.
45) Bernard Kay(2006), 『항해의 역사』, 264~265쪽.

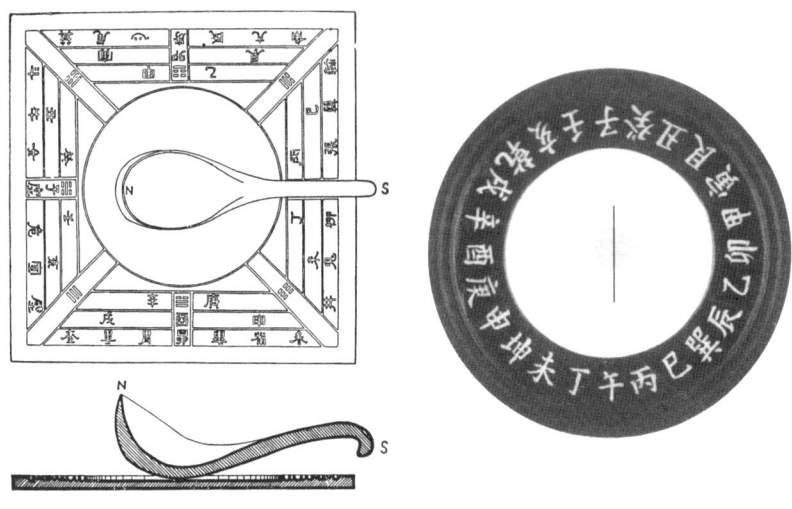

그림 6-15. 사남[46]　　　　　그림 6-16. 수부침(재현품)

1) 가남쇠

흔히 자성을 이용하여 남북을 가리키는 기구를 가남쇠라 일컫고, 이를 처음으로 발명한 것은 중국인이고, 중국인이 발명한 나침반을 아랍인이 유럽으로 전해주었다는 것이 하나의 상식처럼 널리 퍼져 있다. 그러나 이는 잘못된 상식이다. 우선 중국인이 발명한 것은 컴퍼스나 나침반이 아니라 사남司南으로서, 기원전 4세기 『귀곡자鬼谷子』에 처음 언급되었다. 중국 과학사가인 왕전두오王振鐸가 복원한 사남은 반盤과 숟가락 모양의 지남기指南器로 이루어져 있는데, 지남기를 반에 올려놓고 돌리면 사남의 손잡이 부분이 남쪽을 가리킨다.[47] 중국인들은 나침반이란 용어를 일체 사용하지 않았으며, 나경羅經, 나반羅盤, 나침羅針/나경羅經, 지남指南/지남침指南針이라고 부른다. 다만 최근 대만인들이 지북기指北器[48]라고 부르기도 하는

---

46) 王振鐸(1948),「司南指南針與羅經盤(上)」, p.245.

47) 王振鐸(1948·1949·1951),「司南指南針與羅經盤－中國古代有關靜磁學知識之發現及發明－」上·中·下.

데, 이는 최근 서양의 영향을 받은 것이다. 정작 '나침반'이란 용어는 막부 말기 일본인들이 만들어낸 나침반 또는 나침의 羅針儀에서 유래하였다.[49)]

또한 가남쇠를 만약 영어 'compass'라고 할 경우, 이를 중국인이 발명했다는 주장은 더욱 역사적 사실에 부합되지 않는다. 왜냐하면 'compass'의 어원인 'compasso'는 이탈리아인이 1250~65년경 만든 '해도'와 '항해안내서'를 지칭하기 때문이다. 어쨌든 중국인들이 자성을 활용하여 지남기를 개발했다는 것은 분명 사실이다. 그러나 중국인들이 가남쇠를 항해에 처음 이용한 것은 1100년 전후의 일로, 이는 물에 띄운 자침, 즉 지남부침 指南浮針이 었다.

중국인의 가남쇠와 관련해서는 기원전 4세기에 사남이 출현한 이후 16세기에 유럽식 건나침반이 도입될 때까지 역사적인 발전 과정을 추적할 수가 있다. 이에 반해 유럽의 가남쇠는 1180년대 지남부침을 항해에 사용한 이후부터는 역사적 발전 과정을 추적할 수 있지만, 그 이전 가남쇠의 흔적을 추적하기 매우 어렵다. 유럽인이 중국인들로부터 가남쇠를 수용했을 것이라는 가설이 오늘날까지도 지속되는 이유도 이와 관련이 있다. 그러나 이에 대해서는 아직까지 이렇다 할 역사적 증거나 문헌기록이 발견되지 않고 있다. 오히려 유럽인들이 독자적으로 가남쇠를 발전시켰다는 주장도 있다. 유럽인들에게 지남부침을 전해주었다는 아랍인들이 항해에 지남부침을 사용한 시점은 1242~43년인데, 유럽인은 1187년에 이미 항해에 지남부침을 사용하고 있기 때문이다.[50)]

파리 대학 교수를 역임한 후 브리튼으로 귀국하여 시렌스터 Cirencester 대수도원장인 된 알렉산더 네캄 Alexander Neckam(1157~1217)이 1187년에 쓴

---

48) 2016년 3월 대만 국립카오슝해양대학교를 방문했을 때 교내 잡화점에서 지문항해 실습용 컴퍼스를 1점 구입했는데, 포장지에 지북기 指北器라고 표기되어 있어 중국인 학자들과 매우 흥미있는 대화를 나눈 바 있다.

49) 笹原宏之(2013), 「羅針盤の語源」, p.73.

50) 김성준 외(2003), 「항해 나침반의 사용 시점」, 413~424쪽.

기록이 항해용 지남기에 관한 유럽 최초의 문헌증거라는 데에는 이견이 없다. 네캄은 『사물의 본질에 대하여 *De Rerum Natura*』 제98장에서 다음과 같이 적고 있다.

선원들이 바다를 항해할 때 구름이 끼어 더 이상 해를 볼 수 없거나 칠흑같이 어두운 밤에 어느 방향으로 조선해 가야 할지를 모를 때 선원들은 바늘을 자석에 문지른 다음 돌린다. 바늘 needle이 멈추면 바늘 끝이 정확히 북쪽을 가리킨다.[51]

네캄의 기사에서는 '바늘'을 '갈대나 지푸라기에 끼워 물에 띄웠다'는 구체적인 언급은 보이지 않지만, 1203~08년 사이에 프로방스 출신 기요 Guyot de Provins라는 수도사가 쓴 장시 「성서 La Bible」를 보면, 그것이 부자침 浮磁針(floating magnetized needle)이었음을 알 수 있다.

유럽인들이 오늘날 우리가 사용하는 것과 유사한 축침 pivoted compass에 대해 기록을 남긴 것은 1269년이다. 1269년, 앙주 공작의 프랑스 군이 이탈리아의 남부 루체라 Lucera를 포위할 당시 여기에 참전했던 페레그리누스 Petrus Peregrinus (=Pierre Pélerin de Maricourt)는 피카르디 Picardy에 있는 친구 시계리우스 Sigerius de Faucoucourt에게 장문의 편지를 보냈는데, 이 편지에 자기 나침반에 대한 중요한 내용이 담겨 있었다. 페레그리누스는 이 서한에서 '쌍축침 雙軸針'(a double- pivoted compass needle)[53]과 부침 浮針(floating needle)에 대해

---

51) "The sailors, moreover, as they sail over the sea, when in cloudy weather, they can no longer profit by the light of the sun or when the world is wrapped up in the darkness of the shades of night and they are ignorant to what point of the compass their ship's course is directed, they touch the magnet with a needle, which is whirled round in a circle until, when its motion ceases its point looks direct to the north." Amir Aczel(2001), *The Riddle of the Compass* (Harcourt), p.29 ; Hewson(1983), p.49.

52) Peregrinus(1269), *Letter of Petrus Peregrinus*, p.28.

언급하였다. 페레그리누스가 언급한 축침은 "축 위에 바늘이 얹혀 있고, 상자 뚜껑은 유리로 만들어져 있었으며, 상자의 각 모서리에는 방위각을 표시해 별의 위치를 살필 수 있도록 고안되었다."[54]

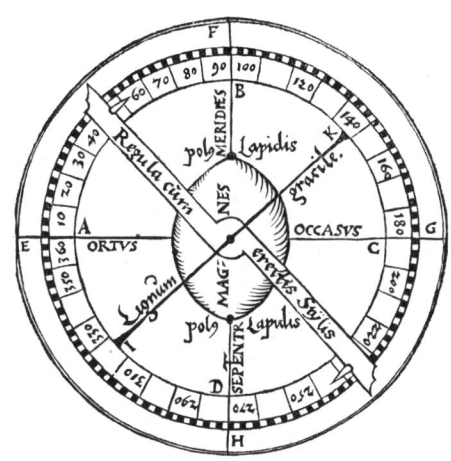

그림 6-17. 페레그리누스의 피봇 나침반(Pivoting Compass)[52]

1250~65년 사이에 들어가서야 compasso라는 낱말이 등장하는데, 흥미로운 것은 이 '콤파소'란 말이 오늘날 우리가 사용하는 용어인 가남쇠가 아니었다는 점이다. 즉 이 단어는 이탈리아에서 등장한 항해용 해도, 즉 '항해안내서portolano'와 '해도carta'를 가리키는 용어였다. 'compasso'는 라틴어 com(함께)과 passus(한 걸음)의 합성어로, 프랑스어 동사 'compasser'(측정하나)의 고대 프랑스어 명사 'compas'(원, 빈지름, 상각기)를 기쳐 1300년경 space, area, extent, circumstance 등의 뜻으로 영어에 유입되었다. 영어 단어 compass에 '나침반' 내지 '가남쇠'란 의미가 더해진 것은 14세기 중반인데, 이는 가남쇠 모양이 둥글고, 양각기의 다리 모양처럼 뾰족한 침이 있어서였다.[55]

유럽의 경우 대체로 13세기 중엽 보울bowl에 들어 있고, 뾰족한 침 위에 올려져 있는 자침으로 구성된 컴퍼스가 항해에 이용되었다. 이탈리아의 다티Gregorio Dati가 쓴 『라 스페라La Sfera』(1380)에는 여러 장의 컴퍼스와

---

53) May & Holder(1973), p.46.
54) Gurney(2005), 41쪽.
55) 김성준(2025), 『해사영어의 어원』, 122쪽.

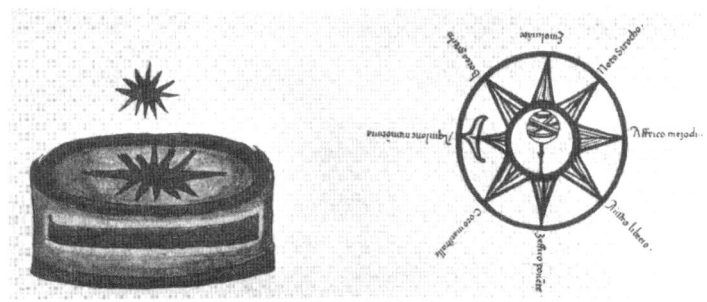

그림 6-18. 다티의 『라 스페라』(1380)에 묘사된 컴퍼스와 컴퍼스 카드[56]

컴퍼스 카드가 묘사되어 있다. 전해오는 이야기에 따르면 1302년 이탈리아 아말피의 플라비오 조이아Flavio Gioia가 이 같은 드라이 축침을 사용한 컴퍼스dry pivoted compass를 발명했다고 하지만, 이것이 조작된 이야기라는 사실은 이제 더 이상 논의의 여지가 없이 명백하다.[57] 어쨌든 엔리케 휘하의 항해가들이 아프리카 탐사를 시작했던 1420년대에는 이제 컴퍼스는 항해에 없어서는 안 될 필수품이 되었음은 두말할 나위 없다.

2) 천측기구

1419년 엔리케 왕자가 아프리카 탐사대를 파견한 이래 포르투갈의 항해자들은 포르투갈과 같은 자오선을 따라 남하한 뒤 그대로 북상하여 귀환하였다. 따라서 아프리카 연안을 항해했던 포르투갈 항해자들로서는 자신들의 위치, 즉 선위를 확정하는 일은 리스본에서 얼마나 아래로 내려왔는가를 확정하는 단순한 문제였다. 이를 확인하는 것은 비교적 쉬웠는데, 관측자가 바라보는 북극성의 고도를 측정하기만 하면 그만이었다. 왜냐하면 북극성은 지구의 북극점 상단, 즉 정북에 위치하기 때문에 관측자가 북극성을 바라보는 고도가 곧 위도가 되기 때문이다. 15세기 당시에는 아직 지구

---

56) May & Holder(1973), p.51.

57) Aczel(2005), 75~88쪽 참조.

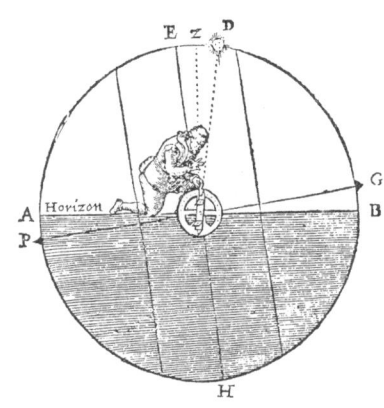

그림 6-19. 원측의로 측정하는 모습[58]

그림 6-20. 사분의로 측정하는 모습[59]

둘레가 정확히 얼마인지에 대해 학자에 따라 다양한 의견이 존재하기는 했지만, 북극성의 고도에 위도 1도의 길이(이를테면, 9세기 아랍의 알프라가노 Alfragano의 설에 따르면 적도 1도=56⅔마일)를 곱하면 간단하게 거리를 환산해 낼 수 있었다.

　유럽인들이 천측용으로 이용한 기구는 원측의 圓測儀(astrolabe)[60]었다. 원측의는 본래 아랍인들이 천체를 측정하기 위해 사용하던 기구였는데, 조프리 초서 Geoffrey Chaucer(1343~1400)가 1391년에 쓴 『원측의론 Treaties on the Astrolabe』에 원측의의 모양을 묘사한 것이 있다.[61] 이 원측의는 육상에서 천측을 하는 천문학자들 사이에 널리 이용되었지만, 항해용으로는 사분의에 비해 뒤늦게 활용되었다. 원측의로 천측하는 모습을 묘사한 그림으로 현재 남아 있는 것 중에서 가장 오래된 것은 1528년 포르투갈의 디에고 히베이후

---

58) Taylor(1962), *The Geometrical Seaman*, p.45.

59) May & Holder(1973), p.120.

60) 일본에서는 전원의全円儀로 번역하였다.

61) Geoffrey Chaucer, ed. by Walter W. Skeat, *Treatise on the Astrolabe*, p.6. in www.hti.umich.edu/cgi(2003.5.25)

Diego Ribeiro가 제작한 해도다.[62] 항해사가인 테일러E.G.R. Taylor와 메이May 제독은 원측의가 유럽인들에게 비교적 일찍 알려졌지만, 항해용 천측기구로 이용되기 시작한 것은 포르투갈인들이 원측의를 활용하여 위도를 측정하는 방법을 도시하여 소개한 1480년경이라고 밝히고 있다.[63] 해운사가인 페일Fayle도 마르틴 베하임Martin Behaim(1459?~1507)이 1480년 항해 목적으로 활용한 이후 널리 이용되기에 이르렀다고 밝히고 있다.[64]

원측의가 육상 천측용으로 아랍에서 유럽으로 유입된 것에 비해, 유럽인들은 15세기 초에 초보 수준의 사분의quadrant를 개발했다. 사분의는 원측의와 비슷한 원리를 이용했지만, 원측의보다 가볍고 간단해서 사용에 편리해 포르투갈 항해자들이 널리 이용하였다. 테일러는 사분의가 1450년 이전에 항해용으로 널리 이용되었다고 보았고,[65] 메이 제독은 1460년경 사분의를 사용했다는 최초의 기록을 확인할 수 있다고 하였다. 메이 제독은 "1432년 아조레스 군도를 발견하고 1434년 질 야니슈가 보자도르 곶에 도달했을 때도 사분의를 사용하여 북극성 고도를 측정하여 선위를 확인하지 않으면 안 되었을 것"이라고 덧붙이고 있다.[66] 따라서 보자도르 곶에 도달하기 직전인 1430년 전후 엔리케 휘하의 포르투갈 항해자들이 북극성의 고도를 측정할 때 이용한 것은 원측의가 아니라 사분의였다. 사분의는 배가 흔들릴 경우 원측의보다 훨씬 부정확할 수밖에 없었다. 포르투갈 항해자들이 1480년대 이후 원측의를 도입하고, 영국인 항해자들의 사분의를 항해용으로 널리 이용하지 않았던 것은 바로 이러한 불편 때문이었다.[67]

포르투갈과 스페인에 비해 대양항해에 뒤늦게 뛰어든 영국인들은 후발주

---

62) Taylor(1962), p.45.
63) Taylor(1962), p.46 ; May & Holder(1973), p.120.
64) Fayle(2004), 『서양해운사』, 149쪽.
65) Taylor(1962), p.41.
66) May & Holder(1973), p.119.
67) Parry(1999), 33쪽.

자로서의 이점을 십분 활용하여 사분의와 원측의의 불편을 개선하여 천측기구의 개량을 선도하였다. 직각기 자체는 천문학자들의 천체 관측용으로 기원전 400년경 칼데아인 Chaldeans들이 발명한 것으로 추정되지만, 항해용으로 사용할 것을 처음 제안한 사람은 1514년 요한 베르너 Johann Werner(1468~1522)였다. 직각기는 사용법이 간단했지만, 해를 직접 눈으로 바라봐야 했기 때문에 눈부심과 망막이 손상당할 우려라는 문제가 있었다. 이를 방지하기 위해 1574년 윌리엄 버언 William Bourne(1535~1582)은 『해양지배론 A Regiment for the Sea』이라는 책에서 두 개의 유리로 된 시준경 視準鏡(vane)을 달 것을 제안하였다.

해를 직접 관찰해야 하는 직각기의 단점을 보완하기 위해 해를 등지고 관측하는 후측의 back-staff를 처음으로 제안한 사람은 월터 롤리 휘하에서 활동한 영국의 수학자 토마스 해리엇 Thomas Harriot(1560?~1621)이었다. 하지만 이를 실용적으로 개발한 사람은 영국의 항해가이자 북서항로 탐사가인 존 데이비스 John Davis(1550?~1605)였다. 후측의를 흔히 데이비스의 후측의 Davis's back-staff라고 부르는 것도 이 같은 연유 때문이다. 그는 1594년 『항해자 비록 Seaman's Secrets』에서 후측의를 제안하였다. 최초의 후측의는 이후 데이비스뿐 아니라 스토니 Sturney와 셀러 Seller 등에 의해 개량되어 18세기 말까지 항해용 천측기로 널리 이용되었다.[68]

비교적 단순한 원측의와 사분의, 직각기를 개량한 정밀천측기구인 팔분의 Octant와 육분의 Sextant는 18세기 이후에야 개발되었다. 팔분의는 1730년 존 해들리 John Hadley(1682~1744)가 개발하여 개량을 거듭하였다. 1752년에는 독일의 천문학자인 요한 토비아스 마이어 Johann Tobias Mayer(1752~1830)가 달천측력 lunar table을 완성하였는데, 이는 항해자들이 달을 측정하여 경도를 계산할 수 있게 한 발판이 되었다. 팔분의는 90도 이상을 측정할 수 없다는

---

68) May & Holder(1962), pp.123-127.

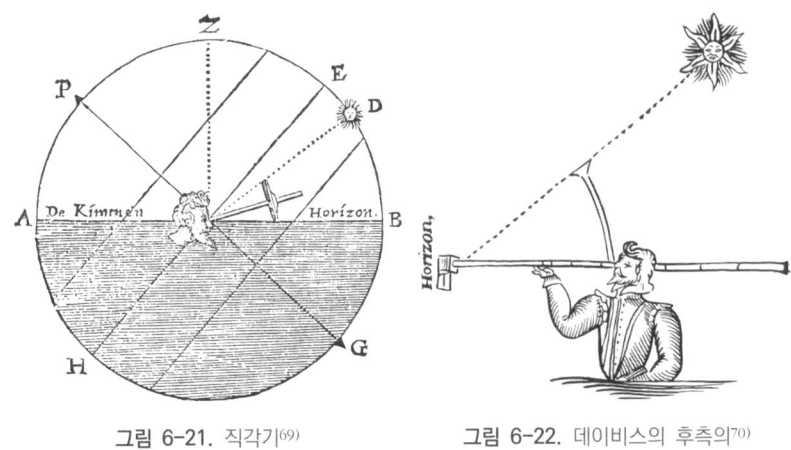

그림 6-21. 직각기[69]   그림 6-22. 데이비스의 후측의[70]

점과 목재 기체船體가 안정적이지 못하다는 단점 때문에 달의 고도를 정확하
게 측정하는 데 어려움이 있었다. 이를 보완하기 위해 존 캠벨John Campbell
(1720~1790) 제독이 해들리의 팔분의 아크arc를 기존 45도에서 60도로 확대하
여 최대 120도까지 측정할 수 있게 하고, 기체를 황동brass으로 만들 것을
제안하였다. 이 제안을 받아들인 경도위원회가 존 버드John Bird(1709~1776)로
하여금 1759년 육분의를 제작하게 하였다.[71] 육분의에 이르러 천측기구는
정점에 달하였고 오늘날까지 사용되고 있다.

3) 선위측정술

선위 측정이 어려웠던 범선시대에 항해사의 업무 중 어려운 3개의 L(The
three L's)이 있었는데, 그것은 log(선속), lead(수심), latitude(위도)였다.[72]

---

69) Taylor(1962), p.39.
70) May & Holder(1973), p.126.
71) May & Holder(1973), p.147.
72) Frank C. Bowen(1930), *Sea Slang*, p.140. 이에 대해 레이턴(Layton)은 look-out,
   lead, latitude를 3 L로 보았다. Layton, *Dictionary of Nautical Words and Terms*.
   cited by 佐波宣平(1971), 『海の英語』, pp.238-239.

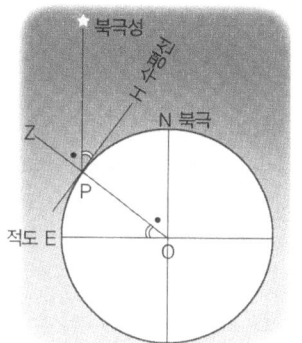

① 선분 NO // 선분 ★P
② ∠NOP = ∠★PZ
③ ∠NOE = ∠ZPH = 90°
④ ∴ ∠★PH(북극성 고도) = ∠POE(위도)

그림 6-23. 북극성 고도를 이용한 위도 측정[73]

이 가운데 위도는 '북극성 Polaris'이 있어서 어느 정도 정확성을 기할 수 있었다. 이를테면 15세기 중엽 포르투갈 뱃사람들이 아프리카 서해안을 탐사할 때도 위도는 그럭저럭 엇비슷하게 측정할 수 있었다. 원측의나 사분의 등으로 북극성 고도를 측정하면 북극성의 고도가 곧 대략의 위도가 되었다. 북극성은 북위 90도 지점에 있기 때문에 지구의 각 지점에서 북극성을 보는 각도가 곧 해당 지점의 위도와 같게 된다. 이를 도시화해서 설명해 보면 그림 6-23과 같다.

포르투갈 항해가들은 1456년 북위 10도 선상까지 도달하였는데, 이는 북극성이 거의 수평선상에 위치한다는 것을 뜻한다. 따라서 1456년경 감비아 강 이남까지 항해한 카다모스토, 고메스, 크리스타옹 등은 위도를 측정하기 매우 어려워졌다. 1460년 엔리케 왕자가 사망하고, 포르투갈의 아프리카 탐험은 잠시 소강 상태에 들어갔지만, 곧 적도를 통과하여 남위도로 진출하였고 1488년에는 바르톨로메 디아스가 희망봉에 도달했다. 이렇게 적도 이남으로 진출하게 되면서 포르투갈 항해가들은 더 이상 북극성을 목측할 수 없게 되었다. 이젠 해의 고도를 측정하여 위도를 알아내는 방법을 찾아야 했다. 해의 고도를 측정하여 위도를 알아내는 방법은 북극성

---

73) 김우숙(2008), 『세상을 바꾼 항해술의 발달』, 67쪽.

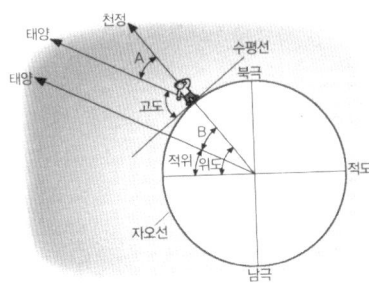

① 천정(天頂)⊥수평선

② ∠A=∠B

③ 90°−H(sun)=A

④ 천정 A°일 때의 태양의 적위(d)를 천측력 (Almanac)에서 찾음.

⑤ 태양의 적위 d+A=Lat.

그림 6-24. 태양을 이용한 위도 측정[74]

고도측정법보다 더욱 복잡하여 15세기 말에야 포르투갈에서 개발되었다. 이를 도시화해서 설명해 보면 그림 6-24와 같다.

이처럼 해나 항성의 고도를 측정하여 위도를 계산해내기 위해서는 해나 항성의 적위(d)declination를 계산해 놓은 천측력 Almanac이 필요했다.[75] 천측력은 1478년 아브라함 자쿠토 Abraham Zacuto(1452~1515)라는 유태계 스페인인에 의해 유럽에 처음으로 소개되었다. 살라망카에서 태어난 자쿠토는 1492년 스페인의 유태인 축출로 인해 포르투갈의 리스본으로 이주하여 포르투갈 궁정 천문학자가 되었다. 그가 살라망카에 머물렀을 때인 1478년경 헤브류어로 출간한 『하히부르 하가돌 Ha-hibbur Ha-gadol』(Great Book)은 살라망카를 기준으로 태양과 달, 5개의 항성의 위치를 일련의 표로 나타낸 것이다. 1481년 후앙 데 살라야 Juan de Salaya와 자쿠토는 이 표를 카스티야어로 번역하는 일에 착수하였고, 포르투갈 주앙 2세 Joao II의 왕실 의사이자 자문관인 호세 비지뉴 José Vizinho에 의해 라틴어로 번역되어 1496년 『천측력 Tabulae tabularum Celestium motuum sive Almanach perpetuum, Book of Tables on the celestial motions or the Perpetual Almanac』이라는 제목으로 출판되었다.[76]

---

74) 김우숙(2008), 67쪽.

75) 김성준(2009), 『영화에 빠진 바다』, 156~157쪽.

76) http://en.wikipedia.org/wiki/Abraham_Zacuto(2025.3.10.)

포르투갈인들이 아프리카 연안에서 귀항할 때 이용한 항로를 보통 볼타 다 귀네^{Volta da Guiné}, 또는 사르가소 아크^{Sargasso Arc}라고 불렀다. 이 항로는 볼타 강가에 세운 엘미나^{El Mina} 상관에서 귀국할 때 무역풍을 우현에서 받아 대서양 서쪽으로 멀리 나간 뒤 북쪽으로 침로를 바꾸어 편서풍을 타고 테주 강으로 항해하는 것이었다. 그러나 남위 35도 이하로 내려가면 여름에는 강력한 극풍^{Polar Winds}이 서쪽에서 불어 귀항에 도움이 되었다. 이렇게 하여 15세기가 끝날 무렵 또 다른 커다란 아크^{Arc}가 알려지게 되었는데, 이를 볼타 도 브레질^{Volta do Bresil} 또는 세인트 로크 곶 아크^{Cape St Roque Arc}라고 불렀다. 포르투갈 배들은 시에라리온 주변의 아프리카 해안을 떠나 바람을 좌현에서 받으면서 대서양의 먼 곳으로 나아가고, 만약 필요하다면 브라질 곶의 남쪽에서 육지에 접근하거나 계속 남쪽으로 항해하여 남동무역풍을 받은 뒤 울부짖는 40도대에서 인도양으로 빠져나갔다. 이것이 바스쿠 다가마나 카브랄이 이용한 항로였다.[78]

자쿠토의 『천측력^{Almanac Perpetuum}』은 원양항해술을 크게 발전시켰다. 이것으로 북극성뿐 아니라 태양의 고도를 측정하여 위도를 비교적 정확하게 측정할 수 있세 되었기 때문이나. 그러나 경도 측정은 이보나 훨씬 어려워 1760년 영국의 목수 해리슨^{John Harrison}이 정밀시계인 크로노미터^{Chronometer}를 제작하고, 이를 제임스 쿡^{James Cook}이 2차 항해에서 실증함으로써 비교적 정확한 측정이 가능하였다.

정확한 시간을 측정함으로써 경도를 측정하는 원리를 설명하면 다음과 같다. 지구는 360도이므로 15도마다 1시간씩 시차가 발생하게 된다(15= 360도 / 24시간). 이는 곧 4초마다 경도 1분의 차이가 난다는 것이고, 경도 1분은 60마일이므로 이는 곧 1초마다 15마일의 차이가 난다는 점을 이해해야 한다. 먼저 출항지(경도 0°56′3″E)의 태양정중시(태양이 최고도에 도달했

---

77) http://en.wikipedia.org/wiki/Abraham_Zacuto(2025.3.10)

78) Needham & Wang(2016), 『동양항해선박사』, 355~356쪽.

	martius								aprilis					
		Tabula ascedetis et duodecim domorum												
		1	2	3	4	5	6			1	2	3	4	5	6
		7	8	9	10	11	12			7	8	9	10	11	12
dies meßium	hore minuta	cācĕr	leo	leo	uirg	scoɼ	ſagt	dies menſium	hoɾe minuta	leo	leo	uirg	lib	ſcoɼ	capɼ
		g	g	g	g	g	g			g	g	g	g	g	g
1	0 0	12	3	26	20	0	7	1	1 53	5	29	25	21	28	1
2	0 4	13	4	27	21	1	8	2	1 56	5	30	26	22	29	2
3	0 8	13	5	28	22	2	9	3	2 0	6	1	27	23	30	3
4	0 11	14	6	29	23	3	10	4	2 4	7	2	28	24	30	4
5	0 15	15	7	30	24	4	11	5	2 7	8	3	29	25	1	5
6	0 19	16	8	1	25	5	12	6	2 11	9	3	30	26	2	5
7	0 22	17	8	2	26	6	12	7	2 15	9	4	1	27	3	6
8	0 26	17	9	3	27	7	13	8	2 18	10	5	2	28	4	6
9	0 30	18	10	4	28	8	14	9	2 22	11	6	3	29	4	7
10	0 33	19	11	4	29	9	14	10	2 25	12	7	4	30	5	8
11	0 37	19	12	5	30	9	15	11	2 29	12	8	5	1	6	9
12	0 41	20	12	6	1	10	16	12	2 33	13	9	6	2	7	9
13	0 44	21	13	7	2	11	17	13	2 37	14	9	6	3	8	10
14	0 48	22	14	8	3	12	18	14	2 41	14	10	7	4	9	11
15	0 52	22	15	9	4	13	18	15	2 44	15	10	7	4	9	11
16	0 55	23	16	10	5	14	19	16	2 48	15	11	8	5	10	12
17	0 59	24	17	11	6	15	20	17	2 52	16	12	9	6	11	13
18	1 2	25	18	12	7	16	21	18	2 56	17	13	10	7	11	13
19	1 6	25	18	13	8	17	21	19	3 0	17	14	11	8	12	14
20	1 01	26	19	13	9	17	22	20	3 3	18	15	12	9	13	15
21	1 13	27	20	14	10	18	23	21	3 7	19	16	13	10	14	15
22	1 17	28	21	15	11	18	23	22	3 11	20	16	14	11	14	16
23	1 20	28	22	16	12	20	24	23	3 15	20	17	15	12	15	17
24	1 24	29	22	16	13	21	25	24	3 19	21	18	16	13	16	18
25	1 28	30	23	18	14	22	26	25	3 23	22	19	17	14	17	18
26	1 31	30	24	19	15	23	27	26	3 26	23	20	18	15	18	19
27	1 35	Ω 1	25	20	16	23	27	27	3 30	23	21	19	16	18	20
28	1 38	2	25	21	17	24	28	28	3 34	24	22	20	17	19	21
29	1 42	3	26	22	18	25	29	29	3 38	25	23	21	18	20	22
30	1 46	3	27	23	19	26	29	30	3 41	26	24	22	19	21	23
31	1 49	4	28	24	20	27	30	0	0 0	0	0	0	0	0	0

그림 6-25. 자쿠토의 『천측력(*Almanac Perpetuum*)』[77]

을 때의 시간)를 측정하고 이때 정밀시계를 12시로 맞춘다. 출항 후 이틀째 선박에서 태양정중시를 측정한다. 만약 태양정중시가 11시 59분 48초라면, 12초×15마일=180마일이 되므로 배의 경도는 기준자오선보다 3분 동쪽에 있음을 의미한다. 즉 배의 경도는 출발지 기준자오선 $0°56'3''E × 3' = 0°59'3''$ E가 된다. 만약, 배의 위치상 태양정중시가 12시 1분 15초였다면, 배의 경도는 기준자오선 보다 75초 × 15마일 = 1125마일= $18'45''$ 서쪽에 있다는 것을 의미한다. 따라서 배의 경도는 기준자오선 $0°56'3''E - 18'45'' = 0°37'18''$ E가 된다.[79]

이제까지 15세기 초부터 16세기 중엽까지 대항해시대의 유럽의 배와 항해에 대해 정리해 보았다. 선박은 중세적 전통의 갈레아스 선과 코그 선에 바탕을 두고 아랍 배의 장점을 조합하여 카라크 선과 카라벨 선으로 발전하였음을 확인하였다. 항해술 또한 항로가 지중해와 북해 항로로 각각 독립적으로 해상무역을 전개하던 중세 초기에는 연안 항해 위주였기 때문에 해도나 항해술이 발전할 여지가 별로 없었다. 그러나 1300년 전후로 양 항로가 해상을 통해 직접 교통하기 시작하면서 점차 컴퍼스의 중요성이 커지고, 해도도 발전하기 시작하였다. 해도는 중세의 포르톨라노 해도를 중심으로 발전하기 시작하여 포르투갈 항해자들이 아프리카 연안을 탐사하기 시작하면서 점차 실제 모습을 더해 가기 시작했다. 포르투갈 항해자들이 적도 이북의 아프리카 연안을 탐사할 때는 북극성 고도를 측정하면 손쉽게 위도를 결정할 수 있었다. 이들은 리스본과 비슷한 자오선을 따라 남향 항해를 했기 때문에 위도만 결정하면 본인들의 지리학적 위치를 확인하는 데 큰 어려움이 없었던 것이다.

그러나 아프리카 적도 이남으로 진출하게 되면서 북극성을 목측할 수 없게 되자, 포르투갈인들은 해와 기타 항성을 측정하여 위도를 측정하는 방법을 고안해 냈다. 이를 위해서는 해와 항성의 적위(d)를 측정해 놓은 천측력이 필수적으로 필요했다. 1478년 자쿠토가 천측력을 헤브류어로

---

79) 김성준(2025), 『해사영어의 어원』, 256쪽.

발간한 데 이어 카탈루냐어가 출간되었고, 드디어 1496년 비지뉴에 의해 라틴어 번역본이 발간되었다. 이로써 대양을 항해하는 항해자들은 북극성과 해의 고도를 측정하여 위도를 결정할 수 있었다. 경도 문제는 위도보다 훨씬 복잡한 문제여서 1770년 해리슨이 정밀시계를 제작하고 나서야 비교적 정확하게 계산해 낼 수 있었다.

이상에서 정리해 본 것처럼, 유럽의 해양팽창에서 선박과 항해술의 발달이 유럽인의 대항해의 원인으로 작용한 것이 아니라, 일차적으로는 항로가 멀어져감에 따라 발생한 기존 선박과 항해술의 문제를 해결해 나가는 과정에서 이루어진 결과였고, 이차적으로는 그 발전이 다시 유럽인들에게 대양 항로를 가능하게 만든 필요·충분조건이 되었던 것이다.

제7장

콜럼버스 1차 항해의 항정조작설

콜럼버스는 오늘날과 다름없는 항해술에 따라 대서양 항해를 감행하였다. 따라서 콜럼버스가 가정한 계획대로라면 정서(270°) 침로로 약 50여 일 정도 항해하면 인디아스^{Indias(영어 Indies)}에 도달해야만 했다. 콜럼버스는 1492년 8월 24일 카나리아 군도에서 출항하여 정서로 항해하였지만, 그 자신도 인디아스에 도달할 것인지는 확신할 수 없었다. 따라서 자신이 추정한 1일 항해거리를 줄여서 기록함으로써 선원들의 불안을 누그러뜨리려 생각했음직도 하다. 그러다 보니 그동안 콜럼버스가 1차 항해 때 '항행거리[航程]를 조작했다'는 주장은 자연스러운 일로 받아들여져 왔다.

그러나 최근 이에 대한 새로운 해석이 제기되었다. 1983년 제임스 켈리가 "콜럼버스가 항해거리를 조작했다는 이른바 항정조작설[1]은 콜럼버스가 밀랴^{milla(mile)}를 포르투갈 레구아^{portugal légua}로 전환하느라고 추산치를 5/6로 줄인 것을 라스 카사스^{Bartolomé de las Casas(1484~1566)}가 오해한 것이었다"

---

[1] 주경철은 영어 'false-log theory'를 '로그 조작설'이라고 옮겼으나, 영어 log는 항해일지, 항정계, 항정 등의 뜻을 포함하고 있기 때문에 독자들에게 혼란을 줄 수 있다고 판단하여 '항정 조작설'로 옮겨쓰고자 한다. 주경철(2013), 『크리스토퍼 콜럼버스』.

고 주장하였다. 이 주장을 1992년 필립스 부부가 지지하고, 2013년 주경철 교수가 국내에 소개하였다.그러나 이는 선박과 항해에 대한 전문지식의 결여에서 비롯된 오해. 따라서 콜럼버스의 '항정조작설'을 검토하는 것은, 항해와 선박에 대한 올바른 이해 없이 전문분야사인 해양사를 연구했을 경우 발생할 수 있는 오류를 보여주는 사례의 하나로서 우리에게 시사하는 바가 적지 않을 것이다.

이를 논증하기 위해 콜럼버스 1차 항해의 추정 항로를 간략하게 정리해 보고, 이른바 '항정조작설'의 내용과 실체를 살펴볼 것이다. 그리고 콜럼버스가 항정을 조작한 것이 아니라 라스 카사스가 단위를 오해한 데서 비롯되었다는 제임스 켈리, 필립스 부부, 주경철의 주장이 과연 유의미한것인지를 실제 콜럼버스 1차 항해의 항해속력을 추정하여 검증해 보고자 한다.

I. 콜럼버스 1차 항해의 추정 항로

콜럼버스의 항정조작설을 검증하기에 앞서, 그의 1차 항해에 대한 전반적인 이해가 선행되어야 한다. 콜럼버스의 지리학적 지식에 대해서는 이미 많은 연구자들이 밝혀낸 바 있으므로 이를 되풀이할 필요는 없을 것이다.[2] 익히 알려진 것처럼 콜럼버스는 지구 크기를 실제 보다 30% 작게 그리고 육지와 바다의 비율을 6 : 1로 가정하여 대서양 서쪽으로 약 750리그(2400해리)를 항해하면 씨팡고에 도달할 것이라고 추정하였다. 콜럼버스의 이 같은 지리적 지식은, 주경철 교수의 주장처럼 "중세 지리학적 체계에서는 나오기 힘든 내용"[3]이 아니라, 철저히 중세지리학에 근거한 것이었다.[4]

---

2) Morison(1942), *Admiral of the Ocean Sea*, Chap.Ⅵ ; Ventzke(1998), 『콜럼버스』, 39~50쪽 ; VRussel(2003), 『날조된 역사』, 31~33쪽 ; 김성준(2014), 「콜럼버스는 종말론적 신비주의자인가?」.

콜럼버스와 동시대인인 존 캐벗(1450?~1499)이 아프리카를 돌아가는 것보다 대서양 서쪽으로 항해하는 편이 아시아에 더 빨리 도달하는 방법이라고 생각한 것도 바로 이 같은 중세적 지리관에 근거하였다.5) 콜럼버스가 항해에 어떤 해도를 이용했는지는 밝혀지지 않았지만, 분명한 것은 그가 유럽 해역에서는 포르톨라노 portolano 해도를 사용하였을 것이고, 유럽 해역 너머, 즉 대서양 해역에 대해서는 토스카넬리 Paolo dal Pozzo Toscanelli (1397~1482)가 상정한 지리적 이미지를 그리고 있었다는 점이다. 그림 7-1은 콜럼버스의 아들 페르난도의 『콜럼버스의 전기』에 삽입된 토스카넬리의 서한6) 내용을 토대로 하여 복원한 토스카넬리 지도다. 토스카넬리의 지리관에 따르면, 카나리아 제도에서 정서(270°) 방향으로 50여 일 항해하면 인디아스로 상정되는 아시아 대륙의 어딘가에 분명 도달하게 된다.7)

콜럼버스는 "씨팡고까지는 2400해리만 항해하면 도달할 수 있을 것이라고 생각했지만, 먼저 인디아스에 도착하고 귀로에 씨팡고에 들를 생각이었다."8) 그는 카나리아 군도에서 씨팡고까지를 오늘날 항해 단위로 2400해리라고 추산했고, '아시아 대륙, 즉 인디아스에서 씨팡고까지 1500육리 land mile'라는 마르코 폴로의 기술을 믿었다. 1500육리를 미터법으로 환산하면 2218km(1500×1.479km)가 되고, 이를 오늘날 항해단위인 해리 nautical mile로 환산하면 1198 해리(2218÷1.852km)가 된다. 그러므로 콜럼버스는 카나리아 제도에서 인디아스까지 약 3600해리, 즉 50일 정도(3600÷3노트×24시간)만 항해하면 도착할 수 있다고 추산했을 것이다.

---

3) 주경철(2013), 94쪽.
4) 이에 대해서는 김성준(2014), 「콜럼버스는 종말론적 신비주의자인가?」 II 참조.
5) Frits(2002), 110쪽.
6) Ferdinand Columbus, *Life of the Admiral*, pp.19-23.
7) 이상은 김성준(2014), 「콜럼버스는 종말론적 신비주의자인가?」, 97~104쪽의 핵심 내용을 요약 및 보완한 것이다.
8) October 6, in Fuson, *Log of Christopher Columbus*(1987), p.71.

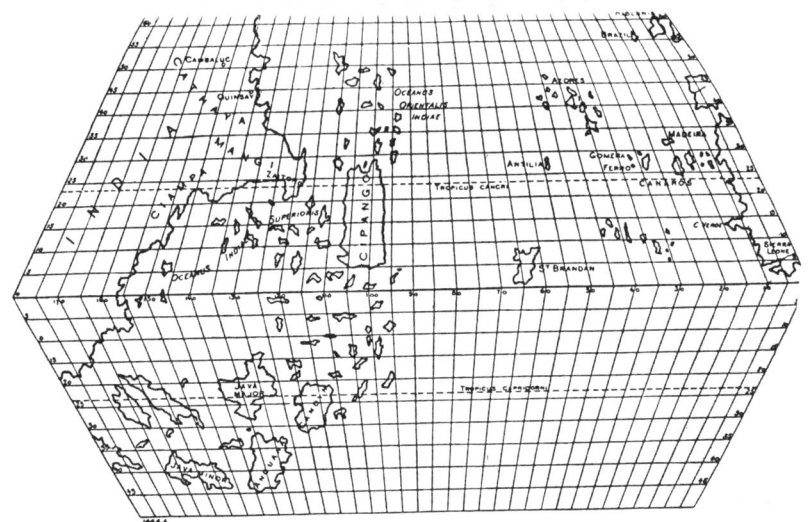

그림 7-1. 토스카넬리 서한에 근거하여 복원한 지도
자료: Fuson(1987), *Log of Columbus*, p. 28 ; Markham(1893), *Journal of Christopher Columbus*, p. 2.

따라서 콜럼버스는 1492년 8월 3일[9] 스페인의 팔로스 항에서 출항하여 8월 9일 카나리아 군도의 고메라에 도착하여 핀타 호를 수리하고 휴식을 취한 뒤 9월 6일 고메라를 출항하여 정서 방향으로 대서양 횡단을 시작하였다. 콜럼버스는 스페인 출항 직후부터 항해일지를 기록하였는데, 1493년 4월 바르셀로나에서 가톨릭 국왕을 알현한 자리에서 일지를 제출했다. 이 일지는 사본이 제작되어 콜럼버스에게도 1부가 제공되었고, 왕실에 보관중이던 원본 항해일지는 그 뒤 행방이 묘연해졌다. 콜럼버스의 아들 페르난도는 『콜럼버스의 전기』를 집필할 때 이 사본Barcelona copy[10]을 상당

---

9) 콜럼버스 당시에는 율리우스력을 사용하였는데, 1582년 그레고리우스 13세가 1년 길이를 태양의 움직임과 일치시키기 위해 율리우스력에서 9일을 삭제하였다. 따라서 콜럼버스 당시의 날짜는 오늘날 달력에 비해 10일이 빠르다. 즉 8월 3일은 현재의 달력으로는 8월 12일에 해당한다.

10) 퓨선(Fuson)은 이 사본이 최소한 1554년까지는 존재했다고 추정한다. Fuson

히 많이 인용하고 있다. 라스 카사스 신부는 부친과 삼촌이 콜럼버스의 2차 항해에 동행한 바 있어서 콜럼버스 가문과 친교를 맺고 있었다. 또한 그는 1552년에는 한때 콜럼버스 가문의 장서를 보관하고 있던 세비야의 산 파블로San Pablo 수도원에서 보내기도 했다. 그는 1527년부터 『인디아스의 역사Historia de las Indias』를 집필하기 시작하여 사망하기 3년 전인 1563년까지 수정을 계속했는데, 집필 작업을 하는 동안 어느 시점에선가 이 사본을 보고 요약본을 만들어 두었던 것으로 보인다.[11] 그러나 이 축약본마저 250여 년 동안 행방불명되었다가 1790년 마르틴 페르난데스 데 나바레테 Martín Fernández de Navarrete(1765~1844)에 의해 발견되었다. 우리가 콜럼버스 항해일지라고 부르는 것은 이때 발견된 라스 카사스의 항해일지 요약본 Ab-log이다.[12] 이른바 콜럼버스의 '항정조작설'은 바로 이 항해일지 요약본에 근거를 둔 것으로, 콜럼버스가 "선원들이 항해가 길어질 경우 겁을 먹고 용기를 잃는 일을 방지하고자 실제 항해한 거리보다 적게 항해일지에 기록했다"는 기사에서 유래한다.

II. 항정조작설의 내용과 실체

그렇다면 콜럼버스의 항해일지 요약본에는 항정과 관련하여 어떻게 기록되어 있기에 이른바 '항정조작설'이라는 것이 나오게 된 것일까? 표 7-1에서

(1987), *Log of Christopher Columbus*, p.2.

11) Fuson(1987), *Log of Christopher Columbus*, pp.3-5.

12) 라스 카사스의 항해일지 요약본의 영역본으로는 다음 판본이 있다. Markham(1893), *Journal of Christopher Columbus* ; Fuson(1987), *Log of Christopher Columbus* ; Dunn and Kelly(1989), *Diario of Christopher Columbus* ; Cummins(1992), *Voyage of Christopher Columbus*. 한국어 번역본으로 라스 카사스 엮음(2000), 『콜럼버스 항해록』이 있다.

표 7-1. 콜럼버스 1차 항해일지 요약본상의 항정 관련 기사 (단위: légua)

항로	날짜	추측 항정	공식 항정	기사
스페인→ 카나리아	8.3	15	좌동	
	8.5	40	좌동	
	8.6	29	좌동	
카나리아 → 산살바도르	9.9	15	줄여서 알림	제독은 실제 항해한 거리보다 약간 줄여서 알리기로 했다. 항해거리가 길 경우, 선원들이 깜짝 놀라거나 용기를 잃지 않게 하기 위해서였다.
	9.10	60	46	항해거리가 길 경우, 선원들이 놀라지 않게
	9.12	33	약간 줄임	같은 이유에서
	9.13	33	3~4 줄임	
	9.17	50	47	
	9.19	25	22	
	9.24	14	12	
	10.1	25	20	제독이 타고 있던 배의 수로안내인은 578 légua를 항해했다고 주장했다. 제독이 보여준 기록장부에는 584 légua였지만, 제독이 감춰 둔 진짜 기록 장부에는 707 légua였다.
	10.2	39	30	
	10.3	47	40	
	10.4	63	46	
	10.5	57	45	
	10.6	40	33	
	10.7	23	18	
	10.10	59	44	여기에 이르자 선원들이 더 이상 견디지 못하고 장기간의 항해에 대해 푸념을 늘어놓았다.

자료: 라스 카사스 엮음(2000), 『콜럼버스 항해록』.

정리한 것과 같이, 콜럼버스는 스페인에서 1차 기항지인 카나리아 군도까지 항해하는 동안에는 자신이 추정한 항정을 그대로 기록했다. 그러나 카나리아 군도의 고메라 섬을 출항한 9월 6일부터 산살바도르에 도착한 10월 10일까지는 추정 항해거리보다 적게 항해한 것으로 공식 일지에 기록하고, 자신의 일지에는 자신이 추정한 실제거리를 기록했다.

라스 카사스는 『인디아스의 역사』에서 제35~75장까지 콜럼버스의 1차 항해에 할애하였다. 콜럼버스는 항해일지를 포르투갈어가 섞인 스페인어로 기록하였기 때문에 라스 카사스가 『인디아스의 역사』를 집필할 때 콜럼버스의 항해일지 원본을 스페인어로 정리하는 과정에서 상당 정도의 윤문과 작문을 하였을 것이다. 그러나 중요한 데이터(수치나 날짜, 인물 등)는 그대로 옮겨 적고, 중요한 인용문에는 "이것은 제독의 말이다", "또는 제독은 다음과 같이 말하고 있다"는 같은 문장을 덧붙임으로써 항해일지나 보고서 등의 원본을 그대로 인용하였음을 밝혔다.[13] 따라서 라스 카사스의 요약본은 항해일지의 수치나 데이터 등과 콜럼버스의 말이라고 인용한 부분은 원본과 상당 부분 일치할 것이라는 것이 일반적인 평가다.

　그동안 콜럼버스가 자신이 추정한 항해거리보다 적게 기록한 것을 두고 항정을 조작했다는 등의 견해가 제기된 바 없다. 오히려 대다수의 연구자들은 미지의 대서양을 횡단항해 하는 선원들에게 자신들이 육지에 가까이 있고, 항해한 거리가 얼마 되지 않는다는 믿음을 주기 위한 자연스러운 행위였다고 간주해 왔다. 이를테면 하버드 대학의 모리슨 교수는 "콜럼버스가 이 같은 속임수를 쓴 것은 매우 용이한 일이었다. 왜냐하면 그 누구도 지휘관의 추산치를 감히 점검하려 들지 않을 것이기 때문이다. 이러한 숲책stratagem은 그가 다루어야 할 부류의 인간들이 지닌 특성을 감안한다면 아주 적절하고 윤리적으로 타당했다entirely proper and ethical"[14]고 평가했다. 스페인의 마다리아가Salvador de Madariaga는 "이것은 수부들로 하여금 현재까지의 항해거리가 실제 거리보다 짧다고 믿게 만들고자 이중일지를 적으려 한 그의 꾀였다. 항해는 시일이 예상보다 길어졌을 때 수부들의 공포심과 불안감을 제거하기 위한 수단이었고, 시간과 마찬가지로 거리에도 비례하여 불어나는 불안감을 없애버리는 양날의 칼과 같은 무기였던 것"[15]이라고 적었다. 후벤도 "그(콜럼버스)는 선원들에게 750 레구아를 항해한 뒤에

---

13) 박광순(2000), 「이 책을 읽는 분에게」, 『콜럼버스 항해록』, p.71.
14) Morison(1942), *Admiral of the Ocean*, p.199.
15) Madariaga(1974), 「신대륙의 기수」, 67~68쪽.

씨팡고에 도달할 수 있을 것이라고 확신시켰는데, 그는 선원들이 이 수치에 집착하리라는 사실을 잘 알고 있었다. … 모든 것이 위태로웠다^{at stake}는 점을 감안하면 그가 이러한 속임수를 성공적으로 지속했던 것은 아주 옳았다^{quite justified}"16)고 평가했다. 독일의 벤츠케는 "선원들의 생각을 스페인과의 거리가 실제보다 멀지 않다는 쪽으로 유도하는 것이 그 목적이었다"17)고 적었다. 이들 외에 워싱턴 어빙, 펠리페 페르난데스-아르메스토, 헤니게 등도 이에 동의하였다.18)

필자 또한 콜럼버스가 실제 추산치보다 항해거리를 줄여서 기록한 것은 항해학적인 견지에서도 이해할 만하고 당연한 것으로 간주한다. 왜냐하면 콜럼버스가 추산한 것처럼, 750 레구아를 항해했음에도 불구하고 육지가 발견되지 않을 경우 발생할 모든 위험은 콜럼버스 자신이 떠안아야 했기 때문이다. 이상의 내용을 한 마디로 요약한다면, 1차 항해 시 추정한 항해거리보다 줄여서 항해일지에 기록했다는 점에서는 콜럼버스는 분명 항정을 조작하였다.

그런데 근자에 콜럼버스의 '로그 조작'이 없었다는 주장이 제기되었는데, 그 경위는 다음과 같다. 2013년 11월 주경철 교수는 『크리스토퍼 콜럼버스』를 출판하였는데, 그는 다음과 같이 적고 있다.

라스 카사스는 콜럼버스가 항해거리를 이중으로 기록하고는 선원들에게 실제보다 적게 항해한 것으로 믿게 했다고 기록했다. 이 신화는 너무나도

---

16) Houben(1936), *Christopher Columbus*, p.108.
17) 벤츠케(1998), 『콜럼버스』, p.79.
18) 워싱턴 어빙(Washington Irving)은 기본적으로 '콜럼버스가 항정을 줄여 선원들을 속였다'는 점은 인정했지만, 그가 일지를 두 개를 적었다는 것은 잘못된 주장으로 보고 있다. Washington Irving(1831), *Life and Voyages of Christopher Columbus*, p.94 ; Felipe Fernández-Armesto(1991), *Columbus*, p.79 ; David Henige (1991), *In Search of Columbus*, pp.126-127.

널리 퍼져 있지만, 애당초 가능하지 않은 이야기다. **자기 배만이 아니라 다른 두 배의 선장과 도선사, 선원들을 모두 속인다는 것은 어불성설이다. 세 척은 가끔 모여서 기록들을 비교하는데, 어떻게 항해 거리를 속인단 말인가?** 이는 분명 라스 카사스가 항해의 실상을 잘 모르고 추측해서 덧붙인 말이다. … 이 문제는 아마도 단위 전환과 관련이 있어 보인다. 마일을 자신과 선원들에게 익숙한 단위인 포르투갈 리그로 전환하느라고 수치를 5/6로 줄인 것을 두고 라스 카사스가 오해한 것이라고 연구자들은 추론한다.[19]

주경철 교수는 이 문장을 던과 켈리가 영역한 항해일지 9월 9일자에 대한 그들의 각주에서 인용하였다. 1989년 던과 켈리가 콜럼버스의 1차 항해일지를 영역 출판하였는데, 1492년 9월 9일자 "제독은 항해가 길어질 경우 선원들이 놀라지 않고 또 용기를 잃지 않도록 하기 위해 실제 항해한 것보다 적게 공지하기로 결정했다"는 기사에 다음과 같은 각주를 달았다.

켈리는 최근 연구에서 콜럼버스가 개인적으로 기록한 거리보다 적은 레구아 수치를 선원들에게 알려준 행위를 라스 카사스가 오해했을지도 모른다고 주장했다. 선원들에게 거짓말을 하는 대신, 제독은 … 자신과 선원들이 익숙한 단위인 포르투갈의 '해상 레구아'(=4 Roman miles) 단위로 환산하려고 했다. 이를 위해 제독은 먼저 자신의 로만 마일 추산치를 4로 나누어 리그 league 단위로 환산한 다음, 이 리그 수치를 포르투갈 레구아로 환산하기 위해 5/6를 곱해 나온 수치를 선원들에게 제시했다. 라스 카사스는 리그 단위로 환산한 중간 계산치를 콜럼버스가 '맞는' 추산치로 간주하고, 작게 계산된 포르투갈 레구아 계산치를 선원들의 두려움을 누그러뜨리기 위하여 제공된 '잘못된' 수치로 생각했다.[20]

19) 주경철(2013), 『크리스토퍼 콜럼버스』, 148-149쪽.

주경철 교수는 상기 인용문을 참조함과 동시에, 미네소타 대학의 윌리엄 필립스 William Phillips 교수와 카를라 필립스 Carla Rahn Phillips 교수 부부가 1992년 출판한 『크리스토퍼 콜럼버스의 세계들』이라는 책을 참조한 것으로 보인다. 비록 주경철 교수가 각주를 달지는 않았지만, 전체적인 문장의 흐름은 필립스 부부의 문장과 대동소이해 보이기 때문이다. 필립스 부부는 던과 켈리가 영역한 라스 카사스 항해일지 요약본을 참조하였는데, '항정조작설'에 대한 그들의 견해에 다음과 같이 동조하였다.

> 항정조작설은 타당하지 않다. **콜럼버스는 모두 경험 많은 항해자들이었던 자기 배의 선원들뿐만 아니라, 다른 두 배의 지휘관들**captains**, 선장들** master**, 수로안내인들**pilots**을 바보로 만들어야 했을 것이다.** 항해 도중 3척의 배의 수로안내인들이 자신들의 추산치를 비교하였고, 콜럼버스가 그들이 자신의 수치를 받아들이도록 설득했다는 아무런 증거가 없다. 2개의 항해거리를 따로 따로 기록한 것에 대한 개연성이 더 큰 설명은 라스 카사스가 항해일지를 잘못 이해했다는 것이다. 선원들에게 거짓 항정을 믿도록 하는 대신, 콜럼버스는 먼저 자신이 젊었을 때 선원으로서 배웠던 방법으로 항해거리를 계산했다. 그런 다음 선원들이 이해할 수 있는 동일한 단위로 환산했다. … 라스 카사스가 만들어 낸 '이상하고, 다소 잘못된 mysterious and slightly sinister' 항정조작설 false-log theory은 더 이상 이상하지도 않을 뿐만 아니라 전혀 잘못된 것도 아니다. 원본 항해일지가 발견될 때까지는 누구도 확신할 수 없다.[21]

이른바 콜럼버스가 '항해가 길어질 경우 선원들이 두려워할 것을 염려하

---

20) Dunn and Kelly(1989), *Diario of Christopher Columbus*, p.29, footnote 2.
21) William D. Phillips, Jr. and Carla Rahn Phillips(1992), *Worlds of Christopher Columbus*, p.148.

여 콜럼버스가 추산한 것보다 적게 항해거리를 기록했다'는 이른바 '항정조작설'은 오랫동안 별 이의 없이 타당한 것으로 받아들여져 왔다. 그러나 1983년 제임스 켈리의 연구를 필두로, 1989년 제임스 켈리와 던의 항해일지 공동번역작업, 1992년 필립스 부부의 연구, 그리고 2013년 주경철의 책 등에서 '항정조작이 없었다'는 반론이 제기되었다. '항정조작이 없었다'는 이러한 주장의 연원은 1983년 제임스 켈리가 콜럼버스가 사용했을 것으로 추정되는 해도로 '포르투갈령 기니 Ginea Portogalexe(c. 1485)'[22]로 추정하고, 항해일지 기록을 컴퓨터로 시뮬레이션한 연구결과에 영향을 받은 바 컸다. 따라서 '항정조작설'의 실체를 확인하기 위해서는 먼저 제임스 켈리의 연구결과를 살펴보고, 그 진위를 검증해 보아야 한다.

III. 항정조작설 검증 : 1차 항해속력 추산

제임스 켈리는 "콜럼버스가 선원들이 항해가 길어질 경우 느낄 두려움을 완화하기 위해 의도적으로 1일 항정을 속였다는 믿음은 오래되었다. 만약 그가 수로안내인으로 활동한 사람들과 공모하지 않았다면, 또는 대양 항해에 대해 무지한 선원들을 고용하지 않았다면, 어떻게 모든 선원들에게 진실을 속일 수 있었겠는가?"라고 의문을 제기하고, "이러한 가정은 믿을 수 없다"고 단언하였다.[23] 그는 자신의 주장을 입증하기 위해 항해일지 수치들을 당시 콜럼버스가 사용했을 것으로 추정되는 1485년판 포르톨라노 해도에 컴퓨터를 활용해 시뮬레이션을 실시하였다. 그는 항정을 추산하기 위해 콜럼버스가 사용했을 것으로 추정되는 'mile(milla)'을 'palmmile(palmo)'[24]로 보았다. 그에 따르면, 콜럼버스는 15세기 말 남유럽

---

22) 이 해도집은 현재 British Library에 Egerton MS 73으로 분류되어 있다.
23) Kelly, Jr.(1983), "In the Wake of Columbus", p.91.

의 뱃사람들 사이에서 널리 사용되고 있던 'palmo'를 사용해 시간당 속력을 추정한 데 반해, 탐험대의 주류인 스페인 선원들은 '포르투갈 레구아'를 사용했다. 따라서 콜럼버스가 시간당 속력은 자신에게 익숙한 'palmo'(일지에는 milla로 표기)로 추정하고, 이를 스페인 선원들에게 익숙한 포르투갈 레구아로 환산해야 했다. 이를 위해 콜럼버스는 다음과 같은 환산 과정을 거쳤다.

1) 시간당 속력을 palmo로 추산하고, 하루 24시간 항정을 계산
2) 이 palmo 수치에 4를 곱하여 league(légua)로 환산[25]
3) 이 league 수치에 5/6를 곱하여 '포르투갈 해상 리그^{Portuguese maritime league}'로 환산

결론적으로 켈리는 이른바 "콜럼버스의 항정조작설은 항해에 대해 무지했던 라스 카사스가 이 같은 환산 과정을 오해한 데서 비롯되었다"고 보았다. 그러나 켈리의 주장은 여러 가지 모순과 한계를 갖고 있다.

첫째, 항해일지에 기록된 항정이 그의 환산치와 모두 일치하지 않는다는 점이다. 켈리 자신이 밝힌 것처럼, 라스 카사스가 요약한 콜럼버스의 1차 항해일지에 기록된 총 23개의 항정 중 단지 7개만이 상기 환산치와 일치하고, 나머지 9개는 2 리그의 오차가 있었고, 적어도 3개 이상은 이보다 더 큰 오차가 있었다.[26]

둘째, 항해일지에는 palmmile(*palmo*)이라는 단위와 mile(*milla*), league

---

24) 켈리는 Armand Machabey(1962)의 연구결과를 원용해 콜럼버스가 사용한 *palmo*는 베네치아, 부르고뉴, 바르셀로나, 파리, 제노바, 마르세이유, 낭트, 프로방스, 로마 등에서 사용되던 이른바 '부르고뉴 팔모'(Bourgogne Palmo)로 보았다.
25) 항해일지에서도 4 *millas*=1 *légua*의 관계가 있음을 확인할 수 있다(9월 9일자 등 passim).
26) Kelly, Jr.(1983), p.106.

(légua) 단위가 각각 다른 용법으로 사용되고 있다. 콜럼버스는 항해일지 10월 21일과 22일, 11월 30일에 뱀(이구아나)의 크기를 추정할 때 palmo 단위를 사용했다. palmo(palmmile)는 오늘날 33cm 내외로 환산되는데, 제임스 켈리는 정작 항해속력을 추산할 때는 1 milla = 4060 English ft (=1237.5m = 0.668 NM)에 상응하는 것으로 환산하였다.

셋째, 콜럼버스는 1493년 1월 16일 서인도를 출항해 3월 4일 리스본으로 입항하였는데, 이 귀항 항해inbound sailing 시의 일지에는 하나의 항정만을 기록하였다. 켈리의 주장이 옳다면, 외항 항해outbound sailing 시에는 스페인 선원들에게 익숙한 포르투갈 레구아 단위로 환산하고, 귀항 시에는 환산하지 않았다는 것인데, 논리적으로 납득이 되지 않는다.

넷째, 콜럼버스가 가톨릭 국왕에게 제출한 문서를 보면 그는 일지와 항해도 등을 별도로 작성하였음을 알 수 있는데,[27] 이는 그가 공식 일지와 항해도 등과 함께 자신의 개인 일지 등도 국왕에게 제출하였음을 시사한다.

이와 같은 사실을 고려하면, 콜럼버스의 이른바 '항정조작설'은 라스 카사스가 항해에 대해 무지히어 단위 환산 과정을 몰랐던 데서 빚어신 오류가 아니라, 실제로 콜럼버스 자신이 두 개의 일지를 작성한 데 따른 것일 개연성이 훨씬 더 크며, 그동안 많은 사람들도 이를 자명한 사실로 받아들여 왔다. 그렇다면 콜럼버스는 왜 두 가지 항정을 기록했던 것일까? 항해일지 요약본에 기록된 것처럼, 항해가 길어질 경우 선원들이 두려워하는 것을 방지하기 위해서일까? 아니면 뭔가 피치 못할 또 다른 사정이 있었던 것일까? 필자는 기본적으로 라스 카사스가 요약한 콜럼버스 항해일지의 진술을 사실로 믿는다. 유럽인으로서 바이킹 이후 그 누구도 항해해

---

27) 항해일지 제출문에는 "저는 제가 항해 중 하고, 보고, 경험한 모든 것을 매일매일 주의 깊게 기록하기로 결심했습니다. … 게다가 이 모든 것을 책 한 권으로 모으고, 경위도 등을 작도한 항해도를 그렸습니다." Fuson(1987), *Log of Christopher Columbus*, p.53 ; 라스 카사스 엮음(2000), 『콜럼버스 항해록』, 49쪽.

본 적 없는 대서양을 횡단하는 일은 분명 두려운 일이었을 것이고, 콜럼버스 자신이 공언했던 750 레구아(2400 NM) 이내에 육지에 도달하지 못한다면 어떤 결과를 초래할지 너무나 자명했다. 실제로 카나리아 군도를 출항한 지 34일째인 1492년 10월 10일 선원들의 소동이 있었다. 콜럼버스로서는 이 같은 사태의 발생을 충분히 예상할 수 있었을 것이다. 따라서 선단의 총지휘관으로서 자신이 추정한 항해 거리보다 조금씩 줄여서 공식 일지에 기록할 필요가 있었다.

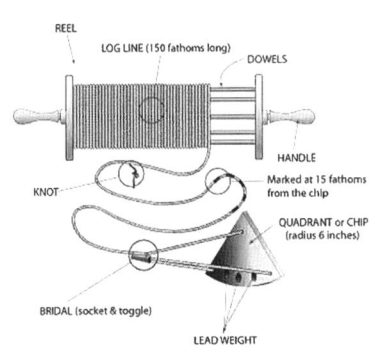

그림 7-2. 17세기 칩 로그(Chip log)[28]

콜럼버스가 항정을 줄여서 기록할 수밖에 없었던 피치 못할 또 다른 이유가 있었다. 바로 정확한 속력 측정 장치가 없었던 당시 콜럼버스가 선박의 속력을 지나치게 빠르게 추산했던 데도 한 원인이 있었다는 것이 필자의 판단이다. 배의 속력을 측정하는 장비인 로그[log]를 발명한 것은 15세기 말 또는 16세기 초의 포르투갈인 바르톨로메우 크레센시오 Bartolomeu Crescêncio로 알려져 있다. 이 시기의 선속 측정은 긴 줄에 보통 7.2미터 간격으로 매듭을 표시하고 모래시계로 14초 동안 물에 떠내려간 매듭의 수를 헤아리는 게 전부였다.[29] 콜럼버스도 이와 유사한 방식으로 선속을 추정했는데, "매 30분마다 또는 변침 직전까지 모래시계와 로그로 속력을 추정하여 기록해 두었다가, 일출시와 일몰시 등 12시간 동안의 기록지를 합하여 항정을 추산하였다. 물론 콜럼버스도

---

28) https://www.brighthubengineering.com/seafaring/60582-what-is-a-chip-log/ (2025.3.10.)

29) 배의 속력 = 14초 × 1852m (=1 NM) / 3600초 ≒ 7.2m, 즉 14초에 7.2m를 이동하면 1시간에 1마일(1852m)을 이동하게 되며, 이때의 속력이 1노트가 된다. 김우숙(2008), 『세상을 바꾼 항해술의 발달』, 44쪽.

야간에는 잠을 자야 했으므로 야간 동안의 속력 추정은 당직자들에게 맡겼을 것이다."[30) 그러나 이러한 선속 측정치는 모래시계 자체의 오차에다 조류와 바람 등에 따라 로그가 흘러가는 속도에도 오차가 포함될 수밖에 없다.

여기에서는 콜럼버스가 선속을 과도하게 빠르게 측정한 것이 공식 항정을 자신의 추산치보다 적게 기록한 하나의 원인이 되었음을 입증하기 위해 콜럼버스 선단의 실제 선속을 계산해 볼 것이다. 콜럼버스 선단은 카나리아 군도에서 바하마제도의 산살바도르(오늘날의 와틀링 섬Watling Is.으로 추정)까지 거의 정서(270°) 방향으로 항해하였다(부록 7-1과 7-2 참조). 따라서 출항 시간과 도착 시간, 그리고 항해 거리만 알면 항해속력은 간단하게 계산해 낼 수 있다. 표 7-2에 정리해 본 바와 같이, 콜럼버스 선단은 1492년 9월 6일 새벽 고메라 섬을 출항해 1492년 10월 12일 자정이 지난 새벽, 산살바도르에 도착하였다. 항로는 극히 일부를 제외하고는 정서 방향으로 항정선을 따라 항해하였다.

표 7-2. 콜럼버스 1차 항해의 항해 거리와 시간

출발지(고메라 섬)	도착지(산살바도르)	항해 거리와 시간
28° 06′ N, 17° 08′ W	24° 06′ N, 74° 29′ W	항정선 거리
		3091 NM
1492. 9. 6, 일출시 (morning)	1492. 10. 12, 자정 후 (After midnight)	항해 시간
		36일 20시간= 884시간

주: 출항시간은 새벽 6시, 도착 시간은 새벽 2시를 기준으로 함.[31)

그러나 선단이 이 두 지점 간을 직선으로 항해하지는 못하였을 것이고, 조류와 바람 방향에 따라 어느 정도 이로離路(deviation)했을 것이기 때문에

30) Kelly, Jr.(1983), pp.79, 89.
31) Goldsmith and Richardson(1987), "Reconstructing Columbus's First Transatlantic Track", p.19.

실제 항해 거리는 이보다 늘어나기 마련이다. 따라서 실제 항해 거리는 두 지점 간의 직선거리인 3091 해리에다 5 %와 10 % 정도 늘어났을 것으로 가정하고 속력을 계산해 보면, 콜럼버스 선단은 시간당 약 3.69~3.85 노트 속력으로 항해하였을 것으로 추산되었다(표 7-3 참조). 이는 1987년 미국 우즈홀 해양연구소가 추산한 콜럼버스 선단의 평균 항해속력 3.8노트에 근접한 수치다.[32]

표 7-3. 콜럼버스 선단의 항해속력 추정

거리	항해 시간	속력
3091 NM(①)		3.49 knots
3246 NM(①+5%)	884 hours	3.69 knots
3400 NM(①+10%)		3.85 knots

이제 콜럼버스가 속력을 어느 정도 빠르게 추산했는지를 살펴볼 차례다. 항해일지에 시간당 항해속력이 기록된 것을 정리해 보면(표 7-4) 7~15 *millas* 정도로 추정하였음을 알 수 있다.[33] 문제는 이 *milla*라는 단위가 얼마인가다. 사무엘 모리슨은 콜럼버스가 배의 속력은 로만 마일(≒1479m ≒ 0.79 NM)을 사용했고, 항해 거리는 리그를 사용했으며, 육상에서는 또 다른 리그 단위를 사용했다고 추정했다. 그에 따르면, 콜럼버스의 거리 개념으로는 4 Roman miles = 1 league = 3.18 nautical miles(NM, 해리)이다. 이를 원용해 콜럼버스가 추산한 최소속력 7 *millas*와 최대속력 15 *millas*를 오늘날의 항해속력 단위인 해리로 환산하면, 각각 5.6 노트(=7×3.18÷4)와 11.9 노트(=15×3.18÷4)가 된다. 이것은 콜럼버스의 실제 항해속력 3.8 노트 내외와 비교하면 1.8~8.1 노트 이상 빠르며 당시 범선이 내기에는 불가능한 속력이다. 따라서 모리슨은 콜럼버스가 실제로 기록한 배의 속력을 정확한 것이라고 믿는다면

32) Goldsmith and Richardson(1987), p.17.
33) 9월 9일(10 millas), 10일(10 millas), 10월 5일(11 millas), 7일(8 & 12 millas), 8일(15 millas), 10일(7 & 10 & 12 millas)에 각각 시간당 항해속력을 기록하였다.

그가 실제 사용한 1 레구아는 약 2.89 NM에 불과하게 된다고 보았다.[34]

그런데 이것도 과다하기는 마찬가지다. 콜럼버스의 기함인 산타 마리아 호가 시간당 5.1 노트(=7×2.89÷4)와 10.8 노트(=15×2.89÷4)의 속력으로 항해 한 셈이기 때문이다. 따라서 모리슨은 콜럼버스가 의도적으로 다양한 '육상 리그land league' 단위를 혼용했다고 보고, 육상에서는 1 league=1.5 NM로 사용하였다고 추정하였다.[35] 이를 적용하면 콜럼버스는 2.6 노트(=7×1.5÷4) 와 5.6 노트(=15×1.5÷4) 사이에서 항해한 것이 된다. 그러나 이것은 콜럼버스 가 육상 단위를 해상에서 사용했을 것인가라는 또 다른 의문을 제기한다.

이에 대해 미국 우즈홀 해양연구소의 골드스미스와 리처드슨은 1 리그 =2.819 NM로 환산하여 콜럼버스 선단의 항적을 추적하였다.[36] 이를 항해 일지상의 시간당 최소속력 7 millas와 최대속력 15 millas를 환산해 보면 각각 4.93 노트(=7÷4×2.819)와 10.6 노트(=15÷4×2.819)가 된다. 한편, 제임스 켈리는 콜럼버스가 사용한 milla를 4060 English ft(=1237.5m=0.668 NM)에 상응하는 것으로 추정하였는데,[37] 이를 적용하여 환산하면 7 millas=4.68 노트(=7×0.668), 15 millas=10.0 노트(=15×0.668)가 된다.

이상에서 살펴본 것처럼, 모리슨, 골드스미스와 리처드슨, 제임스 켈리는 항해일지에 기록된 수치와 단위가 정확하다는 가정하에 연구를 진행하였 다. 그러나 이들의 연구결과는 모두 콜럼버스의 실제 항해속력과는 거리가 멀었다. 이들이 콜럼버스가 사용한 단위를 어떻게 적용하든지 간에 그렇게 환산된 항해속력은 실제보다 빠를 수밖에 없었다. 왜냐하면, 콜럼버스

---

34) 미국 우즈홀해양연구소의 골드스미스(Goldsmith)와 리처드슨(Richardson)도 맥엘로이(McElroy)와 마든(Marden)의 연구 결과를 원용하여 1 Portugal league = 3.819 NM로 보고 콜럼버스 1차 항해의 항적을 재추적하였다.

35) Morison(1942), pp.190-191.

36) Goldsmith and Richardson(1987), pp.18-19.

37) Kelly, Jr.(1983), p.106.

자신이 항해속력을 실제보다 빠르게 추정하였기 때문이다. 모리슨은 "정확한 속력 측정 장치가 없었기 때문에 콜럼버스가 속력을 빠르게 추산했고, 그로 인해 1일 항해거리를 자기가 추산한 것보다 적게 기록한 것이 오히려 실제 항해거리에 가까웠다"[38]고 적었다. 결국 헤니게의 주장처럼, "컴퓨터를 활용한 켈리나 리처드슨과 골드스미스 등의 연구는 항해일지의 수치가 정확하다는 가정하에 연구를 수행하였지만, 항해일지의 항정 수치는 실제 항정이나 항해의 실제와 차이가 있었다"는 점에서 이런 식의 주장은 타당하지 않다.[39]

이상에서 살펴본 바를 정리해 보면 다음과 같다.

첫째, 콜럼버스는 제1차 항해 도중 대서양 서향 항해시에는 항정을 자신이 추산한 것보다 적은 수치로 적고 실제 추정치는 개인 기록으로 보관하고, 귀향 항해시에는 자신의 추산치 하나만을 기록했다.

둘째, 콜럼버스가 외향 항해시 두 항정을 기록한 것에 대한 기존 견해는 항해일지 요약본에 기록된 대로 "항해가 길어질 경우 선원들이 두려워하는 것을 완화시키기 위한" 자연스러운 행위였다는 것이다. 그러나 1983년 제임스 켈리가 이에 대해 항해일지 요약자인 라스 카사스가 '콜럼버스가 스페인 선원들에게 익숙한 포르투갈 리그로 환산하는 과정'을 오해한 데서 비롯되었다는 주장을 제기하였고, 이것을 필립스 부부가 지지하고 다시 주경철 교수가 국내에 소개하면서 이른바 '항정조작설이 없었다'는 견해가 제기되었다.

셋째, 필자는 콜럼버스가 '선원들을 안심시키기 위해' 자신이 추산한 항정보다 적게 기록했다는 전통적인 견해를 지지함과 동시에, 콜럼버스가 항해속력을 빠르게 추산한 것도 하나의 원인이었음을 밝혔다. 콜럼버스

---

38) Morison(1942), p.191.
39) Henige(1991), p.139.

선단의 실제 항해속력은 3.69~3.85 노트 정도였던 것으로 나타났는데, 이는 항해일지에 기록된 속력에 비해 1/2~1/3 정도 느린 것이다.

콜럼버스가 항해속력을 지나치게 빠르게 추산했다는 것은 항해일지의 기록에서도 입증된다. 항해일지와 라스 카사스의 『인디아스의 역사』에 따르면, 1492년 10월 1일에 산타 마리아 호, 핀타 호, 니냐 호 3척의 배의 수로안내인들이 한데 모여 항정을 비교하였는데, 여기에서도 콜럼버스의 추산치가 가장 크게 나왔다. 표 7-4를 보면, 콜럼버스의 실제 추산치는 산타 마리아 호의 수로안내인Sanchez Ruíz de Gama의 추정치보다 129 légua, 핀타 호의 수로안내인Christóbal García Xalmiento의 추정치보다 73 légua, 니냐 호의 수로안내인Peralonso Alonso의 추정치보다 57 légua가 각각 많았다. 이는 콜럼버스가 항해속력을 3척의 수로안내인의 추정치보다 각각 18.2%, 10.3%, 8% 빠르게 추정하였음을 의미한다. 따라서 모리슨과 페르난데스-아르메스토는 콜럼버스가 축소해 공식적으로 기록한 항정이 오히려 실제치에 근접했다고 밝혔다.[40]

표 7-4. 10월 1일자 항정 비교* (단위: légua)

항해일지		라스 카사스의 『인디아스의 역사』	
산타 마리아 수로안내인	578		
콜럼버스의 공식 기록	584	핀타 호 수로안내인	634
콜럼버스의 개인 기록	707	니냐 호 수로안내인	650

자료: 라스 카사스, 박광순 옮김, 『콜럼버스 항해록』, 172쪽 & 각주 24.
* 카나리아 군도의 이에로 섬에서 10월 1일 추측선위까지의 거리

직업적 뱃사람이었던 콜럼버스가 항해술의 기본이라고 할 항해속력을 여타 수로안내인들에 비해 빠르게 추정한 이유는 무엇이었을까? 일차적으로는 그가 대서양의 조류와 바람에 익숙하지 않았다는 점을 들 수 있다.

---

40) Morison(1942), p.191 ; Fernández-Armesto(1991), p.80.

미국 우즈홀 해양연구소의 연구에 따르면, 대서양의 9~10월 중 콜럼버스가 항해한 해역은 바람과 조류 모두 순풍과 순조였다(부록 7-2와 7-3 참조). 바로 이 점이 콜럼버스로 하여금 항해거리를 실제보다 많게 추정케 한 하나의 원인으로 작용했을 개연성이 크다. 그러나 이것만으로는 충분한 설명이 되지 못한다. 3명의 수로안내인이 서로 비슷하게 항정을 추정하고 있기 때문이다. 그렇다면 우리가 '선장의 대명사'로 알고 있는 콜럼버스의 항해 경력이 실제보다 더 부풀려졌을 가능성도 고려해 볼 수 있다.

콜럼버스의 아들인 페르난도는 부친 콜럼버스가 14세 때부터 '해상 생활'을 했다고 적고 있다.[41] 그러나 스물한 살이던 1472년에도 콜럼버스가 스스로 '모직공'으로 기술한 것을 보면,[42] 그가 '어린 시절부터 항해에 종사했다'는 페르난도의 기록은 다소 과장되었다고 할 수 있다. 콜럼버스는 항해일지 1492년 12월 21일 자에 "자신이 이렇다 할 중단 없이 23년 동안 배를 타 왔다[43]"고 적고 있다. 그의 출생연도를 1451년으로 간주하면, 그가 18세이던 1469년부터 선원 생활을 했다는 말이 된다.[44]

'23년 동안 선원 생활을 했다'는 콜럼버스 자신과 그의 둘째 아들 페르난도의 기록을 사실로 받아들인다 하더라도, 그가 항해했던 바다는 '북쪽으로는 잉글랜드와 아일랜드, 남쪽으로는 마데이라와 아프리카 연안' 정도였을 것이므로 대부분 연안을 확인해 가면서 항해했을 것이다. 따라서 그가 유럽 해역에서 선위를 확정하는 것은 그리 어려운 일이 아니었다. 그러나 대양에서의 선위 측정은 그렇게 간단한 것이 아니었다. 산타 마리아 호, 핀타 호, 니냐 호의 선장과 수로안내인은 콜럼버스보다 승선 경력이 많은

---

41) Ferdinand Columbus, *Life of Admiral*, p.12.
42) 주경철(2013), 53쪽. 주경철 교수는 그 전거를 밝히지 않았다.
43) Fuson(1987), *Log of Christopher Columbus*, dated 21st December, p.143.
44) 벤츠케는 이 날의 기사를 "콜럼버스가 23세부터 이렇다 할 중단 없이 바다를 항해했다"고 적고 있는데, 계산상의 착오인 듯하다. 콜럼버스가 23세이면 1474년 이 된다. Ventzke(1998), 『콜럼버스』, 21쪽.

사람들이고, 1차 항해 당시까지 직업적 뱃사람들이었다. 그에 비해 콜럼버스는 포르투갈 궁정에 후원을 요청했던 1484년 이후 이렇다 할 승선 경험이 없었다. 그럼에도 불구하고 콜럼버스는 1차 항해일지에서 1492년 당시까지 '이렇다 할 중단 없이 23년 동안 배를 탔다'고 기술했는데, 이것이 과장된 이야기임은 두말할 필요가 없다. 이것이 콜럼버스의 추정치가 3명의 수로안내인의 추정치에 비해 과대해진 원인이 되었을 개연성이 크다.[45]

이상에서 정리해 본 것과 같이, 이른바 '항정조작설'은 제임스 켈리, 필립스 부부, 주경철 교수가 주장한 것처럼, 라스 카사스가 항해 단위를 오해한 데서 유래한 것이 아니었다. 미지의 대서양을 항해하는 과정에서 항해가 길어질 경우 선원들이 느낄 두려움을 경감시키기 위한 콜럼버스의 전략적 선택이었을 뿐만 아니라, 그 자신이 시간당 항해속력을 과다하게 추정한 데서 기인한 것이었다. 결론적으로 '항정조작이 없었다'는 주장은 라스 카사스의 오해가 아니라 켈리와 턴, 필립스, 주경철의 오해에서 비롯된 것이다.

---

45) 헤니게는 이에 대해 "콜럼버스가 거리를 추산하는 데 숙련되지 않았거나, … 의식적으로나 또는 무의식적으로 약간의 수치를 생략했을 수도 있다"고 적고 있다. Henige(1991), p.139.

부록 7-1. 콜럼버스 1차 항해도

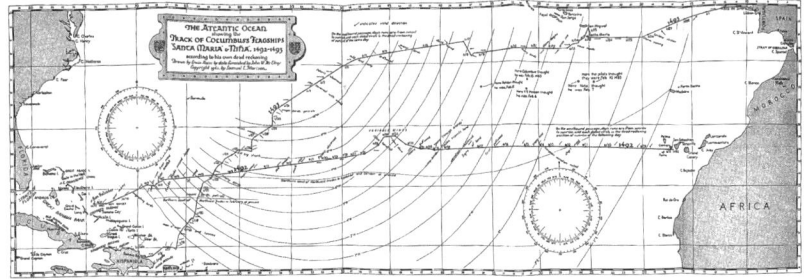

자료: Samuel Morison(1942), *Admiral of the Ocean*, ff. 222-223.

부록 7-2. 고메라 섬에서 산살바도르까지의 항정선

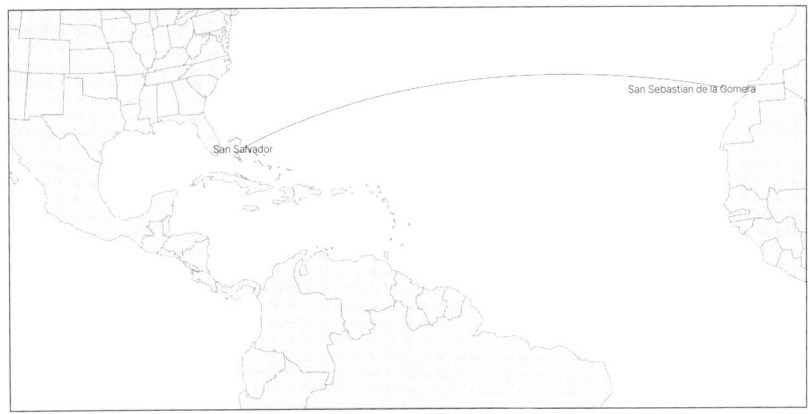

자료: www.netpas.net, accessed at April 10, 2015을 이용하여 작성.

부록 7-3. 대서양의 평균 풍향(9~10월)

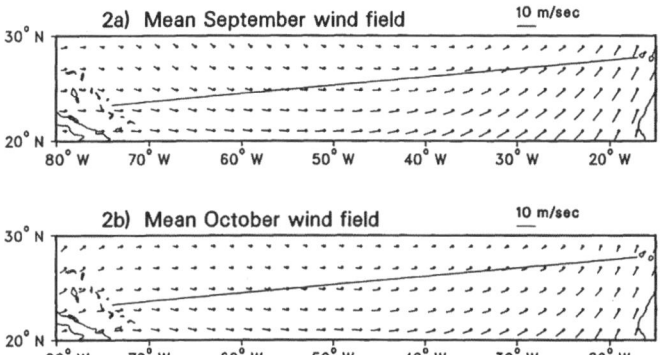

자료: Goldsmith and Richardson(1987), "Reconstructing Columbus's First Transatlantic Track and Landfall", p.22.

부록 7-4. 대서양의 평균 조류(9~10월)

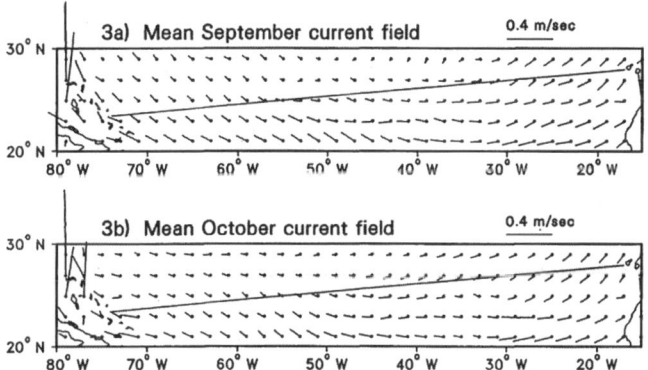

자료: Goldsmith and Richardson(1987), "Reconstructing Columbus's First Transatlantic Track and Landfall", p.23.

제8장

콜럼버스 항해의 목적

『크리스토퍼 콜럼버스 - 종말론적 신비주의자』[1]란 서명의 책이 출간되었다. '너무나 대중적인 인물이면서도 실제로는 제대로 아는 게 없는 콜럼버스'에 대해 거의 모든 것을 다룬 이 책이 한국의 독서시장에서 관심을 끌 것[2]이 분명한 상황에서, 콜럼버스가 젊은 시절부터 지리종말론적 세계관에 입각해 또는 종교적 목적에 경도되어 대서양 항해를 감행했다는 저자의 주장을 필자로서는 받아들이기 어려웠다.

『크리스토퍼 콜럼버스』는 콜럼버스와 관련한 사료, 생애, 포르투갈에서의 입지, 스페인으로의 이주와 궁정과의 교섭, 지리학적 세계관, 네 차례 항해의 경과, 『예언서』 분석 등 주요 주제들을 총망라하고 있다. 책을 읽는 동안 필자가 미처 다루지 못한 주제들까지 세심하게 정리해준 이 책에 고마움을 느낌과 동시에, 뭔가 불편한 감을 느끼지 않을 수 없었다. 그것은 책의 저자가 콜럼버스에게는 "세속적 측면과 성스러운 측면이 모두

---

1) 주경철(2013), 『크리스토퍼 콜럼버스 - 종말론적 신비주의자』, 333쪽. 이하 본문 속의 괄호 안의 쪽수는 이 책의 쪽수다.
2) 실제로 주경철의 책은 동아일보(2013. 12.14), 중앙일보(2013.12.14), 연합뉴스(2013.12.13), 한겨레(2013. 12.22), 조선일보(2013.12.14), 매경이코노미(2014. 1.13) 등에 소개되었다. 게재일은 인터넷 기사 등록일 기준이다.

강하게 존재했다는 입장을 취하려 한다"(p.9)고 밝히면서도 성스러운 측면 —종말론적 태도에 깊이 침윤된 인물(p.8)을 부각시키려고 했지만, 그 시도가 그리 설득력 있게 보이지 않는다는 점 때문이었다. 책 한 권에서 다룬 모든 주제를 다 다룰 수는 없는 일이므로 여기에서는 콜럼버스가 대서양 서쪽으로 항해하게 된 이유와 항해 목적이 무엇이었는지에 초점을 맞추어 필자의 견해와 비교해 보려고 한다.

I. 콜럼버스의 내면 세계 : 지리학적 세계관

아프리카를 돌아 아시아로 가려던 포르투갈인들과는 달리, 콜럼버스가 대서양 쪽으로 항해하여 아시아에 도달할 수 있다고 생각하게 된 배경은 무엇이었을까? 먼저 『크리스토퍼 콜럼버스』를 요약해 보기로 하자.

콜럼버스는 "중세 기독교적 지리관을 반영한 〈마파 문디〉라는 지도와 〈포르톨라노 해도〉라는 상이한 두 가지 지리적 이미지를 갖고 항해했는데, 포르톨라노 해도는 항해용으로 사용하고, 새로 마주치는 지리의 성격과 의미는 마파 문디적인 이미지에 견주어 해석해 갔다."(p.103) 콜럼버스의 지리적 세계관에 영향을 미친 저서로는 피에르 다이이 추기경의 『이마고 문디Imago Mundi』(세계의 상, 1480~83년판), 마르코 폴로의 『동방견문록』(1485~86년판), 플리니우스의 『박물지』(1489년판), 피콜로미니의 『히스토리아』, 플루타르크의 『전기』(1491년판), 프톨레마이오스의 『지리학』(1478년판, 1차 항해 귀환후 구입) 등이 있다.

이 가운데 콜럼버스의 지리학적 지식에 중요 원천이 된 것은 『이마고 문디』였다. 『이마고 문디』와 외경의 『에즈드라스Esdras 서』의 내용에서 "지구의 6/7이 땅이고, 나머지 1/7이 바다"이며, "알프라가누스가 주장한 것처럼, 적도상 1도는 $56\frac{2}{3}$ 밀라스이므로 지구의 둘레는 2만 400 밀라스가 된다"고 생각했다. 여기서 콜럼버스는 밀라스를 로마식 마일로 생각해 최대 4860 ft(약 1.479km)로 간주하여 적도상 지구의 둘레를 1만 9천 마일로 생각했다. 적도상의 1도 길이는 69 마일이므로 실제 지구 둘레인 2만 4900 마일과 비교하면 지구 둘레를 32%나 작게 계산한 셈이다. 게다가 아시아 대륙이 실제보다 30도 더 뻗쳐 있고, 『동방견문록』에서 일본이 이보다 1500 마일 더 동쪽에 있다고 했고, 카나리아 제도에서 출발할 것이므로 카나리아에서 씨팡고까지는 2400 마일(실제거리는 1만 600 마일)에 불과하게 된다.(pp.127-129) 이에 더하여 『동방견문록』과 『박물지』에서는 황금향을, 『전기』에서는 '부의 정당화 필요성'을, 『히스토리아』에서는 서쪽으로의 항해 가능성, 적도 근처의 지상낙원, 식인종, 여인국 등에 관한 언급에 주목하였다. 콜럼버스가 기니 항해와 지구 둘레를 추산하는 주석을 1482년 포르투갈에 거주할 때 쓴 것으로 보아 젊은 시절(30대 초반)부터 특유의 사고체계를 형성해 나갔다(p.138)고 하겠다.

이상이 『크리스토퍼 콜럼버스』의 저자가 정리한 콜럼버스의 지리학적 세계관인데, 필자가 이해한 것과 크게 다르지 않다. 즉 콜럼버스는 지구를 실제보다 작게 생각했고, 지구에서 땅이 바다보다 더 넓으며, 카나리아에서 씨팡고까지는 2400여 해리에 불과하다고 생각했던 것이다. 그러나 그러한 결론에 도달하게 된 과정은 그리 명쾌해 보이지 않는다. 필자는 콜럼버스의 지리적 세계관을 다음과 같이 이해하였다. 15세기 당대에 지구가 둥글다는 것은 교양인 사이에서 상식이었고, 지구의 크기에 대해서는 두 가지 권위를 이용할 수 있었다. 지구 둘레에 대해 에라토스테네스는 25만 스타데스 stades(약 4만km)로 추산하고, 프톨레마이오스는 18만 스타데스(약 2만 8800km)로 추산했는데, 콜럼버스는 프톨레마이오스의 설을 받아들였다. 『크리스토퍼 콜럼버스』의 저자가 각주에서 밝힌 것처럼, 콜럼버스가 프톨레마이오스의 『지리학』을 1차 항해 이후 구입했다고 해서 그가 프톨레마이오스의 주장을 1차 항해 후에 접한 것이라고 오해해서는 안 된다. 『지리학』은 1406년 라틴어로 번역되어 유럽에 다시 소개된 이후 가장 권위있는 지리서로서 유럽에 널리 알려져 있었고, 그 책에 포함된 '프톨레마이오스 지도'는 1480년대에 당대까지 이루어진 탐사 내용이 더해진 개정판이 유럽 식자층에게 잘 알려져 있었다. 따라서 콜럼버스가 비록 1차 항해 이전에 『지리학』을 소유하고 있지 않았다 할지라도, 수도원 등의 장서를 통해 직접 읽고 연구했을 가능성이 충분히 있다.(p.109)

실제로는 오히려 콜럼버스가 프톨레마이오스 지도에 대해 깊이 이해하고 있었다고 보는 것이 자연스럽다. 포르투갈과 스페인 왕실에서 수차례 후원 계획에 대한 심사를 받았던 콜럼버스가 당대 최고의 권위서로 인정받고 있던 『지리학』을 숙지하지 못했다고 생각하는 것은 어불성설일 것이기 때문이다.

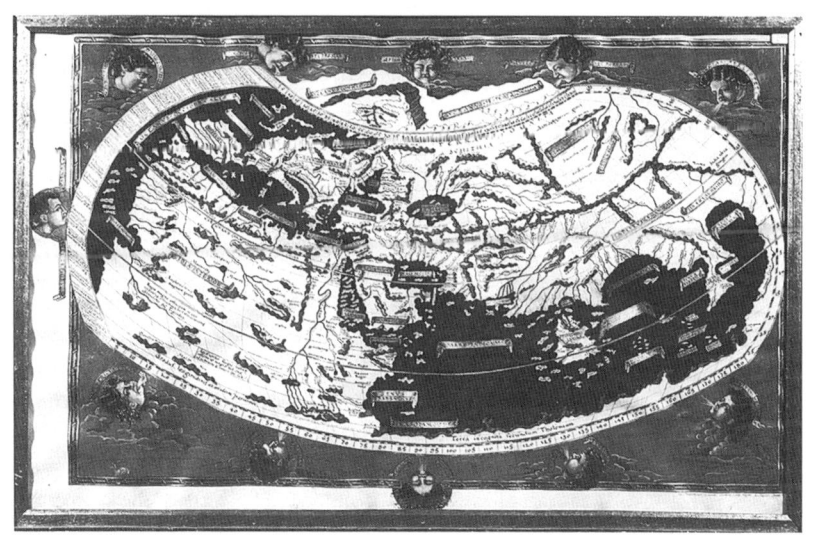

그림 8-1. 프톨레마이오스의 세계지도(1482)[3]

---

3) Skelton(1995), 『탐험지도의 역사』, f.2. 이 책에서는 헌팅턴 도서관 소장본으로

그런데 육지와 바다의 구성 비율에 대해서는 프톨레마이오스가 대체로 절반씩이라고 본 데 비해, 콜럼버스는 다이이의 『이마고 문디』*Imago Mundi*(세계의 상)와 『에즈드라스 서』의 내용을 따랐다. 즉 『이마고 문디』와 『에즈드라스 서』의 설을 종합하여 지구의 1/7이 바다고, 6/7은 육지라는 추론을 이끌어낸 것이다.[4] 『이마고 문디』는 "지구의 6/7에 사람이 거주할 수 있다"고 언급하였고,[5] 『에즈드라스 서』는 2권 6장 42절에서 "셋째 날에 물에 명하여 지구의 일곱째 부분에 한데 모여 있도록 명했고, 여섯째 부분에는 씨앗을 뿌리고, 농사를 짓고, 당신에게 봉헌할 수 있도록 마른 땅으로 있게 하라고 명하셨다"고 기록하고 있다.

러셀은 "콜럼버스가 『이마고 문디』에서 언급한 지구에서 바다가 135°, 육지가 225°라는 수치를 받아들였다"고 밝히고,[6] 『이마고 문디』의 저자 다이이는 지구 둘레에 대해 마리누스*Marinus of Tyre*의 견해를 따랐다고 덧붙였다. 실제로 마리누스는 지구 둘레를 18만 스타디아*stadia*(약 3만 3000km)로 추산했는데, 이는 실제보다 17% 적게 추산한 것이다. 여기에서 마르코 폴로의 『동방견문록』에 "아시아가 다이이나 프톨레마이오스가 생각했던 것보다 서쪽으로 향해 있다"는 내용을 근거로 육지에 28°를 추가하여 육지는 253°, 바다는 107°가 되었다. 게다가 『동방견문록』에는 "씨팡고가 아시아 본토로부터 남동쪽 1500 마일에 있다"[7]고 했으므로 바다에서 30°를 빼서

15세기 판본으로 명기하였으나, 영국 그리니치 해양박물관의 Historical Map in facsimile(Wychwood Editions)에는 동일한 지도가 1482년 판으로 기록되어 있다. 프톨레마이오스 지도는 전 세계 주요 도서관에 많이 남아 있다. 바티칸 도서관(Biblioteca Apostolica, Vaticana)에는 1472년에 제작된 지도가 소장되어 있기도 하다. refer to Fuson, trans. by(1987), *The Log of Christopher Columbus*, p.24.
4) 주경철이 밝힌 바에 따르면, 콜럼버스는 『이마고 문디』 제8장에 〈에즈드라서〉의 내용을 방주로 달았다.
5) Nunn(1935), "*Imago Mundi* and Columbus", p.654.
6) Russel(2003), 『날조된 역사』, 31쪽.
7) 마르코 폴로(1992), 『동방견문록』, 218쪽.

유럽에서 씨팡고까지의 바다는 77°가 되었다. 그런데 유럽 본토가 아니라 카나리아 제도에서 출항할 것이므로 여기에서 다시 9°를 빼니 항해해야 할 바다는 68°가 되었다. 여기에서 콜럼버스는 다이이가 바다의 넓이를 추산할 때 8°를 빼야 할 것을 누락했다고 간주해 결과적으로 항해해야 할 바다는 60°가 되었다.[8]

다음으로 1도의 길이가 얼마인가가 문제인데, 콜럼버스는 알프라가누스의 견해에 따라 1도 = $56\frac{2}{3}$ 밀라스 설을 받아들였다.(p.128 인용구 참조) 문제는 콜럼버스가 '밀라스'를 로만 마일로 생각했다는 점이다. 이렇게 생각함으로써 콜럼버스는 1 밀라스(로만 마일)의 길이를 오늘날 해리로 대략 45.25[9]로 보았다. 그런데 실제 항해는 적도보다 더 북쪽 위도에서 할 것이기 때문에 1도의 거리를 오늘날 단위로 40해리 정도로 가정했다. 콜럼버스의 이 같은 추산에 따라 카나리아에서 씨팡고까지의 거리는 60°×40해리=2400해리가 되었다.

2400 해리는 북미대륙이 없다고 가정했을 때 카나리아 제도 산타크루즈에서 도쿄까지의 실제 거리인 8059 해리보다 70%나 작은 계산값이다. 이 정도 거리라면 당시 범선의 항해속도인 시간당 3 노드로 항해할 경우 대략 33일(≒2400÷3노트÷24시간) 내외면 도달할 수 있다.

그러나 이 같은 지리적 지식을 콜럼버스가 처음부터 완결된 상태로 갖고 있었다고 본다면 비역사적일 것이다. 콜럼버스가 포르투갈에 체류하던 20대 후반부터 대서양 쪽으로의 항해를 구상하기 시작하였다는 것은 의문의 여지가 없다. 다만, 포르투갈 궁정에 후원을 요청했던 1484년 즈음에는 '어느 정도 완결된 나름대로의 논리적 근거와 확신을 갖고 있었을 것이다.

---

8) 이상 Russel(2003), 31~33쪽.

9) 물론 콜럼버스는 오늘날 항해거리 단위인 '해리'를 사용하지 않았다. 오늘날 항해용 거리 단위로 널리 사용되는 해리와 비교하기 위해 다음과 같은 계산식에 따라 환산하였다. 1 로만 마일은 1.479km이므로 $56\frac{2}{3}$ × 1.479km = 83.80km이고, 83.80km ÷ 1.852km = 45.25 NM이 된다.

1485년 이후 카스티유와 아라곤 연합왕국에 후원을 요청하고 심사위원회의 심사를 받을 때는 당대 최고의 지식인들과 치열한 논쟁을 벌여야 했을 것이므로, 자신의 주장을 납득시킬 확실한 근거를 준비해야 했을 것이다. 그 과정에서 당대의 지리학 권위자 중 한 사람인 토스카넬리와 서신을 교환하고 그의 지리학적 주장을 받아들여 자신의 주장을 뒷받침하는 근거로 삼았을 것이다.

토스카넬리는 1474년 자신의 주장을 담은 서한을 포르투갈 국왕에게 보냈고, 이 편지의 사본을 "콜럼버스가 1481년에 보내온 편지에 대한 답장과 함께 그에게 보내주었다"고 페르디난드가 『콜럼버스의 전기』에서 밝히고 있다.10)(p.119) 이상에서 살펴본 것처럼, 콜럼버스의 지리학적 지식, 즉 지구는 작고, 육지가 더 넓으며, 대서양 서쪽으로 항해하여 아시아에 도달할 수 있다는 생각은, 『크리스토퍼 콜럼버스』의 저자가 주장한 것처럼 "중세 지리학적 체계에서는 나오기 힘든 내용"(p.94)이 아니라, 철저히 중세지리학에 근거한 것이라고 봄이 타당할 것이다. 콜럼버스와 동시대인인 존 캐벗 (1450?~1499)이 아프리카를 돌아가는 것보다 대서양 서쪽으로 항해하는 편이 아시아에 더 빨리 도달하는 방법이라고 생각한 것도 바로 이러한 중세적 지리관에 근거한 것이었다. 그가 콜럼버스로부터 어떤 영향을 받았는지에 대해서는 논란이 있지만, 대체로 그의 독자적인 결론이었을 것으로 본다.11)

콜럼버스가 항해에 사용한 해도가 어떤 것이었는지에 대해서는 확인할 수가 없다. 물론 이베리아 반도와 아프리카 서해안, 그리고 카나리아 제도 등 유럽권역에서는 뱃사람들이 일반적으로 이용하던 포르톨라노 해도를 사용했을 것이 분명하다. 문제는 카나리아 제도 너머의 해역에 대해서는 어떤 해도 또는 이미지를 그리고 있었을까 하는 것이다. 이에 대해 주경철 교수는 마파 문디 적인 이미지를 들었다. 콜럼버스는 중세적 세계에서

---

10) Ferdinand Columbus, *The Life of the Admiral Christopher Columbus*, pp.19-23.
11) Frits(2003), 『세계 탐험 이야기』, 110쪽.

태어나 성장했고, 중세까지의 지리학적 지식을 몸과 머리로 체득한 사람이었다. 하지만 콜럼버스는 직업적 뱃사람이었고,[12] 뱃사람에게 해도란 목숨만큼이나 중요한 필수장비였다. 하버드 대학의 해양사 교수였던 패리[J.H. Parry]의 지적처럼 "15세기 항해가들은 결코 해도 없이는 바다로 나가지 않았지만, 마파 문디는 실제 대양을 항해하는 데는 무용지물이었다."[13]

콜럼버스가 그의 시대에 항해에 이용된 포르톨라노 해도에 앞서 제작된 카탈란 해도(14~15세기)도 아닌 마파 문디적 이미지를 머리에 그리고 있었다고 보는 것은 200여 년이라는 시간적 간극만큼이나 비역사적이다. TO형 지도인 마파 문디는 13세기의 기독교적 세계관을 반영한 이상형적 지도에 불과했다. 설사 그것이 15세기에 제작된 것이라 해도 그것을 믿고 항해에 나설 만큼 어리석은 뱃사람은 없었을 것이고, 그 제작자도 항해를 위해서가 아니라 성경의 세계관을 보여주기 위한 이미지로 그렸을 뿐이다. 콜럼버스의 아들인 페르디난드를 비롯해 많은 연구자들은 콜럼버스가 당대까지의 지리학적 지식이 망라된 토스카넬리적인 해도를 머리에 그리고 있었을 것이라는 데에는 이견이 없다.

그림 8-2는 토스카넬리의 서한[14] 내용을 토대로 복원한 토스카넬리의 지도다. 이 지도에 따르면, 콜럼버스의 주장처럼 대서양을 서쪽으로 항해하면 아시아에 도달하고, 가는 항로 상에서 어떤 섬에라도 도달할 수 있어 보인다. 콜럼버스의 주장은 결코 마파 문디적인 이미지나 중세적 지리관에서 나올 수 없는 헛된 주장이 아니었던 것이다. 물론 살라망카 위원회 위원들은 이를 논박할 수 있는 또 다른 권위를 얼마든지 인용할 수 있었을 것이다. 콜럼버스가 그들과 달랐던 것은 자신에게 유리한 전거와 권위를

---

12) 콜럼버스의 아들인 페르디난드는 부친 콜럼버스가 14세 때부터 '해상생활'을 했다고 적고 있다. Ferdinand Columbus, *The Life of Admiral*, p.12.

13) Parry(1998), 『약탈의 역사』, 25쪽.

14) Ferdinand Columbus, *The Life of the Admiral*, pp.19-23.

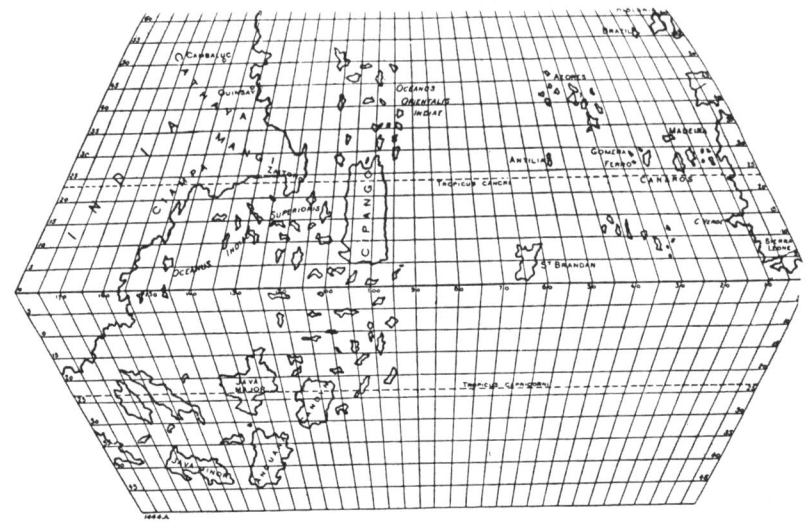

그림 8-2 토스카넬리 서한에 근거해 추정한 지도

자료: Fuson(1987), *The Log of Columbus*, p.28 ; Markham(1893), *The Journal of Christopher Columbus*, p.2.

조합해내는 능력이 있었고, 이를 자신의 항해 경험을 바탕으로 적극적으로 피력할 수 있었다는 점이다. 이제 그가 다른 사람들과 다르게 전거와 권위를 이용하게 된 목적이 무엇이었는지 검토해 볼 차례다. 이는 결국 그가 대서양 항해를 하게 된 근본적인 목적이 어디에 있었는지와 연관된다.

II. 콜럼버스 항해의 목적 : 세속적 돈벌이 vs 종말론적 인류 구원

『크리스토퍼 콜럼버스』의 저자는 "콜럼버스의 사업은 단순히 큰돈을 벌기 위한 것이 아니라 그 이상의 의미가 담겨 있었고, 그의 지리는 기독교적인 의미를 띠고 있었으며, 단순한 개인의 사회적 상승만이 아니라 인류의 구원과 연관된 훨씬 더 진지한 세계사적 의미를 띠고 있었다"(p.139)고 본다. 한 마디로 "콜럼버스가 신성한 종교적 사명감과 세속적 지위에 대한 욕심을 모두 가지고 있었다"(p.146)는 것이다. 콜럼버스의 종말론적 세계관이 집대성된 것이 『예언서』인데, 그 내용과 의미를 『크리스토퍼 콜럼버스』의 저자는 다음과 같이 요약하고 있다.

> 자신은 신의 도구이며, 자신이 새로운 땅을 발견한 것은 예언된 일이다. 그가 신의 뜻을 전부 이룬 것은 아니고, 최종적으로는 스페인 국왕의 군사력으로 예루살렘을 탈환하고, 성전을 다시 지음으로써 인류의 구원 사업이 진행될 것이다.(p.288) … 콜럼버스는 인류를 구원하기 위한 준비 기간이 한 세기 반 정도 남았으며, 자신이 발견을 통해 금을 찾아 성스러운 사업을 돕고자 했다.(p.309) … 예루살렘을 탈환하려면 동쪽으로 갔어야 했지만 자신이 서쪽으로 항해한 것은 십자군에 선행하여 발견, 전도, 부를 획득해야 하기 때문이었다.(p.311) 결론적으로 그의 발견은, 『예언 서』의 주석에서 밝히고 있는 것처럼, 천지창조, 예수의 탄생과 수난과 같이 인류사를 바꾸는 계기가 되리라는 것이다.(p.288)

『크리스토퍼 콜럼버스』의 저자는 콜럼버스의 『예언서』를 "청년기에 시작 해서 사망하기 1년 전까지 평생 지속되어 온 성경 연구와 신학 연구의 집적이며, 그의 종말론적 사고를 오랜 기간 다듬고 정리한 결과물"로 본 다.(p.285) 콜럼버스가 "『예언서』 집필을 위해 본격적으로 자료 정리작업에 착수한 시점은 3차 항해 이후(1501.9~1502.3)지만, 1481년 피콜로미니의 『히스토리아』에 적어넣은 방주를 들어 그가 최소한 서른 살 무렵에 이미 『예언서』에 대한 기본 구상을 하고 있었음에 틀림없다"(p.284)고 적고 있다. 그러나 필자는 1501년 이후 본격적으로 자료 정리작업에 착수한 『예언서』를 그 20년 전부터 구상하고 있었다는 그의 주장을 받아들이기 어렵다. 주경철 교수는 콜럼버스가 젊은 시절부터 『예언서』를 구상하고 있었다는 주장의 근거로 이사야(24 : 14-16), 역대기하(9 : 21), 시편(74 : 12) 등을 들고 있다.(p.284)

그러나 필자에게는 『히스토리아』의 여백에 적은 위의 성경 인용구들이 콜럼버스가 『예언서』를 구상한 증거로는 보이지 않는다. 아마 일반 독자들도 이 성경 인용구와 "약속의 땅 한가운데 …" 운운하는 문장을 읽고 콜럼버스가 『예언서』를 이 시기(1481년)부터 구상하였다는 증거로 받아들이리라고는 생각지 않는다. 『크리스토퍼 콜럼버스』의 저자가 주장한 것처럼, 콜럼버스가 1481년부터 『예언서』를 구상하였다면, 실제 『예언서』를 본격적으로 정리하기 시작한 3차 항해(1501~02년) 이후까지 20여 년 동안 콜럼버스는 무엇을 했단 말인가? 그가 이 기간 동안 탐사에 대한 후원을 요청하고, 항해를 하고, 카리브해 섬들에서 식민활동을 했다는 것은 주지의 사실이다. 이 사이에 콜럼버스는 항해일지나 서한 등에서도 원주민의 기독교로의 개종, 예루살렘 정복에 사용하기 위한 금 발견, 에덴 동산이나 지상낙원, 지명을 성서적으로 작명한 것(산살바도르, 나비다드, 트리니다드 등) 등으로 종교적 신심을 드러냈다. 그러나 그 빈도와 강도는, 주경철 교수도 인정한 것처럼, 3차 항해 이후 잦아지고 세어졌다. 따라서 필자는, 『크리스토퍼 콜럼버스』 저자의 주장과는 달리, 콜럼버스의 사업은 세속적 측면에서 기획하고 추진하였으나, 3차 항해 이후 쇠사슬에 묶여 압송되고 난 뒤 심리적 의지처 내지는 종교적 성격을 강조함으로써 세속적 사업의 실패를 보상받기 위한 측면이 훨씬 강했다고 보고 있다. 이를 표 8-1과 같은 도식화를 통해 비교해 보도록 하자.

표 8-1에 도식화해 본 것처럼, 『크리스토퍼 콜럼버스』의 저자는 "어둠속 심연의 먼바다로 돌진하는 것은 탐욕에 눈 멀고, 지위 상승에 목마르다고 해서 할 수 있는 일이 아니고, 콜럼버스는 세속적 측면과 성스러운 측면을 모두 갖고 있었다"는 전제 하에, 1차 항해 때부터 단편적으로 언급된 성서의

표 8-1. 콜럼버스 사업의 목적

주경철 (종교적 측면)	·어둠의 심연의 먼 바다로 돌진하는 것은 탐욕에 눈이 멀고 지위 상승에 목마르다고 해서 할 수 있는 일이 아니다(6) → **콜럼버스 목적=세속적 측면＋성스러운 측면**(9) → 1차항해=새로운 예루살렘으로 가는 신성한 여정으로 해석(152) → 살바도르 명명(항해=구세주의 이름으로 이루어진 위업) → 나비다드 요새(금광과 향신료를 발견하여 예루살렘 정복에 사용, 161) → 지상낙원과 에덴동산 운운(233)→ 3차항해시 오리노코 유역 탐사시 지상낙원 언급(247) → 자신의 사업=종교적 구원(248) → 압송 도중 자신을 '**신의 부름을 받은 자**'로 보고 종말론적 세계관 시사(254) → 3차항해 이후『예언서』정리에 착수했는데, 그 구상은 젊은 시절부터 구상
주경철 (세속적 측면)	·그의 1차 관심사는 **동방의 부**(134) ; 제일 애타게 찾은 것은 **금과 향신료**(152) ; 콜럼버스의 원래 목적은 교역 중심지를 찾아 금과 향신료 같은 상품을 거래하는 것(153) → 1차항해 중 핀손이 금을 찾아보기로 하고 이탈(158) → 2차항해 시 "제독이 위험한 여행을 한 이유는 금을 찾기 위함"(214) ; 국왕에게 원주민 노예화 제안(216) → 3차항해 항로-금이 산출되는 시에라리온과 같은 위도 따라 항해(239) → 4차항해 : 금은 보물이며 영혼을 천국에 보낼 수 있다(267) → 말년 : 직위와 하사금을 달라고 궁정에 청원(278)
필자	·콜럼버스는 **직업적 뱃사람=실제적인 사람=세속적 측면**이 강함 → 스페인 국왕과의 협상시 살라망카 위원회가 경제적 측면에서 거부(1490)[15] → 산타페 문서(1491)=선교 조항 전혀 없음 → 1차항해 제1목적지 : 씨팡고(황금의 나라) → 핀타 호의 이탈 : 금 탐색 → 2차항해 도착 : 나비다드 마을 전멸-금 탐색 지시 → 3차항해 시(1498) '자신의 사업을 신의 기획으로 생각하고, 서인도를 지상낙원으로 간주'[16] → 압송 이후 4차탐험 준비 중에 『예언서』정리 시작 → 4차항해 도중 허리케인으로 고생하던 중(1503.1) '신의 목소리'를 들음[17] → 1504년 이후 사망 시까지 스페인 궁정에 권리 회복을 위한 청원

인용구나 문장을 통해 콜럼버스가 젊은 시절부터 종말론적 세계관을 구상하고 있었다고 보았다. 물론『크리스토퍼 콜럼버스』의 저자도 콜럼버스가

---

15) 탈라베라 위원장은 콜럼버스의 후원을 기각하면서 "교양있는 사람이라면 누구나 그의 계획이 불확실하고 그 실행이 불가능함을 알 수 있었다. 성공을 보지 못하고 국왕들께서는 투자하신 돈을 잃으셨을 것이고, 왕실의 위엄이 실추되었을 것이다"라고 보고했다. Ventzke(1998),『콜럼버스』, 61쪽.

16) Columbus, "Letter to the Sovereigns dated 18th October, 1498", in Major, ed. by(1969), *Four Voyages to the New World*, pp.104-108.

17) "Columbus, Letter to the Sovereigns dated 7th July, 1503", in Major(1969), pp.178-186.

'경제적 부를 추구하고, 황금과 향신료를 애타게 찾고 있었고'(pp.134 & 152), 이것이 여의치 않자 '노예화를 통해 수익을 올리려고 했다'(p.216)는 사실을 적시하며 콜럼버스의 세속적 측면을 비교적 상세하게 그려냈다. 하지만 이러한 세속적 측면은 그에게 그리 중요한 요소가 아니었던 듯하다.

『크리스토퍼 콜럼버스』의 저자는 "콜럼버스가 마음에 품고 있던 생각이 정확히 무엇이었는지에 대해서는 잘 알려져 있지 않았다. 그동안 잘 알려져 있지 않았던 콜럼버스의 또 다른 측면으로 그가 종말론적 세계에 깊이 침윤된 인물이라는 점을 부각시키려고 했다."(pp.7-8)고 밝히고 있다. 따라서 그가 콜럼버스의 1차적 목적은 '동방의 부'였고 애타게 찾은 것은 '금과 향신료'였다고 적절히 파악하면서도, 이를 도외시한 것은 콜럼버스 사업의 종교적 측면을 부각시키기 위한 전략적 선택에 따른 불가피한 결과였다.

그러나 콜럼버스의 종교적 측면에 대해서는 잘 알려지지 않았다는 『크리스토퍼 콜럼버스』 저자의 주장과는 달리, 콜럼버스 그 자신, 그의 아들 페르디난드 콜럼버스, 라스 카사스 등 당대인들도 강조한 바 있다. 페르디난드는 자신의 아버지를 '예수-전도자 Christoferens'로 형상화하면서 그가 종교적인 목적을 위해 탐험에 나서게 되었다고 주장하였다. 그는 『콜럼버스의 전기』에 다음과 같이 적고 있다. "만약 우리가 그를 라틴명 *Christophorus Colonus*로 부른다면, 성✝ 크리스토퍼가 위험 가득한 심해 너머로 예수를 전파했기 때문에 그런 이름을 갖게 되었다고 말할 수 있을 것이다. 또한 다른 어느 누구도 하지 못했던 낯선 이방인들에게 예수를 전파하는 일을 했기 때문에 위험에 처했을 때 예수의 도움과 보호를 갈구했던 크리스토퍼 콜럼버스 제독은 인디안들을 기독교도로 만들기 위해 바다를 가로질러 항해했다고 말할 수 있을 것이다."[18] 라스 카사스 또한 '그가 선교적인 의도를 갖고 탐험을 감행했다'는 입장을 취하고 있다.[19] 뿐만 아니라 윗츠

---

18) Ferdinand Columbus, *The Life of the Admiral*, p.4.
19) Watts(1985), "Prophecy and Discovery ; On the Spiritual Origin of Christopher

Pauline Watts, 플랜 John Leddy Phelan, 맥긴 Bernard McGinn, 미로우 Alain Milhou 등 현대의 연구자들도 『예언서』를 분석함으로써 콜럼버스를 탐험에 나서도록 만든 가장 중요한 자극제는 이교도를 개종시키고 성지를 회복하라는 묵시론적 전망이었다고 주장하였다.[20]

그러나 해리세 Henri Harrisse, 로이스 Cesar de Lollis, 피스케 J.N. Fiske, 비그너 Henry Vignaud, 모리슨 Samuel Morison 등의 대다수 콜럼버스 연구자들은 그의 탐험을 종교적 측면에서 설명하는 견해에 반대하면서 세속적 동기론을 지지하였다.[21] 이들은 콜럼버스의 탐험에 나타난 종교적 측면을 전면적으로 부정하지는 않지만, 콜럼버스가 선교 목적이나 신적인 영감을 받아 탐험에 나서게 된 것은 아니라고 보았다.

필자 또한, 표 8-1에서 도식화한 것처럼, 콜럼버스는 비교적 젊은 시절부터 세속적 측면에서 대서양 서향 탐험을 기획하고 감행하였다고 본다. 그러나 당초 공언한 것과는 달리 씨팡고와 카타이에 도달하지 못했을 뿐만 아니라 서인도에서의 식민사업도 스페인 국왕과 투자자들, 탐험 동참자들에게 충분한 경제적 보상을 해줄 정도의 성공을 거두지 못했다. 게다가 자신마저 쇠사슬에 묶여 압송당하는 절망적 체험을 겪고 난 3차 항해부터는 자신의 사업을 종교적으로 합리화하고 미화시켜 나갔다. 결론적으로 콜럼버스의 대서양 항해는 당초 세속적 측면에서 출발하였으나, 세속적 측면에서의 성공이 좌절된 이후 표면화되고 노골화된 종교적 측면은 '심리적 보상현상 compensation phenomenon'에 지나지 않았던 것이다.[22] 3차 항해 이전에 콜럼버

Columbus's Enterprise of the Indies", p.101 재인용.

20) Larner(1988), "The Certainty of Christopher Columbus ; Some Recent Studies" 참조.

21) Watts(1985) 참조.

22) Pierre Chaunu(1959), *Séville et l'Altantique(1504-1650), VIII(1)* ; *Les Structures géographiques*, p.60 ; Wallerstein(1977), *The Modern World-system I*, p.48 ; 이매뉴엘 월러스틴(1999), 『근대세계체제 I』, 83쪽 재인용.

스가 서인도에서 성공 가도를 달렸다면, 그는 『예언서』 정리에 별 관심을 갖지 않았을 것에 틀림없다는 것이 필자의 판단이다.

『크리스토퍼 콜럼버스』의 저자는 콜럼버스 관련 자료로서 콜럼버스가 받은 여러 특권들을 정리한 『특권서Libro de privilegios』를 인용하지 않았는데, 이것이 필자에게는 다소 의외로 비쳐진다. 한 인물의 성격을 파악하기 위해서는 그가 남겨놓은 자료, 비록 그것이 단순한 특권을 정리해 놓은 자료집에 불과하다 할지라도 분석 대상으로 삼는 것이 마땅하기 때문이다. 그러나 『크리스토퍼 콜럼버스』의 저자는 콜럼버스의 '세속적 측면'을 부각시킬 수 있는 『특권서』를 분석 대상에서 제외하고, 종말론적 측면을 강조한 『예언서』만 소개함으로써 독자들에게 그가 종말론적 신비주의자였음을 보여주고자 했다.

III. 해양사적 관점에서의 몇 가지 문제

지금까지 콜럼버스의 지리관과 그의 항해 목적이라는 본질적인 주제를 다루었으므로, 사소하지만 가볍게 지나칠 수 없는 몇 가지 사안들을 지적하는 것으로 논의를 마칠까 한다. 『크리스토퍼 콜럼버스』의 저자는 1차 항해 때 선단의 목적지를 '아시아'(p.18)라 적고 있고, '인디즈Indies'를 시종일관 '인도'로 표기하고 있다.(passim) 콜럼버스는 1492년 10월 3일 아직 생기가 있고 열매도 그대로 달려 있는 많은 수초와 도요새 등을 목격하고 자신이 해도 상에 표시된 육지 근처에 있음을 알았지만,[23] "자신이 가고자 하는 곳에 늦지 않게 도달하도록 계속 항해하겠다"[24]고 말하면서 그

---

23) 10월 3일의 선위船位는 대략 토스카넬리 지도와 베하임의 지도에 표시된 성 브랜든(St. Brendan) 섬과 동일한 경도상에 있었다.

24) Markham(1893), *The Journal*, p.32 ; Fuson(1987), *The Log of Columbus*, p.70.

이유를 "나의 목표는 인디즈에 도달하는 것이기 때문"[25]이라고 적고 있어 탐험 목적지가 인디즈였음을 명확히 밝히고 있다.

여기에서 조심해야 할 것은 콜럼버스가 언급한 인디즈가 현대의 인도와는 다른 지리적 명칭이라는 점이다. 15세기 교양인들에게 인디즈라는 말은 "갠지즈 Ganges 강 너머 아시아의 모든 땅"들을 의미했다.[26] 그러므로 콜럼버스가 탐험 목적지로 상정한 인디즈는 당시까지 유럽인들에게 막연하게 알려져 왔던 안틸리야 Antillia, 카타이, 씨팡고 등을 모두 포괄하는 지명이었다고 할 수 있다. 콜럼버스의 지리학적인 지식에 의하면, 이곳들은 모두 대서양 서쪽에 위치하였으므로 그가 대서양을 서쪽으로 횡단해 가더라도 이곳들 중 어느 곳엔가는 도달할 수 있으리라 확신했던 것이다. 따라서 콜럼버스가 사용한 인디즈를 아시아나 인도라고 번역하는 것은 적절치 않다.

둘째, 단위에 대한 문제다. 『크리스토퍼 콜럼버스』의 저자는 적도 1도의 길이를 69마일, 지구둘레를 2만 4900마일이라고 각각 적고 있다. 또 다른 한편에서 콜럼버스의 지리학적 추산으로 카나리아에서 씨팡고까지의 거리는 불과 2400마일이 된다고 적고 있다. 육리 1마일은 1.609km이고, 해리 1마일은 1.852km이다. 적도상 1도의 실제 길이가 60해리이고, 지구둘레가 대략 4만km이므로 육리로는 2만 4860마일이고, 해리로는 2만 1598마일이다. 따라서 『크리스토퍼 콜럼버스』의 저자가 69마일과 2만 4900마일로 쓴 단위는 육리이다. 그러나 카나리아에서 씨팡고까지의 거리로 언급한 2400마일은 해리이다. 즉 주경철 교수는 육리 land mile와 해리 nautical mile를 '마일'이란 단위 하나로 뒤섞어 쓴 것이다.

또한 『크리스토퍼 콜럼버스』의 저자는 카나리아에서 씨팡고까지의 실제 거리를 1만 600마일이라고 적었는데, 이게 무엇을 기준으로 한 거리인지

---

25) Markham(1893), *The Journal*, p.32.
26) Taylor(1931), "Idée Fixe", p.289.

불분명하다. 표 8-2에 정리해 놓은 것처럼, 카나리아(산타크루즈 데 라스 팔마)에서 씨팡고(도쿄)까지의 실제 거리는 세 가지가 있을 수 있다.

표 8-2. 카나리아 제도에서 씨팡고까지의 거리

기준		거리
콜럼버스의 계산 (60°×40′)		2400해리
주경철의 계산		1만 600마일
필자의 계산	북미대륙 관통시	8059해리
	수에즈 운하 통과시	1만 594해리
	파나마 운하 통과시	1만 1594해리

주: 항해장비를 활용하여 필자가 계산함.

첫째는, 콜럼버스가 생각한 것처럼, 북미대륙을 관통하는 직선거리로서 8059해리이고, 둘째는 파나마 운하를 이용했을 경우로 1만 1594해리이며, 셋째는 수에즈 운하를 이용하는 것으로 1만 594해리이다. 이를 보면 『크리스토퍼 콜럼버스』의 저자가 언급한 1만 600마일은 카나리아 → 수에즈 운하 → 인도양 → 말라카 해협 → 도쿄에 이르는 거리임을 알 수 있다. 그러나 책의 저자가 이를 적시해 놓지 않아 독자들로서는 카나리아에서 일본까지의 거리가 대서양 쪽으로의 거리인지 인도양 쪽으로의 거리인지 전혀 알 수 없게 되었다. 대부분의 독자들은 1만 600마일이 카나리아에서 북미대륙을 관통해 오늘날의 일본까지 가는 직선거리쯤으로 생각할 개연성이 크다. 전문 항해사航海士인 필자조차 그렇게 생각했기 때문이다.

셋째, 『크리스토퍼 콜럼버스』의 저자는 "콜럼버스가 항해거리를 줄여 이야기함으로써 선원들이 겁을 먹고 용기를 잃지 않도록 로그를 조작했다"는 설을 "자기 배만이 아니라 다른 두 배의 선장과 도선사, 선원들을 모두 속인다는 것은 어불성설"(p.148)이라면서, "마일을 포르투갈 리그로 전환하느라 수치를 5/6로 줄인 것을 두고 라스 카사스가 오해했다"[27]는 던Dunn과

---

27) Dunn and Kelly(1989), trans. by, *The Diario of Christopher Columbus's First Voyage*

켈리 Kelly의 견해를 그대로 옮기고 있다.(p.149) 그러나 이는 전혀 사실과 다르다. 콜럼버스는 1차 항해 출항 첫날인 8월 3일 아침 8시부터 해질 때까지 60마일, 즉 15리그를 항해한 사실을 적시했다. 즉 4마일=1리그인 것이다. 그런데 9월 10일자에는 시간당 10마일, 즉 2.5리그의 속도로 밤까지 포함해 60리그를 항해했으나 "선원들이 놀라지 않도록 48리그로 보고했다."[28]

사무엘 모리슨은 콜럼버스가 배의 속력을 표시할 때는 로만 마일을 사용했고, 항해 거리는 리그, 육상에서는 또 다른 리그 단위를 사용했음을 밝혀냈다. 그에 따르면, 콜럼버스의 거리 개념으로는 4 Roman miles= 1league=3.18 nautical miles(NM : 해리)이다. 이를 원용하면, 콜럼버스가 "시간당 10마일=2.5리그의 속력으로 항해했다"고 기록한 것을 현대 선박의 속력단위인 노트로 환산해 보면 10마일=2.5 league×3.18 NM=7.95노트가 된다. 이것은 일반 범선의 시간당 항해속력 3노트와 비교하면 거의 2.5배 이상 빠른 것으로 믿을 수 없는 속력이다. 따라서 모리슨은 콜럼버스가 실제로 기록한 배의 속력을 정확한 것으로 믿는다면 그가 실제 사용한 리그는 약 2.89NM에 불과하게 된다고 적었다.

그린데 이것도 너무 과대하기는 마찬가지다. 시간당 7.22(=2.5리그 ×2.89NM)노트의 속력으로 항해한 셈이 되기 때문이다. 따라서 모리슨은 콜럼버스가 의식적으로 다양한 '육상 리그 land league' 단위를 혼용했다고 보고, 육상에서는 1 league=1.5NM로 사용했다고 추정하였다. 결론적으로 모리슨은 콜럼버스가 정확한 속력 측정장치가 없었기 때문에 속력을 과대 계산했고, 그로 인해 계산한 1일 항해거리를 자기 추산보다 적게 기록한 것이 오히려 실제 항해거리에 가까웠다고 결론짓고 있다.[29] 그렇다면 콜럼 버스가 실제 항해한 속력은 어느 정도였을까? 콜럼버스는 1차 항해 일지의

to America 1492-1493, p.29 footnote 2.

28) 라스 카사스 엮음(2000), 『콜럼버스 항해록』, 53, 60쪽.

29) Morison(1942), Admiral of the Ocean Sea, pp.190-191.

9월 9일자와 9월 10일자에 각각 시간당 12마일과 10마일 속력으로 항해했다고 기록하였다. 이를 모리슨이 추정한 세 가지 단위를 적용하여 시간당 속력을 환산해 보면 다음과 같다.

- 시간당 12마일(= 3리그)일 때(9월 9일자)
  12마일 = 3리그 × 3.18 NM = 9.6노트
  12마일 = 3리그 × 2.89 NM = 8.7노트
  12마일 = 3리그 × 1.5 NM = 4.5노트

- 시간당 10마일(= 2.5리그)일 때(9월 10일자)
  10마일 = 2.5리그 × 3.18 NM = 8.0노트
  10마일 = 2.5리그 × 2.89 NM = 7.2노트
  10마일 = 2.5리그 × 1.5 NM = 3.8노트

위의 계산처럼, 콜럼버스가 사용한 로만 마일을 모리슨이 추산한 세 가지 해리(NM)로 환산해 시간당 속력으로 환산해 본 결과, 콜럼버스가 1일 항해거리를 추산할 때 사용한 포르투갈 리그는 대략 1.5 NM에 근접했음을 알 수 있다. 왜냐하면 콜럼버스가 사용한 당대의 범선으로 시간당 5노트 이상의 속력을 내기란 불가능하기 때문이다. 결론적으로 콜럼버스가 사용한 1마일은 오늘날 해상에서 사용하는 해리로 환산하면 0.8마일(NM)에 불과하게 된다. 이는 로만 마일 또는 이탈리아 마일(4851 ft = 1.479km)[30]에 근사한 값이다. 여러 연구자들이 밝힌 것처럼 이는 콜럼버스가 로만 마일을 사용했음을 입증한다.

여기에서 주의해야 할 것은 콜럼버스가 항해속도 자체를 너무 빠르게

---

30) http://en.wikipedia.org/wiki/Mile(2025.3.20)

추정했다는 점이다. 라스 카사스가 "항해거리가 길어질 경우 선원들이 깜짝 놀라거나 낙담하거나 하지 않도록"[31] 거리를 줄여 보고했다고 한 것은 콜럼버스 자신이 추산한 항해거리에 확신이 없었기 때문일 개연성이 훨씬 크다. 결론적으로 콜럼버스가 실제 항해거리보다 적게 보고했다는 이른바 '항정조작설' 자체가 성립되지 않는 셈이다. 왜냐하면 콜럼버스가 항해거리를 줄여 기록한 것은 항해속력을 추산할 수 없었던 상황에서 속력을 너무 빠르게 추산한 나머지 1일 항해거리를 실제보다 많게 추산했기 때문에 발생한 것이지, 던과 켈리, 주경철 교수의 주장처럼 포르투갈 마일을 리그로 전환한 것을 라스 카사스가 오해한 때문이 아니었던 것이다. 뿐만 아니라 다른 배의 선장이나 수로안내인, 선원들을 모두 속일 수 없다고 얘기한 『크리스토퍼 콜럼버스』의 저자의 언급 또한 항해의 실제 현실과는 전혀 맞지 않는다. 왜냐하면 다른 배의 선장이나 수로안내인, 선원들도 배의 속력을 정확히 추정하고 배의 선위를 확정할 수 없기는 콜럼버스와 마찬가지였기 때문이다.[32]

넷째, 『크리스토퍼 콜럼버스』의 저자는 1492년 10월 6일 "세 배의 도선사들이 모여 계신해 보니 이미 800리그를 힝해한 상태여서 선원들이 불안해히자 콜럼버스가 2000리그까지 가보고 회항하자고 제안했고, 다른 두 선장도 항해를 계속하자는 의견이었다"(p.20)고 적고 있다. 이 부분에 대해서는 따로 근거를 밝히지 않아 어떤 자료를 보았는지 알 수 없으나, 1차 항해일지 10월 6일자에는 이 같은 기록이 전혀 없다.[33]

---

31) "9th & 10th September, 1492", in Fuson(1987), *The Log of Columbus*, p.62 ; Markham(1893), *The Journal*, p.22.

32) 이상의 내용은 김성준(2014), 「해양서평 : 주경철 크리스토퍼 콜럼버스」, 108~111쪽 내용을 수정 및 보완한 것이다.

33) "6th October, 1492", in Fuson(1987), *The Log of Columbus*, p.71 ; Markham(1893), *The Journal*, p.33 ; 라스 카사스 엮음(2000), 『콜럼버스 항해록』, 74쪽.

이 밖에 사소하다면 사소할 몇 가지 오류들을 간략하게 정리해 보면 다음과 같다.

① 1차 항해 9. 17. "나침반은 멀쩡한데 북극성의 고도가 변했다. … 북극성 고도가 변한다는 것은 있을 수 없는 일이다."(p.149). 이는 항해를 제대로 이해하지 못한 데서 온 잘못된 표현이다. 당시 조타수는 북쪽으로 항해 전진했는데, 이때 북극성의 고도가 변한 것이 아니라 나침반의 바늘이 한 점(11.25도) 움직였다는 뜻이다. 배가 정북으로 항해하고 있었는데 나침반이 북서쪽을 가리키고 있으니 선원들이 두려워하며 걱정했던 것이다. 물론 이는 지구 자장의 변화나 선내 철물의 영향에 따른 것일 개연성이 크다. 북극성의 고도가 변하는 일은 없다는 표현 또한 정확하지 않다. 왜냐하면 위도가 변하면 북극성의 고도가 변하게 되기 때문이다. 이를테면 북극에서는 북극성이 머리끝, 즉 90도 위에서 보일 것이고, 적도 부근에서는 수평선상에서 보이게 된다.

② 『크리스토퍼 콜럼버스』의 저자는 콜럼버스 항해 이후 교황이 발부한 교서를 'Inter catera'라고 쓰고 있으나, 이는 'Inter caetera'(among other works)의 오기다. 이 밖에 소소한 오타와 오식이 산견되지만, 그것은 300여 쪽이 넘는 책을 출판하는 과정에서 나올 수 있는 병가지상사 정도로 치부해도 좋을 것이다.

『크리스토퍼 콜럼버스』를 읽으면서, 같은 저자의 『대항해시대』를 읽을 때처럼 독서의 즐거움을 만끽할 수 있었다. 그것은 필자가 비교적 잘 아는 인물을 타인이 어떻게 그려내고 있는지를 비교할 수 있는 흔치 않은 기회인데다, 미처 알지 못했던 내용들과 연구성과들을 알게 된 덕분이었다. 이미 주경철 교수는 『대항해시대』에서 "전체적이고 복합적인 조망을 한 뒤 개별적인 주제를 연구하면 좀 더 균형 잡힌 연구가 가능"할 것이라고 밝힌 바 있다. 『크리스토퍼 콜럼버스』는 '대항해시대'의 선도자인 콜럼버스라는 인물을 구체적으로 다루었다는 점에서 매우 반갑고 바람직한 소재 선택이었다는 생각이 든다. 그러나 『대항해시대』에서 유럽 대항해시대의 거대담론을 정리할 때의 관점과 콜럼버스를 분석한 관점이 어떻게 유기적으로 연관되는지 궁금해하며 읽었던 필자로서는 자못 의아하게 여기지 않을 수 없었다. 왜냐하면 『대항해시대』에서 주경철 교수는 대항해시대의 종교적 동인론 등을 그리 비중있게 다루지 않았기 때문이다. 『크리스토퍼 콜럼버스』가 대서양 너머로 항해하게 된 동기를 종교적 동인론에서 찾고 있었다는 점에서 더욱 그러했다. 물론 주경철 교수는 콜럼버스가 완전히 종교적 동인론에 의해 대서양 사업을 추진했다고 본 것은 아니지만, 종말론적 신비주의자라는 점에 초점을 맞추어 콜럼버스를 분석하겠다고 분명히 밝혔음을 상기하자.

필자는 콜럼버스 자신이 남긴 그 기록들을 액면 그대로 받아들일 수 있는가? 라는 근본적인 문제를 따져보아야 한다고 생각한다. 콜럼버스가 남긴 기록들은 자신이 소장했던 일부 개인 장서들을 제외하면, 타인에게 보이기 위한 항해일지, 서한, 보고서, 청원서 등이다. 이들 문서에 성스러운 측면, 주경철의 표현처럼 종말론적 신비주의자로서의 면모가 나타나 있다고 하더라도 그 면모가 나타나게 된 콜럼버스의 주변 여건들을 보다 면밀하게 검토했어야 하지 않을까? 콜럼버스가 남긴 기록들은 자신이 부와 신분상승만을 추구하는 세속적 욕망에 사로잡힌 사람이 아니라 독실한 가톨릭 신앙심을 갖고 있으며, 대서양 사업을 기획한 것도 바로 예루살렘 정복 자금을 마련하기 위한 것이라는 성스러운 목적을 내보이기 위한 의도된 것이었을 개연성이 더 크지 않을까?[34]

---

34) 콜럼버스는 1506년 5월 19일에 작성한 유언장에 자신이 이룩한 발견에 대해 정리하고, 자신의 권리와 재산을 어떻게 상속할 것인를 장황하게 열거한 뒤 "자신이 인디즈에서 산출되는 재화가 얼마가 되든 예루살렘 정복을 위해 투자되어만 한다는 것을 가톨릭 국왕에게 탄원하고자 인디즈 발견을 위해 나섰다"고 쓰고 있다. Columbus, "Will of Columbus dated 19th May 1506", in trans.

또 다른 것으로는 근대 이후 역사 또는 역사적 인물을 움직이는 동인으로 종교적 심성을 꺼내는 일은 시대착오적이라는 것은 두말할 나위가 없다. 하지만 묘하게도 콜럼버스는 중세와 근대의 접점에 살았던 인물이다. 그런 점에서 그동안 그의 탐험 동기에 대해서는, 심지어는 콜럼버스라는 사람 자체에 대해서도 뭔가 신비적 측면이 있었던 것도 사실이다. 그의 출생지, 생년월일, 유태인설, 교육 정도, 베아트리스와 정식결혼을 하지 않은 이유, 다양한 서명을 사용한 이유 등 불분명한 것이 너무 많다. 그렇다고 해서 콜럼버스가 3차 항해 이후 뚜렷하게 보여주었던 종말론적 신비주의를 젊은 시절부터 구상하고 있었다고 해석하는 것은 쉽게 납득이 가지 않는 대목이다.

---

by Curtis(1895), *The Existing Autographs of Columbus*, p.509.

제2부

해운업과 선원

제9장

메르카토르 해도의 항해사적 공헌

2012년은 "과학적 지리학의 아버지이자 해양사의 핵심 인물"인 게라르드 메르카토르 Gerard Mercator(1512~1594) 탄생 500주년이었다. 전자해도가 일반화된 오늘날에도 항해자들이 사용하는 해도는 모두 메르카토르가 고안한 도법에 따라 제작되고 있다. 따라서 오늘날의 항해자들은 모두 일정 정도 메르카토르에게 빚을 지고 있는 셈이다. 이와 같은 업적을 평가하여 벨기에의 그의 고향에는 메르카토르 박물관Mercator Museum이 들어섰으며, 2012년 그의 탄생 500주년 기념 행사가 열리기도 했다. 이에 비해 국내에서는 메르카토르를 기념하는 어떠한 행사도 열리지 않았고, 2012년 목포해양대학교 부설 해양문화정책연구센터에서 '메르카토르 탄생 500주년 기념 학술발표회'에서 메르카토르의 삶과 그의 지도에 대해 간략히 소개하는 논문 한 편이 소개된 것이 고작이었다.[1]

인공위성항법이 일반화된 오늘날에도 항해용 해도는 모두 메르카토르 도법에 따르고 있다. 메르카토르와 관련해서는 국내에 두 권의 번역서가 나와 있다.[2] 그러나 지리학이나 항해 관련 학회에서 메르카토르와 관련된

---

1) Martens & Cuyvers(2012), "Gerard Mercator : Measuring Heaven and Earth", pp.5-27.

논문이나 글은 발표된 적이 없다. 이 글에서는 메르카토르 500주년을 기념하여 그의 해도가 갖는 항해사적 중요성을 재인식하고, 그의 해도가 항해사 발전, 나아가 항해 안전에 기여한 바를 재평가하고자 하였다. 이를 위해 그의 삶을 간략히 정리하고, 그의 1569년 지도에 초점을 맞추어 살펴본 뒤, 그의 해도가 항해사 발전과 항해 안전에 기여한 바를 정리해 보고자 한다.

I. 메르카토르의 삶과 그의 작품들

그림 9-1. 62세 때의 메르카토르 (F. Hogenberg 그림, 1574)

메르카토르는 1512년 3월 5일, 오늘날 벨기에의 안트베르펀 인근 루펠몬데Rupelmonde에서 제화공 후베르트 더 크레메르 Hubert de Cremer와 에머렌티아 나Emerantiana 부부의 4남 2녀 중 막내아들로 태어나 헤라르드 데 크레메르Gerard de Cremer 라는 이름으로 불렸다. 1526년 과 1528년에 각각 부친과 모친을 여윈 크레메르는 사제였던 삼촌 기스베르트Gisbert의 도움으로 성장하였다. 그는 1530년 루뱅 대학University of Leuven

---

2) Monmonier(2004), 『지도전쟁』; Taylor(2007), 『메르카토르의 세계』.

에 입학하여 이름을 라틴식인 게라르뒤스 메르카토르^{Gerardus Mercator}로 개명하였다. 그의 성 크레메르는 플랑드르어로 '상인'을 뜻하는데, '메르카토르'는 그에 해당하는 라틴어였다. 오늘날 그의 이름은 제라드 머케이터 Gerard Mercator라는 영어식 이름으로 널리 알려져 있는데, 이는 그의 벨기에식 이름과 라틴식 성을 결합한 것이다. 당시 루벵 대학에는 당대 최고의 수학자이자 지리학자인 게마 프리시우스 Gemma Frisius(1508~1555)가 재직하고 있었는데, 메르카토르는 이곳에서 그와 사제의 연을 맺었다. 루벵 대학에서 수학하는 동안 메르카토르는 철학과 수학, 천문학과 우주학 등을 배웠고, 1532년에 석사학위를 마쳤다.

1536년 8월 루벵의 부유한 미망인의 딸인 바브라 쉘레켄스 Babra Schellekens 와 결혼한 메르카토르는 1537년에 『성지 전도 a Map of the Holy Land』를 단독으로 출간한 데 이어, 1538년에는 그의 최초의 세계전도를 발간하였다. 심장 모양의 이 세계전도에서 메르카토르는 신대륙을 남아메리카 Americae pas merdionalis와 북아메리카 Americae par septentrionalis로 각각 구분하였다. 신대륙을 아메리카라고 명명한 사람은 링만 Martias Ringmann과 발트제뮐러 Martin Watldsëmuller였는데, 그들은 1507년 『천지학입문 天地學入門(Cosmographiae Introductio)』을 발간하면서 새로 발견된 대륙을 아메리고 베스푸치가 발견하였으므로 '아메리고의 땅'이란 뜻으로 아메리카 America 또는 아메리게 Amerige 로 명명할 것을 제안한 바 있었다.[3] 그러나 아메리카 대륙을 각각 남아메리카와 북아메리카로 나누어 부르기 시작한 것은 메르카토르의 1538년 '세계전도'가 처음이었고, 아메리카란 명칭이 널리 퍼지게 된 것도 이 지도 덕분이었다.[4]

메르카토르는 1540년에는 자신이 직접 측량한 『플랑드르 지도 Map of Flanders』를 발간했고, 이듬해인 1541년에는 그의 최초의 지구의를 제작하였

---

3) 김성준(2019), 『유럽의 대항해시대』, 142쪽.
4) Marten & Cuyvers(2012), p.15.

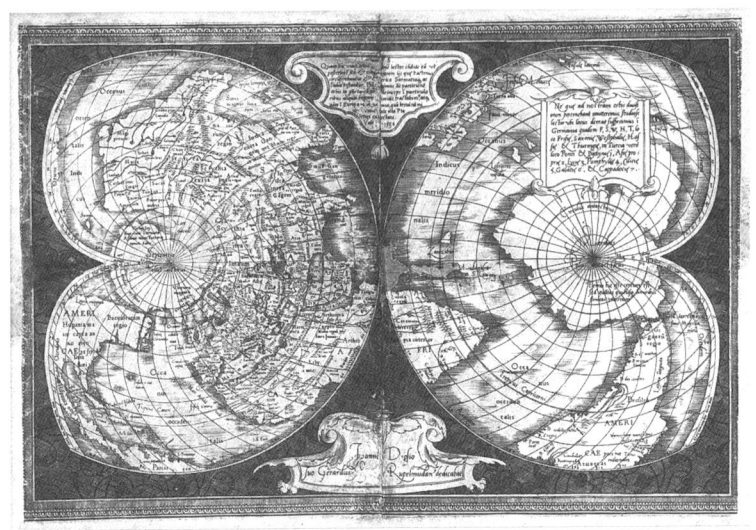

그림 9-2. 메르카토르의 1538년 세계지도
출처: Belgium, Sint-Niklaas, Mercatormuseum

다. 직경 420mm의 이 지구의에는 그의 스승 프리시우스가 제작한 지구의보
다 지표면이 약 28.85%나 더 많이 묘사되었을 뿐 아니라, 당시까지 제작된
그 어떤 지구의보다 상세한 것으로 평가되고 있다. 또한 이 지구의에는
지극점 geographical pole과는 떨어진 지점에 자극점 magnetic pole이 표시되었는
데, 이는 그가 지구자장에 대해 잘 알고 있었음을 의미한다.[5] 한편, 이
지구의와 함께 제작한 천구의는 코페르니쿠스 이론에 기초해 제작된 최초의
천구의였다는 점에서도 의의가 있었다.[6]

　16세기 중엽은 저지대 지방에서는 정치적·종교적으로 격동의 시기였다.
메르카토르는 1543년 삼촌인 기스베르트의 장례식에 참석하기 위해 고향인
루펠몬데를 방문하던 길에 이단 혐의로 체포되어 7개월간 수감되어 고문을
받아야 했다. 그로서는 다행스럽게도 전 루벵 대학의 학장을 역임했던

　5) Martens & Cuyvers(2012), p.10.
　6) Taylor(2007), 138쪽.

그림 9-3. 메르카토르의 1541년 지구의
출처: Belgium, Sint-Niklaas, Mercatormuseum

피에르 드 코르테Pierre de Corte(1491~1567)와 당시 루벵 대학 학장인 프랑스우 반 좀François van Som 등의 도움으로 풀려날 수 있었다. 감옥에서 풀려난 메르카토르는 사분의quadrant와 원측의圓測儀(astrolabe) 등을 포함해 천측 관측 기구를 만드는 데 집중하였다. 그는 1551년 오늘날 독일 지역인 율리히-클레베-베르그 백작Duke of Jülich-Kleve-Berg인 빌헬름Wilhelm(1516~1592)의 초청으로 뒤스부르크Duisburg로 이주하는데, 그 이전인 1550년대 초까지 지구의 한 작품을 제작했을 뿐이다. 메르카토르는 이후 40여 년 동안 빌헬름의 궁정에 머물면서 그의 유명한 『메르카토르 세계전도』(1569)와 『지도책*Atlas*』

그림 9-4. 1595년 메르카토르의 『지도책』 표지
출처: Belgium, Sint-Niklaas, Mercatormuseum

(1595) 등을 제작하였다.

78세이던 1590년 뇌졸중으로 쓰러져 언어구사 능력과 신체의 일부 기능을 상실한 메르카토르는 1594년 12월 2일 사망했는데, 이때까지 『지도책』 제작에 전력을 쏟았다. 뒤스부르크 시장을 역임했고, 메르카토르의 벗으로서 그의 전기를 쓴 발터 김Walter Ghim은 메르카토르를 "온화한 성품과 성실한 삶을 산 뛰어나고 훌륭한 사람"이었다고 평가했다.[7] 그의 평생의 역작인 『아틀라스－우주의 창조와 창조된 대로의 우주에 관한 우주지리학

---

7) Monmonier(2004), 60쪽 재인용.

적 명상*Atlas sive Cosmographical Meditationes de Fabrica Mundi et fabricati Figura*』은 그의 사후인 1595년 그의 막내아들 루몰드*Rumold*에 의해 세 번째 권이 발간되었다. 오늘날 지도책을 의미하는 아틀라스*Atlas*란 낱말을 처음 사용한 사람은 메르카토르였는데, 그는 『지도책*Atlas*』 서문에서 "지구를 떠받치고 있는 그리스 신화의 거인 아틀라스에서 따 왔다"고 밝히고 있다.[8]

II. 메르카토르의 1569년 세계전도

1564년 클레베 백작의 궁정 지도제작자로 임명된 메르카토르는 창세기와 세계의 주요 역사 연대기, 세계전도를 모두 포괄하는 방대한 '다편 우주형상학*multi-part cosmography*' 작품을 구상하고 있었다. 이 야심찬 계획에 따라 『연대기*Chronology*』가 1569년에 간행되고, 『지도책*Atlas*』 총 5권 중 3권까지 간행되었다. 따라서 그의 원래 계획은 달성되지 못했지만, 계획의 일부로 18개 부분 지도로 구성된 〈세계지도〉가 제작되었다. 이 18개의 부분 지도를 결합하면 123.5×202.5cm로 전체 넓이는 2.5m²에 이른다.[9] 따라서 축적은 대략 2000만 분의 1에 해당한다.

메르카토르가 이 세계지도를 어떻게 제작했는지는 알려지지 않고 있는데, 분명한 것은 이 지도가 항해용으로 사용될 것을 염두에 두었다는 점이다. 이는 지도의 원명이 '항해자들이 사용할 수 있도록 새로 수정되고 증보된 지구 전도*Nova et Aucta Orbis Terrae Descriptio ad Usum Navigantium Emendate Accommodata*'인 것으로 확인할 수 있다. 학자들의 연구에 따르면, 메르카토르는 3차원 입체형상인 지구를 2차원인 평면에 도시하고, 항해자들의 침로를 직선으로 나타내기 위해 다음과 같은 과정을 거쳐 1569년 세계지도를

---

8) Taylor(2007), 322쪽 재인용.

9) Monmonier(2006), Chap. 4.

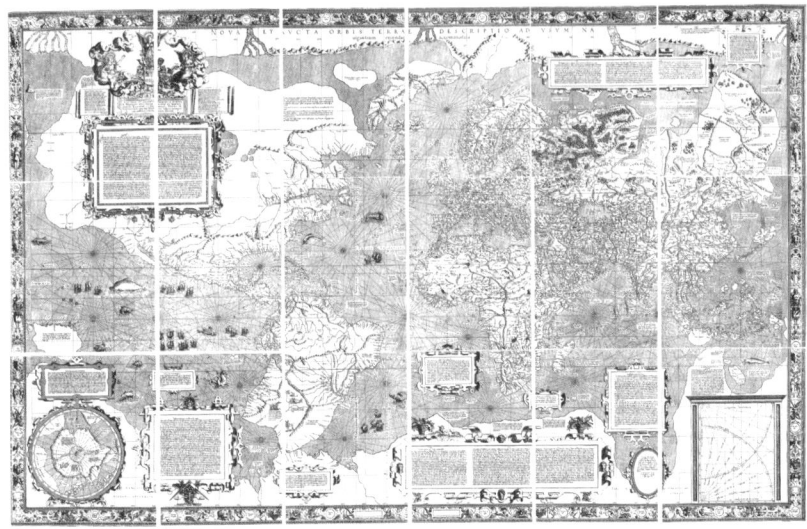

그림 9-5. 1569년 메르카토르의 세계전도
출처: Belgium, Sint-Niklaas, Mercatormuseum

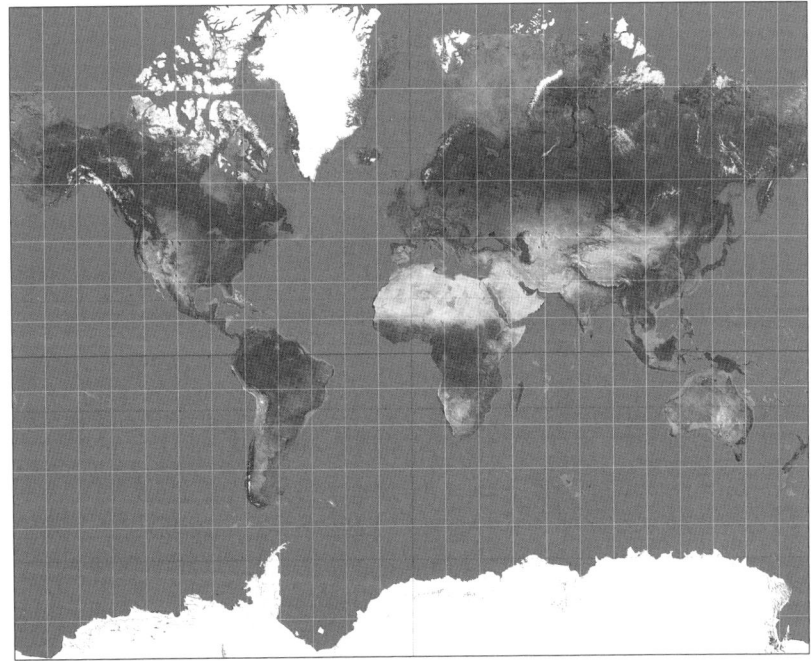

그림 9-6. 메르카토르 도법에 나타낸 지구
출처: http://en.wikipedia.org/wiki/(2025.3.5.)

제작하였다. ① 지구상에 점으로 표시된 항정선 rhumb line(loxodromes)을 사각의 경위선망 위에 옮겨 그린다. ② 이어 이 항정선이 일직선이 되도록 경·위도선 사이의 간격을 조정한다. 이는 결과적으로 고위도 지방의 면적을 크게 확대하는 결과를 초래하였다. 그러나 지구상 두 지점 간의 각도는 지구 위에서의 각도와 일치하게 되었다. 이로써 결과적으로 항해용으로 제작한다는 메르카토르의 본래 목적에 따라 항정선이 직선으로 나타날 수 있게 되었다. 실제로 메르카토르는 1569년 세계지도에 대서양, 인도양, 태평양 등 각 대양별로 항정선을 교차선으로 그려넣어 항해자들이 쉽게 침로로 활용할 수 있도록 했다.

메르카토르는 1569년 세계지도를 제작하기 28년 전인 1541년에 신성로마 제국 칼 5세 Karl V의 의뢰를 받아 지구의 globe를 제작하였는데, 이 지구의에서 항정선은 바람장미 compass rose를 중심으로 수십 개의 나선이 모든 방향으로 펼쳐져 있는 모습이다. 이것으로 보아 그가 항정선의 개념을 이해하고 있었으며 항해 문제에 관심을 가졌음을 보여준다.10) 나아가 메르카토르가 항해 문제를 해결하려고 고심했음을 보여주는 사료도 있다. 그는 1546년 2월 23일, 루벵 대학 수학시 학우였던 앙투안 페레노 드 그랑벨 Antoine Perrenot de Granvelle(1517~1586) 추기경에게 보낸 편지에 다음과 같이 썼다. "배의 침로를 정확하게 측정하면 측정된 위도는 종종 실제보다 크거나 때로는 더 작게 된다. 측정된 위도가 정확하면 거리가 부정확해진다. … 항해와 해도에 대해서는 할 일이 아주 많다. … 만약 내가 (현재 맡고 있는) 무거운 책임에서 벗어난다면 이 문제를 연구하고 적절히 해결할 것이다."11) 1569년 세계지도는 위와 같은 결심을 실행에 옮겨 항정선을 직선으로 도시함으로써 본격적인 항해용 해도로 쓰일 수 있도록 제작된 것이었던 셈이다.

---

10) Monmonier(2004), 『지도전쟁』, 22쪽.
11) cited by Taylor(2007), 『메르카토르의 세계』, 261~262쪽.

이처럼 당초 의도대로 메르카토르 도법에 따라 제작된 해도에서는 특정 두 지점 간을 직선으로 잇는 선이 곧 침로가 되므로 항해용으로 이용하기에 적합하다는 장점이 있다. 그럼에도 불구하고 메르카토르 해도는 고위도 지방의 면적을 실제보다 크게 왜곡한다는 단점이 있었다(그림 9-6 참조). 특히 메르카토르 해도에서는 극지방을 거의 표시하지 못한다. 메르카토르 당대부터 19세기에 이르기까지는 극지방을 항해하는 일이 거의 없었으므로, 그의 해도를 항해용으로 이용하는 데는 실질적으로 아무 문제도 없었다. 그럼에도 초기에는 메르카토르 해도가 항해용으로 널리 보급되지 못했다. 이유는 크게 두 가지였다.

첫째, 항정선 항법으로 항해하기 위해서는 선위를 정확하게 알고 있어야 하는데, 정확한 선위 측정은 18세기 말 이후에나 가능했다. 항해자들은 15세기 말부터 비교적 정확하게 위도를 측정할 수 있었지만, 경도는 18세기 말 크로노미터가 보급된 뒤에야 측정할 수 있었다.

둘째, 자침의 지역적 편차가 상존하고 있었다. 당시 선박들은 보통 자침로를 기준으로 하여 항해하였는데, 출발점의 위치에서 일정한 자침로로 항해할 경우 항해하는 중에 편차가 작용하여 도착 지점에 큰 오차를 초래할 수 있었다.

이 같은 두 가지 이유 때문에 그가 만든 해도는 당대는 물론 이후에도 상당 기간 항해용으로 널리 보급되지 못했다. 그러나 1630년대에 이르면 해도용으로 판매되는 대다수의 해도가 메르카토르 도법에 따라 제작되었고, 편차와 경도 문제가 해결된 18세기 후반에는 '진정한 의미의 표준 해도'로 자리잡았다.[12]

---

12) Taylor(2007), 330쪽 ; Monmonier(2004), 131쪽.

III. 메르카토르 해도의 해양사적 공헌

메르카토르 해도가 발간 이후 상당 기간 동안 항해용으로 널리 이용되지 못했는데, 그의 시대에는 아직 정확한 선위를 측정하는 데 한계가 있었기 때문이다. 이런 측면에서 보면 메르카토르가 시대를 너무 앞서갔다고 할 수 있다. 따라서 그의 공로를 제대로 평가하기 위해서는 항정선을 지도상에서 직선으로 표시할 수 있게 한 그의 독창적인 도법에 초점을 맞출 필요가 있다.

먼저 항정선이라는 개념에 대해 살펴보기로 하자. 항정선을 뜻하는 영어 단어로는 'rhumb'과 'loxodrome' 두 개가 있다. 이 중 rhumb이라는 단어는 포르투갈어와 스페인어의 침로 course 또는 방향 direction을 뜻하는 rumbo 또는 rumo에서 유래하였고, loxodrome는 1624년 수학자 윌브로드 슈넬 Willebrord Snell(1580~1626)이 그리스어의 loxos(비스듬한)와 dromos(달리다)를 합하여 조어한 것이다.[13] 항정선 개념을 처음으로 사용한 사람은 포르투갈의 페드로 누네스 Pedro Nunes(1502~1578)였다. 그는 1537년 『해도옹호론 Treaty defending the Sea Chart』에서 선박이 어떻게 지구상의 두 지점 간을 나선형 항로를 따라 항해하는지에 대해 설명하고, 이 나선형 항로를 항정선이라고 불렀다. 누네스는 이 항정선이 지구상 두 지점 간의 최단거리라고 생각했는데, 지구상 최단거리는 대권 Great Circle이라는 점에서 이는 명백한 오류였다. 하지만 역사상 처음으로 항정선의 개념을 사용하고, 또 이를 실제 항해에 활용했다는 점에서 의의가 있었다.[14]

항해학에서 대권은 구의 중심을 지나는 선으로 원을 자를 때 생긴 반원의

---

13) Monmoiner(2004), 20쪽.
14) May & Holder(1973), p.183.
15) Muhamammad Hassan Qazi(2015), Design of an efficient & weather resistant flight path moduel for guidance of a UAV, Unpublished Master of Guidance, Navigation and Control, Institute of Space Technology, Pakistan, December

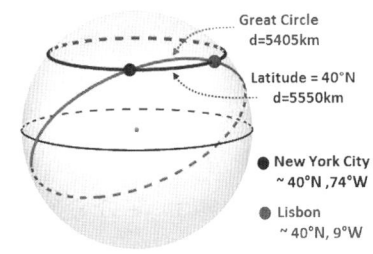

Great Circle
d=5405km

Latitude = 40°N
d=5550km

New York City
~ 40°N ,74°W

Lisbon
~ 40°N, 9°W

그림 9-7. 대권과 항정선 비교[15]

구면 위에 생기는 원을 말하며, 구의 중심을 지나지 않는 선으로 자를 때 생긴 원을 소권small circle이라 한다. 항정선은 지구 표면에 있는 모든 자오선과 같은 각도로 만나는 곡선이다.[16] 이 항정선을 대권과 비교해 보면, 지구 자오선과 일정한 각도로 만나는 침로로 항해하는 항정선 항로보다는 지구 중심축을 지나는 지구상의 표면을 따라 항해하는 대권 항로가 지구상 두 지점 간에 최단거리임을 알 수 있다. 그러나 적도에 가까운 저위도 부근에서는 항정선 항로와 대권 항로에 큰 차이가 없기 때문에 대권항법은 보통 고위도 지방을 항해할 때 주로 활용한다.

누네스가 제시한 항정선의 개념을 지도에 도시한 사람이 바로 메르카토르였다. 메르카토르 해도가 항해용으로 제작되었음에도 불구하고, 당시대인들은 그 유용성을 제대로 인식하지 못했다. 메르카토르가 세계지도를 제작하고 30년이 지난 뒤인 1599년 영국의 수학자이자 지도제작자인 에드워드 라이트 Edward Wright(1561~1615)는 『항해학에서의 특정한 오류들Certain Errors in Navigation』이라는 책자에서 메르카토르 도법을 상세하게 논술하고, 거리 왜곡을 수정할 수 있는 일련의 표를 만들어 그의 도법에 따라 영국 최초의 세계전도를 제작하여 메르카토르 해도가 갖는 항해용으로서의 유용성을 알리고자 했다.[17] 이보다 10년 전인 1589년경 영국의 수학자 토마스 해리엇 Thomas Harriot(1560~1621)은 라이트보다 한 발 더 나아가 형상의 왜곡을 보정하는 로그탄젠트 공식을 발전시켰으나, 책으로는 간행되지 않는 바람에 외부

2015, p.20 Fig. 3.3.

16) 윤여정(1984), 『지문항해학』, 11~12쪽.

17) Hewson(1983).

에 알려지지 못했다. 그 뒤 영국의 수학자 헨리 본드 ^{Henry Bond(c.1600~1678)}가 1645년에 메르카토르 도법에 대한 대수적 해석을 하고, 이를 수학적으로 입증하였다.[18] 메르카토르 해도에서 항정선이 직선으로 표시된다는 사실이 수학적으로 입증되기까지 거의 80여 년이 소요된 셈이다. 당시에는 아직 미적분학이 발달하지 않아 대수적으로 입증해야 했기 때문이다. 오늘날에는 비교적 간단한 수식으로도 이를 입증할 수 있다.

지구 곡면상의 항정선이 메르카토르 해도에서 직선으로 표현되는 과정을 수학적으로 설명하면 다음과 같다. 먼저 두 가지 기본 전제에 대한 이해가 선행되어야 한다. 첫째, 지구상의 자오선이 메르카토르 해도에서도 직교하는 경·위도선으로 표현된다는 점, 둘째, 항정선은 지구상의 모든 자오선과 같은 각도로 만나는 곡선이라는 점이다.[19] 그러면 항정선이 메르카토르 해도에서도 경·위도선과 일정한 각도로 만나는 어떤 선으로 표현될 것이므로 그 곡선(c) ^{curve} 위의 한 점의 좌표를 $c(t) = (x(t), y(t))$로 가정하자. 여기에서 $c(t)$가 위선과 이루는 각을 a라고 하면, 다음과 같이 정의할 수 있다.

$$\tan\alpha = \frac{y'(t)}{x'(t)}$$

이는 $y'(t) = \tan a \cdot x'(t)$로 표현할 수 있는데, 부정적분하면 $y(t) = \tan a \cdot x(t) + b$가 된다. 이를 간단하게 다시 쓰면 $y = m \cdot x + b$가 되어 1차방정식의 전형적인 형태가 된다. 이는 메르카토르 해도에서 특정 지점 c에서 시작되는 선이 직선임을 뜻한다. 결국 지구 곡면상의 항정선이 메르카토르 해도에서 직선으로 도시된 것이다.

메르카토르 해도가 간행된 후에도 상당 기간 동안 널리 보급되지 못한 데는 또 다른 이유가 있었다. 그것은 16~18세기 탐험시대에 유럽인들이

---

18) Monmonier(2004), 5장.
19) 윤여정(1984), 『지문항해학』, 12쪽.

가장 광범위하게 찾고자 한 항로가 북서·북동항로였는데, 메르카토르 해도
는 고위도 지방의 형상을 크게 왜곡시켰기 때문이다.[20] 그러나 오늘날은
바다를 항해하는 전문 항해자건 요트를 타는 아마추어 항해자건 아니면
항해를 모르는 일반인이건 상관없이 해도에서 선박의 침로를 구하는 것은
간단한 문제가 되었다. 메르카토르 해도 위에 원하는 두 지점을 삼각자로
직선으로 잇고 연필로 선을 그으면 그만이다.

이것은 항해사적으로 아주 중요한 의미가 있었다. 메르카토르 해도가
제작되기 이전에 항해사들이 이용했던 해도는 그저 육지의 형상을 본따
그린 〈포르톨라노 해도*portolano chart*〉였다. 이 해도는 위선과 경선이 없고,
학술적인 참고문헌이나 범례도 없었으며, 선원들이 항해하면서 새로 발견한
지역이 추가되는 정도가 고작이었다. 〈포르톨라노 해도〉 상의 직선을
지구 곡면 위로 옮길 경우 이는 일련의 나선형으로 표시될 것이므로 해도상
의 직선을 따라 항해하면 원하는 목적항에 도달할 수 없게 된다. 지중해나
북해, 볼틱해 등 유럽 인근의 바다를 항해한다면 큰 문제가 안 되겠지만,
대양항해를 한다면 이는 치명적일 수 있었다. 따라서 이 같은 문제를 피하기
위해 18세기까지 항해자들은 위도를 따라 정동 또는 정서 방향으로 항해하
였다. 이렇게 지구 표면을 둘러싼 평행선인 위도를 따라 항해하게 되어
항해자들은 지구 곡면의 왜곡 현상을 피할 수 있었다.[21]

이와 같은 거등권 항법으로 목적항까지 정확히 항해하기 위해서는 항해
거리를 정확하게 추측하는 것이 관건이었다. 그러나 범선은 대양을 항해할
때 조류와 바람에 따라 선속이 들쑥날쑥할 수밖에 없고 거리를 잘못 추측할
경우 자칫 대참사로 이어질 수 있었다. 그 대표적인 예가 네덜란드 동인도
선 '바타비아 호' 사건이었다. 1629년 바타비아 호는 희망봉을 돌아 자카르타
의 경도에 이를 때까지 정동으로 항해하던 중 거리를 잘못 추산하여 오스트

---

20) Almond(1980), "Mercator", pp.234-239.
21) Taylor(2007), 58쪽.

레일리아 서해안의 산호초에 좌초하였는데 그곳에서 생존자 270여 명 중 115명이 살해되는 대참사를 겪었다.[22] 또 다른 참사로는 1707년 잉글랜드의 '지중해 함대 좌초 사건'을 들 수 있다. 지중해에서 작전을 수행하고 잉글랜드로 귀환중이던 쇼벌Cloudesley Shovel 제독 휘하의 지중해 함대는 경도 측정의 오류로 영국 남단 쉴리 섬 부근 해안에 좌초하여 배 4척과 승무원 2천여 명을 잃었다.[23] 이러한 의미에서 메르카토르 해도가 해도상의 두 지점을 직선으로 잇는 선을 선박의 침로로 이용할 수 있게 한 것은 항해사 발전에 대단히 큰 기여라고 하겠다.

이상에서 정리해 본 바와 같이, 메르카토르의 1569년 세계지도는 항정선을 직선으로 표시할 수 있도록 고안된 것으로, 항해용으로 제작되었을 뿐 아니라 오늘날까지 표준 해도로서 널리 이용되고 있다. 물론 메르카토르가 고안한 도법이 항해용으로 완벽한 것은 아니다. 항해자들의 입장에서 보면 배가 항해할 침로를 간단하게 직선으로 도시할 수 있다는 장점이 있는 반면, 지구상의 두 지점 간의 최단거리인 대권great circle을 직선으로 표시할 수 없다는 단점도 안고 있다. 그러나 구형인 지구를 평면에 도시해야 하는 지도에서 위도와 경도, 거리와 방향 문제를 모두 해결한 예는 아직까지 나오지 않고 있다.[24] 전자해도가 일반화된 오늘날까지도 왜 메르가토르 해도가 표준해도로서 널리 이용되고 있는지 잘 설명해 준다. 항해자들에게 1차적으로 중요한 것은 침로이지 거리가 아니다. 해도로 활용하려면 각도와 거리 측정이 용이해야 하는데, 메르카토르 해도는 항정선을 지표면상에서의 각도와 동일한 각도로 도시하고, 거리 또한 같은 위도에서 측정할 때 비교적 쉽게 계산이 가능하다는 두 가지 조건을 모두 충족시켰다.[25] 게다가 경선과

---

22) Dash(2012), 『미친 항해』.
23) 김성준(2019), 『유럽의 대항해시대』, 343쪽.
24) Taylor(2007), 334쪽.

위선을 모두 직선화하였다.[26] 이 메르카토르 해도 덕분에 항해자들은 바다 위에서 침로를 찾고 거리를 계산하는 것이 단순한 일이 되었고, 이는 결국 항해 안전의 제고에 크게 이바지했다. 이런 점에서 앨먼드가 적절히 지적한 바와 같이, "오늘날 바다를 항해하는 모든 항해자들은 그에게 큰 빚을 지고 있다."고 할 수 있다.[27]

물론 테일러도 지적하였듯이 "메르카토르는 우연히 메르카토르 도법을 만들어냈으며, 자기가 이룩한 업적의 중요성에 대해서도 잘 인식하지 못했을지도 모른다."[28] 다른 한편 독일의 역사학자 아르노 페터스Arno Peters(1916~2002)를 필두로 한 일련의 그룹들은 그의 세계지도가 아프리카는 실제보다 작게, 유럽은 과장되게 넓게 그렸다는 이유를 들어 그를 인종차별주의자나 제국주의자로 비난하기도 한다.[29] 그러나 메르카토르가 1569년에 세계지도를 제작한 본래 목적은 항정선을 직선으로 도시하는 것이었다. 특정 대륙을 더 크게 보이려 한다거나, 적도 부근 대륙을 축소시켜 그 중요성을 과소평가하려 한 것이 아니었음을 염두에 둔다면 이는 온당한 평가라 할 수 없다. 그는 자신이 만든 도법의 원리에 대해 어떠한 근거도 남기지 않았고, 그 원리를 이해하지 못하고 있었는지도 모른다. 하지만 인공위성 시대인 오늘날조차 구형의 지구를 평면에 도시하는 데 메르카토르 도법을 대체할 만한 도법이 아직도 나오지 않고 있다는 점에서 우리는 여전히 그가 창조한 세계에서 살고 있는 셈이다.

---

25) Kay(2006), 『항해의 역사』, 264~265쪽.

26) Monmonier(2004), 23쪽.

27) Almond(1980).

28) Taylor(2007), 17쪽.

29) Monmoiner(2004), 10장.

해운업 발전단계론에 대한 비판적 고찰

해운업을 영위하는 사업가나 해운 연구자들은 사실 제조업자나 경제학자들에게 심리적으로 열등감을 느낀다. 이는 주로 다음과 같은 두 가지 이유 때문이다. 첫째는 이제까지 해운업은 서비스업에 불과해 경제발전을 선도하지 못한다는 평가를 받아왔다는 점이다. 일반적으로 해운업에 대한 수요는 파생수요 derived demand고, 해운업 가운데 해상 관광만이 선박에 승선하여 각 여행지를 관광하는 것 자체를 목적으로 한다는 점에서 기본수요[1]로 간주되어 왔다. 하지만, 특정 상품이나 용역을 파생수요나 기본수요라고 말하는 것은 지나친 단순화다. 이를테면 무역업은 제조업에 대해서는 파생수요지만, 운송업에 대해서는 기본수요다. 마찬가지로 해운업은 무역업에 대해서는 파생수요지만, 항만산업이나 조선업에 대해서는 기본수요다. 최근에는 "해운이 파생수요가 아니라 기본수요(본원적 수요)"라고 주장하는 학자도 있다.[2]

게다가 어떤 재화나 산업에 대한 수요를 기본수요와 파생수요로 도식화하

---

1) elemental demand 또는 fundamental demand를 본원수요라고 번역하는 것은 적절하지 않은 것 같아 여기에서는 기본수요라고 번역하였다.

2) 강종희(2002), 『현대해운물류 이해』, 19쪽.

여 구분하는 것은 서구 학자들에게는 낯선 일이다. 알프레드 마샬은 직접수요direct demand와 간접수요indirect demand, 그리고 결합수요joint demand를 설명하면서도 기본수요라는 용어는 사용하지 않았고, 우리나라에서 출판된 주요 경제학사전에도 기본수요라는 용어는 등재되어 있지 않다.[3] 기본수요는 일본 경제학자들이 파생수요의 상대어로 만들어낸 용어인데 이를 우리나라 일부 학자들이 그대로 사용한 데서 비롯된 것으로 보인다. 사와 센페이佐波宣平는 기본수요를 직접수요와 동일한 것으로 간주하였다.[4]

두 번째는 해운업은 산업혁명 이후 제조업이 팽창하고, 그로 인해 해상운송에 대한 수요가 늘어나 19세기 이후에야 하나의 독립산업으로 분화할 수 있었다는 것이다. 이제까지 해운업이 하나의 전문산업으로 성장한 것은 산업혁명 이후라고 보는 것이 정설이었다. 데이비스Ralph Davis(1919~79)는 "산업혁명이 영국의 무역 규모를 변화시키고 있을 때에야 해운산업은 그 자체로서 하나의 직업이 되었다"[5]고 적었다. 이러한 논리의 연장선상에서 보면 해운업이 무역업에서 분화되어 하나의 전문산업이 될 수 있었던 것은 19세기 이후에나 가능하였다.[6]

해운업과 관련해 해운업자나 해운학자들을 심리적으로 위축시킨 또 다른 문제는 해운업의 발전 과정에 관한 것이다. 해운업의 역사적 발전단계를 논의할 때 상인선주 또는 개인운송인merchant carrier(or private carrier)에서 공공운송인 또는 공중운송인common carrier(or public carrier)으로 발전했다는

---

3) Marshall(1959), *Principles of Economics*, p.316 ; 고려대학교 경제연구소 편, 『신경제학대사전』(1980), 대학당 ; 『경제학대사전』(1999), 박영사.

4) 佐波宣平(1981), 『교통경제학』, 75쪽.

5) Davis(1962), *Rise of English Shipping*, p.81.

6) Johnson et. al.(1915), *History of Domestic and Foreign Commerce*, p.186 ; Gregg (1922), "A Case Against Discriminating Duties", p.409 ; 東海林滋(1962), 『海運經濟論』, p.9 ; 佐波宣平(1949), 『海運理論體系』, pp.90-91 ; 豊原治郎(1967), 『アメリカ海運通商史研究』, pp.171-173 ; 민성규(1973), 『해운경제학』, 198쪽 ; 윤상송(1975), 『신해운론』, 26쪽 ; 박현규·이원철(1991), 『해운론』, 39쪽.

것이 일반론이다. 이는 상인선주 시대에 상업의 일부였던 운송업이 해외무역의 팽창으로 무역업에서 분화되어 독립산업이 되었다고 보는 이른바 정통 해운발전론의 근거가 된다. 이와 같은 견해에 따르면, 상인선주 시대에는 상인이 선박을 소유하고 운항하는 주체였고, 공공운송인 시대에 이르러야 전적으로 선박을 소유하고 운항하는 데 전념하는 선주가 등장하였다.

그러나 이 통설과는 다르게 선장이나 선원 출신이 선박을 소유하고 운항하는 주체였던 사례가 다수 발견되었다. 이러한 사례들이 축적된다면 해운업이 무역업에서 분화되었다는 기존 견해는 수정될 수 있을 것이다. 이 글은 선장이나 선원들이 선박을 소유하고 운항한 몇 가지 사례를 제시함으로써 해운업 발전단계론에 대한 기존 견해를 재검토하는 계기를 제공할 것이다.

I. 해운업 발전단계에 대한 정통론

여기에서는 해운 관련 서적들을 검토함으로써 해운업의 발달 과정에 대한 해운 경제학자들의 견해를 살펴볼 것이다. 먼저 일본과 한국의 문헌을 비교 검토하여 일본의 학설이 한국 해운학계에 어떤 영향을 주었는지 살펴본 뒤, 일본과 한국 학계의 견해를 서구 학계의 견해와 비교할 것이다.

일본에서 해운업의 발달 과정을 처음으로 체계적으로 정리한 학자는 교토 대학의 고지마 교수다. 고지마 교수는 해운업의 발달 과정을 다음과 같이 서술하였다.

고대에는 선주가 선장으로 승선하여 직접 상업활동을 하였다. 따라서 이 단계에서는 소선장 skipper과 선주 shipowner, 상인 merchant이 모두 한 사람에 의해 이루어졌다. 이어 해상무역이 발달하고 선박도 커지게 되면서 선장이 자기 자본만으로 항해업을 영위하기 어려워지자 타인의 자본을 빌리거나, 선박을 자본주에게 저당 잡히고 선박대차bottomry 계약을 체결하거나 또는 선박을 공동으로 소유하게 되었다. 선박대차 계약을 체결했거나 선박을 공유한 경우 선장은 더 이상 선박의 소유자로서가 아니라 고용선장으로서 승선했다. 다른 측면에서는 선장이 선주로서 승선했다 하더라도 스스로 자본을 갖고 있거나, 자본을 조달할 능력을 갖고 있어 곧 승선을 그만두고 소유 선박에는 따로 고용선장을 승선시키고 자기는 해운경영에만 전념하였다. 이로써 항해업航海業에서 자본주의적 경영이 시작되었다.

선박 공유자들은 선박의 지분을 갖고 있는 사람이나 그 외의 사람을 선장으로 승선시켜 항해를 책임지도록 하고, 해운 및 무역에 정통한 사람을 화물감독으로 임명하여 선박의 운항을 관리하게 하고, 항해 중의 상업활동은 화물감독supercargo을 승선시켜 처리하였다. 화물감독의 등장은 해운업과 무역업이 분리되기 시작했음을 나타내는 첫 징후였다. 이러한 선박은 화물을 유리하게 사고팔 수 있는 항구를 찾아다녔기 때문에 사업 자체가 모험적 성격이 짙었다. 이러한 선박들은 선박 공유자인 상인의 화물을 주로 운송하였기 때문에 상인사용선商人私用船(merchant carrier) 또는 사용운송선私用運送船(private carrier)으로 불린다. 19세기 중엽에 이르러 산업혁명의 결과로 해상무역이 팽창함에 따라 해운업은 무역에서 분리되어 퍼블릭 캐리어public carrier 또는 커먼 캐리어common carrier가 나타나기에 이르렀다. 퍼블릭 캐리어는 일반 고객으로부터 화물 운송을 위탁받아 운임을 받고 선박을 전문적으로 운항하는 형태를 말한다.7)

---

7) 小島昌太郎(1929), 「海運に於ける企業及び經營の分化發達」, pp.5-6.

고지마 교수에 이어 일본에서 해운경제사의 체계를 확고하게 다진 학자는 사와 센페이였다. 사와 교수는 해운업이 자기운송형태 自己運送形態(private carrier 또는 merchant carrier)에서 반타인운송 半他人運送(semi-common carrier)을 거쳐 타인운송 他人運送(common carrier)으로 발전하였다고 기술하고, 각 운송 형태의 특징을 다음과 같이 설명하였다. 자기운송형태는 선장, 상인, 선주가 모두 동일인으로 자기의 화물을 자기의 선박으로 자신이 직접 운송하는 가장 원시적인 형태의 해운경영 방식이다. 특히 무역운송상 merchant carrier은 스미스 Adam Smith가 운송무역 carrying trade과 동일한 의미로 사용하였는데, 한 사람이 운송인과 상인을 겸하는 형태로서 일본의 경우 선주·상인에 해당한다. 반타인운송은 상인 겸 선주가 선장이나 선원을 고용하여 항해와 운송을 맡기고, 무역 업무는 화물감독을 선박에 승선시켜 처리하는 형태로서 보나비아 Bonavia 교수가 영국의 동인도 무역선에 대해 명명한 경영 형태다. 산업혁명과 조선업 및 항해기술의 발전에 따라 출현한 타인운송은 타인의 화물을 운송하는 것을 말하는데, 해운사업은 19세기에 들어와 처음으로 기업으로 독립한 형태다.[8]

한편, 구로다 히데오 교수는 상인과 생산자가 선박을 단독 또는 공동으로 소유하는 사적운송자 private carrier에서 일반적 운송업자 public 또는 common carrier로 점진적으로 발전해 나갔다고 설명하고 있다. 그는 19세기까지 무역업과 결합되어 있었던 해운업은 항해기술과 조선업 등이 발전하고, 해외무역이 팽창함에 따라 무역업에서 분리되어 갔다고 기술하고 있다.[9]

우리나라에서는 지난 1954년 『해운경제론』이 출판된 이래 현재까지 수십 종의 해운경제 또는 해운경영 관련 연구서적이 출판되었다. 하지만 민성규의 분석에 따르면, 해운을 전공한 학자 내지는 업계 전문가들이

---

8) 佐波宣平(1949), 『海運理論體系』, Chap. II.
9) 黑田英雄(1972), 『世界海運史』, pp.74-76.

해운을 중심으로 일정한 이론과 관점에 따라 저술한 서적은 민성규의 『해운경제학』, 윤상송의 『해운론』, 기회원의 『해운경영학』 정도다.[10] 따라서 해운업의 발전 과정에 대한 한국 학계의 동향에 대해서는 한국 최초의 해운이론서인 김효록의 『해운경제론』과 위의 세 책을 중심으로 정리하고자 한다.

우리나라에서 가장 먼저 출판된 해운 관련 서적을 출간한 학자는 고려대학교의 김효록 교수였다. 김효록은 이 책에서 해운의 발달은 곧 경제 발전과 궤를 같이한다고 전제하고, 해운업의 발달을 세 시기로 구분하여 다음과 같이 설명하였다.[11]

> 고대에서 대항해시대까지 해당하는 제1기에는 선주는 선박을, 화주는 화물을, 선원은 노동력을 제공하여 코멘다commenda를 조직한 뒤 파트론patron이 화물의 매매 및 운송을 수행하여 손익을 조합원들에게 분배하는 양상으로 해상무역이 이루어졌다. 대항해시대의 개막부터 19세기 중엽까지에 해당하는 제2기에는 초기에는 선주가 자기의 화물을 주로 운송하고, 남은 공간space에 타인의 화물을 운송하였으나, 해상무역이 증가함에 따라 선박 용선자charterer들이 늘어나게 되어 차츰 선박 한 척을 용선하여 운송하기에 이르렀다. 제3기는 19세기 중엽 이후로 이 시기에 산업혁명으로 국제적 분업이 확립되어 해운업이 성립되기에 이르렀다.

김효록의 『해운경제론』이 출판된 후 한국에서 해운 이론서가 다시 출판되기까지는 20년 가까이 기다려야 했다. 1973년 한국해양대학교의 민성규 교수가 『해운경제학』을 출간하였다. 이 책은 우리나라에서 출판된 서적 가운데 해운업을 경제학적인 관점에서 분석한 책으로서 현재에 이르기까지

10) 민성규(2002), 「대학교재를 통해 본 해운학 연구의 회고와 전망」, 21~46쪽.
11) 김효록(1954), 『해운경제론』, 28~39쪽.

가장 권위 있는 책으로 인정받고 있다. 민성규 교수는 이 책에서 해운업이 상인운송인에서 반半 공공운송인을 거쳐 공공운송인으로 발전해 왔다고 설명하고, 이에 대해 각각 다음과 같이 정의하고 있다. "사적운송인은 자기의 운송대상을 수송할 목적으로 선박을 운항하므로 해운 서비스를 판매하지 않으나, 반半 공공운송인은 원칙적으로 자기 화물을 운송하지만 이따금 타인의 화물을 운송한다. 이에 대해 공공운송인은 해운기업의 현대적 생산형태로서 해운서비스를 타인에게 판매할 목적으로 생산하는 운송서비스의 생산자다." 민성규 교수는 "해운업은 19세기 중엽에 이르러 무역업에서 분리되었는데, 이는 산업혁명으로 인한 해상무역의 팽창, 교통기관의 발달, 미대륙으로의 대규모 이민 등이 주요 요인으로 작용하였다"고 설명하였다.[12]

위의 두 책은 해운을 경제학적인 관점에서 접근한 것으로 해운업계의 실무자들이 읽기에는 다소 어려웠다. 우리나라 해운업계 실무자들에게 가장 널리 보급된 책은 한국해사문제연구소의 창립자인 윤상송 박사가 저술한 『해운론』이었다. 윤상송 박사는 해운업이 "기업경영의 주체 면에서는 상업운송인 merchant carrier에서 공공운송인 public carrier으로, 화물의 성격 면에서는 자기운송 private carrier에서 타인운송 common carrier으로 변천하였다"고 보았다.[13]

한편, 기회원 교수는 해운업을 경영학적인 관점에서 접근하여 분석하였는데, 그는 해운업이 자기운송인 private carrier에서 상인운송인 merchant carrier을 거쳐, 공공운송인 common carrier으로 발전했다고 주장하고, 각각의 특징을 다음과 같이 설명하고 있다.

---

12) 민성규(1973), 173~174쪽.
13) 윤상송(1975), 311쪽.

고대 페니키아, 그리스, 로마 시대에는 해상무역이 private carrier에 의해 이루어졌으며, 이는 선박 소유자가 자기의 선박을 주로 자기 화물을 운송한 형태로 선주, 선장, 화주가 동일인으로 간주되었다. 중세에는 상인이 선주 및 선원과 코뮤니타스 comunitas를 형성하여 자기의 화물을 운송하여 이를 상인운송인이라고 부른다. 상인운송인의 특징은 상인은 화물을, 선주는 선박을, 선원은 노동력을 제공함으로써 해운업과 무역업이 하나로 통합되어 이루어졌다는 점이다. 산업혁명으로 해상무역이 팽창함에 따라 19세기 초에 정기선liner 항로가 개설되어 비로소 해운업은 타인의 화물을 전문적으로 운송하는 공공운송인으로서 발전하기에 이르렀다.14)

위에서 살펴본 바와 같이, 일본과 우리 해운학계는 다소 차이는 있으나 대체로 해운업이 사적 운송인이나 상인 운송인에서 공공 또는 공중 운송인으로 발전해 19세기에 이르러 무역업에서 분리되어 전문산업으로 발전하였다는 점에서는 의견 일치를 보이고 있다. 일본과 우리나라 학자들 간의 영향 관계를 살펴보았을 때, 우리나라 학자들이 주로 일본 학자들의 견해에 크게 의존하고 있음을 확인할 수 있다. 민성규 교수는 고지마 교수와 사와 교수의 책에 의존한 바가 크고,15) 윤상송 박사는 사와 교수와 민성규 교수의 책을 원용하고 있으며,16) 기회원 교수는 구로다의 책을 인용하고 있다.17)

위에서는 우리 학계에서 널리 수용되고 있는 해운업 발전론이 일본

---

14) 기회원(1995), 『해운경영학』, 18~22쪽.
15) 민성규(1973), 195~200쪽 ; 小島昌太郎(1929), pp.5-8 ; 小島昌太郎(1938), 『海運論』, pp.63-80 ; 佐波宣平(1949), Chap.Ⅱ 참조.
16) 윤상송(1975), 14~18쪽 ; 佐波宣平(1949), Chap.Ⅱ ; 민성규(1973) 참조.
17) 기회원(1995), 18~22쪽 ; 黑田英雄(1972), 제1부 참조.

학계로부터 많은 영향을 받았다는 사실을 확인하였다. 그러면 일본 학자들은 어떨까? 그들도 서구의 학자들로부터 영향을 받지 않았을까? 고지마 교수는 서구 여러 학자들의 저서를 인용하고 있고, 사와 교수는 베버 Max Weber와 하세브뢰크 Hasebroek 같은 독일 경제학자들의 이론서와 페일 Fayle의 저서를 주로 참고하였다. 한편, 구로다 교수는 전거를 각주에서 밝히지 않아 그가 해운업 발달사를 정리할 때 구체적으로 어떤 저서를 참조하였는지 확인하기 어렵다. 하지만, 참고문헌으로 보건대 그가 해운사에 대해서는 페일의 저서를 주요하게 참고한 것으로 짐작된다. 따라서 일본 학자들이 해운사를 체계적으로 정리할 때 주된 참고서적으로 사용한 페일의 책을 살펴봄으로써 그의 견해와 일본 학자들의 견해에 어떤 관계가 있는지 살펴보고자 한다.

페일은 해운업의 역사를 살피면서 연역적으로 접근하지 않고, 역사학자답게 연대순으로 다양한 사례를 제시하는 방식을 취하였다. 페일의 견해를 정리해 보면 다음과 같다.[18]

페니키아인들은 다른 나라의 지배자들이 선박을 필요로 할 때면 자유롭게 그들에게 고용되었다.[40] … 그리스 시대 초기에는 대부분의 무역이 상인-소선장 merchant-skipper의 수중에 장악되어 있었다. 한 사람이 대리인 master, 선주, 소선장의 역할을 모두 담당했다. 다른 한편에서는 자기 자신의 화물을 싣지 못하는 선주들도 있었는데, 이들은 운임을 벌 목적으로 상인과 그들의 화물을 운송해주는 오늘날의 의미에서 부정기선업자로서 활동하였다.[44] … 로마 시대에는 많은 선주들이 선박 운항에는 관여하지 않고, 배 운항과 관련한 사업에 대한 지식을 갖고 있는 사람들에게 배를 빌려주는 자본가들이었다. 정기 용선자 time charterer는 자신의 이익을

---

18) Fayle(1933) ; 김성준 옮김(2021), 『서양해운사』. 인용문단의 수자는 원문(1933) 의 쪽수임.

위해 배를 용선하여 운항하고 운임을 받았다. 다른 선주들은 상인들이었는데, 이들은 배에 자신의 화물을 실었다. 선주들은 보통 구베르나토르 gubernator로 불리는 '항해 선장 sailing master'과 마기스테르 magister로 불리는 '사업관리인 business manager'을 임명하였다.(58) … 일부 선주들은 자신이 직접 사업관리인으로 활동하는 경우도 있었고, 아주 드물게는 항해 선장 역할까지 전담하는 경우도 있었다. ―단순히 자신의 화물을 운송하는 것이 아니라 이윤을 얻기 위해 선박을 운항하는 해운산업이 로마 시대에 상당히 근대적인 양상으로 이루어지고 있었던 것이 분명하다.(59)

중세 시대에는 신디케이트 syndicate의 회원이 배를 소유하여 자신의 화물을 싣고, 자신이 선원으로서 항해하였기 때문에 한 사람이 선주와 화주, 선원으로 활동하는 것이 일반적이었다. 아말피 해법 the Table of Amalfi에 따르면, 선주와 상인, 선원이 공동으로 조합 partnership을 형성하였다. 선주는 조합원 중 한 사람을 관리인 patronus으로 임명하였다.(67) 그러나 다른 형태의 조합도 있었다. 1271년 라구사 법 Statutes of Ragusa에는 상인단의 회원 한 사람이 무역에 필요한 대금이나 일정 금액에 상당하는 화물을 선장과 선원에게 맡기는 경우도 있었다. 배를 혼자 소유하는 경우는 매우 드물었던 것으로 보인다. 중세시대의 사업은 주로 조합에 의해 이루어졌다.(68-69) 대부분의 한자동맹의 배들은 조합이 소유하고 있었던 것으로 보이는데, 선장들은 대부분 조합원이었다. 한자동맹의 배들은 이따금 조합원의 화물을 싣는 경우도 있었다. 그러나 배 자체나 화물창의 공간을 빌리는 일은 대규모로 계속되었고, 선장은 선주와 용선주의 단순한 고용인에 불과했다.(99)

대항해시대에 이르면 선주들은 가끔 상인인 경우도 있었지만, 배를 소유하고 운항하는 것만으로 생계를 이어가는 사람들이 많아졌다. 흔히 배의 지분을 일부 소유하고 있던 선장 master들은 영국의 항해 선장 sailing master이라기보다는 중세의 파트로누스 patronus나 관리 선주 managing owner

에 가까웠다. 선주들은 배를 전주錢主에게 저당 잡히고 항해 비용을 빌렸다.(133-34)

엘리자베스 시대의 선주들은 흔히 상인인 경우도 있었지만, 자기 배에 전적으로 자기 화물만을 선적하지는 않았다. 대형 선주들은 자기 배와 다른 사람의 배에 선적된 화물을 팔아서 이윤을 챙기는 상인으로 활동하기도 했고, 선주로서 운임을 받기도 했다.(157) 특허회사들은 일반적으로 배를 공동으로 소유하였고, 공동 선주들은 동료들을 위해 운송해주는 화물에 대해 운임을 받았다. 1600년에 레반트 회사Levant Company의 구성원들은 14척을 소유한 것 이외에 15척을 용선하여 운항하였다.(161) 18세기 초까지도 상인들뿐만 아니라 선장, 선박관리인, 해운대리인과 같은 사람들로 구성된 조합이 많은 배들을 만들었다. 그러한 조합들은 자기 배에 실을 화물을 매입하기도 하고, 화물을 판매하여 이익을 얻기도 했다. 그러나 이들 조합들은 운임을 받고 화물을 선적하려고 노력하였고, 공공 운송인common carrier으로서 이윤을 얻으려고 하였다. 해상무역량이 늘어남에 따라 이와 같은 운항 방식이 점점 더 이익이 많아지자 운송무역은 상업활동에서 독립된 전문 분야가 되어 갔다. 이제는 더 이상 상인들이 시장을 찾아 물건을 싣고 이동하지 않게 되었다. 화주들은 배에 화물감독supercargo을 승선시켜 화물의 매매와 관련한 일을 처리하였다. 그렇지만 배들이 모두 화물감독을 승선시키고 다닌 것은 아니었다. 왜냐하면 많은 선장들이 시장과 해외의 상업관습에 대해 잘 알고 있었기 때문이다.(201-02)

필자는 페일의 견해를 다소 길게, 그리고 원문을 그대로 인용해 요약하려고 노력했다. 이는 일본 해운경제학자들의 견해와 페일의 견해를 서로 비교하기 위해서였다. 고지마, 사와, 구로다 교수 등이 해운업을 개인운송인private carrier에서 공공운송인common carrier으로 발전하였다고 보았다는 것은 이미 앞서 살펴본 바와 같다. 이에 대해 페일은 그리스 시대 초기에 무역이 대부분 상인-소선장merchant-skipper에 의해 이루어졌고, 18세기에 조합은 공공운송인common carrier으로서 운임을 받고 화물을 선적하였다고 기술하고 있다. 하지만 그는 책의 어느 부분에서도 해운업이 개인운송인에서 공공운송인으로 발전했다고 쓰지 않았을 뿐만 아니라, private carrier, merchant carrier, public carrier 라는 용어도 사용하지 않았다. 단지 그는 페니키아인과 한자동맹 해운업자들을 일반 운송인general carrier이라고 부르고 있을 뿐이다.

물론 서구 학자들도 private carrier 와 common carrier 란 용어를 사용하고는 있다. 하지만 서구에서 사용되는 위의 두 용어의 개념은 일본이나 한국에서 사용하는 개념과는 다소 차이가 있을 뿐만 아니라, 서구 학자들은 merchant carrier나 public carrier라는 용어도 그리 흔하게 사용하는 것 같지도 않다. 예를 들면, 서구에서는 common carrier를 "선적 공간이 허용할 경우에는 선적 거부를 하지 않고 화물이나 여객을 운송해주는 사람이나 회사"[19]라는 뜻으로, 그리고 private carrier는 "자기가 원하는 사람이나 화물만 운송하는 선주 또는 선사"[20]라는 의미로 사용하고 있다. 이에 대해 일본과 한국의 학계에서는 private carrier를 자기 화물을 자기의 선박으로 운송하는 형태로, common carrier를 운임 획득을 목적으로 타인의 화물을 운송하는 형태로 각각 정의하고 있다.[21]

한편, 필자가 찾아본 바로는 서구에서 출판된 해운 관련 사전에 merchant carrier라는 용어는 없고, 단지 'merchant shipper'란 용어만 등재되어 있었다. 설리번Sullivan은 merchant shipper를 "해외에서 팔기 위해 제조업자로부

---

19) Bes(1972), *Chartering and Shipping Terms*, 민성규 감수(1974), 『해운실무사전』, 257쪽 ; Layton(1982), *Dictionary of Nautical Words and Terms*, p.91 ; Hinkelman (1994), *Dictionary of International Trade*, p.29 ; Sullivan(1999), *Eric Sullivan's Marine Encyclopaedic Dictionary*, p.102.

20) Hinkelman(1994), p.29 ; Sullivan(1999), p.347.

21) 小島昌太郎(1929), p.7 ; 佐波宣平(1949), p.17 ; 黑田英雄(1972), p.48 footnotes 3 & 4 ; 『해운물류큰사전』(2002), 157, 172, 541쪽.

터 물건을 사서 화물을 운송하는 자one who buys from manufacturers to sell overseas, and ships the goods"라고 정의하였다.[22] 이에 대해 일본과 우리 학계에서는 merchant carrier를 상인이 자기 상품을 운송할 목적으로 선박을 운항하는 형태로 보고 있다.[23]

II. 정통론에 대한 반례

앞에서 살펴본 것처럼, 해운업이 개인운송인에서 공공운송인으로 발전했다고 보는 것은 지나치게 단순한 견해다. 이른바 정통론에 따를 경우 자칫 각 역사 시대에 존재했던 다양한 해운 경영 방식을 무시하는 오류를 범할 수 있다. 특히 필자가 이른바 정통 해운업 발전론에 대해 의아해하는 것은 해운업이 무역업에서 분화되었다고 하는 견해다. 정통론에 따르면, 고대에는 상인이 선박을 소유하고 자신이 직접 선장이 되어 자기 화물을 운송하였으나, 점차 상인 또는 상인이 다수를 점하는 공동 선주들은 선박관리인ship's husband을 선박에 승선시켜 상업 활동을 하도록 하고, 선박의 운항은 선장에게 맡겼다. 그러다가 19세기에 이르러 해상무역이 팽창하면서 무역업에 종속되어 있던 해운업이 독립했다는 것이다.

흔히 해운산업의 특징으로는 자본집약적이고, 해상 고유의 위험에 노출되어 있으며, 국제적으로 거의 완전 경쟁에 노출되어 있다는 점을 든다. 이 중 세 번째 특징은 주로 현대 해운산업에 해당하지만, 선박을 건조하거나 매입하는 데 많은 자본이 필요하고, 해운업의 생산단위인 선박이 해상 고유의 위험에 노출되어 있다는 특징은 고대에서부터 현대에 이르기까지 모두 적용될 수 있는 공통된 요소라고 할 수 있다. 게다가 선박을 운항하는

---

22) Sullivan(1999), p.292.
23) 黑田英雄(1972), p.48 footnote 3 ;『해운물류큰사전』(2002), 558쪽.

데는 일정한 기술을 필요로 한다. 이 같은 점을 고려한다면, 고대에 해상 운송을 담당한 상인, 선주, 선장을 모두 동일인이라고 했을 때 그의 직업적 본질은 상인이라기보다는 선장이라고 보는 것이 역사적 사실에 부합하지 않을까? 다시 말해 상인이 자기 화물을 운송하기 위해 선박을 소유하고 직접 선장으로서 승선하여 화물을 운송하는 것이 아니라, 선장이 자기 배에 승선해 이곳 저곳을 돌아다니면서 이익이 많이 나는 상품을 사고 팔지 않았을까? 여기에서는 선원이나 선장이 전문 선주로 성장한 몇 가지 사례들을 제시해 봄으로써 이 같은 가설을 검증해보려고 한다.

반례 1. 스티븐슨 클락 해운, 1730~현재

스티븐슨 클락 해운Stephenson Clarke Shipping은 영국 뉴캐슬 어펀 타인 Newcastle upon Tyne에 본사를 둔 현존하는 세계에서 가장 오래된 선사로, 그 기원은 1730년까지 거슬러 올라간다. 영국 북동부 노스 쉴즈North Shields 의 선장이었던 랄프Ralph Clarke(1708~1785)와 로버트 클락Robert Clarke (1714~1786) 형제는 1730년 300톤급 클리브런드 Cleveland 호를 구입하였다. 1785년과 1786년에 랄프와 로버트가 차례로 사망한 뒤에도 그들의 사업은, 이따금 가문 밖에서 동업자를 맞아들이기도 하였지만, 오늘날까지 그의 후손들에 의해 계속 이어져 오고 있다.

랄프와 로버트가 지분을 소유하였던 클리브런드 호는 뉴캐슬Newcastle과 런던 간 석탄 운송에 주로 배선되었고, 1730~31년 사이에는 7~8개월간 북미의 사우스 캐롤라이나South Carolina로 항해하여 귀항 항해 시에는 £69 19s 4d의 순이익을 남기기도 했다.[24] 두 형제는 클리브런드 호의 지분을 구입하고 난 뒤에도 몇 년 동안 승선 생활을 계속하였다. 랄프는 1732년에

---

24) Carter(1958), "Stephenson Clarke Story", p.28.

클리브런드 호의 지분 2/30을 £28 2s 6d에 매각하면서, "300톤 정도 되는 클리브런드 호는 상태가 양호하며, 현재 템즈 강변에 계류중인데, 내가 선장으로 승선하고 있다"고 적었다.[25] 그러나 두 형제는 곧 승선 생활을 그만두고 선박 소유업 business of shipowning에 집중하였다.[26] 이상에서 살펴본 바와 같이, 스티븐슨 클락 해운의 제1대 선주인 랄프와 로버트는 18세기 중엽에 이미 선박 소유와 운항에만 전념한 선주였다고 할 수 있다.[27]

두 형제는 클리브런드 호 외에도 노섬벌랜드 Northumberland, 리처드 Richard, 프린스 윌리엄 Prince William, 프린스 에드워드 Prince Edward, 프리러브 Freelove, 프로비던스 Providence, 러셀 앤 넬리 Russel and Nelly 호를 소유하였거나 지분을 소유하고 있었다.

랄프와 로버트 형제는 주로 연안 석탄 무역으로 사업을 키워 나갔다. 1779년 클리브런드 호는 런던까지 7 항차를 완료하여 96 파운드의 순수익을 남기기도 했다.[28] 그런데 두 형제는 사업 근거지를 뉴캐슬에 두고 있었으므로 런던에서 자신들의 일을 맡아 처리해 줄 대리인을 필요로 했다. 이에 1757~58년 킹King과 맥스웰 Maxwell을 대리인으로 고용하였다. 현재 남아 있는 자료를 근거로 보면, 1762년부터 로버트는 최소한 5명 이상의 대리인을 고용하였다. 1770년에 킹의 아들과 랄프 사이에 문제가 생겨 1774년부터 윌슨 Wilson을 대리인으로 이용하였으나, 로버트의 아들인 존 클락 John Clarke(1753~1792)이 런던으로 이주하면서 런던 쪽 일을 처리하게 되었다.[29] 이들의 사업은 이후에도 지속적으로 석탄 무역에 간여해 왔으며, 시황의 변화에 적절히 대응하면서 해운업, 선박관리업, 해운대리점업, 복합운송업 등 해운과 관련한 모든 사업을 포괄하면서 오늘날까지 이어지고 있다.[30]

---

25) cited by Cox(1980), *A Link with Tradition*, p.14.

26) Carter(1958), p.28.

27) Carter(1980), p.3.

28) Carter(1958), p.30.

29) Cox(1980), p.18.

반례 2. 마이클 헨리 앤 선, 1775~1830

스티븐슨 클락 해운은 초창기 자료가 부족해 그들이 어느 시점에서 선박 소유에 전업하였는지를 추적하기가 불가능하다. 이에 비해 마이클 헨리 앤 선Michael Henley and Son(이하 마이클 헨리 상사로 약함)은 회계장부와 사업 관련 서신들이 그대로 남아 있어 이들이 전문 선주로 변모해 가는 과정을 명확하게 파악할 수 있다.[31] 마이클 헨리 상사의 1대 선주인 마이클 Michael Henley(1742~1813)은 1760년대까지 템즈 강의 뱃사공lighterman이었으나 곧 석탄 상인으로 변신하였다. 그 뒤 약 10여 년 동안 석탄 무역으로 돈을 번 뒤 1775년 처음으로 컬리어collier 선 2척을 매입해 비로소 상인 선주가 되었다. 이후 몇 척을 더 구입해 1790년에는 9척, 1805년에는 15척을 소유하고 연안 항로뿐 아니라, 볼틱해, 지중해, 대서양 항로에 이들 선박을 투입해 명실공히 전문 선주로 변신하였다.

마이클 헨리 상사가 전문 선주로 성장하는 데는 2대 선주인 조지프Joseph Henley(1766~1832)이 결정적인 역할을 했다. 1780년대 초부터 아버지의 사업에 관여하기 시작한 조지프는 뛰어난 사업 수완을 발휘하여 전쟁기에 사업을 팽창시켰다. 1806년 아버지인 마이클이 더비Derby로 낙향하고 난 뒤 조지프가 전적으로 사업을 떠맡았다. 조지프는 1810년 22척, 5934톤을 보유하여 전성기를 구가하였다. 그러나 그는 나폴레옹이 종전으로 치닫자 전쟁기에 급격히 늘어난 선박량으로 인해 해운 경기가 침체할 것으로 예견하고 선박을 매각하여 1815년에는 7척으로 사업을 축소하였다. 조지프는 제임스 키어튼James Kirton과 에드워드 룰Edward Rule 같은 대리인들의 도움을 받아가면서 사업을 운영하였다. 1820년대에 해운 불황이 계속되고,

---

30) www.nof.co.uk/scsl.htm(June 30, 2001)
31) Ville(1984-a), "Michael Henley and Son"; Ville(1984-b), "The Deployment of English Merchant Shipping"; Ville(1987), *English Shipowning*.

가족 내에서 사업을 떠맡을 사람이 없게 되자 선박을 매각하기 시작하여 1825년 이후에는 2척만 운항하다가 1830년에 해운업에서 손을 떼었다. 조지프의 외아들인 조지프 워너Joseph Warner는 사업보다는 정치 쪽에 관심을 두어 옥스퍼드셔 의원(1841), 무역성 Board of Trade 장관(1852, 1858), 추밀원 의원privy councilor을 역임하였다.

헨리 상사의 사업은 4단계 과정을 거치면서 변모하였다. 마이클이 1760년대 초까지 템즈 강에서 뱃사공으로 활동하던 시기를 제1단계로 본다면, 제2단계는 1760년대 중반에서 1774년까지 석탄 상인으로 활동하던 시기고, 제3단계는 1775년에 컬리어선 2척을 구입하여 석탄 운송과 석탄 무역을 동시에 겸업하던 시기다. 마지막 제4단계는 다른 사업에서 완전히 손을 떼고 선박 운항에만 전념하기 시작한 1790년부터 해운업에서 손을 뗀 1830년까지다. 헨리 상사는 1774년까지는 소상인에 지나지 않았으나, 1775년 헨리 호와 메리 호 등 컬리어 선 2척을 구입함으로써 자신이 직접 뉴캐슬에서 석탄을 구입하고 런던으로 운송해와 도매하는 상인 겸 선주가 되었고, 선박 소유와 운항에만 전념한 1790년 이후부터는 전문 선주였다고 할 수 있다. 1800년 마이클 헨리 상사는 사업과 관련한 건물과 소형 배crafts 약 6000파운드, 예비품spare stores 약 3000파운드, 배 약 1만 8000파운드 등 총 2만 7000파운드 상당의 고정자본을 축적하고 있었다. 비일Ville은 헨리 상사가 1790년대 어느 시점부터 자신들의 직업을 전문 선주라고 간주했을 것으로 추정하였다.[32]

반례 3. 존 윌리스 앤 선즈, 1830~1899

커티 샥Cutty Sark의 선주인 존 윌리스 앤 선즈John Willis & Sons(이하 존

---

32) Ville(1987), pp.19, 28.

윌리스 상사로 약함)는 한때 24척까지 운항한 적도 있는 빅토리아 시대의 유명한 선주다.33) 제1대 존 윌리스 John Willis senior(1788~1862)는 1788년 스코틀랜드의 어촌인 버윅셔 Berwickshire에서 태어났다. 어릴 때 부모를 잃은 존은 친척 집에서 자란 뒤 곧 뱃사람이 되어 서인도 항로에 취항하는 배에 승선하였다. 그는 선원 생활로 돈을 벌어 1830년에 선더랜드 Sunderland에서 253톤급 데마라라 플랜터 Demarara Planter 호를 건조하기에 이르렀다. 이 배는 1839년에 상실되었지만, 이 당시까지 존 윌리스는 311톤급 자넷 윌리스 Janet Willis 호를 신조해 운항하고 있었다. 데마라라 플랜터 호의 보험금으로 존 윌리스는 1839년에 320톤급 존 윌리스 John Willis 호를 건조하고, 이어 1845년에 보더러 Borderer 호를 추가로 확보하였다.

1862년 제1대 존 윌리스가 사망할 때까지 존 윌리스 상사는 9척을 건조하고, 1척을 매입해 총 10척을 운항하였다. 하지만 좌초, 매각, 행방불명 등으로 1862년 당시에는 총 5척, 3712톤을 보유하고 있었다. 1대 존 윌리스가 사망하고 난 뒤 그의 아들인 존 윌리스 2세가 사업을 계승하여, 화이트헤더 Whiteadder 호(915톤), 트위드 Tweed 호(1745톤), 아사에 Assaye 호(1599톤), 커티삭 Cutty Sark 호(921톤)를 추가로 확보하였다. 존 윌리스 상사는 1862년부터 1899년까지 건조 또는 매입 등으로 총 14척을 운항한 바 있었다.

1대 존 윌리스가 선장이었다는 것은 이미 앞에서 언급했지만, 그는 선주가 되고 난 뒤에도 최소한 1840년까지 선장으로서 자기 소유의 선박에 직접 승선하고, 직접 데마라라 플랜터, 자넷 윌리스, 존 윌리스 호처럼 새로 건조한 선박의 선장으로 승선하였다. 그의 아들 두 명도 역시 선장으로 활동하였다. 나중에 '낡은 흰 모자 쓴 자Old White Hat'라는 별명으로 유명해진 2대 존 윌리스는 1845년 신조한 보더러 호의 선장으로 처음 승선한 것을 비롯하여 1848년 세인트 압스 Saint Abbs 호(503톤), 1850년 제2대 자넷 윌리스

---

33) Crosse(1972), "John Willis & Sons, Shipowners", pp.397-402.

호(572톤)가 신조되어 취항하였을 때도 역시 선장으로 승선하였다. 2대 존 윌리스는 1853년 머지 Merse 호(699톤)를 선더랜드에서 건조할 때 그것을 감독하였고 선장으로 승선할 예정이었으나 병으로 앤드류 쉬원 Andrew Shewan이 대신 승선하였다.

위에서 살펴본 바와 같이, 랄프와 로버트 클락, 존 윌리스는 해상무역과 선박 운항에 대해 전문지식을 갖춘 선장들이 자본을 축적하여 선주로 변신한 전형적인 예다. 마이클 헨리는 런던 템즈 강의 뱃사공 출신으로서 컬리어 선을 구입하여 선주 겸 석탄 상인으로서 석탄 무역을 하다 전문 선주로 변신하였다. 뱃사공의 직업적 정체성이 무엇인가를 생각해 본다면, 역시 상인이라기보다는 뱃사람 seaman에 가깝다고 할 수 있다. 이런 점을 감안하면 랄프와 로버트, 존 윌리스, 마이클 헨리는 뱃사람으로서 선박을 운항하는 실질적인 기술을 소유하고 있는 상태에서 해상무역에 대한 전문지식을 획득하여 선주로 변신한 전형적인 예라고 할 수 있다.

반례 4. 기타 사례

위에서 살펴본 세 가지는 일정 규모 이상의 선박을 보유하고 운항한 예다. 그러나 실제에서는 한두 척의 선박만을 운항한 선장 출신 선주들이 훨씬 더 많았을 것임에 틀림없다. 그 가운데 가장 널리 알려진 예가 나타니엘 우링 Nathaniel Uring 선장이다. 우링은 16세 때인 1697년 스위프트 Swift 호에 승선한 이래 갖은 고생을 겪은 뒤 1715년에 드디어 공동 선주가 되었다. 그는 1715년 일단의 출자자들과 함께 포르투갈 무역을 하기 위해 소형선 한 척을 건조하여 선장으로 승선하였다. 1716~17년 우링은 최대 지분 소유자가 정부의 화물을 운송할 것을 기대하며 배를 템즈 강에 몇 개월 동안 지체시키자 그에게 배를 매각하자고 제안했으나 거절당하였다. 이에 우링은 자신의 지분을 팔아버리고, 1717년 방고르^{Bangor} 호의 지분을 구입해 선장으로 승선하였으나 이 배는 1719년 침몰하였다. 우링은 1720년 자메이카에서 목재를 선적하기 위해 슬루프^{sloop} 형 배 한 척 전체와 브리겐틴 brigantine 형 배 한 척의 화물 공간의 절반을 용선하였다. 그는 1721년 이 사업을 끝으로 은퇴하였다.[34]

또 다른 예로 제임스 키어튼^{James Kirton} 선장이 있다. 키어튼은 1780년대에 마이클 헨리의 선박에 선장으로 승선하였다. 1790~91년 마이클 헨리가 주문한 프리덤^{Freedom} 호의 건조 일을 감독하고, 1792~93년에 프리덤 호의 선장으로 승선하였다. 키어튼은 1794~97년까지 자신이 지분을 보유하고 있던 프로비던스 호의 선장으로 승선하였다. 1799년 말 마이클 헨리로부터 쉴즈의 대리인으로 일해 달라는 제안을 받고 이를 받아들여 육상에 정착하였다. 헨리는 또한 런던에서 키어튼이 소유한 배를 위해 대리인 역할을 해주었다. 키어튼은 프로비던스 호의 지분을 소유한 것을 비롯하여 스네이크^{Snake}, 브리타니아^{Britannia} 호도 소유하고 있었다.[35] 헨리가 고용한 선장들 가운데 제임스 키어튼 이외에 윌리엄 도즈^{William Dodds}와 리처드 하덴^{Richard Haden}도 나폴레옹 전쟁 중에 선주로 변신하였다.[36]

이들 외에도 많은 선원 및 선장들이 선박의 지분을 공유하는 공동 선주 또는 단독 선주로서 해운업을 영위하였을 것이다. 다만 그들은 한두 척의 선박만 보유했기 때문에 스티븐슨 클락 해운이나, 마이클 헨리 상사처럼 사업장부를 남기지 않았거나, 설사 장부를 남겼다 하더라도 아직 세상에 알려지지 않은 채 역사의 그늘 속에 가려져 있을 뿐이다. 이것들을 발굴해 내는 일은 역사학자의 몫이다.

---

34) Uring(1972), pp.214, 218-219.
35) Ville(1981), "James Kirton", pp.149-161.
36) Ville(1987), pp.10, 71.

III. 재평가와 새로운 가설

현재까지 알려진 바에 따르면, 영국에서 전체 선박 소유자 중 선장이나 선원이 차지하는 비율은 17세기 말에서 18세기 말까지 대체로 15~20% 정도였다. 데이비스는 17세기 말 선박매매증서에 나타난 선박 소유자 338명의 직업을 분석한 바 있다. 그의 연구에 따르면, 선박 소유자 중 20%가 선장과 선원이었다.[37] 영국에서는 1786년 선박등록법이 본격적으로 시행되었다.[38] 당시 등록 선박의 선주 1000명을 분석한 자아비스Jarvis 의 논문에 따르면, 선장이 15%를 차지하였다.[39] 이후 선주에서 선원 및 선장이 차지하는 비율은 1800년 19%, 1820년 32%로 차츰 늘어가는 추세를 보였다.[40]

물론 선박 소유자에서 상인이 차지하는 비율은 이보다 훨씬 더 높아, 그 비율은 17세기 말 52%, 1787년 50%, 1800년 55%, 1820년 44%로 각각 나타나고 있다.[41] 그리고 상인이 전문 선주로 변신한 예도 다수 존재하였을 것임에 틀림없다. 이를테면, 14~15세기 캐닝지 가문Canynges Families은 브리스틀의 유력한 상인 가문으로, 모직물 무역이 팽창함에 따라 3대에 걸쳐 해운업에 전업하였다. 사와 기시로 교수에 따르면, 윌리엄 캐닝지 2세younger William Canynges는 10척 2930톤을 보유하였고, 이 선박들을 운임 소득을 목적으로 하여 운항하였던 전문 선주의 전형이었다.[42]

또 다른 예로 존 롱John Long을 들 수 있다. 그는 석탄 상인, 벽돌 및 석재상, 선박 해체업자, 선박 수리업자, 돛 제작업자 등으로 활동하였다.

---

37) Davis(1962), p.100.

38) 26 Geo. III, c.60.

39) Jarvis(1969), pp.415-416.

40) PRO, BT 107/ 13, 33.

41) Davis(1962), p.100 ; Jarvis(1969), pp.415-416 ; PRO, BT 107/ 13, 33.

42) 澤喜司郎(1978), 「15世紀ブリストルにおけるカニング家の海運貿易活動」, pp.103-119.

존 롱은 1808~1828년까지 10척, 1743톤의 지분 내지 전체를 소유하고 운항하였다.[43]

이처럼 상인이 선박 소유자에서 차지하는 비율이 압도적으로 높았다면, 필자의 주장과는 달리, 이른바 정통론이 역사적 사실에 부합하는 것이 아닐까? 이에 대해서는 다음과 같이 반론을 제기할 수 있다. 해운업과 무역업이 완전히 분리되지 않았던 18세기 말까지 대부분의 선박 소유자들은 자신들이 하는 경제적 행위를 상업으로 인식하였다. 이 시기까지는 선박 소유자들이 전적으로 운임만 받고 타인의 화물을 운송하는 방식으로 선박을 운항할 수가 없어 불가피하게 자신이 직접 무역을 행하지 않을 수 없었기 때문이다. 이는 19세기 이후 선박을 운임만 받고 운송하였던 전문 선주들조차 자신들의 직업을 상인으로 인식하고 있다는 사실로도 확인할 수 있다. 1790년대 이후 타인의 화물을 운임만 받고 운송한 마이클 헨리조차도 1816년에야 선박등록부에 자신들의 직업을 선주shipowner로 적었다.[44] 『런던 상공인명록London Directory』에는 그의 직업이 1780년에는 상인, 1793년에는 석탄 상인, 1802년에는 석탄 상인과 선주로 각각 기록되어 있다. 선장으로 오래 승선한 뒤 선주가 된 제임스 키어튼조차도 1827년판 『노섬벌랜드·더램 상공인명록Directory for Northumberland and Durham』에 신사gentleman로 기재되어 있다.[45]

필자는 여기에서 해운업이 전문산업으로 발전한 것이 산업혁명 이후가 아니라 산업혁명 이전인 18세기 중엽에서 말 사이라는 새로운 가설을 제기하고자 한다. 이 같은 가설의 근거로서 다음 세 가지를 들고 싶다.

---

43) Palmer(1986), "John Long", pp.43-61.
44) See PRO, BT 107/28, No.104 & BT 107/29, No.73.
45) Ville(1987), p.19, 71.

첫째, 해운업을 영위하는 주체로서 선주 ship-owner라는 용어가 등장한 시점을 검토하였다. 선주라는 용어는 이미 1530년부터 사용되었지만, 당시는 '항해 중의 주인 patron dune nauiere', 즉 선주와 화주를 동시에 의미했기 때문에 전문직업으로서의 선주를 의미하는 것은 아니었다.[46] 18세기 초까지도 선박 소유 shipowning가 전문적인 직업이 결코 아니었고, 선주란 용어 역시 아주 드물게 사용되었다. 영국 최초의 상공인명록인 1728년판『켄트 상공인명록 Kent's Directory』에도 선주라는 용어가 등장하고 있으나, 아주 드문 경우에 한하여 사용되었다.[47] 선주가 하나의 직업명으로서 사용된 것은 1786년판『뉴캐슬 선박등록부 Newcastle shipping registers』가 처음이고, 상공인명록에 선주가 하나의 직업으로 등재된 것은 1790년판『흘 상공인명록 Hull Directory』[48]이 처음이다.

둘째, 해운업만을 전문적으로 영위하는 전문 선주 specialized shipowner가 어느 시점에 출현하였는가를 살펴보았다. 데이비스와 비일 Simon Ville은 전문 선주를 "선박을 단독으로 소유하고, 선박소유에 전문적인 태도를 지닌 선주"로 보고 있고,[49] 이에 대해서는 한국과 일본 학계 모두 공감하고 있다. 여기에서 특히 중요한 것은 선박을 단독으로 소유하느냐의 여부다. 왜냐하면 자기 화물이 아닌 타인의 화물을 운임만 수령하고 운송하는 예는 이미 중세시대에도 간헐적으로 존재하였고, 18세기 중엽까지 선박을 공동으로 소유하는 것이 일반적이었기 때문이다.

런던의 공문서보관소 Public Record Office에 소장되어 있는『런던 선박등록부 London Shipping Registry』를 검토해 본 결과, 최소한 1780년대부터 단독 선주 single shipowners가 존재하였고, 점차 그 비중이 증가하였음을 확인할

---

46) OED on CD-ROM, ver.1.13.
47) Davis(1962), p.81 footnote 1.
48) Davis(1962), p.81 footnote 2 ; Ville(1987), *English Shipowning*, p.3, 15 footnote 6.
49) Davis(1962), Chap.5 ; Ville(1987), p.8.

수 있다. 『런던 선박등록부』에 새로 등록한 외항선의 소유권을 분석해 보면, 1787년에는 단독 선주의 비율이 25%에 지나지 않았고, 나머지 75%는 2인 이상이 공동으로 소유하였다. 그러나 1800년에는 단독 선주의 비율이 37%로 증가했고, 이어 1810년에는 42%, 그리고 1820년에는 다시 45%로 늘어났다. 이는 전체 등록선에서 단독 선주가 차지하는 비율이 점차 증가세를 보였다는 것을 말한다.[50]

셋째, 실제 전문 선주로 활동한 사례를 통해 이를 검증하였다. 현존하는 세계에서 가장 오래된 선사인 스티븐슨 클락 해운의 기원은 1730년까지 거슬러 올라간다.[51] 랄프 클락Ralph Clarke(1708~85)과 로버트 클락Robert Clarke(1714~86)은 선원이자 선장으로서 1730년에 300톤급 컬리어collier 선인 클리브런드Cleveland의 지분을 사들임으로써 공동 선주이자 선박 관리인 ship's husband으로 선박을 운항하였다. 그러나 이후 여러 척의 선박에 이해 관계를 갖게 되면서 선박소유 업무business of shipowning에만 집중하였다.[52] 1740년대에서 1780년대 사이에 두 형제는 클리브런드 호 외에도 여러 척의 선박의 소유권이나 지분을 가진 선주로서 활동하였다. 스티븐슨 클락 해운의 제1대 선주인 랄프와 로버트는 18세기 중엽에는 이미 선박 소유와 운항에만 전념한 선주였다고 할 수 있다.[53]

또 다른 전문 선주의 예로 마이클 헨리 상사Michael Henley and Son가 있다.[54] 비일의 연구에 따르면, 마이클 헨리 상사는 1775년에 컬리어 선 1척을 처음으로 구입할 당시부터 단독 선주로서 출발하였고, 1782년 이후 일부

---

50) 1787: Jarvis(1969), "London Shipping", p.414 ; 1800-20: PRO, BT 107/13, 23, 33.

51) Stephenson Clarke Shipping의 발전 과정에 관한 연대기에 대해서는 C.J.M. Carter(1981), *Stephenson Clarke Shipping*, pp.3-7 참조.

52) Carter(1958), p.28.

53) Carter(1981), p.3.

54) Ville(1984-a), "Michael Henley and Son" ; Ville(1987), *English Shipowning* ; Ville (1984-b), "The deployment of English Merchant shipping".

선박은 꾸준히 운임을 받고 운항하였으며, 1790년부터 선박 소유에 전업하면서 다양한 항로에 배선하였다. 그 결과 1790년대 말에 대리인을 고용하고, 마침내 1800년경에는 상인 선주merchant-cum-shipowner로서의 일체의 무역 활동을 그만두고 선박 운항에 전업하였다. 이상을 종합해 볼 때, 1775~1780년대 초까지는 전형적인 상인 선주의 모습을 보이던 헨리 상사는 1780년대 초부터 1790년까지는 자기 화물도 운송하고 운임을 받고 다른 화주의 화물도 운송하는 일반적인 상인 선주가 되었고, 1790~1800년 사이에 명실상 부한 전문 선주로 성장하였다고 할 수 있다.

위에서 살펴본 바와 같이, 해운업은 이제까지의 통설과는 달리 18세기 중엽에서 말 사이에 단독 선주와 전문 선주가 등장하고 하나의 전문 산업으로 성장하였다. 해운업이 전문산업으로 성장하기까지의 과정을 영국 사례를 중심으로 정리해 보면 다음과 같다.

- 1단계(17세기 말) : 화물감독의 등장-선주와 선장(선박 운항자)의 분리-선박 소유와 선박 운항의 분리-선주와 상인의 일체-해운업과 무역업의 분화 시작
- 2단계(18세기 초) : 선박 관리인의 등장-선박 소유와 선박 관리의 분리-무역과 선박 운항의 분리-선주의 대두 시작-해운업과 무역업의 분화 본격화
- 3단계(18세기 중엽) : 해운 전문인의 대두와 성장-해상보험업과 해운 중개업의 형성-단독 선주의 대두-해운업 독립의 여건 성숙
- 4단계(18세기 말) : 전문 선주의 등장-선박 소유의 집중화-상인과 선주의 분리 완성-해운업의 독립

선장이나 선박 소유자가 스스로 무역을 했다는 것은 FOB와 Ex Ship 거래조건이 어떻게 생겨났는지를 생각해보면 보다 명확하게 드러난다.

FOB는 "판매자(송화주)가 선적 비용을 부담하지 않고 특정 선적 지점에서 상품을 판매하는 계약"이며, EX Ship은 "구매자가 배에서 화물을 인수할 수 있도록 운송 수단을 제공하는 계약"을 가리킨다.[55] 선박 소유자와 선장이 동일인일 경우를 가정해서 설명하면 다음과 같다. 선장이 A 항구로 항해하여 여러 화주로부터 화물을 사들인다. 이때 선장은 화주의 화물을 FOB 조건으로 인수한다. 선장은 이 화물을 싣고 B 항구로 항해하여, 화물창에 적재된 화물을 그 상태대로 그곳 화주들에게 매각한다. 이때 선장은 화물을 Ex-ship 조건으로 매각한 것이다. 즉 무역 거래조건 중의 FOB와 Ex-ship은 해운업자가 무역을 영위하던 관례에서 유래한 것이다.

해운업이 무역업에서 분화하였다고 보는 기존의 학설은 상인 운송업자 merchant carrier를 무역업자로 간주한다. 그러나 위에서 여러 가지 사례를 통해 살펴보았던 것처럼 상인 운송업자의 정체는 상인이라기보다는 선장 또는 선박 소유자에 가까웠다고 할 수 있다. 이는 결국 무역업자가 해운업을 겸했다고 보는 정통론과는 달리, 해운업자가 무역업을 겸했다고 보는 쪽이 역사적 사실에 더 부합된다는 것을 의미한다. 물론 이를 확증하기 위해서는 더 많은 사례연구가 필요할 것이다.

---

55) Kerchove(1961), *International Maritime Dictionary*, p.268.

제11장

영국에서 해운전문인의 대두와 해상보험의 발전

해운업은 그 특성상 수요, 즉 해상무역으로부터 직접적인 영향을 받을 수밖에 없다. 따라서 많은 연구자들은 해운업이 전문 산업으로 독립할 수 있었던 것은 산업혁명으로 인해 공업 생산이 늘어나 무역량이 증가했기 때문이라고 보았다.[1] 영국 해운사의 대가인 데이비스는 "산업혁명이 영국의 무역 규모를 변화시키고 있을 때에야 해운산업은 그 자체로서 하나의 직업이 되었다"[2]고 단언하였다. 이 같은 논리의 연장선상에서 보면 해운업이 무역업에서 분화되어 하나의 전문 산업이 되는 것은 19세기 이후에나 가능한 일이었다. 존슨E.R. Johnson과 그레그E.S. Gregg 등의 미국 학자들은 미국의 경우 블랙 볼 라인Black Ball Line이 퍼시픽Pacific 1호(384톤)를 뉴욕과 리버풀 항로에 정기적으로 취항시킨 1816년을 해운업이 독립한 시발점으로 보고 있다.[3]

---

1) Davis(1979), *Industrial Revolution*, p.9 ; Hausman(1987), "English Coastal Trade", p.595 ; Harley(1988), "Ocean Freight Rates", p.869 ; 小島昌太郎(1929), 9쪽 ; 민성규(1973), 『해운경제학』, 198쪽 ; 윤상송(1982), 『신해운론』, 26쪽 ; 박현규·이원철(1991), 『해운론』, 40쪽.

2) Davis(1962), *Rise of English Shipping*, p.81.

3) Johnson et. al.(1915), *History of Domestic and Foreign Commerce*, p.186 ;

일본의 많은 해운 경제학자들도 산업혁명 이후 근대 자본주의 경제체제가 확립됨으로써 비로소 정기운송이 가능해졌으며, 블랙 볼 라인이 세계 최초의 정기선사였다는 데 대해 대체적으로 공감하고 있다.[4] 특히 쇼지 시게루는 해운업의 독립을 완성시킨 것은 "미국의 범선에 도전하여 승리를 거둔 영국의 증기선으로 1843년에 건조된 그레이트 브리튼Great Britain 호였다."고 주장하였다.[5] 한편, 우리나라에서는 19세기 중엽에 이르러서야 해운업이 독립하였다고 보는 것이 일반론이다.[6] 이들의 견해에 따른다면 해운업은 한마디로 '산업화의 아들son of industrialization'에 불과하게 된다.[7] 그러나 영국 해운사에 관한 이제까지의 연구성과를 종합해 본다면, 해운업은 18세기 말에서 19세기 초 사이에 단독 선주와 전문 선주가 대두함으로써 독립산업으로 성장했다고 보는 것이 일반적이다. 데이비스는 18세기가 경과하는 동안 선박 운항을 전문적으로 영위하는 단독 선주single shipowner와 전문 선주specialized shipowner가 등장하였음을 지적한 바 있고, 비일S. Ville은 마이클 헨리 상사 사례를 분석하여 이를 실증하였다.[8] 데이비스와 비일은 전문 선주를 '선박을 단독으로 소유하고, 자기 화물이 아닌 타인 화물을 운송하는 선주'로 보고 있다는 점에 대해서는 대체로 일치하고[9] 있다. 이는 이들이 일반 운송인public carrier의 대두를 해운업이 무역업에서 독립한 지표로 삼고 있다는 것을 뜻하며, 이에 대해서는 우리와 일본 학계 모두 공감하고 있다.

Gregg(1992), "A Case Against Discriminating Duties", p.409 ; 佐波宣平(1949), 『海運理論體系』, p.91 재인용.

4) 東海林滋(1962), 『海運經濟論』, p.9 ; 佐波宣平(1949), 『海運理論體系』, pp.90-91 ; 豊原治郎(1967), 『アメリカ海運』, pp.171-173.

5) 東海林滋(1962), p.9.

6) 민성규(1973), 198쪽 ; 윤상송(1982), 26쪽 ; 박현규·이원철(1991), 39쪽.

7) Thomas & McCloskey(1981), "Overseas Trade and Empire", p.102.

8) Davis(1962), Rise of English Shipping, Chap.5 ; Ville(1987), English Shipowning.

9) Davis(1962), Chap.5 ; S. Ville(1987), p.8.

그렇다면 같은 기준에 따라 해운업이 독립한 시점을 설정하는 데 이처럼 반세기 가까이 차이가 나는 이유는 무엇 때문일까? 우리나라의 경우 전문적으로 해운사를 연구하는 학자가 없었다는 점을 감안해 일단 논외로 치고, 일본의 해운 경제학자들은 새로운 연구성과에 바탕을 두고 있다기보다는 대체로 미국 학자들의 주장을 그대로 수용하는 데 그치고 있다.[10] 미국 학자의 경우 정기선 운항에 초점을 맞추고 있지만, 선박의 소유권 측면에서 보면 블랙 볼 라인은 여전히 공동 선주 체제를 유지했다는 점에서 한계가 있다.[11]

따라서 우리가 주목해야 할 것은 영국의 해운 경제사가들의 견해다. 데이비스와 비일은 영국의 해운업에서 전문 선주, 즉 일반 운송인이 대두한 시점을 18세기 말에서 19세기 초로 본다는 점에 대해서는 견해를 같이하고 있다. 그러나 실제로 이 시기에는 두 사람 이상이 선박을 공동으로 소유하는 경우가 55~75%로 압도적인 비율을 점했고,[12] 여전히 자기 화물을 운송하는 선주도 다수 존재했을 것임에 틀림없다.[13] 그렇다면 단독 선주와 타인 화물을 운송하는 비율이 어느 정도일 때 해운업이 무역업에서 독립했다고

---

10) 東海林滋(1962), p.9 ; 佐波宣平(1949), pp.90-91 ; 豊原治郎(1967), pp.171-173.

11) 1816년 당시 블랙 볼 라인이 리버풀-뉴욕간 정기 항로에 투입한 퍼시픽 1호의 선주는 이삭 라이트(Issac Wright)와 그의 아들 윌리엄(William), 그리고 프란시스 톰슨(Francis Thompson) 등 3명이었고, 1818년에 애머티(Amity), 쿠리어(Courier), 제임스 먼로(James Monroe) 호 등 3척을 리버풀-뉴욕 항로에 추가 투입할 당시에는 제러마이어 톰슨(Jeremiah Thompson)과 벤자민 마샬(Benjamin Marshall) 등이 추가로 참여하여 5명이 공동으로 소유하였다. 豊原治郎(1967), pp.171-173.

12) PRO, BT 107/13. 23. 33 ; Jarvis(1969), "18th Century London Shipping", p.417. 1787~1820년간의 런던 선적 외항선의 소유권 분포에 대해서는 김성준, 「산업혁명기 영국 해운업에서의 전문 선주의 대두」, 『史叢』 52, 142쪽 표 1 참조.

13) 이를테면 18세기 말에서 19세기 초 사이에 주로 타인 화물을 운송하고 운임을 받는 선주에게 고용된 사무엘 켈리(Samuel Kelly)도 필라델피아에서 선주의 지시에 따라 전 항차의 운임 중 일부로 소금을 매입하여 선적하였다. Garstin (1925), *Samuel Kelly*, p.183.

말할 수 있을까?

게다가 이들은 해운업이 산업혁명에 끼친 영향에 대해서는 상반된 입장을 보인다. 데이비스는 "해외무역이 산업혁명을 촉발했거나 또는 산업혁명의 초기 단계를 떠받치는 데 직접적으로 중요한 역할을 하지 않았다."14)고 본 반면, 비일은 해운업이 철도만큼 극적으로 산업화에 기여한 것은 아니지만, 지속적인 생산성 향상으로 영국과 노르웨이 같은 나라에서는 경제를 선도하는 역할을 맡았다고 주장했다.15) 이러한 상반된 견해는 전문 선주의 출현이 갖는 의미를 달리 해석한 데서 나왔다. 데이비스는 전문 선주의 대두를 해운업이 무역업에서 독립하기 위한 첫 단계로 보았으나,16) 비일은 해운업이 무역업으로부터 독립한 하나의 지표로 삼았다.17)

그렇지만 전문 선주가 등장한 의미를 어떻게 해석하든 단독 선주와 전문 선주가 등장함으로써 해운업이 무역업에서 독립하기 위해서는 선박 중개인과 해운 대리인의 대두, 해상보험체제의 확립, 해운 중개업의 형성 등과 같은 해운업의 내·외적 전문화가 선행되어야 한다. 영국의 경우 이 같은 요소들이 이미 18세기 중엽에 대부분 갖추어져 있었다. 해운업의 내·외적 전문화가 18세기 중엽에 이루어져 있었다고 한다면 해운업이 독립산업으로 성장할 여건은 이미 갖추어져 있었다고 할 수 있다.

해운업의 독립 시기는 다양한 기준에 따라 설정할 수 있다. 그러나 이제까지는 전문 선주, 즉 공공운송인의 대두에 지나치게 집착한 감이 있다. 그 결과 해운업은 산업혁명 이후 해상 물동량이 팽창함에 따라 무역업에서 분화되었고, 그에 따라 해운업은 산업혁명에 그다지 기여하지 못했다고 보는 견해가 일반론으로 자리잡게 되었다. 하지만 해운업이 무역업

---

14) Davis(1979), *Industrial Revolution*, p.9.

15) Ville(1990), *Transport and Development*, pp.108-109.

16) Davis(1962), *Rise of English Shipping*, p.89.

17) Ville(1987), *English Shipowning* ; Ville(1993), "The Growth of Specialization" 참조.

에서 독립한 기준을 해운 전문인과 해상보험 등의 성장과 같은 내·외적인 전문화로 설정한다면 해운업이 산업혁명에 미친 영향을 새롭게 조명할 수 있다. 해운 전문인과 해상보험 등의 성장으로 해운업이 18세기 중엽에 독립산업으로 성장하였다고 본다면, 해운업의 특성상 산업혁명에 외부경제 효과를 미쳤을 것임에 틀림없다. 이는 결국 해운업이 해상무역의 팽창에 적절히 대응함으로써 영국의 초기 산업혁명에 이바지했음을 뜻한다.[18]

이 글에서는 해운업의 내적 전문화 과정이라고 할 수 있는 해운 전문인의 대두와, 외적 전문화 과정인 해상보험의 발전 과정을 18세기 영국을 중심으로 살펴볼 것이다. 해운업이 독립산업으로 성장하는 데 가장 핵심적인 배경이라고 할 해운 전문인과 해상보험의 성장을 밝히는 일은 해외무역과 해운업이 산업혁명에 미친 영향을 부정적으로 보려는 최근의 연구경향을 재고시킬 단초를 제공한다는 점에서 의미 있는 작업이 될 것이다.[19]

I. 해운 전문인의 대두와 성장

1. 해운 전문인의 대두

이른바 상인 선주merchant carrier 시대의 전형적인 상인 선주는 상품을 사고, 운송하고, 판매하는 일체의 무역 행위를 자신이 직접 선박에 승선해

---

18) 해운업이 국민경제에 미치는 영향에 대해서는 민성규(1973), 18~38쪽 참조.
19) 해외무역이 산업혁명에 미친 영향을 부정적으로 보는 연구는 다음과 같다. Hartwell(1967), "Cause of industrial revolution"; Thomas & McCloskey(1981), "Overseas Trade and Empire"; Mokyr(1985), "Industrial Revolution".

행하였다. 그러나 해상무역량이 증가하고, 규모도 커져감에 따라 상인과 무역업자들이 직접 화물을 구입하고, 운송하고, 판매하기 위해 자신이 직접 선박에 승선하거나 이동할 필요성이 줄어들게 되었다. 그에 따라 화물을 구입하고, 운송하고, 판매하는 등의 업무를 처리하기 위해 현장에 있는 누군가에게 광범위한 재량권을 부여해야 했다. 선박이 화물을 부릴 항구에 도달할 때까지 전쟁 발발이나, 흉작, 가격의 상승 등에 관한 정보를 선주가 선장에게 제때 전달한다는 것은 불가능한 일이었다. 이러한 어려움을 극복하기 위하여 선주는 화물 매매와 관련한 모든 일을 처리할 화물감독 supercargo 을 선박에 승선시키는 것이 관례였다.

17세기 말경에 등장한 화물감독은 선박에서의 무역 행위, 해외에서의 화물 수배와 사업 관리 등의 업무를 처리하였고, 대개 5%의 사례금을 받았다.[20] 보통 용선계약서에도 화물감독이 선장에게 공선 상태로 귀향 homeward 화물을 확보할 수 있는 항구로 항해하도록 요구할 권리를 갖고 있다고 명시될 만큼 그들의 업무 범위나 권리는 해상무역업계에서 오래 전부터 관행적으로 인정되어 오고 있었다.[21] 화물감독 체제의 등장은 해운업이 무역업에서 분화되기 시작했음을 나타내는 최초의 징후였다.[22]

그렇지만 화물감독이 모든 선박에 다 승선했던 것은 아니고, 또 그럴 필요도 없었다. 왜냐하면 대다수의 선장들은 외국의 시장 상황과 상업 관습 등에 대해 잘 알고 있었고, 선주의 항해지시서에 따라 시장에서 화물을 판매하고, 적당한 귀향 화물을 수배할 만한 능력을 보유하고 있었기 때문이다. 게다가 선장과 화물감독이 같은 배에 승선할 경우 누가 상위에 있는지

---

20) Ashton(1961), *An Economic History of England*, p.135. 옥스퍼드 영어사전에 따르면, 화물감독이란 용어는 1697년에 담피어(Dampier) 선장의 『항해기』(*Voyages*, 1729)에 처음 사용된 것으로 나타나 있다. OED2 on CD-Rom Ver.1.13(OUP, 1994).

21) Fayle(1933), *A Short History*, p.202 ; Davis(1962), *Rise of English Shipping*, p.171.

22) 小島昌太郎(1929), p.8.

분간하기 힘들었고, 업무 분담도 명확하지 않아 선내에서 불화를 초래할 염려도 있었다. 따라서 선주들은 화물감독 체제를 다른 것으로 대체하고 싶어했다. 그 결과 17~18세기에 이르기까지 선장이 화물감독을 겸하는 경우가 일반적이었다. 특히 선장이 공동 선주이거나 그가 특정 무역이나 항로에 오랫동안 관여했을 경우에는 더욱 그러했다. 따라서 18세기 말에 이르면 화물감독은 해외에 주재하는 대리인 factor과 동일한 의미로 사용되었고, 선박에 승선하여 함께 항해하는 경우는 19세기 초까지도 가끔 발견되기는 하지만, 거의 사라져 가는 추세였다.[23]

18세기 말까지도 선박은 공동으로 소유하는 것이 일반적인 현상이었다. 1787년 런던 선적 외항선의 75%가 2명 이상의 공동 소유로 되어 있었다. 그리고 외항선 1000척의 공동 소유자 가운데 선원이 약 15%를 차지하였고, 이 가운데 약 5%는 해당 선박의 선장이었다.[24] 물론 18세기 중엽 이전에 선장이나 선원이 선박 소유권을 공유하는 비율은 더 높았다. 데이비스가 17세기 말 선박 53척의 공동 소유자(338명)의 직업을 분석한 바에 따르면, 공동 선주의 20%(68명)가 선원이었고, 12%(40명)는 해당 선박의 선장이었다.[25] 이를 토대로 한다면, 17세기 말에서 18세기 말에 이르기까지 약 5~12% 정도의 선박은 공동 선주인 선장이 직접 운항 operation & management 했고, 나머지의 대부분은 공동 선주들로부터 선박에 관한 업무를 위탁받은 선박 관리인 ship's husband이 담당했다고 볼 수 있다.

화물감독보다 다소 늦은 18세기 초에 출현한 선박 관리인은 "선박이 항구에 정박하는 동안 선용품, 의장품, 수리 등의 업무를 처리하기 위해 선주가 임명한 대리인"으로서 "선주를 위해 화물의 세관 신고, 양륙, 입고 入庫

---

23) Ville(1981), "James Kirton", p.149 ; Davis(1962), *Rise of English Shipping*, pp.130, 172 ; OED2 CD-Rom Ver.1.13 참조.
24) Jarvis(1969), "18th century London Shipping", pp.414-415.
25) Davis(1962), *Rise of English Shipping*, p.100 table 5-11.

등을 확인하고, 선주의 각종 회계 업무를 처리하였다."[26] 선박 관리인이 하는 업무의 범위는 매우 광범위했다. 이전 항해의 운임을 받아내고, 손상 화물에 대한 공제금에 대해서도 화주와 협상을 벌여야 했으며, 선원들의 급료도 지불했다. 그리고 다음 항해를 준비하기 위해 선용품과 선식船食 등도 보급해야 했고, 전쟁기에는 통항증서pass와 선원 징집 면제 증서 protection 등을 발급받기 위해 해군본부와 협상도 벌여야 했다. 물론 선주가 해야 할 거의 모든 업무를 대행하는 선박 관리인도 있었고, 수동적으로 선주가 지시하는 일만 처리하는 관리인도 있었다.[27] 그러나 18세기가 경과하는 동안 선박 관리인은 선박 관리에 전문적인 사람이 자신의 주업을 표시하기 위해 직업명으로 사용할 정도로 보다 뚜렷하게 정의된 존재가 되었다.[28]

이상에서 살펴본 바와 같이, 이른바 상인 선주 시대의 선주들은 통상 세 가지 방법으로 선박을 운항하였다. 공동 선주 가운데 1인이 선장으로 직접 승선하여 운항하거나, 공동 선주 가운데 선장이 없을 경우에는 화물감 독을 승선시켜 화물 매매와 관련된 업무를 처리하기도 했고, 선박 관리인을 지명해 선박을 운항하기도 하였다. 선박 운항의 양상을 시기적으로 정리해 보면, 17세기 말까지는 상인 선주가 직접 선박에 승선하여 무역 행위를 하는 것이 일반적이었으나, 17세기 말에 화물감독이 출현하고 이어 18세기 초에 선박 관리인이 등장함으로써 차츰 이들이 선주의 업무를 대신하기에 이르렀다. 그러나 어떤 방법으로 선박을 운항하든 화물을 구입하고, 운송하 고, 판매하는 일체의 행위에 수반되는 비용은 선주 자신이 직접 부담했다

---

26) 옥스퍼드 영어사전에 따르면, 선박 관리인은 husband of a ship이란 형태로 1730~36년경 처음 사용되었다. OED2 on CD-Rom Ver.1.13.

27) 공동 선주로서 선박 관리인으로 지명된 사람은 선주이자 선박 관리인의 역할을 모두 수행하게 된다. 따라서 그는 선주로서 선박 운항에 따른 손실과 이익을 나누어 가짐과 동시에 선박 관리인으로서 선박 관리에 따른 수수료를 공동 선주들로부터 받았다.

28) Davis(1962), *Rise of English Shipping*, p.89.

는 점에서 선박 운항에 구조적인 변화가 초래되지는 않았다. 즉 18세기 초까지는 자기 화물을 운송하는 이른바 상인 선주 시대였다고 할 수 있다.[29]

그러나 18세기가 경과하면서 해상무역량이 증가하고 이에 따라 선주 자신이 직접 무역 행위를 하기보다는 선박의 선적 공간을 필요로 하는 화주에게 빌려주고 운임을 받는 쪽이 선주에게 더 이익이 되었다. 왜냐하면 해상 물동량의 정규성이 증가함에 따라 선주 자신이 직접 화물을 사고 판매하면서 발생할 수 있는 재정적 손실을 상인에게 전가시킬 수 있었기 때문이다. 18세기 말에 이르면 투기적 목적으로 선박을 소유하고 운항하는 것은 이제 예외적인 일이 되었다.[30] 이 같은 해운업의 변천은 선박 중개인 shipbroker, 해운 대리인 shipping agent, ship's agent, 해상보험업자, 보험 중개인 insurance broker 등과 같은 해운 전문인의 출현과 때를 같이했다.[31]

웨스터필드는 1660년 이후 중개인의 성장이 영국의 무역 팽창에 기여했다고 주장했다.[32] 실제로 동해안의 석탄 무역이 17세기와 18세기에 급속히 성장하는 동안 석탄 상인에서 전문 선주가 독립되어 나오는 데 중요한 역할을 한 것이 바로 해운 대리인이었다. 해운 대리인은 화물의 선적과 양륙 등의 업무를 처리하고, 비용을 정산하고, 선박 수리를 감독하고, 시약의 경제 상황 보고 등을 수수료나 일정한 고정 보수를 받고 선주에게 제공하였

---

29) 18세기 초의 우링(Uring) 선장은 화물(freight)이란 용어를 용선되어 운임을 받고 운송되는 화물이 아니라 선주 자신의 비용으로 운송되는 화물을 의미하는 것으로 사용했다. Fayle(1933), *A Short history*, p.205 ; 김성준 역(2004), 『서양해운사』, 253쪽.

30) Davis(1962), *Rise of English Shipping*, p.81 ; Fayle(1933), p.201 ; 김성준 역(2004), 『서양해운사』, 249쪽.

31) 18세기 말까지 해운 전문인의 직업을 중개인(broker)이나 대리인(factor, agent)으로 명확하게 구분할 수는 없지만, 보통 중개인은 '상인과 상인 사이의 거래를 매개해 주는 현지의 사람'이라고 정의할 수 있고, 대리인은 '주재하고 있는 항구에서 주인(principal)의 상업적인 이익을 위해 일하는 사람'으로 정의할 수 있다. Westerfield(1915), *Middlemen in English Business*, p.354.

32) Westerfield(1915), p.128.

다. 이에 대해 선박 중개인은 주로 화물의 확보와 관련된 일을 했다.

수수료를 받고 타인의 일을 처리해주는 중개인은 이미 중세에도 있었으나, 1700년까지는 대부분의 중개인들이 전문화되어 있지 않았다. 선박 중개인과 해운 대리인 역시 18세기 이전에 존재하기는 했지만, 거의 활용되지 않았을 뿐만 아니라 그들의 역할이 명확하게 정립되어 있지도 않았다. 중개인이 사회적으로 하나의 직업으로 인식된 것은 17세기 말엽에 이르러서였다. 1674년 런던 시의회 Common Council of City of London 는 "직접 시의회에 출석하여 중개인으로 활동한다는 사실을 시의회로부터 인정받고 그 사실을 서약하지 않는다면 중개인으로서 거래, 계약, 물물 교환, 용선, 화물 중개 등을 할 수33) 없다."고 규정하였다. 전문 선박 중개인 specialist shipbroker 이 하나의 직업으로 인정받은 것은 이보다 다소 늦은 17세기 말이었다. 1697년 런던 시의회는 "어떤 사람을 선장에 대해 대변인 역할을 하면서 선장이 운임을 받고, 세관에 입·출항 신고를 하는 업무를 원만하게 처리하도록 도와주는 선박 중개인으로 부를 수 있는지의 여부는 … 현행 법률에 비추어 보았을 때 중개인으로 볼 수 있다."34)고 규정하였다.

17세기 말까지 선장이 선박 중개인을 고용하는 관례는 점점 증가한 것으로 보이지만, 선박 중개인으로 활동하는 사람은 극소수에 지나지 않았고, 이들의 기능이나 업무에 대해서는 18세기 초까지도 관련 업계 종사자들 이외에는 그렇게 널리 알려지지 않았다.35) 선박 중개인이 본격적으로 성장한 것은 18세기였다. 17세기에 대부분의 외항선들은 자주 기항하는 외국의

---

33) Corporation of London Records Office, *Common Council Journals* Vol.48, f.31v.

34) Corporation of London Records Office, *Aldermen Repertory* Vol.101, pp.197-198.

35) 이를테면 1733년 John Reup은 자신이 "중개인(broker)과 동의어인 선박 관리인 (husband)으로서 외항선 몇 척을 관리했다"고 증언하였고(*Journals of House of Commons* Vol.XXII, 1732-37, p.41), 1755년 존슨(Johnson)이 펴낸 사전(*Dictionary*) 에도 선박 중개인은 "선박을 위해 보험을 확보하는 사람"으로 규정되어 있었다. Davis(1962), *Rise of English Shipping*, pp.165-166.

주요 항구 중 일부에 대리인을 두었고, 18세기에 이르면 거의 모든 선박들이 기항하는 항구 중 일부에 대리인을 두고 있었다. 선주의 대리인이 없는 경우에는 현지의 선박 중개인의 도움을 받을 수 있었다.

중개인과 대리인이 행하는 기능들은, 선박을 탄력적으로 배선하지만 외국의 항구와 그곳의 특정한 무역에 대해 잘 알지 못하는 선주들에게는 매우 중요했다. 마이클 헨리 Michael Henely & Son 상사의 예는 전문 선주의 출현에 해운 전문인들이 어떤 역할을 했는지 잘 보여준다. 그들은 여러 항구에서 대리인을 고용하였고, 대리인들은 대부분 선박이 입항하는 경우에 한해 비정규적으로 활용되었다. 만약 다른 대리인이 보다 좋은 조건으로 서비스를 제공하면 기존의 대리인을 교체하기도 하였다.[36] 동인도회사도 인도와의 무역 거래가 반복되자 인도에 회사 대리인을 주재시켰다. 원거리에 위치한다는 점과 통신망의 결여 등으로 대리인들을 효율적으로 관리하는 데 어려움을 겪었지만, 이들 대리인의 성장은 해운업이 무역에서 분화되는 데 중요한 역할을 했다.

물동량의 정규성이 증가하고, 중개인이 성장함에 따라 선주들은 다른 항로의 수익성을 평가할 수 있는 기회를 더 많이 가지게 되었고, 수익성이 더 좋은 항로로 선박을 전배轉配할 계획을 수립할 수 있게 되었다. 또한 국내·외 항구에 주재하고 있는 대리인이 해당 지역에서 선주의 업무를 처리하게 됨에 따라 선주들은 전체적인 계획을 수립하고, 다른 무역에도 참여할 수 있는 방안을 강구할 수 있었다. 이는 상인 선주의 구조를 약화시켰다. 중개인도 선주와 상인 사이에서 중요한 중개 역할을 함으로써 선주가 화물을 찾아다녀야 하는 번거로움에서 벗어나게 해주었다. 이 같은 해운 대리인과 선박 중개인의 성장은 직업적인 전문화 과정의 일부이기도 했지만,[37] 해운업이 무역업에서 독립하는 데 기여하였다.

---

36) Ville(1981), "James Kirton" 참조.
37) Ville(1990), *Transport*, p.80.

해운 전문인의 성장에 결정적인 영향을 미친 것은 해상무역의 팽창이었다. 1700년 1250만 파운드였던 영국의 공식 수출입 무역액은 1750년 2050만 파운드로 증가한 데 이어, 1800년에는 6920만 파운드로 증가했다.[38] 이처럼 해상무역이 팽창함에 따라 선주들은 더 이상 자기 자신이나 가계 내의 인력만으로 선박을 운항하는 데 한계에 부딪히게 되었다. 특히 18세기가 경과하는 동안 선박의 가동률이 꾸준히 증가함에 따라 선주들은 선박 관리, 해외에서의 화물 수배 및 판매, 선원 관리 등에 전문적인 지식을 갖춘 해운 대리인과 선박 중개인의 도움을 받지 않을 수 없게 되었다.

신문과 커피하우스의 성장도 전문 선주의 대두와 해운 전문인의 성장에 일정한 영향을 끼쳤다. 신문과 커피하우스는 17세기 후반에 출현했는데, 신속하고 정확한 뉴스는 해운과 외국 무역에 관심 있는 사람들에게 아주 중요했다. 17세기 말과 18세기 초에 대부분의 신문들은 선박이나 호송선의 안전한 도착, 선박 매매, 용선 등에 대한 광고를 게재했다. 신문에 게재된 광고 가운데 상당수가 해운과 관련된 것이었다.[39] 해운 광고 가운데 가장 많은 부분은 선박 경매와 관련되었는데, 선박 경매는 보통 커피하우스에서 열렸다. 17세기 중엽 커피하우스가 출현하기 이전에는 로얄 익스체인지 Royal Exchange가 무역과 해운에 관심 있는 사람들이 만날 수 있는 유일한 장소였다.[40] 따라서 17세기 내내 로얄 익스체인지가 런던에서 무역의 중심지 역할을 했다.

시일이 경과함에 따라 장내가 너무 번잡해지자 로얄 익스체인지는 정오부터 오후 2시까지만 개장하고, 무역의 성격과 항로에 따라 별도의 구획을 할당하기도 했다.[41] 그러나 이런 조치만으로 늘어나는 사람들을 수용할

---

38) Ashton(1961), Appendix Table XIV.
39) 17세기 말 각 언론에 실린 해운 관련 광고에 대해서는 Fayle(1933), *A Short History*, pp.207-208 참조.
40) Wright & Fayle(1928), *A History of Lloyd's*, p.6.
41) 로얄 익스체인지(Royal Exchange) 내의 각 항로별 구획 배치에 대해서는

수가 없었다. 상인들과 무역 관계자들은 로얄 익스체인지가 개장하기 전과 폐장하고 난 뒤에 선술집 tavern 이나 커피하우스에 모여 정보도 교환하고, 사업 얘기도 하고, 휴식을 취하기도 하였다. 1666년 런던 대화재로 옛 로얄 익스체인지가 전소되고 몇 년 동안 재건되지 못했다. 이에 로얄 익스체인지가 재건되기까지 상인들과 무역 관계자들은 부근의 선술집이나 당시 막 출현하기 시작하던 커피하우스에서 사업을 계속할 수밖에 없었다. 1669년 로얄 익스체인지가 재건되어 다시 무역의 중심지로 되돌아가기는 했지만 런던 대화재 이전과 같은 지위를 회복하지는 못했다. 그 결과 1700년경이 되면 로얄 익스체인지는 더 이상 무역의 중심지가 아니었다.[42]

　로얄 익스체인지가 점차 독점적 지위를 상실해가면서 무역과 사교의 중심지로 등장하기 시작한 것이 커피하우스였다. 1652년 영국 최초의 커피하우스가 개설되고, 1650~60년대부터 차·시간 teatime 에 커피를 상음常 飮 하는 관습이 시작되면서 런던 시내에 커피하우스가 급격하게 늘어났다. 그 결과 1708년에는 런던 시내에만 3000여 개의 커피하우스가 성업 중이었던 것으로 추산된다. 이는 런던 시내 각 도로마다 1~2개의 커피하우스가 있었다는 것을 의미한다 [43] 커피하우스는 모든 사람들에게 개방되기는 했지만, 초창기부터 비슷한 취향이나 직업을 가진 사람들이 특정 커피하우스를 중심으로 자연스럽게 집결하기 시작하였다.[44] 해운과 관련된 주요 업무도 커피하우스와 선술집에서 이루어졌다. 1692년에 로이즈 커피하우

　　Barty-King(1994), *Baltic Story*, p.ix에 첨부된 도면 참조.

42)　1702년 무명작가는 다음과 같이 적었다. "20여 년 전에는 로얄 익스체인지가 무역에 관련해서는 런던에서 제일가는 장소였지만, 이제는 … 구획의 절반이 비어 있다. 최근에는 로얄 익스체인지와 관련한 업체의 2/3가 인근의 선술집 (tavern), 커피하우스, 맥주집(Ale House) 등으로 옮겨간 상태다." Anno.(1702), *A Brief History of the Trade of England*, pp.152-153 ; quoted in Davis(1962), *Rise of English Shipping*, p.163.

43)　Wright & Fayle(1928), p.8 ; Gibb(1957), *Lloyd's of London*, pp.2-3.

44)　refere to Wright & Fayle(1928), p.9.

그림 1690~1700년경의 커피하우스 내부 모습

스Lloyd's Coffee House가 롬바드 가Lombard Street로 이주해 오면서 해운 및 무역의 중심지로 부상했다. 시일이 경과함에 따라 커피하우스도 항로별로 특화되었다. 자메이카 커피하우스Jamaica Coffee House는 서인도 무역에 종사하는 상인과 선주들이 드나들었고, 1744년에 설립된 버지니아 앤 볼틱 커피하우스Virginia & Baltick Coffee House에는 버지니아와 볼틱해 무역에 관계되는 상인들과 선장들이 정규적으로 출입하는 공공장소가 되었다. 그리고 콘힐Cornhill에 위치한 개러웨이즈 커피하우스Garraway's Coffee House에는 주로 동인도 무역 관련 상인, 선주, 중개인 등이 모여들었고, 개러웨이즈 커피하우스에 인접한 저루살렘 커피하우스Jerusalem coffee House에는 지중해 무역 관련 사람들이 출입하였다.[45] 이들 커피하우스의 성장은 해운 전문화에 크게 기여하였다.

---

45) Barty-King(1994), p.3 ; Fayle(1933), *A Short History*, p.209.

2. 제임스 키어튼의 사례

18세기가 경과하는 동안 해운 전문인의 수가 증가하기는 했지만, 직업적인 해운 전문인으로 활동하는 사람은 18세기 말까지도 그렇게 많지 않았다.[46] 따라서 18세기 말 이전의 해운 전문인들의 활동 내역에 대해서는 구체적으로 알려진 바가 없다. 그러던 중 1984년, 비일이 마이클 헨리 상사의 해운 대리인으로 활동한 제임스 키어튼James Kirton의 존재를 학계에 소개하였고, 이로써 비로소 산업혁명기 해운 대리인의 역할과 기능이 구체적으로 알려지게 되었다.[47]

1780년대에 헨리 상사의 선장으로 고용되었던 키어튼은 1790~91년에는 마이클 헨리 상사가 스톡튼Stockton의 조선소에 발주한 프리덤Freedom 호의 건조 작업을 감독했고, 1792~93년까지 프리덤 호의 선장으로 승선했다. 그리고 1794~97년까지는 자신이 지분을 보유하고 있던 프로비던스Providence 호의 선장으로 승선하였다가 1799년 말에 마이클 헨리의 요청에 따라 헨리 상사의 대리인으로서 육상에 정착하게 되었다. 키어튼은 선장이 선박의 지분을 공유한 뒤 딘독 신주로 독립해 가는 해운업의 고전적인 발전 과정을 극명하게 보여주는 예일 뿐 아니라, 산업혁명기 해운 전문인의 전형적인 예이기도 하였다. 여기에서는 비일이 분석한 키어튼 사례를 통해 산업혁명기 해운 전문인의 역할과 기능을 확인해 볼 것이다.

먼저 선장으로 오랫동안 승선 생활을 했던 키어튼이 헨리 상사의 해운

---

46) 1780년판 『켄트의 런던 상공인명록』(*Kent's London Directory*)에도 윌리엄 허치슨 (William Hutchison), 로버트 테일러(Robert Taylor), 허바트 부인과 도노반(Mrs. Hubbart and Donovan) 등이 선박 대리인(ship's agent)으로, 그리고 존 딕슨(John Dixon), 찰스 파울리스(Charles Foulis), 래시브룩 부인(Mrs. Lashbrook), 로이슨 (Rohissen) 등이 선박 관리인(husband)으로 등재되어 있는 정도였다. Davis (1962), *Rise of English Shipping*, p.89.

47) Ville(1981), "James Kirton", pp.149-161.

대리인으로 쉴즈Shields에 정착하게 된 배경부터 살펴보자. 프랑스 전쟁기 동안 동해안의 석탄 무역은 전쟁의 강약에 따라 단기적으로 급변하였다. 하우스만Hausman의 연구에 따르면, 평화가 지속되었던 1784~92년까지 평균 톤당 24실링이었던 런던의 석탄 가격은 프랑스 전쟁기(1793~1815)에 35실링으로 상승하였다.[48] 석탄 가격은 프랑스 전쟁기 동안 평화기에 비해 상승했을 뿐만 아니라, 전쟁기 중에는 전쟁의 강도에 따라 해마다 차이가 컸다. 런던의 석탄판매상조합에 인도된 가격을 기준으로 할 경우 전쟁 직전인 1792년에는 1촐드론chaldron당[49] 31실링이었으나, 전쟁 발발과 더불어 35실링으로 상승하였고, 1795년에는 42실링, 1797년에는 35실링, 1800년에는 52실링 등으로 등락을 거듭했다.[50] 해군 기지와 조선소에서의 석탄 수요는 특히 그 변동이 심하였다.

이처럼 석탄 무역의 시황을 예측할 수 없게 되자 주로 석탄 무역에 종사하던 마이클 헨리 상사에게는 현지 상황을 파악하는 일이 중요 관심사로 부각되었다. 헨리 상사에게는 자사선自社船의 선장이자, 지분 공유자인 키어튼만큼 이 임무를 잘 처리해줄 적임자가 달리 없었다. 키어튼으로서도 이미 나이가 든 상태였고, 선장이자 공동 선주로서 상당한 부를 축적한 상태였기 때문에 육상 정착을 원하고 있었다. 이에 서로의 이해관계가 맞아떨어져 1799년 말 마이클 헨리가 쉴즈 주재 대리인으로 활동해 주길 요청하자 키어튼은 이를 기꺼이 받아들였다. 마이클은 키어튼에게 해운 대리인으로 활동하는 대가로 매 항차당 1기니의 수수료를 지급하기로 하였다.[51]

---

48) Hausman(1987), "Comments", p.592.
49) 뉴캐슬의 chaldron은 53cwt 또는 약 2.65톤이고, 런던의 1 chaldron은 25.5cwt 또는 약 1.27톤이다. Mitchell(1948), *Abstract of British Historical Statistics*, pp.108 note 2 & 112 note 2.
50) Hausman(1984), "Size & Profitability", p.124 table 1.
51) Ville(1981), "James Kirton", p.150.

키어튼이 가장 일상적으로 처리해야 했던 일은 석탄 무역과 관련된 것이었다. 그는 석탄 무역의 시황을 헨리에게 보고하기도 하고,[52] 겨울철에 타인 Tyne 강이 결빙되었을 때 선박을 봄까지 대기하게 할 것인지 아니면 결빙되지 않는 다른 쪽 탄광으로 이동하여 선적할 것인지를 결정하기도 했다.[53] 그때 그때 현지 동향을 파악하여 보고하는 일도 빼놓을 수 없는 일 가운데 하나였다. 이 시기 석탄 무역에서 가장 중요한 관심사는 석탄 생산량을 조절하여 석탄 가격을 높게 유지하고자 석탄주들이 결성하였던 '판매의 제한Limitation of the Vend'이라는 단체의 활동이었다. 키어튼은 이들의 움직임에 대한 보고도 행하였다.[54]

당시에는 하역의 기계화가 거의 이루어지지 않은 상태였기 때문에 광부 pitmen, 석탄 운반용 거룻배 사공keelmen, 마부, 석탄 선적 인부staithmen, 바닥짐 하역 인부ballast heavers, 석탄 하역 인부coal heavers 등 여러 부류 사람들이 석탄 무역에 종사하였다. 이들은 적은 임금으로 고된 일에 종사하였기 때문에 자주 파업을 일으켰다. 이들의 파업은 곧 석탄 무역의 중단으로 이어졌기 때문에 이들의 동향, 특히 각 탄광마다 산출되는 석탄의 질에 차이가 있었기 때문에 어느 탄광에서 파업이 일어나는지를 파악하는 것은 키어튼에게 중요한 일 가운데 하나였다. 키어튼은 이들이 파업을 일으키는지를 주시하고, 실제로 파업이 일어났을 때는 여러 탄광의 상황을 보아가며 석탄을 제때에 확보하려고 노력하였다.[55] 이 밖에 키어튼은 광부와 석탄 운반용 거룻배 사공들의 동향에 대해서도 헨리에게 보고하였다.[56]

---

52) 키어튼(Kirton)은 1804년 5월 다음과 같이 써 보냈다. "현재 석탄 무역의 시황은 좋지 않은 것 같습니다. 저는 메멜(Memel) 운임은 35/(단위 누락)라고 들었습니다. 만약 이것이 사실이라면 36/(단위누락)인 단치히보다 더 좋다고 생각합니다." Ville(1981), p.151.
53) 1800년 1월 9일 타인(Tyne) 강이 폰톱스(Pontops) 탄광 입구까지 얼어붙자 키어튼은 결빙되지 않은 다른 탄광에서 선적하였다. Ville(1981), p.153.
54) Ville(1981), pp.152-153.
55) Ville(1981), p.152.

해운 대리인으로서 키어튼이 해야 할 가장 중요한 일은 역시 선박 운항과 관련된 일이었다. 키어튼은 1811년 포츠머스로 석탄을 운송할 선박 한 척을 용선하라는 지시를 받았으나 일이 여의치 않자 자기가 소유하고 있던 브리태니아Britannia 호를 보냈고, 1811년 4월에 플리머스의 조선소로 석탄을 운송할 선박 한 척을, 그리고 1818년 9월에는 고텐부르크Gothenburg 로 석탄을 운송할 선박 한 척을 각각 용선하였다. 키어튼은 용선계약이 체결되면 용선료의 2%를 수수료로 받았다.[57]

키어튼은 헨리 상사가 선박을 매각하는 일에도 깊이 관여하였다. 해운 대리인으로서 키어튼이 그 능력을 유감없이 발휘한 업무도 이 선박 매각 일이었다. 마이클과 조지프 헨리는 선박 자체에 대해서는 잘 몰랐기 때문에 선가를 지나치게 높게 책정한다던가 턱없이 낮게 책정하는 모습을 보였다. 헨리 상사는 1811년 살루스Salus 호의 매각을 요청했는데, 키어튼은 "살루스 호의 매각 상담은 다소 회의적입니다. ··· 만약 미국 항해가 가능하였던 3개월 전에 내놓았더라면 살루스 호는 귀하가 원하시는 가격을 받을 수 있었을 것이라고 확신합니다."라고 답신하였고, 1813년 앨리스Alice 호 매각 건에 대해서는 "귀하가 원하시는 가격에 앨리스 호를 팔 수 없을 것 같습니다. ··· 앨리스 호를 매각하기 위해 불필요한 비용을 지출해 보았자 소용 없을 것이라는 것이 저의 생각입니다."[58]라고 보고하였다. 실제로 경매에는 아무도 입찰하지 않아 헨리 상사는 앨리스 호를 몇 년 간 더 운항해야 했다.

하트 어브 오크Heart of Oak 호의 경우는 이와는 정반대였다. 1806년 9월 키어튼은 "배에 올라가 보았는데, 제 의견으로는 귀하가 제시한 가격보

---

56) Ville(1981), pp.155-156.
57) Ville(1981), pp.150, 156. 오늘날 용선 중개인은 용선료의 1.25%를 선주로부터 수수료로 받게 된다. 이를 감안하면 키어튼이 받은 용선 중개 수수료율은 오늘날 에 비해 다소 높았다고 할 수 있다.
58) Ville(1981), p.158.

다 더 받을 수 있을 것 같습니다. 화물창의 늑골도 아주 튼튼하고 다른 곳도 상태가 아주 좋습니다."라고 보고했다.[59] 선박 매각과 관련하여 키어튼의 능력이 가장 잘 발휘되었던 것은 1813년 3월 유로파Europa 호 매각 건에서였다. 키어튼은 선가로 1400파운드로 제시하였으나 구매자 측이 가격 인하를 요청하였다. 키어튼이 이를 거부하자 구매자 측은 협상을 중단하고 휘트비로 돌아가 버렸다. 그러나 며칠 뒤 구매자 측은 키어튼이 제시한 가격에 유로파 호를 사겠다고 통지해 왔다.[60]

이 밖에도 키어튼은 헨리 상사가 소유한 선박의 수리를 위해 조선소를 수배해 주기도 하고, 선장을 선임하는 일에 조언하기도 했으며, 임금 협상과 임금 지불 등 선원 관련 일도 처리했다. 그리고 선장에게 선용금을 전달하기도 하고, 선박 수리 비용도 정산하는 등 재정적인 업무도 맡아서 했다.

이상에서 살펴본 바와 같이, 키어튼은 헨리 상사의 대리인으로서 일반적인 무역 업무에서부터, 현지 동향 보고, 용선, 매선, 선박의 수리 및 건조, 선원 문제, 각종 회계 처리 등에 이르기까지 그야말로 선박 운항과 관련된 거의 모든 일을 처리하였다. 비일은 "키어튼이 수행한 다양한 역할을 고려할 때 그의 직업을 내리인agent이란 용어 외에는 달리 표현하기 힘들다."[61]고 단정지었다.

그러나 키어튼을 단순히 해운 대리인으로만 보기에는 무리가 있는 것 같다. 왜냐하면 키어튼이 전적으로 헨리 상사의 대리인 역할만 했던 것은 아니기 때문이다. 키어튼은 헨리 상사의 대리인으로 쉴즈에 주재하기 이전에 이미 공동 선주였고, 대리인으로 활동하는 동안에도 자기 선박을 보유하고 있었다. 따라서 헨리도 키어튼이 필요로 할 경우 그의 대리인 역할을 해주었다. 헨리 상사는 1820년 1월 키어튼을 위해 배 한 척을 구입하여

---

59) Ville(1981), p.159.
60) Ville(1981), p.159.
61) Ville(1981), p.149.

보험에 드는 문제를 처리해 주었다.[62] 이상을 종합해 볼 때, 키어튼이 단순히 해운 대리인 역할만 한 것은 아니었음이 명백하다.

키어튼이 선박과 관련된 거의 모든 일을 도맡다시피 하여 처리해 줄 수 있었던 것은 그가 헨리 상사의 대리인이었기 때문만은 아니었던 것이다. 오히려 키어튼과 헨리 상사 간에 맺어진 특수한 관계가 더 크게 작용한 것으로 보인다. 키어튼은 오랫동안 헨리 상사의 선박에 선장으로 승선하였고, 프로비던스 호의 지분을 일부 보유하고 있었다. 이는 헨리 상사의 대리인으로 선임되기 이전부터 키어튼이 이미 선박 관리인이자 공동 선주였음을 의미한다. 따라서 키어튼은 헨리 상사의 단순한 대리인이 아니라 동업자였다고 할 수 있다. 이들이 매우 긴밀한 관계였다는 것은 키어튼이 어려움에 처했을 때 헨리 상사가 도움을 준 사실로도 확인된다. 1815년 키어튼이 소유한 스네이크 Snake 호가 보르도로 항해하는 도중 존 터너 John Turner 선장이 정신이상을 일으켜 용선 계약이 취소되는 바람에 키어튼은 큰 손실을 입었으나, 헨리 상사의 도움으로 파산을 면할 수 있었다.[63]

이상에서 살펴본 바와 같이, 키어튼은, 비일의 판단처럼 단순한 해운 대리인에 그친 인물이 아니라 선박 관리인이자 선주였고, 헨리 상사의 동업자였다. 이런 측면에서 보면 그가 헨리 상사를 위해 처리해 주었던 많은 일들을 산업혁명기 해운 대리인의 일반적인 역할이라고 보기에는 다소 무리가 있다. 그러나 해운 대리인은 18세기 초에도 이미 용선, 화물 수배, 선원 관리, 선박 수리 및 매매, 건조 감독, 운임 수수 및 선박 운항에 따른 제반 비용 정산 등 주재하는 항구에서 실질적으로 선주가 해야 할 거의 모든 일을 대신 처리하였다. 따라서 키어튼이 헨리 상사를 위해 제공했던 용역들은 당시 일반적인 해운 대리인의 업무로 보아도 무방할

---

62) Ville(1981), pp.150-151, 160.
63) Ville(1981), p.160.

것 같다. 그러나 키어튼은 그 자신이 선주라는 지위에 있었고 또 오랫동안 선장으로 근무한 경험으로 선박 운항에 정통하였기 때문에 일반적인 해운 대리인보다 더 많은 재량권을 행사할 수 있었다.

II. 해상보험의 발전

선주들의 가장 큰 관심사 중 하나는 악천후 등과 같은 해상 고유의 위험 등으로부터 선박을 안전하게 운항하는 일이다. 특히 17~19세기 초에 이르기까지 전쟁이 단속적으로 계속되었기 때문에 선주들은 선박이 적의 해군과 사나포선privateer으로부터 침몰 또는 나포 될 경우에 대비해야 했다. 따라서 상인 선주 시대에는 선박을 소유하고 운항하는 데 따르는 위험을 분산시키기 위하여 선박을 공동으로 소유하는 것이 일반적이었다. 공동 선주들은 처음에는 선박의 운항에 따르는 이익과 손실을 지분에 따라 공동으로 분담하였다. 그러나 해상 물동량이 꾸준히 증가함에 따라 공동 선주 가운데 선박을 단독 소유하고, 또 여러 척을 동시에 소유하는 선주가 출현하기 시작하였다. 그러나 전쟁이 계속되면서 선박 운항에 따르는 위험을 선주 자신이 부담하기에는 한계에 이르렀다. 따라서 선주들 은 이제 해상보험의 도움을 받아야 했다.

17세기 대부분 기간 동안 해상으로 운송되는 화물을 보험에 드는 일은 매우 일반화되어 있었으나, 선박 자체를 보험에 드는 경우는 드물었다.[64] 따라서 선주들은 선박을 소유하고 운항하는 데 따르기 마련인 사고, 나포, 침몰 등으로 인해 발생하는 손해를 보전할 대안을 찾아야만 했다. 동인도회 사 등과 같은 특허 회사는 고가인 화물이나 선박, 그리고 전쟁기를 제외하고

---

64) Davis(1962), *Rise of English Shipping*, p.318.

는 자사가 위험을 부담하는 경향이 있었다.[65] 그러나 개인 선주들의 경우, 해상 위험을 단독으로 떠안기에는 부담이 너무 컸다. 따라서 개인 선주들은 선박 지분을 여러 명의 공동 선주들과 나누어 가짐으로써 위험을 분산시키려고 했다. 선박을 공동으로 소유하는 양상은 19세기까지 계속되었다.[66]

해상보험은 18세기 이전에는 전문적인 사업이 아니었고, 선주들도 위험을 자기가 부담self insure하거나, 개인 보험업자들이 해상보험을 전적으로 인수하였다. 실질적인 보험 업무는 대개 로얄 익스체인지 내에서 이루어졌지만, 상인들과 보험업자들이 선박에 관한 정보를 얻는 곳은 주로 커피하우스였다. 17세기 말에서 18세기 초반 동안 커피하우스의 단골들이 가져온 정보들로 인해 커피하우스는 정치·사회·상업의 중심지가 되었다.

1689년 2월경 타워 가Tower St.에 문을 연 로이즈 커피하우스도 당시 런던 시내에 자리잡은 수천 개의 커피하우스 가운데 하나였다. 에드워드 로이드가 설립한 로이즈 커피하우스에는 선주, 해상 보험업자, 보험 중개인, 선박 중개인, 해운 대리인 등이 출입했다. 이곳을 중심으로 활동하던 보험업자들이 성장하여 오늘날 세계 최대의 해상보험 시장인 로이즈Lloyd's를 형성하기에 이르렀고,[67] 부보된 선박의 등급을 매긴 『선박명부』를 발간하는 과정에서 로이즈 선급Lloyd's Register of Shipping이 탄생했다. 또한 커피하우스의 운영자는 출입자들에게 해상무역에 관한 정보를 제공하기 위해 1734년부터 『로이즈 리스트Lloyd's List』를 발간했는데, 이 신문은 오늘날 세계 최고의 해사 언론으로 성장했다. 말하자면 로이즈 커피하우스는 세계 해운업의 산파역을 담당했다고 할 수 있다.

---

65) Spooner(1983), *Risks at sea*, pp.143-144.
66) 1787년 런던 선박 300척 가운데 75%가 2명 이상의 선주가 공동으로 소유한 것으로 나타났다. Jarvis(1969), "18th Century London Shipping", p.414.
67) Hope(1990), *History of British Shipping*, p.255. 1989년 현재 로이즈는 세계 해상보험 시장의 18%를 점유하고 있다. 조동오(1993), 「로이즈의 법인회원제 도입에 관한 고찰」, 365쪽 각주 4.

로이즈 커피하우스는 1691년에 체신국 General Post Office이 자리잡은 롬바드 가 Lombard St. 16번지로 이전하면서 성장하기 시작했다. 당시 로이즈 커피하우스를 운영하고 있던 에드워드 로이드는 1695년에 단골들에게 해상무역과 관계된 정보를 제공해 손님들을 모으기 위해 1매짜리 소식지인 『로이즈 뉴스 Lloyd's News』를 주 3회 발행하기 시작했다. 『로이즈 뉴스』는 당시 발간되던 『포스트 보이 Post-Boy』, 『플라잉 포스트 Flying Post』 등에 실린 선박과 화물 동향을 그대로 전재한 것이었으나, 퀘이커 교도에 대한 오보가 문제가 되자 1697년 2월 23일 76호로 종간했다.[68]

로이즈 커피하우스에서 처음 선박경매가 이루어진 것은 1700년 2월이며, 이후 몇 년 동안 해군본부가 경매에 내놓은 나포선과 전리품, 기타 개인 선박과 포도주 등을 경매하는 중심지 가운데 하나로 성장했고, 1710년경에는 런던에서 가장 중요한 사업 장소가 되었다. 1720년대에 이르면 로얄 익스체인지와 로이즈 커피하우스를 중심으로 활동하던 개인 보험업자들이 해운과 관련된 거의 모든 손실을 인수했다.

당시 해상보험 거래는 흔히 오피스-키퍼 office-keeper로 알려진 해상보험 중개인들이 주로 담당하였는데, 이들이 피보험자와 보험입자를 연결해주었다.[69] 선박 보험은 일반 보험에 비해 부보액이 크므로 개인 보험업자 한 사람이 위험을 모두 인수하기란 불가능하다. 따라서 해상보험 중개인은 로얄 익스체인지나 로이즈 커피하우스 등을 돌아다니면서 보험을 인수할 사람을 물색하여 보험가액 保險價額이 충족되었을 때 보험 약관을 발부하게 된다. 그러나 만약 보험가액을 모두 인수할 개인 보험업자가 나타나지 않을 경우에는 중개인의 입장에서는 거래를 성사시키기 위해 거짓 이름을

---

68) Wright & Fayle(1928), pp.20-24. *Lloyd's News*는 1696년 9월 17일에 발간된 8호부터 보들리안(Bodleian) 도서관에 소장되어 있다.

69) 초기에는 중개인(broker)에 대한 인식이 좋지 못해 보통 오피스-키퍼란 용어를 사용하였으며, 1700년경이 되면 오피스-키퍼는 보통 해상보험 중개인을 가리키게 되었다. Gibb(1957), p.19.

약관에 기입하고 싶은 유혹에 빠지게 된다. 이 같은 사례는 비일비재하였을 것으로 보이지만, 선박이 사고가 나지 않을 경우에는 드러나지 않기 때문에 그렇게 큰 문제로 부각되지는 않았다.

하지만 이와 같은 문제점은 반시타아트 Vansittart 호 사건에서 적나라하게 노출되었다. 1700년 초 반시타아트 호가 멸실되었으나, 부보액 중 200파운드가 지불되지 않았다. 보험약관에 200파운드를 인수한 사람이 실존 인물이 아니었기 때문이다.[70] 18세기 초 익명의 청원자가 한 의원에게 보낸 편지에 당시 해상보험의 문제점이 잘 나타나 있다.

> 현재와 같은 체제 하에서는 저는 다음과 같은 방식으로 보험에 들게 됩니다. 먼저 저는 보험 중개인 office-keeper이 혼자 앉아 있는 사무실로 가야 합니다. 보험 중개인은 내가 가입할 약관을 누가 인수할지 알려줄 수도 없지만, 저는 제가 원하는 보보액을 인수할 수 있는 사람을 구해주도록 요청해야만 합니다. 만약에 부보액이 크다면, 보험 인수자를 찾을 때까지 어느 정도 시간이 걸릴 것입니다. 제가 원하는 약관을 인수하겠다는 사람이 나섰을 때에야 저는 얼굴도 모르던 보험 인수자의 이름을 겨우 알게 됩니다. 저의 전 재산이 왔다 갔다 하는 사업을 만족스럽게 시작한다는 것은 생각할 수도 없습니다.[71]

이러한 문제점을 근본적으로 해결하려면 자본금이 큰 조합이나 법인이 해상보험을 취급하게 해야 했다. 1717년 8월 로얄 익스체인지 내에 머서즈 홀Mercer's Hall Subscription로 알려진 단체가 결성되어 개인 보험업자가 장악하고 있던 선박 보험을 취급하려고 시도했다. 머서즈 홀은 100만 파운드의

---

70) Gibb(1957), p.22.
71) T.B., "A Letter to a Member of Parliament by a Merchant", British Library, 357 B.3.62.

자본금 모집이 완료되자, 1718년 1월 25일 300여 명의 서명을 받아 선박과 해상보험을 취급할 수 있도록 특허장을 발부해 달라는 청원을 추밀원에 접수하였다. 그러자 런던에서는 히드코트 Sir Gilbert Heathcote 의 주도 하에 375명이 반대 청원을 냈고, 브리스틀에서도 데이John Day 시장의 주도 하에 111명이 반대 청원을 제출하였다.[72] 양측의 청원을 검토한 수석 재판관 Attorney-General 노티 경 Sir Edward Northey과 수석 변호사 Solicitor-General인 톰슨 경 Sir William Thompson은 3월 12일 "유럽의 어느 나라도 선박보험을 취급하는 단체가 없다."는 이유를 들어 머서즈 홀의 청원을 기각했다.[73]

그러나 머서즈 홀은 엘리자베스 시대에 발부된 광물 채굴 특허권을 갖고 있던 한 단체의 특허권을 매입하여 1719년 3월부터 선박과 화물 보험을 인수하기 시작하였다. 머서즈 홀은 해상보험을 인수한 최초의 단체라고 할 수 있으나, 엄밀하게 얘기하면 불법적인 영업을 하였다고 할 수 있다. 그들이 인수한 특허장은 '광물 채굴권'에 관한 특허장이었기 때문이다.

단체가 정식 특허장을 확보해 선박보험을 취급하기 시작한 것은 '남해거품사건'이 터진 후인 1720년에 이르러서였다. 1720년 6월 22일 정부는 〈거품법 Bubble Act〉을[74] 통해 로얄 이스체인지 보험 Royal Exchange Assurance Corporation과 런던 보험 London Assurance Corporation에 해상보험을 취급할 수 있는 특허장을 발부했다. 이로써 두 보험회사는 해상보험을 취급한 최초의 특허 회사가 되었다. 그러나 거품법은 로얄 익스체인지 보험과 런던 보험 두 회사만이 해상보험을 취급할 수 있도록 규정했던 것은 아니다. 거품법에

---

72) Gibb(1957), p.27 ; Wright & Wright(1928), pp.44-45.
73) Wright & Fayle(1928), p.46. 물론 17세기 말에도 해상보험을 취급하는 단체를 설립하려는 움직임이 있었다. 윌리엄 3세가 즉위한 뒤 프랑스와의 전쟁으로 약 100여 척의 선박이 나포 또는 침몰되어 100만 파운드에 달하는 피해를 입게 되자 하원은 1694년 2월 27일 '상인보험업자법안'(Merchants Insurers Bill)을 성안하였으나 귀족원에서 부결된 바 있다.
74) 6 Geo. I, c.18.

서는 세 가지 형태로 해상보험을 취급할 수 있도록 허용했다. 첫째, 개인 보험업자나 특정인이 약관을 발행하거나 선박을 저당잡고 돈을 빌려줄 수 있다. 둘째, 어떤 개인이나 특정인이 단체나 조합의 소속원으로서 동업으로 또는 단체로, 또는 단체나 그 개인이 위험을 부담하는 조건 하에 약관을 발행하거나 선박을 저당잡고 돈을 빌려줄 수 있다. 셋째, 로얄 익스체인지 보험과 런던 보험 이외의 단체나 동업조합도 선박이나 해상의 상품을 부보받을 수 없고, 선박을 저당잡고 돈을 빌려줄 수 없다. 말하자면 〈거품법〉이 해상보험을 취급할 수 있게 허용해 준 것은 로얄 익스체인지 보험과 런던 보험, 그리고 자기 비용으로 위험을 인수하는 개인 보험업자들이었다.[75]

흔히 거품법은 로이즈와 두 특허 보험회사에 해상보험의 독점권을 인정한 것으로 얘기되지만, 실제로는 그렇지 않았다. 거품법으로 해상보험을 인수할 수 있도록 허용받은 사람이 반드시 로이즈 커피하우스에 출입할 필요는 없었다. 거품법은 로얄 익스체인지 보험과 런던 보험 이외의 단체나 사단, 조합 등이 해상보험을 취급하는 것만을 금지하였다.[76] 두 보험회사는 1721년 4월에 화재보험과 생명보험을 취급할 수 있는 특허장을 받았으나, 곧 자본금 부족으로 어려움을 겪고 해상보험보다는 화재보험과 생명보험에 치중하게 되었다. 게다가 이 두 특허 회사들은 고율의 보험 요율을 부과했고, 선가가 1만 파운드 이하의 선박은 부보받기를 자주 거부하였다.[77] 그 결과 18세기 내내 해상보험의 약 90%는 개인 보험업자들이 인수하였다.[78]

---

75) Gibb(1957), p.32.

76) 두 특허 회사의 특권적인 지위는 Indemnity Mutual Marine(1824)과 General Maritime(1830)과 같은 경쟁 보험회사들이 설립됨으로써 깨어졌다.

77) Armstrong and Bagwell(1983), "Coastal shipping", p.167.

78) Wright & Fayle(1928), p.67 ; Gibb(1957), p.33.

개인 보험업자들의 주 활동무대가 된 곳이 바로 로이즈 커피하우스였다. 물론 다른 커피하우스를 무대로 활동하던 보험업자들도 약관을 발행하기는 했다.[79] 그러나 18세기 내내 실질적으로 선박 경매와 해상보험 업무가 이루어지고, 선박 중개인들과 해상보험 중개인들의 주된 휴식처가 된 곳은 로이즈 커피하우스였다. 로이즈 커피하우스는 1713년 설립자인 에드워드 로이드가 사망하고 난 뒤 운영권이 여러 사람에게 넘어갔지만, 해운 관계자들과의 유대는 지속적으로 강화되었다.

로이즈 커피하우스는 18세기 초에 이미 선박 매매에 전문화되어 있었다. 1711년에 선박 15척에 대한 경매가 로이즈 커피하우스에서 이루어진다는 공고가 게재되었고,[80] 1719년 3월 3일과 7일에는 선박 중개인인 에이레 Samuel Eyre가 "오후 3시부터 로이즈 커피하우스에서 선박을 경매한다"[81]는 광고를 내기도 했다. 선박 매매는 로이즈 커피하우스에서 계속 이루어지기는 했지만, 거품법 이후 점차 해상보험이 중요성을 띠게 되었다. 1720년 이후부터 로이즈 커피하우스의 단골 손님들이 해상보험업계를 지배하기 시작하자 로이즈 커피하우스는 1720~30년대 동안 이미 해상보험의 본산으로 알려져 있었다.

로이즈 커피하우스 내에서 해상보험 업무의 비중이 커져 가자, 선박의 입·출항 동향과 화물 가격 등에 대한 정보 등을 다룰 전문적인 신문이 필요해지게 되었다. 물론 로이즈 커피하우스에는 당시 발간되는 신문들이 대부분 비치되어 있었지만, 신문 구독이 강제적이었던 데 비해 정작 해상보험이나 해운업자들이 필요로 하는 정보는 기껏해야 선박 경매에 대한

---

79) 이를테면, 세관(Custom House) 인근에 위치해 있던 샘즈 커피하우스(Sam's Coffee House)도 1786년 말까지 해상 보험업자들이 화물과 여객 수송 사업에 대해 선장들과 논의를 하는 장소로 이용되었다. Fayle(1933), *A Short History*, p.209.
80) Gibb(1957), p.18.
81) *The Daily Courant* 3rd & 7th Mar. 1719.

광고 정도만 게재되는 실정이었다. 그리하여 커피하우스의 운영자는 1734
년 4월경 영국의 주요 항구에서 외국무역에 종사하는 선박들의 입·출항
동향을 전하는 1매 짜리 소식지인 『로이즈 리스트』를 발간하기에 이르렀
다.[82] 『로이즈 리스트』는 처음에는 주간으로 발간되다가 1737년부터 주
2간으로 바뀌었고, 1837년 이후 현재까지 일간으로 발간되고 있다.

젬슨Jemson에 이어 로이즈 커피하우스를 운영하게 된 베이커Richard Baker
는 당시의 다른 신문들처럼 영국 내 각 항구에 통신인correspondent을 둔
것으로 보이지만, 현재 남아 있는 자료상으로는 1788년 영국과 아일랜드
주요 항구에 통신인을 두었다는 기록이 가장 오래된 것으로 확인되고
있다. 1792년 당시 『로이즈 리스트』는 28개 항구에 32명이 주재하고 있었던
것으로 나타난다. 『로이즈 리스트』의 통신인들은 우편료를 납부하지 않고
체신국장Post Master General 앞으로 서신을 보내면 체신국에서는 서신을
받은 즉시 로이즈 커피하우스의 지배인에게 전달해 주었다. 로이즈 커피
하우스는 이러한 업무 협조에 대한 대가로 체신국에 연간 200파운드를
지불했다.[83]

로이즈 커피하우스와 『로이즈 리스트』가 정부와 해사 관계자들에게
인정 받게 된 계기는 '젠킨스 선장의 귀Jenkins' ear' 사태로 촉발된 스페인과의
전쟁(1739~47)[84]이었다. 1739년 11월 버논Vernon 제독이 스페인령 아메리카

---

82) 로이즈 리스트는 1740년 1월 2일 560호 이후 것만 남아 있어 제1호가 언제
　　발간되었는지는 정확히 알 수 없지만, 대략 1734년 4월경으로 추측되고 있다.
　　라이트(Wright)와 페일(Fayle)은 비록 당시 소유주였던 토마스 젬슨(Thomas
　　Jemson)이 1734년 2월 15일에 사망하였지만, 로이즈 리스트를 창간하기까지
　　그가 많은 준비를 했을 것으로 보았다. Wright & Fayle(1928), pp.71, 73.
83) Wright & Fayle(1928), pp.74-75.
84) 1731년 서인도제도에서 영국으로 귀환하던 로버트 젠킨스(Robert Jenkins) 선장
　　이 귀항 도중 스페인 순시함에 체포되어 한 쪽 귀를 절단당하였다. 젠킨스
　　선장이 1738년 서민원에 출석하여 당시 사건을 증언하자 로버트 월폴 내각에
　　반대하던 많은 의원이 당시 비등하던 반 스페인 여론을 의식하여 월폴 내각을

식민지인 포르토벨로^{Portobello}를 점령했다는 소식이 상선 선장에 의해 로이즈 커피하우스에 전해졌다.[85] 로이즈 커피하우스의 지배인인 베이커는 이 소식을 즉시 월폴^{Walpole}에게 전했고, 하루 뒤에 통신선이 도착하여 승전보가 사실임을 확인시켜 주었다.[86] 이것을 계기로 로이즈 커피하우스와 『로이즈 리스트』의 영향력이 증대하였고, 1750년에 이르면 『로이즈 리스트』는 선박 뉴스^{Ships News}에서 가장 권위 있는 신문으로 인정받기에 이르렀다.[87]

로이즈 발전의 두 번째 단계는 『로이즈 선박명부^{Lloyd's Register Book}』의 발간이다. 로이즈 커피하우스가 해상보험의 중심지가 된 이래 처음 치르게 된 전쟁인 스페인 전쟁과 오스트리아 왕위계승전쟁(1740~48)으로 로이즈 커피하우스의 해상 보험업자들은 상당한 타격을 입었다. 『로이즈 리스트』에 게재된 것을 기준으로 하면, 1741년에 107척, 1744년 307척, 1747년

지지하는 쪽으로 선회하여 스페인과의 일전에 동조함으로써 1739년 10월 전쟁이 시작되었고 이는 오스트리아 왕위계승 전쟁(1740~48)으로 비화되었다. J.H. Parry, 김성준 역(1998), 『약탈의 역사』, 300쪽 〈좀 더 자세히〉 참조.

85) 당시 베론(Veron) 제독과 앤슨(Anson) 제독의 중남미 스페인령 원정에 대해서는 Mahan(1999), 『역사에 미치는 해양력의 영향』, 406~407쪽 참조.

86) 당시 기사는 다음과 같다. "롬바드 가에 위치한 로이즈 커피하우스의 지배인인 베이커(Baker) 씨가 버논(Vernon) 제독이 포르토벨로를 점령했다는 소식을 로버트 월폴 경(Sir Robert Walpole)에게 전하였다. 이는 이와 관련해 처음 알려진 소식이었고, 후에 사실임이 밝혀졌다. 월폴 경은 그에게 기꺼이 선물을 내릴 것을 명하였다. 베이커 씨는 자메이카에서 출항한 티치필드(Titchfield) 호의 가드너(Gardner) 선장에게서 이 소식을 전해들었다고 한다. 자메이카에서 (통신선인) 트라이엄프(Triumph) 호(Renton 선장)와 함께 출항한 티치필드 호는 트라이엄프 호보다 하루 전에 도버 항에 도착하였다." quoted in Wright & Fayle, *History of Lloyd's*, p.79. 포르토벨로 점령에 대한 버논 제독의 1739년 12월 2일자 공식보고서는 *Gentleman's Magazine*(1740), Vol.X, Mar. pp.124-125에 실려 있다.

87) 1750년 출간된 팸플릿 *A Summer Voyage to the Gulph of Venice in the Southwell Frigate*의 작자는 로이드를 "대중들에게 가장 최신 기사와 가장 신뢰할 수 있는 선박 뉴스를 제공하는 것으로 정평이 나 있다"고 평가하였다. quoted in Wright & Fayle(1928), p.83.

457척, 1748년 297척의 영국 선박이 멸실되었는데, 이러한 손실의 상당부분이 로이즈 해상 보험업자에 의해 보전되었다.[88] 따라서 해상 보험업자들은 자신이 인수한 선박에 대한 정보를 정확하게 파악하여 보험료를 결정하고자 했다. 이에 로이즈 커피하우스에 출입하던 해상 보험업자들은 조합society을 결성하고 자신들이 인수한 선박의 등급을 명시한 선박명부를 발간하기에 이르렀다.

현존하는 가장 오래된 『로이즈 선박명부』인 1764-65-66년판에 이 조합이 1760년에 결성되었다고 명시되어 있는 것으로 보아 최초의 선박명부는 1760년에 이미 간행되었을 것으로 추정된다.[89] 『로이즈 선박명부』는 1760년경부터 처음에는 2년마다 발간되다 몇 년 후에는 매년 발간되어 조합원들에게만 배포되었다. 이 『로이즈 선박명부』에는 선명, 선장 이름, 선적항, 톤수, 선주, 건조일, 의장품 등을 기재한 다음, 선체와 의장품의 상태에 따라 등급을 부여했다.[90]

『로이즈 선박명부』는 몇 가지 점에서 중요한 의미가 있었다. 우선은 『로이즈 선박명부』가 커피하우스 운영자가 아니라 그곳의 출입자들이 주축이 되어 만들어졌다는 점이다. 따라서 『로이즈 선박명부』는 처음부터 커피하우스의 소유물이 아니라 커피하우스에 출입하는 다수의 해상 보험업자들의 공유물이 되었다. 또한 『로이즈 선박명부』를 발간하기 위해 조합이 결성되었고, 선박명부를 관리할 위원회가 임명되었는데, 이는 로이즈 커피

---

88) Gibb(1957), p.39.
89) Wright & Fayle(1928), p.85. 1760년판이 설사 간행되었다 하더라도 그것은 여러 보험업자들이 사적으로 작성해 놓은 선박 관련 정보를 한데 모아놓은 것에 불과했을 가능성이 크다.
90) 총 1천 500여 척이 등재된 1764-65-65년판에는 선체는 A, E, I, O, U로, 의장품은 G(good), M(middling), B(bad)로 구분하여 등급을 부여했고, 1768~69년판에는 선체는 a, b, c로, 의장품은 I, II, III, IV로 구분하여 등급을 부여하였으며, 1775~76년판에서는 최고등급 선박을 A1 등과 같이 분류하였는데 이러한 분류 방식은 현재까지 로이즈선급(Lloyd's Register of Shipping)에서 그대로 사용되고 있다.

하우스를 무대로 활동하던 해상보험업자들이 정식 단체 formal corporation 를 형성하기 위한 첫 단계였다.[91]

로이즈 해상 보험업자들이 정식 단체를 형성한 것은 1771년에 이르러서였다. 롬바드 가의 로이즈 커피하우스 내에서 내기 보험과 투기 등이 성행하자 명성에 타격을 입을 것을 우려한 일부 출입자들이 사업 장소를 옮기기로 결정했다. 이들은 1769년 3월 21일 포프스 헤드 앨리 Pope's Head Alley 5번지에 '새 로이즈 커피하우스 New Lloyd's Coffee House'를 개설하고, 운영은 옛 로이즈 커피하우스의 웨이터였던 토마스 필딩 Thomas Fielding 에게 맡겼다. 그러나 새 로이즈 커피하우스가 낡고 비좁아 1771년 12월 13일 해상 보험업자, 중개인, 상인 등 79명이 100파운드씩을 출자하여 새로운 사업 장소를 물색하기로 결정했다. 1774년 3월 4일 출자자들은 총회를 열어 필딩을 수석 웨이터로 영입하고 테일러 Thomas Tayler 를 동업자로 참여시키며, 새로운 규칙을 제정하거나 규칙을 수정하기 위해 출자자 중 12명이 일주일 전에 사전 통보한 뒤 총회를 개최할 수 있다는 등의 사항을 의결했다.[92] 이로써 출자자들은 새 로이즈 커피하우스의 공동 소유주가 되었고, 새 로이즈는 정식 법인이 되었다. 새 로이즈는 총회 다음 날인 3월 5일 폐점하고, 3월 7일 로얄 익스체인지에 입주했다.

한편, 롬바드 가의 옛 로이즈 커피하우스는 1772년 이후 얼마 동안 『로이즈 리스트』를 간행하는 등의 사업을 계속했으나, 1783~86년 사이 어느 시점에선가 폐점하기에 이르렀다. 그에 따라 1788년 말까지 『새 로이즈 리스트 New Lloyd's List』를 간행해 오던 새 로이즈 커피하우스는 1789년 1월 1일부터 『로이즈 리스트』로 제호를 환원하여 계속 간행했다. 새 로이즈는 1779년 1월 12일 총회에서 로이즈의 통일 약관을 제정하기도 했다. 새 로이즈는 미국 독립전쟁과 프랑스 전쟁 동안 어려움을 겪으면서도

---

91) Wright & Fayle(1928), p.87.
92) Wright & Fayle(1928), pp.117-118.

한 번도 지불 불능 상태에 빠지지 않아 해상보험 분야에서 확고한 위치를 차지했다. 로얄 익스체인지에 입주하고 몇 년이 지나자 새 로이즈 출자자들은 해상보험에 관한 모든 문제를 규제하여 국가 내에서 유력자가 되었고, 해운 보호와 관련된 모든 문제에 대해 해군 본부로부터 자문을 요청받기도 했다. 그에 따라 로이즈의 회원 수[93]가 급증했다. 1771년 79명에 불과했던 회원 수는 1774년 4월에 179명으로 늘어났고, 1793년에는 수백 명, 1810년에는 1400~1500명, 1813년에는 2000여 명으로 추산되었다.[94] 1810년까지 런던에서 처리된 해상보험은 1억 파운드에 달한 것으로 추정된다.[95]

해상보험에서 로이즈가 차지하는 영향력이 증대하자 이에 대항하는 세력이 출현했다. 1806년 글로브 보험 Globe Insurance Company 은 해상보험을 할 수 있게 허용해 달라는 청원을 제출하였으나 기각되었다. 그러나 1810년 2월 28일 런던 상인들이 500만 파운드에 달하는 자본금으로 해상보험회사를 설립하겠다는 청원을 의회에 제출하자 글로브 보험도 청원을 다시 제출했다. 14명으로 구성된 조사위원회(의장 매닝 Manning)는 최종 보고서에서 특정 회사에만 해상보험 약관을 발부할 권한을 준 거품법을 폐지해야 한다고 의회에 건의했다. 그러나 의회는 이 법안을 토론없이 기각하였다. 이듬해 법안이 다시 상정되었으나 상정 여부를 묻는 투표에서 26 : 25로 기각되었다.[96] 이로써 로이즈는 1946년 〈보험회사법 Assurance Companies

---

93) 로이즈 회원이란 개념은 1800년 이전에는 없었다. 설립 초기에는 누구나 새 로이즈에 출입할 수 있었으나, 점차 출입하는 사람들이 많아지자 커피하우스 내에 출자자들만 출입할 수 있는 전용방을 만들고 연간 20파운드의 회비를 납부한 사람에게만 출입을 허용하였다. 그러다가 1800년 4월 2일 총회에서 로이즈의 회원(member)이 될 수 있는 사람을 '상인, 은행가, 보험업자, 보험중개인'으로 한정한 데 이어, 같은 해 8월에는 기존 회원 6명의 추천을 받고 15파운드의 회비를 납부한 사람에게만 전용방 출입을 허용했다. Wright & Fayle(1928), pp.120, 215.

94) Wright & Fayle(1928), pp.174, 218, 276.

95) Hope(1990), p.255.

96) 1810년 사태에 대해서는 Wright & Fayle(1928), Chap.XI 참조.

Act〉이 개인이 해상보험 약관을 발부할 수 있는 권한을 제한할 때까지 해상보험 업무를 거의 독점했다.

해상보험은 해상보험업자가 약관policy에 따라 선주가 입은 손해를 보상하는 방식과 선주상호보험조합P&I Club이 조합원인 선주가 입은 손해를 보상해 주는 방식으로 구분할 수 있는데, 이 두 방식 모두 18세기에 발전하기 시작했다. 로이즈는 해상보험업자가 약관을 발행하는 방식이라고 할 수 있다. 런던 이외의 외항에서도 해상보험업이 성장했다. 글래스고우Glasgow에서는 1744년에 선박과 화물 보험을 인수하기 위해 상인들이 한 서점에 모여 해상보험 업무를 처리하기 시작해 1778년에는 보험업자와 중개인이 사업규칙을 정하고 보험 업무를 보았다. 리버풀에서는 1802년 리버풀 보험업자 조합Liverpool Underwriters' Association이 결성되었고, 브리스틀, 뉴캐슬과 홀 등에서도 연안선과 근해선이 부보되었다. 그러나 영연방(U.K.) 전체 해상보험의 3/4 이상이 런던에서 이루어졌다.[97]

선주상호보험조합은 주로 북동 해안의 석탄 무역항을 중심으로 발전하기 시작했는데, 이는 로이즈 보험 시장에서 약관에 의해 보호를 받는 방법보다 훨씬 저렴하였다. 1780년대에 석탄 무역에 종사하는 수많은 선수들이 뉴캐슬Newcastle, 선더랜드Sunderland, 휘트비Whitby, 스카보러Scarborough 등의 상호보험조합에 선박을 부보하였다. 1810년 석탄 도매상인 토마스 길레스피Thomas Gilespy는 의회의 해상보험위원회에서 "북동 연안에 약 20개 이상의 조합이 있었다."[98]고 증언했다. 19세기 처음 10년 동안 몇 개의 조합이 런던에 형성되었고, 1803년에 런던 유니언 조합London Union Society이 설립되었다. 런던 유니언 조합은 1809년 조합원들에게 5%의 보험료를 부과하였는데,[99] 이는 당시 로이즈가 컬리어 선을 18~20%에 인수한 것에

---

97) Wright & Fayle(1928), pp.240-241.

98) *Report from the Select Committee on Marine Insurance*(1810), reprinted, 11 May, 1824, p.55.

비하면 훨씬 저렴한 것이었다.[100]

선주상호보험조합은 해상보험을 성장시키고, 보험 요율을 하락시켰다. 이들 상호보험조합은 18세기에 타인사이드 Tyneside 에서 출현하여 곧 다른 지역으로 퍼져나갔다. 상호보험조합은 주로 같은 항에서 활동하는 선주들로 구성되었는데, 이들은 연간 보험료를 납부함으로써 다른 선주의 선박도 서로 부보해 주었다.[101] 그들은 보통 상태가 좋은 선박만 부보받았고, 때때로 특정 해역에 배선하는 선박만으로 제한하기도 했다.[102]

이와 같이 18세기 동안 해상보험이 발달하게 되고 18세기 말에 이르면 대부분의 선박이 보험에 가입되었다.[103] 이 같은 해상보험의 발전은 단독 선주와 전문 선주가 성장할 수 있는 외적 토대가 되었다.[104]

최근의 연구에 따르면, 산업혁명기에 '급격한 경제적 도약'이 이루어졌다고 보는 로스토우 W. Rostow 의 견해는 점차 설득력을 잃어가고 있다.[105] 그렇다면 산업혁명기의 급격한 생산력 팽창에 따라 해상무역이 증가하여 해운업이 하나의 전문 산업으로 독립했다는 기존의 견해도 근거를 상실할 수밖에 없다. 물론 해운업이 하나의 전문 산업으로 독립한 이후에는 해상

---

99) *Report from the Select Committee on Marine Insurance*(1810), reprinted, 11 May, 1824, p.57.

100) Ville(1986), "Total factor Productivity in English Shipping", p.367.

101) 최초의 상호보험클럽은 1778년 노스 쉴즈(North Shields)에서 구성되었다. 1816년에는 타인사이드(Tyneside)에 9개의 상호보험클럽이 있었고, 1848년에는 노스 앤 사우스 쉴즈(North and South Shields)에 29개가 있었다. Armstrong and Bagwell(1983), "Coastal shipping", p.168 ; Bagwell and Armstrong(1988), "Coastal shipping", p.205.

102) Ville(1993), "Growth of Specialization", p.718.

103) Hope(1990), *History of British Shipping*, p.217.

104) Ville(1993), "Growth of Specialization", p.717.

105) Deane and Habakkuk(1963), "The Take-off in Britain", pp.63-82 ; Mokyr(1985), "Industrial Revolution", pp.1-23 ; Crafts(1985), *British Economic Growth* ; Harley (1993), "Reassessing the Industrial Revolution", pp.173-225.

물동량이라는 외적인 요인에 따라 해운 경기가 부침한다는 사실은 부인할 수 없다. 그러나 여기에서 간과해서는 안 될 사실은 해운업이 전문 산업으로 독립하기 이전에는 해상무역과 불가분의 관계에 있었다는 점이다. 따라서 해운업의 독립 과정을 살펴보려면 해상무역의 분화 과정에 초점을 맞출 필요가 있다.

위에서 살펴본 것과 같이, 상인 선주에서 일반 운송인으로 이행하는 데 필수 조건이라고 할 선박 관리인, 선박 중개인, 해운 대리인 등은 이미 17세기 말에서 18세기 초 사이에 등장하기 시작하여 18세기가 경과하는 동안 하나의 전문 직업으로서 인정받기에 이르렀고, 해운업을 외부에서 지탱해주는 해상보험업은 로이즈 커피하우스를 중심으로 성장을 거듭하여 1771년에 로이즈 단체가 형성될 정도로 발전하였다. 이 밖에 해운 중개업의 모태라고 할 수 있는 볼틱 익스체인지 Baltic Exchange of London 도 18세기 중엽 이후 지속적으로 성장하였다. 1744년 버지니아 앤 볼틱 커피하우스 The Virginia and Baltick Coffee-House 에서부터 출발한 볼틱 익스체인지는 1810년 볼틱 커피하우스 Baltic Coffee House 로 개명하고, 1823년에는 회원제 운영을 실시하여 오늘날과 같은 모습을 갖추었다.[106]

이렇게 보면, 결국 해운업이 해상무역에서 분화될 수 있는 여건은 이미 18세기 중엽에 거의 갖추어져 있었음을 알 수 있다. 이런 측면에서 전문 선주, 즉 일반 운송인의 대두는, "상인과 선주가 분리됨으로써 선박 소유의 집중화와 선박 관리의 전문화로 나아가기 위한 첫 단계"였다고[107] 본 데이비스의 견해와는 달리, 해운업이 무역업으로부터 독립하기 위한 마지막 단계였던 셈이다.

---

106) Barty-King(1994), Part I.

107) Davis(1962), *Rise of English Shipping*, p.89.

제12장

범선시대 유럽 상선 선장의 지위 변화

선장은 상법상 선박 소유자의 대리인으로서 '선적항 외에서 항해에 필요한 재판상 또는 재판 외의 모든 행위를 할 권한'(대한민국 상법 제749조)을 행사할 수 있을 뿐 아니라 이해관계인을 위한 적하 처분권(상법 752조)과 선적항 외 수리 불능시 선박 경매권(상법 제753조) 등을 행사할 수 있다. 나아가 선박 및 적하 등 물건에 미치는 가택권적 지배권(선원법 제11조), 선원과 여객에 대한 명령권(선원법 제6조, 25조, 26조), 그리고 선박을 영토의 연장으로 이해하여 일부국권－部國權의 행사권1) 등 이른바 선박권력 Schiffsgewalt까지 선장에게 부여하고 있다. 그 밖에 선원법에는 해원감독의 의무(제6조), 감항능력 검사의무(제7조), 선박서류 비치의무(제20조), 재선 의무(제10조), 항해성취 의무(제8조), 구조 의무(제13조), 선박운항에 관한 보고의무(제21조), 수장水葬 의무(제17조) 등도 선장에게 부여하고 있다.

이와 같이 선박 운항과 관련한 거의 모든 행위가 망라되어 있다는 점을 감안한다면, 선장은 막강한 권한을 통해 임금노동자인 뱃사람들을 착취하는

---

1) 사법 경찰관리의 직무를 행하는 자와 그 직무범위에 관한 법률 제7조에 "선장은 선상에서 발생하는 범죄에 관하여는 사법경찰관으로서의 직무를 행한다"고 정하고 있다.

'악마'와 같은 존재였다는 마티스 레디커의 주장이 일견 타당해 보이기도 한다.[2] 그러나 이미 필자가 그의 책에 대한 서평에서 지적한 바와 같이, 레디커는 두 가지 측면에서 오류를 범하고 있다. 첫째는 그가 해사법원의 재판기록을 사료로 활용하였다는 점이다. 그는 뱃사람과 선장이 반대 입장에서 진술한 내용을 분석함으로써 선주의 대리인인 선장과 임금노동자인 뱃사람을 대립시킬 수 있었다. 둘째는 18~19세기에 선장도 점차 임금노동자로 전락해가는 과정에 있었음에도 불구하고, 선장과 뱃사람을 대립시켜 선장을 '악마'로 단순 치환했다.[3] 나아가 레디커가 분석대상으로 삼은 것은 1700~1750년대의 잉글랜드와 아메리카 뱃사람들의 노동과 문화였기 때문에 그의 주장을 16~18세기 말까지 해당하는 대항해시대에 통시대通時代적으로 적용할 수 없다는 것은 너무나 자명하다. 그럼에도 일부에서는 레디커의 주장을 대항해시대에 일반적으로 적용할 수 있는 것처럼 서술하기도 한다.[4]

선장의 지위가 선주에서 공동 선주이자 선박 관리인, 그리고 선주의 피고용인(즉, 임금노동자)으로 지위가 하락해 왔다는 것은 주지의 사실이다.[5] 문제는 선장이 어느 시점에서 선주의 피고용인 내지는 임금노동자가 되었는가 하는 점이다. 여기에서는 선장이 막강한 권한을 지닌 공동 선주 내지는 선박 관리인에서 선주의 단순 피고용인이 되어 가는 과정을 추적해 볼 것이다. 그렇게 함으로써 선장이 선주의 피고용인, 즉 단순 임노동자가

---

2) Rediker(2001), 『악마와 검푸른 바다 사이에서』. 물론 레디커가 1700~1750년경 영국과 아메리카 상선을 대상으로 하였다는 점은 상기할 필요가 있다.
3) 김성준(2001), 「서평 : 자본주의 세계 일군 뱃사람들의 일상과 문화」, 21쪽.
4) 주경철은 15~18세기에 주목한다고 하면서도 '선원들의 삶'을 서술하는 장에서는 레디커의 주장을 그대로 인용하여 소개하고 있다. "근대 초 선원의 실제 생존 양태는 늘 죽음 앞에서 고통받는 비참한 존재였다. 레디커는 이에 대해 다음과 같이 설명한다. '평선원은 악마와 검푸른 바다 사이에 끼여 있다. 한편에는 선장이 있다.'" 주경철(2008), 『대항해시대』, 148쪽.
5) 김인현(2002), 『해상법연구』, 234~235쪽.

된 시점을 명확하게 제시해 볼 수 있을 것이다. 이를 논증하기 위해 두 가지 차원, 즉 당대의 법전과 안내서 등에 명시된 선장의 권한과 의무를 살펴보고, 실제 선박에 승무했던 선장들의 사례를 분석할 것이다. 이 연구는 선주 내지는 공동 선주의 지위에 있었던 선장이 선주의 대리인으로서 선박 관리 및 운항 책임자로, 나아가 단순한 임금노동자로 지위가 변화되어 가는 과정을 해명함으로써 선장이 뱃사람들의 대척점에 서 있었다는 레디커의 시각을 교정하는 데 도움이 될 것이다.

I. 법전과 안내서에 나타난 선장의 지위

프랑스에서는 이미 1681년에 해사칙령을 제정해 시행하였고, 1807년 나폴레옹이 대법전을 제정하면서 해상법전을 체계적으로 정리한 바 있다. 1681년 해사칙령은 15년에 걸쳐 영국계 판례와 네덜란드계 판례, 대서양 연안 해항도시의 관습 등을 상세히 수집하고 연구한 끝에 루이 14세 치하의 재상宰相 콜베르의 주도로 제정되었고, 1807년 나폴레옹 상법전 해상편은 1807년 해사칙령을 모태로 하고 그동안의 시대적 변화상을 반영하여 집대성한 것이다.[6]

19세기 초까지도 영국에서는 선장의 직무에 대해 명시적으로 규정한 법전이 없었다. 관습법의 전통이 강한 영국에서는 중세 이래 유럽 전역에서 통용되던 로도스 해법 Sea Law of the Rhodian 이나 올레롱 해법 Judgement of Oleron, 비스비 해법 Sea law of Wisby 이 있어서 따로 성문법을 성안할 필요성이 적었기 때문이다.[7] 1849년까지 존속하던 항해법은 영국 해상무역의 조장을

---

6) 채이식(2005), 『프랑스 해사칙령과 나폴레옹 상법전 해상편』, 11, 284쪽.
7) 1749년에 입법을 시도하였으나 채택되지 못하였다. 채이식, 『프랑스 해사칙령』, 8쪽 각주 11.

주된 목적으로 하였기 때문에 선장의 직무에 대해서는 구체적으로 적시하지 않았다.[8] 따라서 영국에서는 선박 조종, 항해, 화물 관리, 해상보험 등에 대해서는 전문가들이 편찬한 안내서 내지는 지침서가 보완적 역할을 했다.

이미 1676년 찰스 몰리Charles Molley가 『해사·무역론De Jure maritimo et navali』을 간행한 바 있고, 1788년에는 데이비드 스틸David Steel이 『선장과 선주를 위한 지침서Shipmaster's Assistant and Owner's Manual』를 출간했다. 1837년에는 조지프 블런트Joseph Blunt가 『선장 안내서 및 상업 집성Shipmaster's Assistant and Commercial Digest』을 뉴욕에서 출판해 각국의 항해법, 세관, 보험, 선원의 직무, 운임 등에 대해 종합적으로 소개하여 널리 보급되었다.

해상무역은 국제간 무역이고, 중세 이래 유럽 전역에 걸쳐 로도스 해법과 올레롱 해법이 널리 통용되어 왔다는 점에서 프랑스 해사법에 명시된 조항 중 특수한 일부 조항을 제외하고 선장의 직무와 같은 일반적 조항들은 유럽 전역에서 통용되었다고 보아도 될 것이다. 따라서 여기에서는 1681년 프랑스 해사칙령, 1807년 나폴레옹 대법전 해상편, 1837년 조지프 블런트의 지침서를 분석할 것이다.

1. 프랑스 해사칙령(1681)

1681년 프랑스 해사칙령[9]은 제1편 해사청의 조직과 권한, 제2편 해상에서의 인원과 선박, 제3편 해사 계약, 제4편 항만, 연안, 정박장 및 해안의 안전, 제5편 해상 어업 등 총 5편으로 구성되어 있다. 선장의 직무에 대해서는 제2편에 상세히 규정되어 있고, 제3편에도 부분적으로 언급되어 있다. 여기에서는 해사칙령의 조문 순서상 선장의 직무와 연관된 조항을 정리해 볼 것이다. 1681년 프랑스 해사칙령에서는 선장의 직무를 표 12-1과 같이

---

8) Reeves(1806), *The Law of Shipping and Navigation*.

9) L'Ordonnace de La Marine, Du Mois d'Août 1681.

규정하고 있다.

표 12-1. 1681년 프랑스 해사칙령 상의 선장의 직무

직무	규정	주체
·출항 신청 및 귀항 보고	1편 5장 6조	·maitre
·항해보고	1편 9장 27조	·maitre & capitaine
·선원 고용(선적지에서는 선주와 협의)	2편 1장 5조	·maitre
·발라스트와 적화의 적정 선적 여부와 닻, 선구, 항해 장비 등 확인	2편 1장 8조	·maitre
·모든 선적 화물의 책임	2편 1장 9조	·maitre
·갑판적 금지	2편 1장 12조	·maitre & patron
·출항시 선내 재선	2편 1장 13조	·maitre
·선박의 필요 경비를 선박 공유자가 지급 거절시 그 소유지분만큼 모험대차 가능	2편 1장 18조	·maitre
·범죄를 저지른 선원에 대해 처벌	2편 1장 22조	·maitre
·정오 위치 확인	2편 1장 25조	·maitre & capitaine
·다른 이해관계인들과 공동사업을 하는 항해의 경우 그들만의 별도 계산으로 사업하지 못함	2편 1장 28조	·maitre & patron
·출항 전 선주에게 사업계산서 제출	2편 1장 30조	·maitre
·귀항 후 잔존 물자 등 선주에게 반환	2편 1장 34조	·maitre
·계약은 선장이나 선주와 타방으로서 화주 사이에 체결	3편 1장 1조	
·항해 중 용선계약서나 선적 증서 구비	3편 1장10조	·maitre
·선하증권, 선적증서에 날인	3편 2장 1조	·maitre or ecrivain
·투하 시 선원 및 화주와 상의	3편 8장 1조	·maitre
·사망자 유품 목록표 작성 및 보관	3편 11장 5조	·maitre

표 12-1에서 본 바와 같이, 17세기 말 선장은 선원 고용, 선박 운항, 용선계약 체결, 모험대차 등 선박 운항은 물론 해상 사업의 상당 부분을 떠맡았다고 할 수 있다. 물론 선장의 행위에 대해 궁극적으로 책임을 져야 할 사람은 선박 소유자고,[10] 선박 소유자는 선박이 어디에 있든 임의로 선장maitre을 해고할 수 있었다[11]는 점에서 선장은 선박 소유자의 피고용인의 지위에 있었다는 점을 부정할 수는 없다.

---

10) 프랑스 해사칙령, 제8장 선박 소유자, 제2조, 『프랑스 해사칙령』, 109쪽.
11) 프랑스 해사칙령, 제8장 선박 소유자, 제2조, 『프랑스 해사칙령』, 111쪽.

그러나 17세기 말의 선장을 선박 소유자의 피고용인으로서 임금노동자에 불과했다고 단정하기에는 여러 가지 무리가 있다. 왜냐하면 선장이 선주의 대리인으로서 선박 운항을 책임진다는 관념이 매우 희박했고, 그에 따라 선박 소유자는 선장의 권한을 통제하기 위해 관리인patron (Latin: patronus)이나 서기 ecrivain(Latin: scribanus)를 동승시켜 선장maitre(영어: master)의 권한을 대행할 수 있도록 되어 있었기 때문이다. 관리인과 서기를 동승시키는 관습은 아말피 해법 Table of Amalfi에 기원을 둔 것으로, 관리인은 선주, 상인, 선원 등으로 구성된 모험조합의 조합원 가운데서 임명된 사람으로 모험사업을 전반적으로 관리하는 권한을 행사했고, 서기는 각종 사업 장부를 기록하고 보관하는 것을 주된 임무로 하였다.12) 또한 이 시기는 여전히 사무역이 해상무역의 일정 부분을 차지하고 있었다.13) 선장뿐 아니라 선원들도 운임을 내고 개인적으로 집화해 선적할 수 있었고,14) 선장이나 관리인은 공동사업이 아닌 경우에는 개인 무역을 할 수 있었으며, 서기도 개인 사업의 경우 개인 선적 화물에 대한 선하증권을 별도로 발행할 수 있었다.15)

이상에서 살펴본 바와 같이, 1681년 해사칙령의 규성을 기준으로 할 경우 17세기 말 선장은 법적으로 선박 소유자의 피고용인에 해당하기는 했지만, 공동 선주 내지는 선박 관리인의 지위도 겸하는 경우가 일반적이어

---

12) Fayle(2004), 『서양해운사』, 84쪽.
13) 선원들에게는 자신의 침실이나 화물창에 자기가 집화한 화물을 선적하여 그 운임을 챙기거나 자기 비용으로 구입한 화물을 운임을 내고 선적한 뒤 다른 지역에서 판매하여 그 차액을 챙기는 것이 관습적으로 인정되었는데, 이를 cabin freight라 한다. cabin freight에는 두 종류가 있었다. 선원들이 선내 공간을 할당받아 개인 화물을 선적할 수 있는 privilege, 운임을 내고 개인 화물을 선적하는 venture가 그것이었다. 레디커(2001), 126~127쪽.
14) 『프랑스 해사칙령』, 131쪽.
15) 제2편 제3장 제7조 서기가 자기 부모를 위해 서명하여 발행한 선하증권은 외국에서는 관할 영사가, 국내에서는 중요 선주가 확인을 한 경우에 비로소 그 효력이 생긴다. 채이식 옮김, 『프랑스 해사칙령』, 97쪽.

서 선원의 고용은 물론, 선박 운항과 용선 계약, 모험 대차 등 선박의 운항과 해상무역의 실질적 권한을 행사하는 지위에 있었다고 볼 수 있다.

2. 나폴레옹 상법전 해상편(1807)

나폴레옹 대법전 상법전 해상[16]편은 상법 전반을 규율하면서 제2편에 해상편을 두었는데, 1) 선박과 여타 해상구조물, 2) 선박의 압류 및 매매, 3) 선박 소유자, 4) 선장, 5) 선원 및 여타 해원의 고용과 급료, 6) 용선계약, 7) 선하증권, 8) 운임, 9) 모험대차계약, 10) 보험, 11) 해손, 12) 투하와 분담, 13) 시효, 14) 소멸 사유 등 총 14개 장으로 구성되어 있다. 나폴레옹 상법전은 근대적 의미의 최초의 상법전으로서 이후 독일 상법전의 기초가 되었다. 이것이 다시 일본 해상법에 채택되어 우리나라 상법에 전수되었다는 점에서 해상무역 및 운송업계의 역사적 발전 과정을 보여주는 본보기라고 할 수 있다.

나폴레옹 상법전 해상편이 1681년 해사칙령을 기본으로 했기 때문에 표 12-1의 내용과 중복되기는 하지만, 1807년 나폴레옹 대법전 상법전 해상편에 규정된 선장의 직무를 정리해 보면 표 12-2와 같다.

위에서 정리해 본 바와 같이, 나폴레옹 대법전 상법전 해상편은 법규상 1681년 해사칙령과 대동소이하나 125년이라는 시간의 경과를 반영한 듯 몇 가지 점에서 차이를 볼 수 있다. 우선 1681년 해사칙령에서는 오늘날 선장 역할을 할 수 있는 사람으로 maitre, capitaine, patron, ecrivain 등 4명이 적시되었으나, 1807년 나폴레옹 상법전 해상편에서는 capitaine으로 단일화되었다. 물론 4장 선장편에서는 221조에 "선박 또는 유사 구조물을 지휘해야 할 책임을 지고 있는 사람"을 "capitaine, maitre, ou patron"으로

---

16) Exposé des Motifs du Livre II du Code de Commerce, in CODE NAPOLÉON 1807.

표 12-2. 1807년 나폴레옹 상법전 해상편 상의 선장의 직무

직무	규정	주체
·선적한 적하 책임 및 선하증권 교부	4장 222조	·Il
·해원 고용	4장 223조	·Il
·인수 전 선박 검사	4장 224조	·capitaine
·선내 서류 비치	4장 226조	·capitaine
·입출항시 재선	4장 227조	·capitaine
·선박 및 적하의 사고 책임	4장 228조	·capitaine
·동의 없는 갑판적 화물 사고 책임	4장 229조	·capitaine
·선박의 필요 경비를 선박 공유자가 지급 거절시 그 소유지 분만큼 모험대차 가능	4장 233조	·capitaine
·긴급시 선박이나 선체 담보로 금전 차용하고 적하를 담보로 제공하거나 매각 가능	4장 234조	·capitaine
·귀항 전 계산서를 선주 또는 관리인에게 송부	4장 235조	·capitaine
·항해 완료 의무	4장 238조	·capitaine
·화물에 대해 이익 분배를 조건으로 항해하는 경우 자기 계산으로 암거래나 영리 활동 금지	4장 239조	·capitaine
·항해 보고	4장 242조	·capitaine
·선주의 허가와 운임 지불 하지 않고서는 화물을 개인 계산 으로 선적 금지	4장 251조	·capitaine et les gens

그 범위를 명기하였으나,[17] 그 밖의 조항에서는 모두 capitaine이란 단어만 사용하였다. 따라서 나폴레옹 내법선 상법전 해상편에 선장의 범위를 maitre, capitaine, patron으로 규정한 것은 과거 이들 3인이 동승했던 관례가 유습으로 남은 선언적인 조항에 불과하다고 해석해도 좋을 것이다.

그 밖에 1681년 해사칙령에서는 선하증권의 날인 및 교부를 서기ecrivain나 선장maitre이 할 수 있었으나, 1807년에는 선장으로 단일화되었다. 원어에는 3인칭 단수형인 'Il'(그)로만 되어 있는데, 전조인 221조에서 선장의 범위를 capitaine, maitre, patron으로 규정하였기 때문에 그 다음 조항인 222조의 'Il'은 221조에 규정된 3인 중 1인이라고 볼 수 있다. 그런데 화물의 책임 및 선하증권의 교부(222조)와 선원의 고용(223조)을 다룬 두 조항을 제외하면

---

17) 나폴레옹 상법전 해상편, 제221조.

모두 capitaine이란 단어만 사용했음을 고려한다면, 19세기 초 선하증권의 교부 또한 capitaine이 했다고 추론할 수 있다. 이는 선하증권을 다룬 제7장 282조에 "선하증권은 송화인^{chargeur} 및 선장^{capitaine}에 의해 서명되어야 한다."[18]는 규정으로 보다 분명해진다.

또한 1807년 나폴레옹 상법전 해상편과 1681년의 해사칙령에 나오는 선장의 직무에는 약간 차이가 있어 해상무역업계의 역사적 변화상을 감지할 수 있게 한다. 1681년 해사칙령에서는 포괄적 의미에서의 닻, 선구, 항해 장비에 대한 확인 의무, 출항 시의 재선 의무, 출항 전 사업계산서를 선주에게 제출할 의무를 선장에게 부여했다. 그러나 1807년 나폴레옹 상법전에서는 인수 전 선박의 검사 의무와 입출항 시 재선 의무, 귀항 전 사업계산서를 선주 또는 관리인에게 제출할 의무 등으로 규정이 약간 수정되었다. 우선 1681년의 포괄적 선박 검사 의무는 인수 전 선박 검사로, 출항 시 재선 의무는 입출항 시 재선 의무로, 사업계산서 제출 의무는 '출항 전 선주에게'에서 '귀항 전 선주 또는 관리인에게'로 변경되었다. 선박 검사 의무가 인수 전으로 그 시점이 바뀐 것은 17세기 말에 비해 19세기 초 선장의 책임 시점이 선박 인수 전, 즉 승선 전으로 구체화되었음을 의미함과 동시에 선장의 지위가 17세기 말 공동 선주 내지는 선박 관리인에서 선박 운항자로 변해 가고 있음을 보여준다. 또 사업계획서의 보고 시점이 출항 전에서 귀항 전으로 바뀐 것은 17세기 말 여전히 모험사업이라는 성격을 띠었던 해상무역업이 보다 정규화된 해상운송업으로 발전하고 있음을 보여준다.

선장의 직무 범위가 다소 약화되어 간 것을 보여주는 또 다른 조항은 용선계약의 체결 주체에 관한 것이다. 1681년 해사칙령에서는 용선계약을 선장이나 선주가 체결할 수 있는 것으로 규정하였으나, 1807년 나폴레옹 상법 해상편에서는 용선계약에 대해 "선박의 임차를 목적으로 하는 모든

---

18) 나폴레옹 상법전 해상편, 제282조.

계약은 반드시 서면에 의해 체결해야 한다"[19]고만 명시하였을 뿐, 계약 주체에 대한 언급은 없다. 이는 19세기 초에 이르면 이미 항해와 무역의 정규성이 어느 정도 확보되어 용선계약은 선주나 선주가 지명한 선박 관리인에 의한 체결이 관례화되었기 때문에 굳이 용선계약 당사자를 명기할 필요가 없어졌기 때문으로 풀이된다.[20]

이상에서 정리해 본 바와 같이, 1807년 나폴레옹 상법전 해상편에서 선장은 17세기 말보다는 그 직무와 역할이 점차 공동 선주 내지는 선박 관리인에서 선박 운항자로 축소되면서 점차 선주의 피고용인이라는 지위로 전락해 가는 과정에 있었다. 물론 선장이 여전히 자기 비용으로 화물을 집화하여 운임을 내고 선적하여 이익을 취하는 사무역을 행할 수 있었다.[21] 또한 긴급시 모험 대차를 하거나, 공동으로 항해사업을 하는 경우도 여전히 존재했다. 하지만, 이는 과거의 전례로서 행해지던 해운 무역업계의 잔재로 법제화된 것이라고 할 수 있다.

3. 조지프 블런트의 『선장 안내서 및 상업집성』(1837)

조지프 블런트 Joseph Blunt가 편찬한 『선장 안내서 및 상업집성』[22]은 찰스 몰리와 데이비드 스틸의 지침서 이후 새로 제정된 미합중국의 해상법을 반영해 유럽 대륙과 신대륙에 걸쳐 해상무역업계의 법과 관행 등을 광범위하게 수록한 책이다. 이 책은 선박, 항해, 선주, 선장, 선원, 운임, 해상보험,

---

19) 나폴레옹 상법전 해상편, 제273조.
20) 18세기 말에 이르면 해상 운송업은 이미 해상무역업에서 분화되어 하나의 전문 산업으로 독립되어 있었음이 밝혀진 바 있다. 김성준(2006), 『산업혁명과 해운산업』.
21) 나폴레옹 상법전 해상편, 제344조.
22) Blunt(1837), *Shipmaster's Assistant, and Commercial Digest.*

공동해손, 미국의 항만규칙, 주요 외국의 상업 관련 법규 등 총 28개 장으로 구분하여 해상무역에 종사하는 이해당사자들이 이해하기 쉽게 정리해 놓은 실무지침서라고 할 수 있다.

블런트의 『선장 안내서 및 상업집성』은 1837년 당시 세계 해상운송업계에서 통용되는 법과 관습을 종합적으로 정리해 놓은 지침서인 만큼, 선장의 권한, 책임, 의무도 체계적으로 잘 정리해 놓았다. 선장이 행사할 수 있는 **권한** authority으로는 ① 사관과 선원의 지명, ② 선내 질서와 평화 유지를 위한 선내 질서 위반자 처벌, ③ 선내 건강 유지, ④ 긴급한 수리를 위해 선주 비용으로 해외에서 금전 차용, ⑤ 긴급시 이해관계인의 이익을 위해 선박 및 화물 처분, ⑥ 항해 중 화물 투하시 해난보고서 제출, ⑦ 급박한 필요시 선박 매각, ⑧ 선박 운항과 관련하여 선주를 구속할 계약 체결, ⑨ 해외에서 용선계약 체결, ⑩ 운항 자금을 확보할 수 없을 경우 선박, 운임, 화물을 담보로 모험대차[23) 등이 있다.

선장의 **책임**responsibility으로는 ① 계약 완수, ② 충돌 사고시 모든 손해에 대해 선주와 함께 공동 책임, ③ 화물 적재 불량 등으로 야기된 화물 손해, ④ 선체 결함으로 인한 화물 사고시 선주와 함께 공동 책임, ⑤ 선내 비품과 선용품 공급[24) 등이 적시되어 있다. 마지막으로 블런트는 선장의 **의무** duty로 ① 선내의 질서와 규율 유지, ② 적절한 서류의 비치, ③ 입항국 항만 법규 준수, ④ 각국의 보건 및 세법 준수, ⑤ 발라스트 배출시 관련 법규 준수, ⑥ 불필요한 이로離路(deviation) 없는 직항, ⑦ 항해일지 기록 유지, ⑧ 여객 사망시 유품목록 작성 및 보관[25) 등을 열거하였다.

이상에서 살펴본 바와 같이, 1837년 당시 선장의 지위는 "해외에서 용선계

---

23) Blunt(1837), pp.151-154.
24) Blunt(1837), pp.154-156.
25) Blunt(1837), pp.156-158.

약을 체결하는 권한"을 제외하면 오늘날의 선장과 거의 동일한 의미의 선박 운항자였다. 즉 1807년 나폴레옹 대법전 상법 해상편에서의 선장은 여전히 사무역을 행하고, 선주와 공동으로 사업을 하는 경우가 있었다는 점에서 선박 관리인 겸 선박 운항자의 지위를 겸하였으나, 1837년의 선장은 사업 영역에서는 배제된 단순 선박 운항자로 그 권한과 역할이 축소된 것이다. 따라서 블런트는 선장의 법적 지위를 "선주의 법적 대리인legal agent or representative"으로 규정하고,[26] "선주들은 선박을 관리하고 운항하기 위해 선장을 대리인으로 고용한 것"일 뿐으로 선장은 "단순히 선주의 피고용인servant to the owner"에 불과하다고 단정하였다.[27] 이처럼 선장은 단순히 선주의 피고용인에 불과했기 때문에 선박을 의장할 책임은 선주에게 있었고, 선장의 태만으로 화물이 손상될 경우, 선박과 화물 가액을 한도로 그 책임 또한 선주에게 있었다.[28]

II. 사례에 나타난 선장의 지위

앞에서는 1681년, 1807년, 그리고 1837년의 해상법전과 해상 실무 안내서의 내용을 중심으로 선장의 지위가 공동 선주이자 선박 운항사→ 선박 관리인 겸 선박 운항자 → 선박 운항자로 변하였음을 확인할 수 있었다. 그렇다면 선장은 어느 시점에서 선주의 피고용인이 되어 선박 운항자로 그 권한이 축소되었을까? 이는 당대 선장의 항해기를 분석함으로써 확인할 수 있을 것이다. 여기에서는 18세기 초의 나타니엘 우링, 18세기 말의 사무엘 켈리와 리처드슨의 사례를 분석해 볼 것이다.

---

26) Blunt(1837), p.151.

27) Blunt(1837), p.148.

28) Blunt(1837), pp.148-149.

1. 나타니엘 우링(1702~1721)

1682년경 노퍽에서 태어난 나타니엘 우링 Nathaniel Uring 은 1697년 석탄 운반선에 선원으로 승선한 것을 시작으로 노예무역선의 2항사, 해군사관후보생, 우편선 선장 등의 경력을 쌓은 뒤 두 차례 해군 함장으로 복무하였고, 유럽, 서인도, 뉴 잉글랜드, 지중해 등의 무역에 종사한 뒤 1721년 하선하여 세인트 루시아 St. Lucia 의 부총독으로 활동하기도 한 18세기 초의 전형적인 선장이었다. 그의 항해기는 1726년 초판이 간행된 뒤 1727년과 1749년 2판과 3판이 출판되었으며, 1928년 제1판이 재간행되었다.[29]

여기에서는 우링의 항해기에 나타난 18세기 초 선장의 직무에 대해 정리해 보기로 한다. 우링이 견습 선원과 항해사로 승선한 배를 보면, 화물의 매입 및 매각은 화물감독 supercargo 의 소관이었고, 화물감독이나 선박 관리인이 승선하지 않을 경우에 한해 선장이 관할했다.[30] 1709년 우링은 처음으로 선장에 임명되어 보스톤과 서인도 무역에 종사했는데, 보스톤에서의 화물 매각과 화물 매입을 본인의 재량에 따라 행하였고, 배가 프랑스 사나포선에게 나포되자 "선주로부터 받은 구두 언질에 따라 배와 화물 값 400 파운드를 치르고 나포된 자기 배와 화물을 되샀다."[31] 1711년 우링은 슬루프 선의 선장으로 서인도 항로에 취항하였는데, 이 해역에 대한 항해 경험이 없었기 때문에 선주가 수로안내인을 동승시켰으나, 수로안내인 역시 이 해역에 대해 잘 알지 못해 결국 좌초하여 배를 포기하였다.[32] 1712년 자메이카에서 300 톤급 해밀턴 호의 선장으로 승선한 우링은 선원들을 직접 고용하여 수로안내인의 안내를 받으며 연안

---

29) Dewar(1928), *Voyages and Travel of Captain Nathaniel Uring.*
30) Dewar(1928), pp.6, 22-24.
31) Dewar(1928), p.86.
32) Dewar(1928), pp.117-118.

항해를 하여 선주가 체결한 계약에 따라 목재를 선적하고 리스본에 하륙한 뒤 설탕을 싣고 이탈리아로 가서 영국 영사의 자문을 받아 리보르노(영어명 Leghorn)에서 매각했다. 선저 손상이 심각하다고 판단한 우링은 차항 후 선박을 매각할 생각으로 고임금 선원들은 하선시키고 저임금 선원은 승선시켜 우링 자신의 판단에 따라 튀니스로 항해하여 제노바 향 올리브 기름을 운송하는 계약을 체결하였다.[33] 제노바와 리보르노에서 올리브 기름을 하륙한 우링 선장은 베네치아에서 밀을 싣고 카디스나 리스본에서 하륙하는 용선계약을 직접 체결하고, 리보르노로 먼저 항해하려고 했으나 바람이 좋지 않아 리스본에서 하륙한 뒤 "선령이 오래되어 완전히 낡아 더 이상 항해할 수 없다고 판단하여 포르투갈 해체업자에게 매각하였다." 우링이 공동 선주가 아니었음에도 불구하고 선박을 매각할 수 있었던 것은 "선주로부터 그 권한을 부여받았기 때문"이다.[34]

영국으로 귀환해 1년여를 쉰 우링은 1715년 공동 선주들과 함께 배를 건조해 자신이 직접 선장으로 승선하고 용선계약에 따라 포르투갈 항로에 취항하였다. 런던에서 대기하던 우링 선장은 최대 지분 선주가 리스본 향 대량 화물이 있는 것처럼 가장하며 출항을 미루자 선박 매각을 제안했다가 거절당하였다. 이에 본인의 지분을 다른 선장에게 팔아 버리고, 방고 갤리(Bagor Galley) 호의 지분을 매입했다.[35] 1719년부터 1721년까지 우링은 방고 갤리 호의 공동 선주이자 선장으로서 뉴 잉글랜드 및 온두라스 항로에 취항해 운임만 받고 화물을 운송했으며, 그 사이 1720년에는 슬루프 선 전체와 브리겐틴 선의 절반을 용선해 방고 갤리 호와 함께 목재를 운송하였다.[36]

---

33) Dewar(1928), pp.166-181.
34) Dewar(1928), pp.206-213.
35) Dewar(1928), pp.214-218.
36) Dewar(1928), pp.246.

이상에서 정리해 본 것과 같이, 18세기 초 우링 선장은 자신이 선박의 지분을 소유하지 않은 피고용 선장이었을 때조차도 화물의 매입과 매각, 용선계약, 선박 나포시 선박의 재매입, 선박 매각 등 오늘날의 견지에서 보면 선주의 고유 권한을 거의 행사하였다. 뿐만 아니라 선장은 선박의 지분을 매입해 공동 선주로서 자신의 지위를 격상시킬 수 있었다. 따라서 우링이 살던 18세기 초의 선장은 선박 운항자였을 뿐 아니라, 화물감독과 선박 관리인의 역할까지 겸하였으며, 본인의 역량에 따라 공동 선주라는 지위로 실로 막강한 권한을 행사할 수 있었다고 하겠다.

2. 사무엘 켈리(1778~1795)

1764년 선장인 마이클 켈리의 장남으로 태어난 사무엘 켈리Samuel Kelly는 14세 때인 1778년 우편선에 견습선원으로 승선한 것을 시작으로 1795년까지 17년 동안 승선 생활을 했다. 견습선원에서 항해사로 승선한 1778년에서 1789년까지 켈리의 배는 선주의 지시에 따라 선박을 운항하였던 것으로 보인다. 그의 항해기에는 그가 선장으로 승진한 1789년까지 화물의 매입 또는 매각에 관해 어떤 언급도 하지 않고 있다. 그가 선장으로 승선한 동안에도 한 차례를 제외하면 선적할 화물을 매입하거나 또는 용선계약을 체결하기 위한 업무를 수행했다는 것을 보여주는 기록이 없다. 1789년 선장의 전선轉船으로 선장으로 승진하게 된 켈리는 브리스틀에서 "리버풀 향 화물을 찾아 시내를 돌아다녀야 했다."[37] 선주의 지시에 따라 리버풀에서 존John 호로 전선한 켈리는 "선주로부터 운임을 받고 적당한 곳에서 화물을 선적할 재량권을 인정받아 바르셀로나 향 밀을 선적하는 용선계약을 체결했다."[38]

---

37) Garstin(1925), *Samuel Kelly*, p.166.
38) Garstin(1925), p.170.

이후 켈리는 전적으로 선주들의 지시에 따라 화물을 선적하고 하륙하는 전형적인 임노동 선장의 모습을 보여준다. 간혹 유럽으로 오는 귀항 항해시 운임을 받고 여객을 태우기도 하고, 선주로부터 "유럽의 아무 곳으로 가는 화물을 실을 재량권을 인정"[39]받기도 하지만, 대부분은 선주의 항해 지시서에 따른 항해였다. 18세기 말 켈리 선장은 어드벤처 Adventure 호를 통해 약간의 사적 이익을 취하기도 했지만, 잦은 전쟁에 따른 강제징집으로 선원이 모자라자 항해사와 함께 직접 페인트칠을 해야 할 상황에 처하기도 했다.[40] 자메이카에서 선원들이 특별 항해 수당의 지불을 요구하며 양묘 작업을 거부하자 지불 각서를 써주고 영국으로 귀환해 선원 1인당 45 기네아(47파운드 5쉴링)를 지불한 켈리는 고작 15 파운드의 월급밖에 받지 못하는 임노동 선장에 불과한 자신의 신세를 한탄하였다.[41]

이상에서 살펴본 바와 같이, 켈리 선장은 화물의 선적 또는 매각, 용선계약 체결에 대해서는 일부 선주들의 명백한 재량권 양허가 있는 경우를 제외하고는 극히 제한된 권한만을 행사했고, 선박의 매각 처분은, 선주들의 자문에 응하는 경우는 있었지만 일체 행사하지 못했다. 또한 선상에서 공동 선주로 그 지위가 상승해 갔던 우링에 비해 켈리는 시종일관 선주의 단순 피고용인에 불과했다.

3. 윌리엄 리처드슨(1780~1793)

1768년 더램 주 사우즈 쉴즈 South Shields에서 선장의 아들로 태어난 윌리엄 리처드슨 William Richardson은 39년 동안 승선 생활을 한 뒤 하선해 항해기

---

39) Garstin(1925), p.209.
40) Garstin(1925), p.292.
41) Garstin(1925), p.318.

초록을 남겼다. 이 초록은 1908년 스펜서 칠더스 Spencer Childers 에 의해 편집되어 런던에서 출판되었다.[42] 리처드슨은 선장인 아버지의 지도하에 착실히 선원이 되기 위한 항해 교육을 받고, 부친과 몇 차례 동승한 뒤 전문적인 선원 생활에 뛰어들었다. 그는 1781년부터 1792년까지 유럽 항로, 북미 항로, 노예 무역, 인도 항로 등에 취역해 선원 및 2항사로 승선했고, 1793년부터 1819년까지는 영국 해군에서 포술장 gunner 과 함장으로 승무하였다.

리처드슨의 배는 1784년 몇 차례 석탄 운송에 취항한 뒤 운임을 받고 아르항겔에서 타르를 선적하였고, 1785년에는 선주의 항해지시서에 따라 메멜에서 목재를 선적하였다.[43] 1786년에는 지중해 항로에서 화물의 선적과 매각을 관장하는 화물감독이 승선했고,[44] 1787년에는 스페인에서 최저 등급의 소금을 선적해 필라델피아로 항해해 소금을 매각했다. 당시 리처드슨이 승선한 포리스터 Forester 호의 선장은 "아일랜드나 아메리카로 가려 했으나 풍향을 고려하여 필라델피아로 향하였다."[45] 이를 감안하면 당시 포리스터 호의 선장은 소금의 선적과 매각에 대한 재량권을 행사했던 것으로 보인다.

리처드슨은 1790~1791년 사이에 기네아 항로와 노예 무역에 종사한 뒤 1791~1792년 사이에는 인도 항로에 취역하였다. 인도 항로에 취역하는 동안 몇 차례 전선하였는데, 그의 배는 쌀, 아편, 소금 등을 선적하였다. 1792년 캘커타에서 소금을 하륙하기 위해 대기하던 중 덴마크와 영국 사이에 전쟁이 발발하자 영국 해군이 정박 중이던 덴마크 상선을 나포하였다. 엘리어트 Elliot 선장이 이 나포선을 매입해 엘리자베스 호로 명명하였고,

---

42) Childers(1970), *A Mariner of England: William Richardson*.

43) Childers(1970), pp.17, 20.

44) Childers(1970), pp.21-25.

45) Childers(1970), p.27.

리처드슨은 엘리자베스 호의 2항사 겸 포술장으로 승선하였다.[46] 리처드슨은 엘리자베스 호의 용선 활동에 대해 별다른 언급을 하지 않았으나, 엘리어트 선장이 선주였기 때문에 화물의 선적과 하륙, 용선 활동, 선박 운항에 관한 모든 권한을 행사했다고 보아도 무방할 것이다. 리처드슨의 상선 경력은 1793년 해군에 징집되어 1819년까지 해군 함정에 승선함으로써 끝이 났다.

이상에서 정리해 본 바와 같이, 18세기 말 리처드슨의 항해기에 나타난 선장은 켈리와 마찬가지로 화물의 매입 또는 매각, 용선계약 등 상업 활동에서는 제한적인 재량권을 행사했고, 주로 선주의 피고용인으로서 선박 운항자라는 역할만 하는 지위에 있었다고 할 수 있다.

이상에서 17세기 말에서 19세기 초까지 상선 선장의 지위 변화 양상을 법적 제도적 측면에서는 프랑스의 1681년 해사칙령, 1807년 나폴레옹 대법전 상법전 해상편, 1837년 블런트의 『선장 안내서 및 상업집성』을 통해 분석해 보았고, 실제 인물로는 우링, 시무엘 켈리, 리저드슨 선장의 사례를 통해 실증해 보았다.

선장의 지위란 주로 선주 또는 선원과의 관계에 의해 결정된다. 선주와의 관계에서 선장의 지위는 선박의 운용operation과 관련한 권한, 즉 선박의 매각과 용선계약 체결 등의 권한을 행사할 수 있느냐의 여부에 따라 결정되고, 선원과의 관계에서 선장은 선박의 운항navigation과 관련한 권한, 즉 선원의 감독과 조선과 관련한 권한을 행사할 수 있느냐의 여부에 따라 결정된다. 이른바 상인-선주 시대에 선주이자 상인이 선장으로 직접 승선하는 극히 예외적인 경우를 제외하고, 선주들은 선장을 지분소유자로 끌어들

---

46) Childers(1970), p.92.

여 그에게 선박의 운용과 운항을 맡기는 것이 일반적이었다. 지분소유자 중 선장이 없을 경우 선박 관리인을 지정하여 선박을 운항하거나 또는 선장을 선박 관리인으로 삼아 운항하기도 했다. 또 다른 방식으로는 선장 외에 화물감독을 승선시켜 화물의 매입과 매각 등을 전담시키고, 선장에게 는 선박의 운항만 책임지게 할 수도 있었다. 공동 선주나 선박 관리인, 또는 화물감독 중 어느 경우든 선장이 선박의 운용과 관련한 권한, 즉 선박 매매와 용선계약, 또는 화물의 매입과 매각 등의 권한을 행사하고 있다면 이는 선주가 가진 권한을 행사한 것이라고 할 수 있다. 이 같은 권한을 행사하지 못하고 단순히 선박의 운항과 관련한 권한만 행사한다면 선장은 단순히 선주의 피고용인으로서 선박을 운항하는 임금노동자였다고 할 수 있다. 선박 운용과 선박 운항이라는 두 가지 차원에서 선장의 지위가 어떻게 변화해 왔는지를 정리해 보면 표 12-3과 같다.

표 12-3. 17~19세기 선장의 지위의 변화

연 대	전 거	선장의 지위
1681	프랑스 해사칙령	선박 운용: 공동 선주, 선박 관리인, 화물감독 선박 운항: 선박 운항자
1702~ 1721	우링 선장의 항해기	선박 운용: 공동 선주, 선박 관리인, 화물감독 선박 운항: 선박 운항자
1778~ 1795	켈리 선장의 항해기	선박 운용: 화물감독 선박 운항: 선박 운항자
1780~ 1819	리처드슨 선장의 항해기	선박 운용: 화물감독 선박 운항: 선박 운항자
1807	나폴레옹 대법전 상법전 해상편	선박 운항: 선박 운항자
1837	블런트의 『선장 안내서 및 상업 집성』	선박 운항: 선박 운항자

표 12-3에 나타난 바와 같이, 18세기 초까지 선장은 공동 선주이자 화물감 독, 선박 관리인, 선박 운항자로서 용선계약의 체결에서부터 화물의 매입과 매각, 선박 관리, 선박 운항을 자신의 재량권으로 행하는 실로 막강한 지위에 있었다. 그러나 18세기 말이 되면 선장은 선박의 운용과 관련한

해상海商 활동에서 손을 떼고 선박의 운항과 선박의 유지·관리에만 집중하는 선주의 피고용인에 지나지 않게 되었다. 공동 선주나 선박 관리인을 겸하게 될 경우 선장은 일종의 자본가로 볼 수 있으나, 단순히 선박의 운항만 책임지는 선주의 피고용인이 되었다는 것은 이제 선장도 임금노동자에 불과한 처지로 그 지위가 하락했음을 의미한다.

선장의 지위가 이렇게 선박 운항자로 축소된 근본적인 배경에는 해상무역의 정규성 증가, 해운 전문인의 등장, 해사 언론의 대두, 그리고 각종 안내서의 출간 등을 통해 선주 자신이 선박의 운항을 직접 통제할 수 있게 되었다는 시대적 상황이 있었다.

결론적으로 레디커가 1700~1750년 사이 선장의 존재를 보통 선원의 대척점에 선 악마로 본 것은 타당한 측면이 있다. 그러나 그의 주장을 범선시대의 선장과 선원의 관계로 일반화해서 보는 것은 잘못이다. 적어도 1780년대 선장의 지위는 이미 선주의 피고용인에 불과한 임노동자로 전락하여 일반 선원이나 별반 다를 것 없었기 때문이다.

제13장

프란시스 보퍼트 제독과 보퍼트 스케일

그림 13-1. 프란시스 보퍼트 제독 [1]

항해자들이 반드시 기억하고 감사해야 할 역사적 인물 셋을 들라면 게라르드 메르카토르, 프란시스 보퍼트 제독, 사무엘 플림솔 의원이다. 메르카토르는 1569년 세계전도를 제작함으로써 출발지와 목적지를 직선으로 연결하기만 하면 침로를 쉽게 정할 수 있게 했다는 점에서 항해사들의 노고를 크게 경감시켜 주었고, 사무엘 플림솔 의원은 선박에 짐

---

1) 'The Arctic Council discussing the plan of search for Sir John Franklin'이란 제하로 그려진 피어스(Pearce)의 1851년 단체작품 중 한 점으로 프란시스 보퍼트 제독만 단독으로 그린 초상화다. 원본은 영국 런던 국립초상화미술관(National Portrait Gallery)에 전시중이다. The Beaufort Scale, National Meteorological Library and Archive Fact Sheet 6, 2023, f.6.

을 실을 수 있는 최대한계인 만재흘수선^{load-line}의 도입을 법제화하는 데 앞장서 항해 안전을 제고시키는 데 결정적인 역할을 했다.

한편 프란시스 보퍼트 제독은 바람의 세기와 바다 상태를 숫자로 표시할 수 있게 해주었는데, 그것이 항해자들뿐 아니라 일반인들에게 어떠한 편의를 제공했는지는 뚜렷하지 않다. 풍력계급의 수치화가 해도나 만재흘수선에 비해 항해의 안전과 편의의 제고에 직접적인 영향을 주지는 못한다는 것은 사실이다. 하지만 바람과 바다의 상태가 항해에 결정적인 영향을 미쳤던 범선시대는 물론이고 현재의 동력선 시대에도 간단하면서도 객관적으로 기상 상태를 표현할 수 있게 하여 항해자들과 일반인들의 편의를 향상시키는 데 공헌하였다는 것은 부정할 수 없다. 이 글에서는 프란시스 보퍼트 제독의 삶과 보퍼트 스케일이 어떠한 과정을 거쳐 표준화되었는지를 정리해 볼 것이다.

I. 프란시스 보퍼트의 삶

프란시스 보퍼트^{Francis Beaufort} (1774~1857)는 1774년 5월 27일, 목사인 다니엘 보퍼트^{Daniel Augustus Beaufort}와 메리 보퍼트 Mary Beaufort(결혼 전 성은 Waller)의 2남3녀 중 차남으로 아일랜드 미스^{Meath} 카운티의 중심지인

그림 13-2. 보퍼트 제독의 생가(현재는 멸실)[2]

내번^{Navan}에서 태어났다. 보퍼트의 부친은 프랑스 위그노계 목사로 지도

---

2) Navan & District Historical Society, Sir Francis Beaufort.

학에 관심을 가져 1792년 아일랜드 상세도를 제작 발간하기도 했다.[3]

프란시스는 더블린 소재 데이비드 베이츠 군사해군학교 David Bates's Military and Naval Academy를 수학한 뒤, 헨리 어셔 Henry Ussher 교수에게 5개월간 천문학을 배웠다. 13세 무렵까지 기본교육을 마치고, 1787년 동인도회사의 선원이 되었으나 승선했던 반시타아트 Vansittart 호가 인도네시아로 항해하던 중 잘못된 해도 때문에 난파하는 경험을 했다. 이 사고로 선원 1명이 사망하였다. 보퍼트는 1790년 영국 해군에 입대해 실습사관 midshipman 으로 콜로서스 HMS Colossus 호와 레토나 HMS Latona 호에 승선했다. 레토나 호가 퇴역하자 1791년 5등급 전함인 아퀼론 HMS Aquilon 호로 전선했다. 1796년에 5월 10일 대위 lieutenant 로 진급한 보퍼트는 날씨에 관심을 갖게 되어 그의 일지에 '전반적인 날씨에 대해 짤막한 언급을 남기기도 했다.'[4]

1800년 보퍼트는 페이튼 HMS Phaeton 호 함장으로 승선해 말라가 해상봉쇄 작전에 참전했다. 당시 작전 계획은 어둠을 이용해 스페인 선박으로 몰래 접근해 승선하는 것이었는데, 일이 여의치 않아 페이튼 호가 발각되어 신호탄이 터지며 현장을 밝히자 다른 배에서 머스킷총을 쏘기 시작했다. 보퍼트와 그의 동료들은 스페인 선박 옆에 도달해 급히 올라타기 시작했으나, 한 선원이 날아오는 총탄에 목을 관통 당하는 부상을 입었다. 보퍼트 역시 옆으로 몸을 기울여 내려왔는데, 스페인인이 휘두르는 칼에 머리와 정강이가 각각 한 번씩 베임을 당했다. 그리고 몸부림치며 계속 전투를 벌이던 그는 근접 사격 범위에서 동료들을 살피려 몸을 돌렸다가 가슴과 왼팔에 총상을 입었다. 그럼에도 불구하고 싸움을 계속하던 보퍼트는 마침내 승리가 눈앞에 보이는 순간, 옆구리에 두 번째 총상을 입었고 계류 케이블을 끊으라는 명령을 내리고 의식을 잃었다.[5] 보퍼트는 전과를 인정받

---

3) Maria Edgeworth Centre, "Francis Beaufort."
4) Maria Edgeworth Centre, "Francis Beaufort."
5) Flanagan(2003), "Legends of Irish Life : No.19, Francis Beaufort", pp.14-15.

아 1800년 11월 중령으로 진급했다. 부상에서 회복한 보퍼트는 1803~04년 까지 육상에 머물며 더블린에서 갤웨이Galway 간 전신선을 부설하는 친척의 사업을 도왔다.

1805년 울위치HMS Woolwich 호의 함장으로 승선한 보퍼트 중령은 1807년 남미의 라플라타 강Rio de la Plata 유역 150마일을 측량했다. 해군본부 수로국의 초대 수로관이었던 알렉산더 달림플Alexander Dalrymple(1752~1808)은 1808년 3월, 보퍼트의 라플라타 강 측량에 대해 다음과 같이 썼다.

> 보퍼트 함장은 라 플라타 강에 머문 지 한 달 만에 그곳의 위험에 대해 올바르게 인식하기 위한 지식을 얻는 데 있어 지금까지 모든 사람들이 이룬 것보다 훨씬 더 많은 일을 해냈다. 그리고 그는 해군본부의 '매우 저명한 해군장교'가 보퍼트에 대해 한 말이라며 다음과 같이 인용했다. "우리 해군에는 전문 지식과 능력 면에서 그에 필적할 만한 장교가 한 명도 없습니다. 그리고 열정과 인내심에서는 누구도 그를 능가할 수 없습니다."6)

1809년 보퍼트는 포스트-캡틴post-captain으로 승진해 프레데릭스틴HMS Frederikstein 호의 함장으로서 1810~12년 사이에 아나톨리아 남부 해안을 측량했다. 라플라타 강과 소아시아 해안에 대한 이 측량 결과는 1817년에 출간되었다.7) 보퍼트는 1812년 소아시아 해안을 측량하던 중 지역 파샤pasha와의 충돌로 튀르키에 함대와 벌어진 전투에서 심한 부상을 입었다. 1813년 그는 해군본부의 허가를 받아 집에서 요양하였다.

1829년 현역 포스트-캡틴의 지위로 제4대 해군수로관Hydrographer of the

---

6) National Maritime Museum of Ireland, "Francis Beaufort, (Wind Scale)."

7) *Karamania, or a brief description of the south coast of Asia Minor, and of the remains of antiquity.*

Navy에 임명되었다. 해군수로관은 1795년 8월 12일 설립된 영국 해군본부 산하 수로국Hydrographic Office의 총 책임자로, 프란시스 보퍼트는 1829년부터 1855년까지 수로관직을 역임하였다. 그가 수로관으로 있는 동안 1833년 『어드미럴티 조석표 Admiralty Tide Tables』가 최초로 간행되었고, 1834년에는 최초의 『항행통보 Notice to Mariners』가 간행되었다. 보퍼트가 수로관직에 취임한 1829년 당시 불과 수백여 종에 불과했던 표준해도의 수는 그가 은퇴한 1855년까지 거의 2천 종으로 증가했다.[8]

보퍼트는 1831년 비글HMS Beagle 호의 탐사 항해에 수로측량가로 동승해 전임 함장의 자살로 함장에 임명된 로버트 핏츠로이Robert FitzRoy(1805~1865)를 훈련시켰다. 1831~36년까지 이어진 비글 호의 이 탐사 항해에는 찰스 다윈Charles Darwin(1809~1882)이 객원 자연과학자로 승선했다. 당시 23세의 젊은 박물학도에 불과했던 다윈이 비글 호에 승선할 수 있었던 데는 핏츠로이 함장, 프란시스 보퍼트, 필립 킹Phillip Parker King 함장이 결정적인 역할을 했다.[9] 핏츠로이 함장은 다음과 같이 적었다.

나는 수로측량관(프란시스 보퍼트)에게 먼 나라들을 방문해 아직 잘 알려지지 않은 곳들을 탐험할 기회를 얻기 위해, 내가 제공할 수 있는 편의시설을 기꺼이 함께할 학식 있고 과학적인 인물을 찾아야 한다고 제안하였다. 보퍼트 함장은 이 제안을 승인하고 케임브리지 대학의 피콕 Peacock 교수에게 편지를 보냈으며, 피콕 교수는 친구인 헨슬로 Henslow 교수와 상의한 뒤 찰스 다윈 씨를 추천하였다. 다윈 씨는 능력

---

8) MacWilliams(1995), *Irish Times*, 12 August.
9) Brian Abbot(2019), "HMS Beagle 1831-36 and Charles Darwin-The Role of Phillip Parker King and his colleague the hydrographer Francis Beaufort", November, p.1.

있는 유망한 젊은이로, 지질학은 물론 자연사의 모든 분야에 큰 애정을 가지고 있었다. 그 결과 다윈 씨에게 비글 호에 객원연구원으로 함께할 것을 제안하게 되었다.10)

다윈은 이 항해에서의 연구결과를 바탕으로 1859년『종의 기원』을 출간하여 지성계를 뒤흔들었다. 다윈은 비글 호 항해를 "삶에서 가장 중요한 사건이자 자신의 경력 전체를 결정지었다"고 자평하였다.11)

1831년 12월부터 1836년 10월까지 진행된 비글 호 항해에서 보퍼트 스케일이 영국 해군에서 처음으로 공식적으로 사용되었다. 보퍼트는 1839년에서 1843년까지 이어진 제임스 로스James Clark Ross의 북극 탐사 항해에 동승하기도 했다. 그는 1846년 10월 1일, 72세의 나이에 예비역 해군소장으로 퇴역하고, 1848년 4월 29일에는 바스 기사단장Knight Commander of the Order of the Bath 작위를 받고 '기사'로 서임되었다. 써 프란시스 보퍼트Sir Francis Beaufort는 1855년까지 해군 수로관으로 근무하다 은퇴한 뒤 1857년 12월 17일에 83세로 사망하였다. 그의 묘소는 런던 해크니Hackney의 세인트 존 교회 묘역St. John Church garden에 있다.12)

프란시스 보퍼트는 1812년 12월, 자신이 승선한 첫 번째 배의 선장의 딸인 알리시아 막달레나 윌슨Alicia Magdalena Wilson과 결혼해 일곱 명의 자녀를 두었다. 1834년 첫 부인 알리시아가 사망한 뒤 1838년 리처드 에지워스Richard Edgeworth의 딸인 호노라Honora와 재혼하였다. 프란시스 보퍼트는 런던의 유니버시티 컬리지University College를 설립한 주요 인물이

---

10) P.P. King, R. FitzRoy and C. Darwin(1839), *Narrative of the Surveying Voyages of HMS Adventure and Beagle* Vol.2, London, p.18 ; cited by Abbot(2019), p.2.

11) Nora Barlow ed.(1958), *The Autobiography of Charles Darwin 1809-1882*, London, p.71.

12) The Beaufort Scale. http://en.wikipedia.org/wiki/Francis_Beaufort(2025.3.20.)

었고, 왕립도선및조석항위원회Royal commission of Pilotage and Tidal Harbours와 토마스 드러먼드 의회경계위원회Thomas Drummond's Commission's Parliamentary Boundary Commission의 위원을 역임하였다.[13]

II. 보퍼트 풍력계급

우리가 오늘날 기상 상태를 언급할 때 사용하는 기준이 보퍼트 스케일 Beaufort scale 또는 보퍼트 풍력계급이다. 명칭에서 알 수 있듯이, 보퍼트 풍력계급은 프란시스 보퍼트가 1806년에 표준화한 풍력계급으로 해상 상태와 바람의 세기를 13등급으로 나눈 것이다.

풍력의 등급화는 보퍼트 이전에도 다니엘 디포Daniel Defoe(c.1661~1731)를 비롯하여 여러 사람이 시도한 바 있었다. 다니엘 디포는 1704년 『최근 육해상에서 발생한 폭풍우로 인해 발생한 주목할 만한 인명사고 모음A Collection of the most remarkable Casualties and Disasters which happened in the late dreadful Tempest both by Sea and Land』이라는 책에서 당시

표 13-1. 다니엘 디포가 소개한 풍력계급

Number	Specification
1	Stark calm
2	Calm weather
3	Little wind
4	A fine breeze
5	A small gale
6	A fresh gale
7	A topsail gale
8	Blows fresh
9	A had gale of wind
10	A fret of wind
11	A storm
12	A tempest

선원들이 사용하는 'Table of Degrees'라는 풍력계급을 소개하였다. 이 표에서는 풍력을 아래와 같이 12등급으로 구분하였다.

항해일지에 기상 상태를 기록하는 일은 1660년 이후 점차 일반화되었고,

---

13) Dictionary of Irish Biography, "Sir Francis Beaufort". https://www.dib.ie/biography/beaufort-sir-francis-a0523(2025.3.3)

1723년에는 왕립학회 Royal Society 의 사무국장 제임스 쥬린 James Jurin (1684~ 1750)이 '바람의 세기에 따라 기상 상태를 관측하고 기록할 것'을 권고하기도 했다.[14] 18세기 영국 해군에서는 기상관측을 정규적으로 실시하고 일지에 기록했지만, 이를 표현할 일정한 표준이 없었다. 이를테면 '잔잔한 바람'일 경우, 관측자에 따라 'stiff breeze'나 'soft breeze' 등으로 제각각 기록되었다.

표 13-2. 1780년대 팔츠 기상협회의 풍력계급

Number	Specification
0	calm
1	leaves rustles
2	small branches move
3	large branches in motion and dust swirls up from the ground
4	twigs and branches break off trees

표 13-3. 라우스가 분류한 바람의 속력과 풍력

바람	시간당 속력(mile)
Almost calm	1
Just perceptible	2
	3
Gentle breeze	4
	5
Fresh breeze	10
	15
Fresh gale	20
	25
Strong gale	30
	35
Hard gale	40
	45
Storm	50
Violent hurricanes, Tempest, etc.	60
	80
	100

---

14) The Beaufort Scale, National Meteorological Library and Archive Fact Sheet 6, 2023, f.4.

1780년대에는 세계 최초의 기상 관련 단체인 독일 만하임의 팔츠 기상협회 Palatine Meteorological Society of Mannheim가 발간한 달력에서 바람의 세기를 0~4등급까지 다섯 등급으로 나누었다.[15] 1801년에는 영국 동인도회사의 제임스 캐퍼 James Capper(1743~1825)가 『풍력과 몬순 관측*Observations on the Winds and monsoons*』이라는 책자에서 라우스 Mr. Rous라는 사람이 사용했다는 풍력 9등급을 소개하기도 했다.

프란시스 보퍼트는 1806년 울위치 호에 함장으로 승선하고 있을 때 이것들을 참조하여 자신의 풍력계급을 고안했다. 그는 1806년 1월 13일자 개인 일지에 "오늘부터 풍력계급을 다음 표에 따라 측정할 것이다. 왜냐하면, '온화'하다거나 '흐리다'는 옛 표현들보다 바람과 날씨의 불확실한 상태를 더 정확히 전달할 수 있는 것은 없기 때문이다."라고 적었다. 그는 이어 '잔잔한 바람', '중간 바람', '신선한 바람' 등과 같은 등급별 표현을 포함한 자신의 바람 척도를 설명했다. 이 척도는 독창적인 것이 아닌데, 1789년 영국의 수로학자이자 초대 영국 수로국장이었던 알렉산더 달림플이 작성한 버전을 바탕으로 한 것이었다. 다만, 보퍼트는 그 개념을 대폭 확장하여 현재 그의 이름을 딴 바람의 등급이 탄생하는 길을 열었다. 보퍼트는 1807년에 1~2계급을 합쳐 0~12등급으로 확정하였다.[16]

사적인 풍력 분류였던 보퍼트 스케일은 보퍼트가 1831년 12월 비글 HMS Beagle 호 항해에 수로측량 전문가로 동승함으로써 영국 해군에서 처음으로 공식적으로 사용되기에 이르렀다. 1832년에는 『항해 매거진*The Nautical*

---

15) 0 (Calm), 1 (Leaves rustle), 2 (Small branches move), 3 (Large branches in motion and dust swirls up from the ground), 4 (Twigs and branches break off trees).

16) Stephen Flanagan, 'Legends of Irish Life : No.19 : Francis Beaufort(May, 2003), *Magill*, pp.14-15. at https://www.navanhistory.ie/hydrographer/(2025.3.1.)

17) The Beaufort Scale, National Meteorological Library and Archive Fact Sheet 6, 2023, f.5.

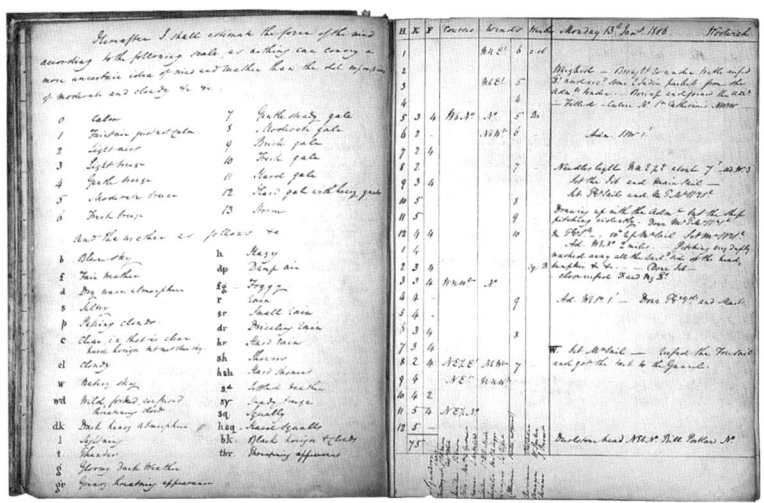

그림 13-3. 최초로 기록된 보퍼트 스케일 (1806.1.13.)[17]

Magazine』에 'The Log Board'라는 제목으로 바람과 기상 상태에 대한 '보퍼트 스케일'과 그 고안자인 프란시스 보퍼트가 소개되었고, 이로써 영국 해군 함장들 사이에 알려지기 시작했다. 이에 영국 해군본부Admiralty는 1838년 12월 28일 영국 해군이 모든 선박의 힘징과 신장들에게 보퍼트 스케일을 사용할 것을 결정하였다. 당시 사용한 바람의 등급과 명칭은 오늘날과 같지만, 해상 상태에 대한 설명은 없고, 풍력에 따라 돛을 어떻게 벼고 접을지를 설명해 놓은 점이 오늘날의 보퍼트 풍력계급과 다르다.

보퍼트 풍력계급은 전함의 범장과 기범선이 등장하면서 1874년에 개정되었고, 세계기상위원회International Meteorological Committee에서 국제적으로 사용하도록 채택되었다. 1903년에는 풍속(V)을 $1.87 \times \sqrt{B^3}$ 으로 계산하는 방식이 고안되었다. 이 식에서 B는 보퍼트 풍력계급의 등급이고, V는 해면 30 ft 위에서의 시간당 마일이다.

20세기 들어 범선이 사라지고 기선이 주류를 점하게 됨에 따라 영국의 기상학자 조지 심프슨George Simpson(1878~1965)이 1906년에 만든 개정안이

Admiralty, Dec 28th, 1838

MEMORANDUM.

The Lords Commissioners of the Admiralty having had under consideration the general utility of recording with clearness and precision, in the Log Books of all Her Majesty's Ships and Vessels of War, the actual State of the Winds and Weather, have thought fit to order that henceforward in each page of the Log Book two columns should be introduced, wherein the force of the Wind and the appearance of the Atmosphere shall be every hour registered according to the annexed scheme, a copy of which shall be pasted into each book and painted on the back of every Log Board or Log Slate and two more columns shall likewise be given for the purpose of entering the heights of the Barometer or Sympiesometer, and Thermometer, when such instruments may be on board.

By Command of their Lordships,

C. WOOD

그림 13-4. 보퍼트 풍력계급의 사용을 공식화한 1838년 12월 28일 영국 해군 각서[18]

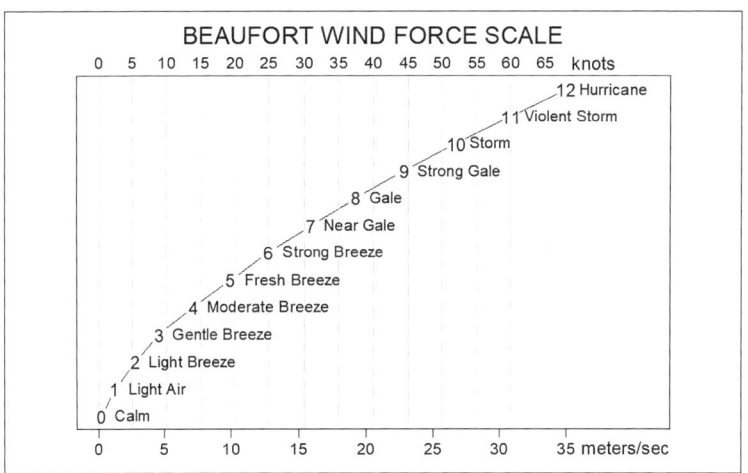

그림 13-5. 초속당 미터/해리로 표시한 보퍼트 풍력계급[19]

기상학자들과 선원들 사이에서 널리 사용되었다. 1939년에야 세계기상기구 International Meteorological Organization 는 조지 심프슨의 개정안을 채택하였다.[20] 1946년에는 기선을 기준으로 풍속 계산식을 수정해 풍속(V) = 0.836

---

18) The Beaufort Scale, National Meteorological Library and Archive Fact Sheet 6, 2023, f.7.
19) https://en.wikipedia.org/wiki/Beaufort_scale(2025.3.5)

$\times \sqrt{B^3}$ 으로 계산하도록 수정되었다. 보퍼트 스케일은 1944년에 13~17계급이 추가되었지만, 태풍이나 사이클론 등이 내습하는 대만과 중국 정도만 이를 사용하고, 2012년 세계기상기구(WMO)는 13등급 이상의 보퍼트 풍력계급 사용을 추천하지 않는다고 결정하였다.[21]

이처럼 오늘날 우리가 사용하고 있는 보퍼트 스케일은 전적으로 보퍼트 개인이 고안한 것이라고는 할 수 없다. 하지만 그가 당시까지 전해지던 풍력분류표를 참조하여 합리적이고 이상적인 13등급의 풍력계급으로 정식화하고, 이를 실제에 사용했다는 점에서 창안자라고 불러도 무방하다.

프란시스 보퍼트의 공적은 단순히 풍력계급의 고안에 그치지 않는다. 그가 영국 해군본부 수로관으로 재직하는 동안 수많은 해도가 제작되고, 『항행통보Notice to Mariners』와 『어드미럴티 조석표Admiralty Tide Tables』가 간행되었다. 이로써 항해자들은 더욱 정확한 해도와 조석표를 활용하여 안전하게 항해를 할 수 있게 되었다. 이에 보퍼트 해Beaufort Sea, 보퍼트 섬(남극), 보퍼트 타운Beaufort town(호주)처럼 그의 이름을 붙여 그 공을 기리고 있다.

---

20) 이상 National Meteorological Library and Archive Fact sheet 6 - The Beaufort Scale(ver.01), 2010.

21) http://en.wikipedia.org/wiki/Beaufort_scale(2025.3.20.)

제14장

사무엘 플림솔과 만재흘수선

'플림솔'이나 '플림솔 마크(또는 플림솔 라인)'는 일반인이나 해양산업 종사자는 말할 것도 없고, 전문 뱃사람인 해기사들에게조차 낯선 이름이다.[1] 1870년대 영국을 뒤흔들었던 '노후선 coffin ship'[2] 퇴출과 '로드라인 load-line'(이하 만재흘수선)[3] 입법 활동에 앞장섰던 사무엘 플림솔 Samuel Plimsoll(1824~1898)이라는 이름은 그의 덕을 가장 많이 보고 있는 뱃사람들에게조차 잊혀진 존재가 되어가고 있는 것이다. 필자는 2004년과 2019년[4]에

---

1) 필자가 니콜레트 존스의 책[Nicolette Jones, *The Plimsoll Sensation* ; 김성준 옮김 (2019), 『바다에서 생명을 살린 플림솔 마크』을 번역 출판한 뒤 해양대학 동기생들에게 나눠준 적이 있다. 6명(항해학 전공 2명, 기관공학 전공 4명)의 동기 중 '플림솔 마크가 만재흘수선'이라는 사실을 알아챈 사람은 항해학을 전공한 1명 뿐이었다. 대체로 보면 기관공학 전공자들은 거의 아는 사람이 없었고, 항해학 전공자 중에는 절반 정도만 알고 있었다.

2) 낡은 선박을 지칭하는 용어는 매우 많다. '관에나 쓸 배'라는 의미의 'coffin ship'이 대표적이며, 'rogue ships'(불량 배), 'spongy slums'(물 빨아드리는 빈민굴)[Turner(1950), "Plimsoll rules the Waves", in *Road to Ruin : The Shocking History of Social Reform*, p.161], 'old tubs'(낡은 목욕통), 'old trap'(낡은 배수관), 'old basket'(낡아빠진 바구니) 등이 있다. Jones(2019), 『플림솔 마크』, 111, 173, 174쪽.

3) 선박에 화물을 적재할 수 있는 최대 깊이를 표시한 선으로 현재는 선체 중앙 좌우현에 표시되어 있다.

만재흘수선과 관련한 연구를 발표했지만 논문 구상 형태로 발표한 것이어서
마무리를 짓지는 못하였다.

그 이후 플림솔 관련 자료를 읽어가는 과정에서 당초 플림솔에 대한
평가가 긍정적일 것이라고 기대했던 것과는 달리, 그에 대한 비판적 평가도
상당하다는 사실을 알게 되었다. 샤프츠베리 경 Anthony Ashely-Cooper, 7th
Earl of Shaftesbury (1801~1885)과 노동운동가인 조지 하월 George Howell (1833~
1910)은 플림솔의 대의 cause에 공감하고 그의 만재흘수선 입법 캠페인에
적극 동참했다. 플림솔과 선원 변호기금 Plimsoll & Seamen's Defence Fund 위원장
을 맡았던 샤프츠베리 경은 1873년 4월 22일자 일기에서 "나는 그(플림솔)가
대담하고, 진지하며, 경솔하다는 것을 발견했다."라고 썼고, 같은 해 7월
30일 일기에는 "그는 합리적이고, 정직하며, 무사無私(self-denying)하다"[5]고
적었다. 플림솔과 선원 변호기금위원회의 사무국장 secretary을 맡았던 조지
하월은 1876년 상선법이 통과되고 난 뒤 "이것이 원하는 바 전부는 아니지만,
그래도 커다란 진전이다. 플림솔 의원이 탁월한 승리를 쟁취했다."[6]고
플림솔의 업적을 높이 평가했다.

1955년 플림솔 전기를 처음으로 출판한 데이비드 마스터스는 플림솔을
"이제까지 최대의 해운 혁명의 하나를 이룩한 국가적 인물이자 1870년대
정치 현장에 불쑥 나타난 자수성가한 사람으로 영국과 정부를 충격에
빠뜨려 해운 개혁을 이뤄낸 사람"으로 묘사하면서도, "플림솔은 직설적이고,
자주 오류를 범하기도 했다"[7]고 평가했다. 1975년 조지 피터스 목사는

4) 김성준(2004), 「영국 선박톤수측정법의 변천에 관한 역사적 고찰」, 211~229쪽;
   김성준(2019), 「Samuel Plimsoll과 Plimsoll Mark 제정 운동」, 2019년 한국항해항
   만학회 추계학술대회, 2019.11.20.~21.
5) K.G. Edwin Hodder(1886), *The Life and Work of the Seventh Earl of Shaftesbury*,
   Cassel ; cited by Peters(1975), *Plimsoll Line*, p.175.
6) George Howell(1905), *Labour Legislation, Labour Movements and Labour Leaders*,
   T. Fisher Unwin, p.280 ; Jones(2019), 272쪽.
7) Masters(1955), *Plimsoll Mark*, pp.ix & 155.

플림솔의 긍정적인 면에 초점을 맞추었다. 그는 "비록 플림솔이 함께 일하기에 까탈스러운 사람이었다는 점에 대해서는 의심의 여지가 없지만, 그의 지지자들은 선원의 대의를 위한 한결같은 그의 헌신을 인정하고, 존경한다."[8]고 적었다. 2006년 니콜레트 존스는 플림솔의 만재흘수선 제정 캠페인을 "민중의 힘이 영향력을 행사했던 획기적 사건의 하나, 정의의 편에 선 대중운동의 한 실례"라고 보고, "플림솔 라인이 현실화된 것은 박애적인 몸짓이자 산업혁명이 양심을 발견했다는 사실을 보여주는 징후다. 이는 … 느린 혁명으로 불리는 하나의 에피소드다."라고 평가하였다.[9] 이처럼 플림솔을 언급한 작가들은 그가 비록 성격적으로 결함을 갖고 있음에도 불구하고,[10] 낡은 선박에 승선해 죽어간 수많은 선원들을 살리려 노력했던 그의 대의를 긍정적인 시각에서 바라보았다.

이에 비해 그에 맞섰던 정적이나, 역사가 또는 해사 전문가들은 플림솔을 비판적으로 바라보았다. 플림솔의 정적이나 다름 없었던 찰스 애덜리Charles Adderley 무역장관은 1876년 상선법 제정 후 "나는 몇 개 조항을 두고 그와 싸워야만 했다. … 나는 비록 로드라인load line이 그의 이름으로 불리게 되었지만, 그에 반대해 나의 만재흘수선을 관철시켰다."[11]고 자평했다. 1800년대의 영국해운사를 썼던 윌리엄 린제이는 당대 상선법 개정 움직임에 대해 "해외의 우리 선박의 선적을 조사하기 위해 권한이 없는 개인을 검사원으로 임명하거나 임무에 개입하는 어리석은 짓을 끝내지 않을 것인가?

---

8) Peters(1975), *Plimsoll Line*, p.177.

9) Jones(2019), 12~13쪽.

10) 샤프츠베리 경은 1873년 4월 22일자 일기에서 "나는 그(플림솔)가 대담하고, 진지하며, 경솔하다는 것을 발견했다. 그는 그의 폭력성(violence) 때문에 자신과 대의를 망치게 될 것이다"라고 썼다. cited by Peters(1975), p.175.

11) W.S. Childe-Pemberton(1909), *Life of Lord Norton*, pp.229-230 ; cited by Geoffrey Alderman(1971), "Samuel Plimsoll and Shipping Interest", p.74.

이는 선의에 의한 것이지만 돈키오테적인 진행을 끝장낼 적기"라고 비판적으로 썼다.[12] 물론 이는 플림솔을 직접 겨냥한 것은 아니었지만, 이러한 견해는 상인이자 선주였으며, 의원[13]을 역임한 그의 정치경제적 이해관계를 고려하면 충분히 이해할 만하다.

『영국 해운*British Shipping*』의 저자 로널드 손턴 역시 플림솔에 대해 비판적 시각을 드러내고 있다. 그는 "1850년부터 1906년 전 시간 동안 의회는 상선법 조항의 개선에 적극적으로 관심을 가졌다. … 플림솔의 선동은 그러한 발전 과정에서 보인 하나의 사건*a incident*에 지나지 않았다. 그는 진지했지만, 영국 해항으로부터 멀리 떨어져 있는 선거구인 더비의 히스테리컬한 의원이었다. … 그는 개혁가가 아니었다."[14]

언론인인 어니스트 터너는 플림솔을 '파멸에 이르는 길*Road to Ruin*'로 이끈 한 사람으로 지목하고, "그는 개혁가가 아니었다. 그는 선동가였고, 그 유명한 플림솔 마크는 그가 그것을 확보한 뒤 16년 이상 아무 가치도 없는 안전망*valueless safeguard*에 불과했다. 왜냐하면 현측에 플림솔 마크의 위치를 정하는 일은 '살인자들'(필자 : 선주들) 자신에게 달려 있었기 때문이다."[15]라고 혹평하였다 영국 레딩 대학교의 제프리 엘머만 교수노 비판적 시각을 드러내어, "해상 인명사고의 원인과 관련하여 해운 개혁은 1868년 플림솔이 의원으로 선출되기 전 수년 동안 많이 논의가 된 주제였다. … 그리고 1875년 정부가 채택한 만재흘수선 체계를 마련한 사람은 선동주의자인 플림솔이 아니라 선주인 찰스 노우드*Charles Norwood*였다."고 주장했다.[16] 나아가 타인머스의 선주였던 제임스 홀*James Hall*의 전기를 쓴 윌리엄

---

12) Lindsay(1874), *History of Merchant Shipping from 1816-1874* Vol.1, p.549.
13) 린제이는 1854년부터 1859년까지 타인머스(Tynemouth)와 노스 쉴즈(North Shields) 지역구 의원을 지냈고, 1859년부터 1864년까지는 선더랜드(Sunderland) 지역구 의원을 지냈다.
14) Thornton(1945), *British Shipping*, pp.83-84.
15) Turner(1966), *Plimsoll rules the Waves*, p.159.

헤이워드는 플림솔을 "자선가라기보다 매스컴의 관심을 사고자 했고, 만재흘수선 시행에 대한 공을 제임스 홀로부터 빼앗아갔으며, 홀이 제정하고 싶어했던 법률을 지연시킨 사람"이라고 보고, "플림솔의 개입이 없었더라면 만재흘수선의 제정이 더 빨라졌을 텐데 그가 늦추었다."고 혹평했다.[17]

이 글에서는 1860~70년대 영국에서 만재흘수선 입법 문제가 대두하게 된 배경으로서 해운업계의 현황을 살펴보고, 만재흘수선 입법 운동을 주도한 제임스 홀과 사무엘 플림솔의 활동을 비교함으로써 만재흘수선을 '플림솔 마크'로 부르는 것이 과연 정당한지를 평가해보고자 한다.

I. 만재흘수선 제정 운동의 배경

19세기 중엽 영국은 2차 산업화의 물결 속에서 명실공히 '팍스 브리태니커 Pax Britannica'의 정점으로 치닫고 있었다. 전 세계에 산재한 식민지를 연결하고 보호하기 위해 해운과 해군의 팽창은 불가피한 일이었다. 이에 전 세계 선박량에서 영국적 선박이 차지하는 비율은 압도적이었다. 1815년 약 250만 톤이던 영국적 선박량은 1845년 370만 톤, 다시 1860년 580만 톤으로 증가하였다. 1860년 미국의 등록선박량은 250만 톤이었고, 그 나머지 주요 국가의 선박량을 합쳐도 영국의 등록선박량에는 미치지 못했다. 원양 증기선과 철선의 건조에서도 영국은 선도적 역할을 했다. 1870년 영국적 등록 증기선이 111만 톤인 데 반해 프랑스는 15만 4천 톤에 불과했고, 미국은 등록 증기선은 100만 톤 이상이었지만 이 중 원양선이 불과 20만 톤 미만이었다.[18]

---

16) Alderman(1971), "Samuel Plimsoll and Shipping Interest", pp.74, 85.

17) William Hayward(1896), *James Hall of Tynemouth*, Ch.IV.

표 14-1. UK 등록선박 추이, 1864~70년

년	범선		기선		합계	
	척	000톤	척	000톤	척(증감)	000톤
1864	2만 6142	4930	2490	697	2만 8632	5627
1865	2만 6069	4937	2718	823	2만 8787	5760
1866	2만 6140	4994	2831	876	2만 8971	5779
1867	2만 5842	4853	2931	901	2만 8773	5754
1868	2만 5500	4878	2944	902	2만 8444	5780
1869	2만 4187	4765	2972	948	2만 7159	5714
1870	2만 3189	4578	3178	1113	2만 6367	5691

자료: Mitchell and Deane(1962), *Abstract of British Historical Statistics*, p.218.

해상 활동과 선박량의 증가와 함께 해양 사고가 늘어나는 것은 불가피하였다. 아래의 표 14-2에 나타난 바와 같이, 1864년 연간 844척이 침몰하였는데, 1869년에는 1200척으로 늘어났다. 문제는 절대치에서의 증가가 아니라 등록선 대비 침몰선박의 점유비가 증가 추세에 있었다는 점이다. 이는 영국의 해양사고 증가가 단순히 선박 수의 증가 때문이 아니라 다른 구조적 원인을 갖고 있었음을 시사한다. 그 구조적 원인 중 하나가 이른바 '노후선'이 정부나 선급船級(classification)[19]의 검사 없이 장기간 운항할 수 있었다는 점이다. 표 14-3에 나타난 비와 같이, 1859년부터 1868년까지 10년간 침몰한 선박의 52%가 15년 이상 된 노후선이었다. 오늘날 해운업계의 관행은

표 14-2. 침몰 선박 추이, 1864~69년

년	1864	1865	1866	1867	1868	1869
침몰 척 수	844	935	1150	1215	1014	1200
등록선 대비 비율	2.9%	3.2%	4.0%	4.2%	3.6%	4.4%

자료: The Committee of the National Life-Boat Institute(1870), *The Life-Boat* Nov. 1, cited by Samuel Plimsoll(1873), *Our Seamen: An Appeal*, p.5.

---

18) Fayle(2004), 『서양해운사』, 296, 301~302쪽.
19) 선박보험업자가 선주로부터 선박 보험을 인수할 때 선체와 선박의 의장품의 상태에 따라 보험료를 차등하여 산정하는데, 선급은 선박을 검사하여 그 등급을 매겨주는 역할을 한다.

철강선의 최대 사용연한을 평균 20년 내외로 보는데, 목선을 15년에서 80년 이상까지 운항하다 침몰했다는 것은 그만큼 노후선의 운항이 아무런 법적 제한 없이 광범위하게 행해지고 있었음을 의미한다.

표 14-3. 선령별 침몰 선박, 1859~68년

선령	신조선	3~7	7~14	15~30	30~50	60~70	70~80	합계
척	176	297	420	653	267	28	9	
(%)	(9.5%)	(16.1%)	(22.7%)	(35.3%)	(14.4%)	(1.5%)	(0.5%)	1850
점유비 합	48.3%			51.7%				

자료: Plimsoll, *Our Seamen*, 1873, p.8.

이는 선원의 사망으로 귀결될 수밖에 없다. 표 14-4에 나타난 바와 같이, 1860~68년까지 충돌 이외의 선박 침몰사고로 1만 1558명이 사망하였다. 1850년 영국의 선원 수는 상선 선원 24만 명, 해군 7만 명 등 31만 명이었다.[20] 해상에서 사망한 선원은 1867~69년 6412명, 1870년 6008명, 1873~74년 6756명 등이었다.[21] 1873년 『항해 매거진 *The Nautical Magazine*』은 "영국적 3만 9천 척에 30만 명이 고용되어 있는데, 연간 본국 수역에서 10척이 멸실되고, 308명(여객 포함, 그중 선원 215명)이 사망한다. 평균적으로 4천 명마다 3명꼴로 선원이 목숨을 잃고 있다."고 보도했다.[22] 조지프 체임벌린 Joseph Chamberlain 이 무역장관에 임명된 1880년 전후에는 "광부는 315명 중 1명이 사망하는 데 반해, 선원은 60명 중 1명이 사망했다."[23]

이는 필연적으로 미망인과 고아를 양산하여, 1860~70년 사이에 사망 선원 3만 명 중 2/3가 미망인과 고아를 남겼다.[24] 1870년대와 1880년대의

---

20) Jones(2019), 『플림솔 마크』, p.25.
21) *Parliamentary Papers*(1884), lxxi, (74), 85. cited by Alderman(1971), "Samuel Plimsoll & Shipping Interest", p.74 각주 7.
22) Masters(1955), p.180.
23) Peters(1975), pp.143-144.
24) Jones(2019), 38쪽.

표 14-4. 충돌 이외의 사망 선원 수, 1860~68년

년	전손全損(total loss)으로 인한 침몰 및 사망					분손分損(partial loss)으로 인한 사망					합계
	악천후	부주의	선박 및 장비 결함	기타	불명	악천후	부주의	선박 및 장비 결함	기타	불명	
1860	278	103	49	40	6	367	110	49	72	7	1081
1861	302	89	48	49	25	424	102	56	75	1	1171
1862	242	72	25	96	20	386	115	42	144	8	1150
1863	332	61	31	65	14	550	115	30	126	9	1333
1864	163	89	39	64	31	299	148	53	144	9	1039
1865	245	99	38	61	27	501	137	48	129	17	1302
1866	276	125	74	68	19	529	119	44	174	10	1438
1867	385	106	65	84	16	653	138	85	135	9	1676
1868	265	87	71	85	19	487	123	82	143	6	1368
합계	2223	744	369	527	158	3709	984	407	999	70	10190
점유비	21.5%	7.2%	3.8%	5.3%	1.5%	36.3%	9.6%	4.2%	9.9%	0.6%	100%

자료: Annual Report of Board of Trade, cited by Plimsoll(1873), *Our Seamen*, p.6.

선원 사망률을 비교해 보면, 1870년대 연평균 1333명당 1명 대 1880년대 60명당 1명으로, 평균 사망률에서 폭증세를 보인다. 문제는 '과적' 방지와 '노후선'의 운항 금지 등 사전에 막을 수 있는 조치들을 정부가 취하지 않음으로써 선원들의 목숨이 위험에 방치되어 있었다는 것이다. 정부가 위의 두 가지 조치만 취했다면 연간 500명에 이르는 선원들의 목숨을 구할 수 있었을 것이다.[25] 게다가 1870년대까지의 상선법에 따르면, 선원이 승선계약을 체결한 뒤 항해에 적합하지 않은 선박에 승선하기를 거부했을 경우 계약 위반으로 3개월간 투옥될 수 있었다.[26] 1870~72년 사이에 1628명 의 선원이 항해 거부로 수감되었고,[27] 1873~74년 사이에 1096명이 수감되

---

25) Peters(1975), p.50.

26) 39 & 40 Victoria, 1876, c.80, sections 243-257, in A.C. Boyd ed. by(1876), *Merchant Shipping Laws being A Consolidation of All the Merchant Shipping and Passenger Acts from 1854 to 1876*, Stevens & Sons, pp.213-224.

27) Jones(2019), 27쪽.

었다.[28]

19세기 영국 해운에서는 선박에 화물을 얼마까지 선적할 수 있는지를 제한하는 법이나 일반적 기준이 없었다. 통상 로이즈선급 Lloyd's Register of Shipping은 화물창 깊이 1피트(30.48cm)마다 3인치(7.62cm)의 여유 건현 乾舷 (freeboard)[29]을 두도록 했고, 리버풀 해상보험업자 연합 Liverpool Underwriters' Association은 철선의 화물창이 21피트(6.4m)를 넘지 않을 때는 이보다 더 깊이 선적하는 것을 허용했고, 목선의 화물창이 깊이 17피트(5.18m) 이하일 때도 조금 더 선적하는 것을 허용했다.[30] 그런데 당시에는 선급이나 선박보험 가입이 의무화되어 있지 않았기 때문에 로이즈선급이나 리버풀 해상보험업자 연합에 가입하지 않은 선주들은, 여객을 태우지 않은 선박인 경우, 화물의 선적이나 감항성 여부 등에 대한 어떠한 검사도 받지 않고 운항할 수 있었다. 1872년 당시 영국적 등록선은 범선 2만 2510척(437만 4511톤), 기선 3382척(131만 9612톤) 등 총 2만 5892척(569만 9612톤)이었는데, 이 중 1만 417척이 로이즈선급에, 908척이 리버풀 해상보험업자 연합에 각각 가입되어 있었다.[31] 결국 전체 영국적 등록선 중 1만 4567척(56.2%) 가운데 일부 여객선을 제외하고, 전체 등록선의 50% 가량이 정부나 선급의 검사 없이 운항되고 있었다.

이것이 19세기 중엽 영국에서 과적으로 선박 침몰 사고가 빈발한 근본적 원인이었다. 과적으로 인한 침몰 사고 중 악명 높았던 것 중 하나가 악틱 Arctic 호 침몰 사고였다. 1873년 불감항선[32]왕립위원회 청문회에서 무역성의 법률고문 legal advisor인 제임스 오다우드 James O'Dowd는 악틱 호 사례를 대표

---

28) Turner(1966), p.190.
29) 선체의 외판에서 물에 잠기지 않은 면을 의미하는 것으로 건현이 클수록 예비부력이 크다.
30) Plimsoll(1873), *Our Seamen*, pp.76-77.
31) Plimsoll(1873), *Our Seamen*, p.89.
32) '불감항선(unseaworthy ship)'은 항해를 감내할 수 없는 상태의 선박을 의미한다.

적인 과적사건으로 증언하였다. 악틱 호는 1860년 9월 초 그림즈비Grimsby에서 철로용 바퀴, 철봉iron bar 30톤, 면모cotton wool, 석탄 50톤, 연료용 석탄 100여 톤 등을 화물창에 싣고, 갑판에 석탄 30톤과 보일러를 선적했는데, 9월 30일 선적 중량은 석탄 180톤, 일반 화물 468톤 등 총 648톤이었다. 그런데 그림즈비에서 출항 직전 선주가 솜 꾸러미bale of cotton 334개를 갑판에 선적하라고 선장에게 지시했다. 결국 선수 갑판 양현 8인치(20.3cm) 안쪽까지 솜꾸러미가 가득 선적되었다.

10월 2일 볼틱해를 향해 그림즈비를 출항할 당시 악틱 호의 흘수는 선수 13피트 6인치(4.11m), 선미 14피트 6인치(4.41m)였다. 길이 212피트 (64.6m), 너비 27피트(8.23m), 깊이 18피트(5.48m)인 악틱 호는 등록톤 559톤, 총톤 800톤으로 최대 선적 흘수는 선수 14피트(4.27m), 선미 16피트(4.88m)였다. 따라서 선적 중량으로 보면 과적이 아니었으나, 출항 당시가 겨울철로 접어드는 시점이어서 북해나 볼틱해로 항해할 경우 거친 파도와 해수 유입 등을 염려해 갑판에는 화물을 선적하지 않는 것이 보통이었다. 그림즈비를 출항한 악틱 호는 출항 직후 악천후를 만나 다량의 해수가 갑판과 기관실에 유입되는 바람에 갑판의 솜꾸러미와 석딴을 바다에 버렸음jettison에도 불구하고 덴마크 해안에서 좌주坐洲했다. 다행히도 선원 2명을 제외하고 선장과 선원 14명은 구조되었다. 무역성의 사고 조사에서 선주의 잘못임이 확인되었으나, 선주에게는 조사비용 100파운드를 부과하는 정도로 그쳤다.[33]

선주는 최대한 많은 화물을 선적해 운임 수입을 늘리려고 하기 마련이다. 문제는 선박 적재량을 초과해 화물을 선적하고 운송하다 침몰할 경우 선주로서는 선박 자체를 잃게 된다. 그런데 19세기 영국에서는 이러한 위험부담을 보전해주는 해상보험업이 발달해 있었기 때문에 선주들은

---

33) Masters(1955), pp.165-167.

선박이 침몰할 경우에도 손해를 보는 것이 아니라 이익을 얻을 수 있었다. 선싸인 Sunshine 호의 사례를 살펴보자. 선싸인 호는 클라이드 강에서 홍콩까지의 단일항해에 선가船價 £5500에 선박보험에 가입했다. 선박보험료는 £100당 70s으로 총 £192 10s로 산정되었다. 이 선박보험을 개인해상보험업자 45명이 나눠서 인수할 경우, 25명은 £100씩(25명×£100=£2500), 20명은 £150씩(20명×£150=£3000) 인수하고, 해상보험업자들은 선박보험료를 자신들이 인수한 비율에 따라 보험금으로 수수한다. 즉 £100를 인수한 25명은 각각 70s씩(£3 10s)을, £150를 인수한 20명은 각각 105s씩(£5 5s)을 보험금 수입으로 가져간다. 만약 선싸인 호가 항해 도중 침몰할 경우 각 해상보험업자는 자신이 인수한 보험금만 선주에게 지불하면 그만이다. 따라서 선주가 선박을 고의로 침몰시키거나, 선가를 거짓으로 부풀려 가입한다고 해도 개별 해상보험업자들로서는 각자 부담하는 비용이 적기 때문에 선급 가입 여부를 확인하거나 언론에 제보하는 것 외에는 아무 조치도 취하지 않았다. 선박보험을 인수하기 전에 선박 상태를 검사해 선가와 선박보험료의 산정이 적절한지를 검증하는 행위는 이루어지지 않았다. 해상보험업자가 하루에 인수하는 선박보험이 평균 23건에 달했기 때문이다.[34] 게다가 부당 선박보험료 청구가 의심될 경우에도 해상보험업자는 아무런 대응을 하지 못한다. 왜냐하면 이후 선주들이 문제를 제기한 해상보험업자에게는 선박보험을 들려 하지 않을 것이고 보험업자로서의 경력이 끝장날 것이기 때문이다.

상황이 이러했기 때문에 선주들은 과적을 한다 해도 무사히 항해를 마치기만 하면 그만큼 많은 운임을 벌 수 있었고, 최악의 경우 선박이 항해 도중 침몰했다고 해도 보험금으로 돈을 벌 수 있었다. 그러다 보니 선주들은 '노후선' 운항에 대한 유혹에서 벗어나기 어려웠다. 오히려 선가를

---

34) 이상 Plimsoll(1873), *Our Seamen*, pp.15-17.

부풀려 선박보험에 가입하고 고의로 선박을 침몰시키는 사례까지 발생하였다. 1873년 불감항선 왕립위원회 청문에서 로이즈 구조협회 Salvation Association of Lloyd's의 하퍼 J.A.W. Harper 사무국장은 '선장과 선원은 미리 퇴선시키고, 해수 밸브를 열어 선박을 고의로 침몰시켜 선박보험금을 탄 사례'에 대해 증언하였다.

조사 결과 해상보험업자들은 침수 흔적이 있는 것을 발견하여 보험금 지불을 거부하고 소송을 제기하였다. 이 소송에서 해상보험업자들이 승소해 선주는 20년형을 받았지만, 소송 비용으로 £9000를 지출해야 했다. 만약 해상보험업자들이 '전손 total loss 35)으로 인정해 선박보험료를 지불했더라면 £6000~£7000선에서 해결되었을 것이다. 그럼에도 불구하고 보험업자들이 소송을 제기한 것은 선주를 처벌하여 다른 선주들에게 보험 사기를 시도하지 못하도록 경고하기 위해서였다.36) 이처럼 19세기 영국의 해운은, 사무엘 플림솔이 얘기한 것처럼, '미망인과 고아를 대량으로 양산하는 시스템 homicidal, manslaughtering, widow-and-orphan manufacturing system'이었다.37)

II. 제임스 홀의 만재흘수선 제정 청원 활동

제임스 홀(1826년 생)은 1854년 형 존 John과 함께 홀 브라더스 기선회사 Hall Brothers Steamship Co. Ltd.를 설립해 1867년에는 총 14척의 선박을 운항하고 있었고,38) 찰스 팔머 Charles Palmer와 동업으로 석탄과 목재 수출입 회사인 팔머·홀 회사 Palmer, Hall & Co.의 경영에도 참여하였다. 그는 1863년 노던

---

35) 선박이 침몰하거나 설사 침몰하지 않았다 하더라도 수리비가 선가를 초과할 경우에는 선박을 손실된 것으로 간주하는 것.
36) Masters(1955), p.157.
37) Plimsoll(1873), *Our Seaman*, p.124.
38) Masters(1955), p.86.

해상보험회사Northern Maritime Insurance Company 창립을 주도해 이사로 활동했고, 경쟁사인 커머셜 보험회사Commercial Insurance Company가 설립되자 의사회 의장chairmanship으로 추대되었다.[39]

제임스 홀이 해운 분야의 개혁을 위해 공적 활동에 나선 것은 1866년 즈음이었다. 1866년 11월, 그의 주도로 뉴캐슬 상공회의소Newcastle Chamber of Commerce가 무역성에 청원서를 제출했다. 이 청원서에서는 해상보험회사가 큰 손실을 보고 있는 원인으로 첫째, 불감항 선박과 불비한 장비, 과적, 둘째, 선원의 부주의와 능력 부족을 꼽고, 각 항구에 정부 검사원을 임명해 비입급선非入級船[40]을 정기적으로 검사할 것을 주장했다.[41] 홀은 1867년 10월 17일에 『더 타임즈The Times』에 보낸 기고문을 통해 "불감항 상태로 출항한 선박들이 침몰해 최근 3~4년 동안 오래된 상호보험회사Mutual insurance company 3~4곳이 파산했으며, 이들 회사 중 일부는 실질보험료가 30%가 넘으며, 탐욕스런 투기꾼들이 보험료 상승의 원인"이라고 지적했다. 홀은 "해상에서 인명과 재산의 손실을 막기 위해 선박의 입급을 위한 조치를 취하고, 침몰 선박과 선장의 비위에 대한 지역해사국local marine board의 공식 조사를 지원할 공무원을 임명할 것"을 제안했다.[42]

홀은 여기서 한 걸음 더 나아가 해운에 대한 전반적 개혁안을 제시했다. 1867년 11월 『쉬핑 가제트Shipping Gazette』에 「우리 배와 선원Our Ships and Seamen」이라는 장문의 기고문을 게재했는데, 이 글은 『뉴캐슬 데일리 크로니클Newcastle Daily Chronicle』에도 게재되었다. 플림솔이 1873년에 출간한 『우리들의 선원: 호소Our Seamen: An Appeal』의 서명을 여기에서 차용했음은 두말할

---

39) Hayward(1896), *James Hall of Tynemouth* Vol.1, pp.65, 77.
40) 로이즈선급이나 리버풀 해상보험업자 연합 등에 가입하지 않은 선박.
41) Masters(1955), p.86. 제임스 홀(James Hall)은 1867년 11월 이와 동일한 내용의 글을 *The Shipping World*에도 기고하였다. Masters(1955), p.83 ; Peters(1975), p.42.
42) Masters(1955), p.90-91 ; Hayward(1896), Vol.1, p.220.

나위 없다. 홀은 이 기고문에서 "선박 침몰사고를 방지하기 위해 정부 검사관에 의한 비입급선의 정기적 검사, 침몰선박에 대한 지역해사국의 조사 및 선장 귀책시 선장 면허 정지 또는 취소권 부여, 선원 부주의로 인한 사고를 방지하기 위한 선원 교육을 위해 선상학교floating institution 도입" 등을 주장했다.43)

그는 선원의 양성에도 관심을 가져 1868년 7월 해군성으로부터 콘월 Cornwall 호를 사들여 웰슬리Wellesley 호로 개명해 타인 강River Tyne의 연습선 학교를 설립했고, 이 학교의 첫 수료생을 자사선의 선원으로 고용하였다.44) 1866년 〈직업훈련학교법Industrial Schools Act〉에 따라, 템즈 강에는 치체스터 Chichester 호가, 머지 강River Mersey에는 인디퍼티거블Indefatigable 호가 선원 양성용 훈련선으로 활용되었다. 템즈 강의 치체스터 호에는 1866년 12월 당시 160명이, 1864년 설립된 머지 강의 인디퍼티거블 호에는 1866년 말 60명이 등록되어 있었다.45) 또한 그는 1864년부터 무역재정裁定위원회 Tribunal of Commerce의 설립을 제창해 몇 차례의 시도 끝에 1868년 헐 지역구의 찰스 노우드 의원 발의로 〈지방법원해사관할법County Court Admiralty Jurisdiction Bill〉이 1868년 7월 31일 입법되는 데 산파 역할을 하기도 했다. 이 법에 따라 설치된 지방법원 산하 해사법원은 구조salvage, 예인, 긴급 필요, 임금, 화물 손상, 충돌로 인한 배상금claim 쟁송爭訟을 전문석으로 다루었다. 1868 년 등대세light due를 폐지하는 데도 주도적인 역할을 했다.46)

제임스 홀이 공식적으로 만재흘수선을 언급한 것은 1869년 말이었다. 1869년 8월 글래드스턴 정부 하에서 쇼-르페브르Shaw-Lefevre 의원이 696개 조항의 해운·상선법안을 제출했는데, 뉴캐슬·게이츠헤드 상공회의소

---

43) Hayward(1896), Vol.1, pp.216-218.
44) Hayward(1896), Vol.2, pp.4, 15.
45) Hayward(1896), Vol.2, p.7.
46) Hayward(1896), Vol.1, pp.174, 181, 201-205, 289.

Newcastle and Gateshead Chamber of Commerce는 제임스 홀과 대글리쉬^{W.S. Daglish}에게 법안의 검토를 의뢰했다. 두 사람은 1869년 12월 9일 상공회의소에 다음과 같은 검토보고서를 제출했다.

> 이 법안에 **최대 만재흘수선**^{maximum loadline}을 설정하는 조항이 포함되어 있지 않은 것은 유감스러운 일이다. 그러한 조항이 없으면 해운법은 불완전하다. … (선박에) 최대로 선적할 수 있는 라인이 필요하다는 것은 모든 당사자들이 인정하는 바다. … 그 라인은 조선업자가 로이즈 검사원, 리버풀 해상보험업자 협회 검사원, 무역성의 지역 검사원과 함께 결정할 수 있을 것이다. … 만약 당사자 간에 의견이 불일치할 경우 지방법원 판사가 해사사정인^{nautical assessors} 2명을 지명할 수 있다.[47]

이후 제임스 홀의 행보는 사무엘 플림솔과 엮이게 된다. 홀은 1870년 2월, 상공회의소연합회^{Associated Chamber of Commerce} 런던 연차총회에서 5개 결의안을 발의하여 채택케 하고 직접 청원서 초안을 기안해 3월 5일 의회에 제출하였다.[48] 1870년 2월 런던에서 개최된 상공회의소연합회 연차총회에는 플림솔도 참석하였는데 며칠 뒤 직접 뉴캐슬로 찾아가 제임스 홀을 만나 이후 만재흘수선 제정 운동을 주도하게 되었다. 플림솔이 "극비 ^{confidential} 내용을 누설한 일을 경험한 바 있었기 때문에 그와 더 이상 교류하지 않기로 마음 먹은"[49] 제임스 홀은 만재흘수선 입법운동에는 간여

---

47) Masters(1955), p.91 ; Hayward(1896), Vol. 1, p.124.
48) 결의안의 내용은 다음과 같다. 결의안 1. 여객을 운송하지 않는 비입급선의 정기적 검사, 2. 최대 만재흘수선 조항 신설, 3. 조난(in distress) 또는 불감항선에 대한 사법적 조사, 4. 상선법 시행시 발생하는 모든 조치(proceeding)를 현장에서 수행할 공무원 임명, 5. 선원 양성용 훈련선의 확보 및 유지. Hayward(1896), Vol.1, pp.226-238.
49) Hayward(1896), Vol.1, p.258.

하지 않았다. 하지만 해운업 경영자로서 제임스 홀은 해운 관련 공적 활동은 지속했다. 그는 1887년 상공회의소로 하여금 '선원 미망인과 고아 연금기금Mercantile Semen's Widows' and Orphans' Pension Fund'을 설치하자는 법안을 청원했으나, 선원들의 반대로 입법되지는 못했다.

이상에서 살펴본 바와 같이, 제임스 홀은 만재흘수선 입법 선창자였고 플림솔에게 영감을 준 사람이었다. 하지만 플림솔이 주도한 만재흘수선 입법 캠페인에서는 종적을 감추었는데, 이유는 명백하였다. 자신이 제공한 내밀한 자료와 내용들을 플림솔이 어떤 상의나 양해 없이 『우리들의 선원』에 그대로 공개해 버렸기 때문이다. 그로서는 동료 선주로서 면식이 있던 찰스 노우드 의원의 리보니아 호 건을 플림솔 의원이 공개함으로써 동료 선주들 사이에서 매우 난처한 입장에 처했을 것임에 틀림없다. 이로써 선원들을 위한 대의의 영감, 자료와 정보를 플림솔에게 제공했던 제임스 홀은 만재흘수선 입법 활동의 최종 단계에서 역사의 뒤안길로 사라져 버렸다.

III. 사무엘 플림솔의 만재흘수선 입법 활동

사무엘 플림솔은 석탄중개상으로 자수성가한 뒤 1865년 더비에서 평민원 의원 선거에 출마했으나, 낙선했다.[50] 1867년 선거법 개정으로 선거권자의 수가 2배 가량 늘어났고, 1868년 11~12월 치러진 선거에서 플림솔은 더비 지역 자유당 후보로 출마해 자유당의 배스M.T. Bass 후보와 함께 당선되었다. 당선 직후인 1868년 12월, 셰필드의 풀우드 교회Fulwood Chapel

---

50) 후보자는 4명이었으며, 그는 총 투표수 3400표 중 693표를 획득했다. Jones (2019), 62쪽.

139주년 기념 예배에서 플림솔은 "저는 방금 의회 의원으로 당선되었습니다. … 저는 탐욕스럽고 부도덕한 사람들이 소유한 결코 항해할 수 없는 선박들을 완전히 없애기 위해 제 힘이 닿는 한 모든 일을 다 하겠습니다."[51]라고 연설했다. 하지만 그의 의원으로서의 공식 활동은 이와는 동떨어진 것이었다. 1869년 8월 9일 선원들에게 (선박) 검사 요청권을 부여하는 상선법안Merchant Shipping and Navigation Bill이 제출되었지만,[52] 플림솔은 아무런 의견 제시도 하지 않았고, 법안도 폐기되었다. 플림솔이 처음으로 제안한 법안은 철도 2~3등칸 승객들을 위한 발 보온용 석제 온수병을 제공하자는 철도여행법안Railway Travelling Bill이었으나, 2차 토의 없이 폐기되었다.[53]

1. 윌리엄 렝과 제임스 홀과의 만남

플림솔이 해운과 선원 문제에 관심을 갖는 계기를 마련해준 사람은 『셰필드 텔레그래프Sheffield Telegraph』 편집장인 윌리엄 렝William C. Leng (1825~1902)과 타인머스의 선주인 제임스 홀이었다. 렝은 1869년 11월 13일자에 「악천후에 어선이 심각한 손실을 입고 있는 것에 관심을 가져야 한다」는 기사를 『셰필드 텔레그래프』에 게재했다. 이 기사를 본 부인 일라이자Eliza Plimsoll가 플림솔에게 렝을 만나볼 것을 권유했고, 둘은 1869년 11월 20일경

---

51) from Fulwood Chapel speech to celebrate the chapel's 139th Anniversary, after the singing of the hymn 'Eternal Father, strong to save', cited by Peters(1975), p.44.

52) Newcastle and Gateshead Chamber of Commerce는 500여 개의 조항으로 구성된 이 법안에 대한 검토를 제임스 홀(James Hall)과 대글리쉬(W.S. Daglish)에게 맡겼다. 1869년 12월 7일 검토보고서에서 "이 법안이 최대 로드라인을 설정하는 조항이 없으면 해운법은 불완전하다."고 결론지었다. Hayward(1896), Vol.1, p.224.

53) Jones(2019), 66쪽.

셰필드 타운홀 집회에 참석했다. 렝은 회고록에서 플림솔을 '선원의 벗'이 되도록 자신이 고취시켰다고 밝히고 있다.[54]

선주인 제임스 홀은 치안판사이자 뉴캐슬 상공회의소의 핵심인물이었으며, 2개 해상보험회사의 이사직을 연이어 역임하고 있었다. 그는 이미 1860년대 중반부터 과적으로 인한 선박 침몰 사고를 방지하기 위한 안을 내고 신문에도 기고를

그림 14-1. 사무엘 플림솔

하며 상공회의소에서 공감대를 넓혀가고 있었다. 1870년 2월, 14개 항구의 상공회의소연합회 연차총회가 런던 웨스터민스터 팰리스 호텔에서 개최되었는데, 제임스 홀이 제안한 상선법에 관한 5개 결의안이 채택되었다. 플림솔은 이 총회에 참석해 제임스 홀이 연설을 듣고 공감했다. 상공회의소연합회는 1870년 3월 15일, 제임스 홀이 성안한 상선항해법안 청원서를 의회에 제출했다.[55] 플림솔은 청원서 사본을 부인인 일라이자에게 보여주었고 그녀는 곧 남편에게 제임스 홀을 직접 만나볼 것을 권했다.[56] 이 충고를 받아들여 플림솔은 청원 제출일로부터 하루나 이틀 뒤 뉴캐슬로 가서 제임스 홀과 만나고 그에게서 해운개혁안에 대한 메모와 자료를 건네받았다.[57] 그리고 실명과 함께 그의 주장을 1873년 출판한『우리들의

---

54) Peters(1975), pp.44-45 ; Jones(2019), 71~72쪽.

55) 플림솔은 이 법안을 Our Seamen에 그대로 전재轉載해 놓았다. Plimsoll(1873), Our Seamen, pp.98-105.

56) Peters(1975), p.46 ; Jones(2019), 70쪽.

57) Masters(1955), p.101.

선원』에 그대로 전재했다.[58]

2. 해운 개혁 입법 운동과 『우리들의 선원』

플림솔이 해운과 선원 문제에 진지하게 관심을 갖게 된 시기는 렝을 만난 1869년 11월과 제임스 홀의 청원 연설을 들은 1870년 2월 사이임에 틀림없다. 플림솔은 1868년 12월 풀우드 교회에서 더비 지역유권자를 대상으로 행한 연설과 제임스 홀에게 만재흘수선을 입법화하겠다고 한 약속을 지키기 위해[59] 1870년 4월 13일, 상선법안에 비입급 선박의 검사, 최대 만재흘수선 표시, 선가의 2/3 이상 선박보험에의 가입을 금지하는 조항을 추가할 것을 제안했다. 그러나 플림솔이 제안한 수정 상선법안은 선주 의원들(사무다[D.A. Samuda], 토마스 유스터스 스미스[Thomas Eustace Smith], 노우드[Charles Norwood], 쇼-르페브르[Shaw-Lefevre])의 반대[60]와 심의 지연, 1869년 통합상선법[61]안을 제안했던 쇼-르페브르 의원의 다음 회기 입법 약속으로 철회되었다.[62]

1871년 2월 10일 요크셔의 브리들링턴[Bridlington] 해안에 몰아닥친 돌풍으로 500여 척의 선박 중 23척이 난파하고, 나머지 선박은 흔적없이 침몰해 버리고 시신 43구만이 수습되었다.[63] 브리들링턴 대돌풍과 그로 인한

---

58) Plimsoll(1873), *Our Seamen*, passim.
59) Jones(2019), 84쪽.
60) 1873년 당시 평민원 내 선주 의원은 자유당 12명, 보수당 4명 등 총 16명이었다. Jones(2019), 117~118쪽.
61) 무역성 담당 의회 간사였던 쇼-르페브르는 1869년 8월 9일 696개 조항의 통합 상선법안을 제안했다. 이 법안에는 항해부적합선에 대한 무역성의 억류권, 항해부적합선에 대한 선원의 항해 거부시 조사 비용 정부 부담, 항해부적합선 출항 선주에 대한 경범죄 처벌 조항이 포함되어 있었다. Jones(2019), 『플림솔 마크』, 84쪽.
62) Turner(1966), p.166 ; Jones(2019), 89쪽.
63) Jones(2019), 89~101쪽.

항해 부적합선에 대한 대중의 분개에 힘입어[64] 플림솔은 1871년 2월 22일 두 번째로 상선검사법안을 제출했다. 이 법안의 핵심은 모든 선박에 만재흘수선을 표시할 것과, 출항 전 검사를 받게 할 것이었다. 플림솔의 2차 상선법안 역시 토마스 유스터스 스미스와 노우드 등의 선주 의원과 옥스퍼드셔 지역구의 조지프 헨리 Joseph Henley 의원의 반대 발언 등으로 2차 독회로 넘어가지 못했다.[65] 이 틈을 타 글래드스턴 정부는 1871년 상선법(34 & 35 Victoria, c. 110)을 정부안으로 입법했다. 1871년 상선법에서는 선주의 흘수 draft 표시 의무화, 정부의 불감항선에 대한 정선 停船과 검사권, 5명 이상 선원들의 불감항선(과적은 제외) 조사 요구권(단, 검사비용의 선원 부담 및 검사 후 문제 없을 경우 선원 투옥) 등을 규정하였다.[66]

플림솔은 1872년 한 해를 현장 조사와 『우리들의 선원』 집필에 사용하여 1872년 12월에는 초고를 완성하고 1873년 1월 정식 출간했다. 『우리들의 선원』은 목차나 소제목 없이 서술되어 "체계도 없고 … 미친 내용들로 뒤범벅된 책이지만, 어떤 책보다도 강력하고 설득력이 있다."[67]는 평가를 받았다. 『우리들의 선원』은 4절판 고급판(14실링)과 대중판(2실링 6펜스) 60만 부[68]와 4페니짜리 요약본 100만 부[69]가 제작 배포되었으며, 말 그대로 '전국을 뒤흔들어 놓았다.'[70] 이 책에서 플림솔은 선박 침몰 사고에 대한 현황을 제시하고 선박 침몰 사고의 원인으로 ① 선원 부족, ② 오석 bad

---

64) 플림솔은 1871년 4월 8일, *Daily Telegraph*에 보낸 편지에서 브리드링턴의 교훈에 관한 *Newcastle Daily Chronicle*과 *Leeds Mercury*에 실린 기사를 인용하고 있다. Jones(2019), 103쪽 각주 1 재인용.

65) Jones(2019), 103쪽.

66) Masters(1955), 106 ; Peters(1975), p.52 ; Jones(2019), 141쪽. 1854년부터 1876년까지의 상선법에 대해서는 A.C. Boyd의 *The Merchant Shipping Laws*를 참조하라.

67) *Vanity Fair*, 13 March 1873 ; cited by Jones(2019), 104쪽.

68) Jones(2019), 104쪽.

69) Masters(1955), p.120 ; Peters(1975), p.71 ; Turner(1966), p.167.

70) Peters(1975), p.54.

stowage, ③ 갑판적 deck-loading, ④ 부족한 엔진 출력, ⑤ 과보험 over-insurance, ⑥ 건조 결함, ⑦ 부적절한 확장, ⑧ 과적, ⑨ 수리 부족 등을 지적하였다. 그리고 선박에 대한 정기 검사와 최대 만재흘수선 설정 등에 대한 정부의 관심을 촉구하고 동시에 입법 활동에 대한 대중들의 적극적인 동참을 호소하였다.71)

플림솔은 1873년 2월 10일, 세 번째 해운법안으로 '특정 해운에 대한 조사 및 과적 방지 법안 Bill to provide for the Survey of Certain Shipping and to Prevent Overloading'을 발의했다. 이 법안은 여객선에서 행해지는 것처럼 비입급선의 강제 검사, 과적 방지, 갑판적 제한에 관한 것을 주된 내용으로 하였다.72) 플림솔은 3월 4일 왕립위원회 소집 동의서를 제출했다. 그러나 당시 의회에서 이슈가 되었던 것은 글래드스턴 정부가 최우선 순위로 추진했던 '아일랜드 대학 교육법 Bill for the Extension of University Education in Ireland' 입법이었다. 이 법안은 3월 11일 2차 독회에서 3표 차로 부결되었고, 이로 인해 글래드스턴이 수상직을 사임하는 사태로 이어졌다. 그러나 보수당의 디즈레일리가 소수당으로 정부를 구성하기를 거절하자 글래드스턴은 곧 사임 의사를 철회하였다.73)

플림솔은, 선명과 선주를 밝히지는 않았지만, 『우리들의 선원』에서 노우드 의원의 소유선인 리보니아 Livonia 호 침몰 사고를 상술하고, 1867년부터 1869년 사이에 침몰한 선박 12척의 첫 글자와 끝 글자를 공개함으로써 해당 선박들이 고얼리 의원 소유선임을 유추할 수 있게 했다. 노우드 의원의 명예훼손 소송74)은 1873년 6월 14일 왕좌재판소 Queen's Bench 최종심에서

---

71) Plimsoll(1873), *Our Seamen*, passim.

72) Peters(1975), p.75 ; Jones(2019), 117쪽.

73) Jones(2019), 120쪽.

74) 찰스 노우드 의원과 선더랜드 지역구의 에드워드 고얼리(Edward Temperley Goerley, 1826~1902) 의원이 1873년 2월 명예훼손 소송을 제기했다. 이에 플림솔의 소송비용을 지원하기 위해 3월 1일 《더 타임즈》에 H.M.F.라는 사람이 '플림솔

리보니아 호 사례를 가지고 노우드를 "무역 분야에서 가장 큰 악인들the greatest sinners 중 1명"임을 암시해서는 안 되었으며, 그에 따라 플림솔이 자신의 소송 비용을 부담해야 하나, 명예훼손은 아니라는 취지의 판결로 마무리되었다.75) 이에 부담을 느낀 고얼리 의원은 소송을 철회하였다.

3. 엑스터 홀 대집회와 불감항선 왕립위원회

플림솔이 피소된 지 한 달여 뒤인 1873년 3월 22일에 '엑서터 홀Exeter Hall 집회'가 열렸다. 앨버트Albert 공과 72세의 샤프츠베리 경을 비롯해 의원 8명, 귀족 2~3명, 조지 하월 등의 노동조합원 6명, 성직자 3명 등과 플림솔의 대의에 공감하는 선주와 대중들이 엑스터 홀을 가득 메웠다. 이 집회는 이른바 '플림솔 대집회Plimsoll's great meeting'로 불리는 플림솔의 만재흘수선 입법 캠페인의 거대한 시작을 알리는 신호탄이었다. 행사 뒤 샤프츠베리 경은 자신의 일기에 "비참하고 억압당하는 상선 선원들을 위한 플림솔의 훌륭한 변호"라고 적었다.76) 신문과 잡지의 보도, 노동조합의 지지 선언, 플림솔과 선원 변호기금의 여성위원회 호소문 배포 등의 활동이 계속되었다. 이러한 여론의 압력에 글래드스턴 정부의 치체스터 파킨슨포테스큐Chichester Parkinson-Fortescue 무역장관(재임 1871. 1.14~1874. 2.17.)은 3월

변호기금'(Plimsoll Defence Fund)을 개설할 것을 제안했고, 이틀 뒤인 3월 3일 은행가인 파쿼(Sir Wallis Farquar와 Walter Farquar) 형제가 각각 £100씩을 기부했다. 처음에는 이 기금 설치를 반대했던 플림솔은 '직접 소송 경비에 쓰고 남은 돈은 선원 가족들을 위해 사용한다는 조건'으로 받아들이고, 자신 이름으로 £1000, 부인 일라이자 이름으로 £500를 기부했다.(Masters(1955), p.116 ; Jones(2019), 『플림솔 마크』, 125쪽). 이 기금은 곧 '플림솔과 선원 변호기금'(Plimsoll and Seamen's Defence Fund)으로 이름이 바뀌었고, 기금관리위원회 위원장은 샤프츠베리 경이, 사무국장은 조지 하월이 각각 맡았다.

75) Masters(1955), p.130 ; Peters(1975), p.78 ; Jones(2019), 114쪽.
76) Shaftesbury's Diary, 24 March 1873, in Edwin Hodder, *The Life of and Work of the 7th Earl of Shaftesbury*, Vol. III, p.32 ; cited by Jones(2019), 135쪽.

28일 '불감항선 왕립위원회Royal Commission on Unseaworthy Ships'를 구성할 것이라고 발표했다. 서머셋 공Duke of Somerset을 위원장으로 한 왕립위원회는 구성 즉시 활동에 들어가 1873년 4월 22일 첫 청문을 시작으로 3개월간 플림솔을 포함해 48명의 증인을 대상으로 1만 1457개의 질문을 주고받았다.[77]

왕립위원회에서 증언과 각종 집회에서 연설로 바삐 지내는 와중에도 플림솔은 1873년 5월 14일, 자신이 발의한 해운검사법안에 대한 제2독회를 제안했다. 그러나 선주 출신인 유스터스 스미스 의원의 "왕립위원회가 활동 중인 상황에서 그 결과가 나오기 전에 법안을 통과시키는 것은 적절치 않다"는 발언과 이에 동조하는 의회 분위기 속에서 스스로 '철회했다.'[78] 이 틈을 타 글래드스턴 정부는 1873년 5월, 상선법(36 & 37 Vict., c.73)을 개정하였다. 1873년 상선법은 결함이나 과적이 의심되는 선박을 조사할 권한을 무역성에 부여한 것이었다.[79] 이 법 시행 "첫해에만 440척의 선박이 억류되었고, 그중 16척만이 항해 적합선인 것으로 드러났다. 이후 2년간 558척이 정선 명령을 받았는데, 그중 515척은 불감항선 판정을 받았고, 나머지 선박은 선적된 화물의 일부를 하륙하고 출항했다."[80]

1874년 1월 플림솔은 만재흘수선 획정을 기본으로 한 상선법 개정안을 준비하고 있었으나, 1월 24일 글래드스턴이 수상직을 사임하는 바람에 정국은 총선 체제로 급전환되었다. 2월에 있었던 총선에서 플림솔은 재선에 성공하였고 그의 정적이나 다름없던 무역장관 치체스터 파킨슨포테스큐는 라우스Louth 지역구에서 플림솔의 지지자인 알렉산더 설리번Alexander Sullivan

---

77) Master(1955), p.177 ; Peters(1975), p.83.

78) Peters(1975), p.76 ; Jones(2019), 156~157쪽.

79) Masters(1955), p.169 ; Peters(1975), p.80 ; Jones(2019), 152쪽.

80) Turner(1966), p.183 ; Peters(1975), p.80 ; Jones(2019), 153쪽.

에게 패하였다.[81] 그러나 총선 결과에서는 50석 차로 디즈레일리의 보수당이 승리하였다.[82] 1874년 2월 20일 보수당 정부를 구성한 디즈레일리는 4월에야 찰스 애덜리를 무역장관으로 임명했다. 애덜리 무역장관은 취임 직후인 1874년 4월 13일, 의회에서 "더비 지역구 의원의 거짓 제보로 정부는 한 경우에는 £2000, 다른 경우에는 £600의 정부 예산을 지출했다."면서 "이번 회기에 해운통합법안을 제출할 생각이 없다."고 발언했다.[83]

당시 의회에는 디즈레일리가 정부를 구성하기 전인 1874년 2월에 플림솔이 해운검사법안Shipping Survey Bill을 발의해 놓은 상태였다. 이 법안은 동계(9.1~3.31) 갑판적 금지, 비입급선의 출항 전 선박 검사, 광폭의 흰색 선broad white streak으로 만재흘수선 표시 등을 강제화하는 조항을 담고 있었다.[84] 애덜리 무역장관은 5월 19일, 1854~1873년 상선법 중 선박톤수측정 1개 조항을 수정하는 법안을 발의했다. 플림솔은 6월 24일 자신이 제출한 해운검사법안에 대한 2차 독회를 제안했고, 25일 의원들 사이에 찬반양론이 오간 뒤[85] 애덜리 무역장관이 "이와 같은 중대한 조치를 취하기 위해서는 가슴뿐 아니라 머리도 필요하다."[86]며 이번 회기 중에는 아무런 조치도 취하지 않을 뜻임을 재확인했다. 이에 플림솔은 '표결division'을 외쳤고, 해운검사법안의 2차 독회에 대한 찬반 표결을 한 결과 170 : 173으로 부결되었다.[87]

---

81) 이후 치체스터 파킨슨-포테스큐(Chichester Parkinson-Fortescue)는 제1대 칼링퍼드 남작(1st Baron of Carlingford) 작위를 받고 귀족원 의원이 되었다. 그는 1876년 갑판적 적재를 금지한 플림솔의 상선법안이 입법되어 귀족원에 상정되자 갑판 3피트까지 갑판적재를 허용하도록 귀족원에 영향력을 행사하였다. Jones(2019), 267쪽.

82) Masters(1955), p.190 ; Peters(1975), p.96.

83) Peters(1975), p.97 ; Jones(2019), 176쪽.

84) Masters, p.193 ; Turner(1966), p.183.

85) 찬반 발언에 대해서는 Masters(1955), pp.196-199 참조.

86) Masters(1955), p.199 ; Peters(1975), p.99.

87) *Parliamentary Papers*(1874), v(11) : House of Commons' Divisions, 1874, No.85,

플림솔은 표결에서는 졌지만, 상선법 개혁의 필요성에 대한 의회 내의 지지가 만만치 않음을 입증받았다는 점에서 도덕적으로는 승리했다.[88] 1873년 9월 22일 예비보고서를 발표했던 왕립위원회는 1874년 7월 1일 최종보고서를 발표했다. 최종보고서에서는 "선원의 태만과 관리 부실이 선주의 부주의만큼 막심한 피해를 초래하고 있고, 선적과 감항성에 대한 책임은 선주에게 있으며, 만재흘수선을 확정하는 것은 권고하지 않는다"고 결론지었다.[89]

4. 플림솔 소동Plimsoll's agitation과 만재흘수선 입법

왕립위원회의 최종보고서와 의회의 표결 결과로 만재흘수선 도입에 실패한 플림솔은 대응책을 마련해야 했다. 먼저 무역성에 출항 선박의 흘수 기록을 요청하고, 과적 상태로 출항한 선박에 대한 정보와 제보를 계속 수집했다. 디즈레일리의 보수당 정부는 여론과 플림솔의 압력에 밀려 1875년 2월 8일, 새로운 상선법안을 발의할 것이라고 의회에 통지했다.[90] 이 법안에는 과적, 갑판적, 보트, 나침반 조정, 침몰사고 원인 조사 등에 관한 규정이 포함되어 있었으나,[91] 정작 만재흘수선에 대해서는 아무 조치도 취하지 않았다. 이에 플림솔은 3월 10일 상선법 수정안Merchant Shipping

---

25 June, 1874. cited by Alderman(1971), "Samuel Plimsoll & Shipping Interest", p.81. 1874년 평민원 내에는 해운 이해관계자가 보수당 11명, 자유당 17명이었다. 보수당에서 40명 이상이 찬성 투표를 했다. Alderman(1971), p.81 각주 59.

88) Masters(1955), p.200.

89) Turner(1966), p.183 ; Masters(1955), pp.178, 201 ; Peters(1975), pp.88, 100 ; Jones(2019), p.177. 왕립위원회에서의 청문에 대해서는 Master(1955), Chap.XIII 을 참조하라.

90) 1875년 1월 무역성과 플림솔은 협상을 시도했다. 양측은 선박 검사 문제에 대해서는 합의하지 못했다.

91) Peters(1975), p.101.

Acts Amendment, No.2을 발의했다. 이 수정안은 이제까지 플림솔이 제안한 상선법안 중 가장 강력한 것이었는데, 주요 내용은 다음과 같았다. 1) 비입급선의 출항 금지(모든 선박의 선급 가입 의무화), 2) 법정 최대 만재흘수선 도입(배수량 표시), 3) 로이즈선급 3명, 리버풀해상보험업자선급 Liverpool Underwriters' Registry for Iron Vessels 2명, 무역성 3명으로 구성된 감독관 commissioner의 만재흘수선 승인certified, 4) 영사의 영국적 선박의 외국항 출항시 흘수 기록 의무화, 5) 생동물과 화물창에 선적할 수 없는 화물을 제외한 갑판적 금지, 6) 선주의 선박 특별검사 요구권 인정.92)

정부의 상선법안을 두고 4월 8일 5시간이 넘는 격론을 벌였으나 아무런 결론도 내지 못한 채 1차 독회가 끝났다.93) 당시 디즈레일리 정부는 농업지주법안Agricultural Holdings Bill 입법을 최우선 과제로 추진하고 있었다. 이에 디즈레일리는 7월 22일 의회에 출석해 "농업지주법안을 마무리 짓지 못해 이번 회기 내에는 상선법이 처리될 수 없을 것"이라고 발언했다.94) 이러한 사태를 이미 예견하였던 플림솔은 선주인 에드워드 베이츠Edward Bates 의원의 실명을 거론하며, "선원들을 죽음으로 내몬 '악당villains'의 가면을 벗겨버리겠다"고 발언했다. 플림솔은 디즈레일리 수상이 발언하는 중에 발언권도 얻지 않은 채 반박 발언을 했기 때문에 두 명이 동시에 일어서서 발언하지 않는다는 의회의 관례를 깨트렸고, 베이츠 의원의 실명을 거론했으며, 주먹을 흔들어대며 위협적인 태도를 보였다. 특히 '악당'이라는 거친 표현을 사용해 전통과 격식을 중시하는 의회의 에티켓을 한순간에 파괴해 버렸다. 자유당의 헨리 브랜드Henry Brand 의장은 세 차례나 '악당'이란 표현을 철회해 줄 것을 요청했으나, 플림솔은 단호하게 거부하고 준비한

---

92) Peters(1975), p.102.
93) Jones(2019), 179쪽.
94) cited by Masters(1955), p.210 ; Peters(1975), p.104 ; Aldermann(1971), p.84 ; Jones(2019), 187쪽.

항의문^{protest}을 의장에 제출하고 퇴장했으며, 2층 기자석에 있던 부인 일라이자는 항의문 사본을 배포했다. 플림솔은 항의문에서 정부를 다음과 같이 비난했다.

> 그들은 고의든 아니든, 아마 두 가지 다겠지만, 의회 안팎에서 현재의 살인적인 시스템의 지속성을 더 확보하려는 바다의 살인자들의 손에 놀아나고 있다. 인간성이 요구하는 것은 썩어빠진 선박이 해체되거나 수리되어야 한다는 것이다. 선박에 과적해서는 안 된다는 것이며, 곡물 화물은 승선자들의 목숨을 치명적인 위험에 노출시키기 때문에 대량으로 운반되어서는 안 된다는 것이다. 그리고 많은 사람에게 말로 형용할 수 없는 고통을 주고, 더 많은 사람을 죽음으로 이끄는 원인인 갑판에 화물을 선적하는 일이 중단되어야 한다는 것이다. 정부의 법안은 이들 중 하나도 제공하고 있지 않다. 정부법안은 어쩔 수 없이 바다로 나가는 우리의 불운한 동포에 대해 더 무거운 벌금과 더 심각한 벌만을 제공할 뿐이다.⁹⁵⁾

"우리의 공통된 인간성이라는 명목으로" 상선법의 즉각적인 채택을 촉구하고, 또한 "의회 밖에 있는 [선주 출신 의원들보다 : 필자] 더 대단하지는 않지만, 수가 더 많은 악당들을 잘 대표하면서 의회에 앉아있는 악당들의 정체를 밝히기"를 바라면서, 플림솔은 "다음 겨울에 막을 수 있는 원인으로 죽어갈 사람들의 피에 대한 책임을 수상과 그의 동료들에게" 부과했다. 그는 "다음과 같이 말씀하신 하나님의 분노"로 위협하면서 『우리들의 선원』의 지독한 항의를 연상시키는 천벌을 받을 것이라는 특유의 비난으로 결론을 내렸다. "너희는 어떤 과부도, 고아도 억눌러서는 안 된다. 만약

---

95) cited by Jones(2019), 200쪽.

너희가 그들을 억눌러 그들이 나에게 부르짖으면, 나는 그 부르짖음을 들어줄 것이다. 그러면 나는 분노를 터뜨려 칼로 너희를 죽이겠다. 그러면 너희 아내들은 과부가 되고, 너희 아들들은 고아가 될 것이다."(탈출기 22 : 22-34절). 그리고 이 말로도 충분하지 않다고 여겨 험악한 말을 덧붙였다. "그렇다면, 불행한 여성들과 아이들을 그러한 개탄스러운 상황에 빠뜨린 사람들 그리고 아무런 죄도 없는 그들 자신과 같은 인간을 지독하고 갑작스러운 죽음으로 몰고 간 사람들에 대한 하나님의 분개와 분노는 얼마나 더 크겠는가."[96]

이 사태는 『더 타임즈』(7.23),[97] 『펀치 *Punch*』(7.31), 『페니 일러스트레이티드 페이퍼 *Penny Illustrated Paper*』(7.31), 『그래픽 *Graphic*』(8.28) 등의 언론에 널리 소개되었고 이후 플림솔의 '소동 agitation', '격분 indignation', '흥분 sensation'으로 알려지게 되었다.[98] 의회는 디즈레일리의 제안으로 플림솔에게 1주일간의 출석 정지를 결의했다.[99] 플림솔은 1주일 뒤인 1785년 7월 29일 의회에 출석해 (자신이 사용한) "용어와 표현을 철회하며 의장과 의회에 사과한다. … 그러나 자신이 사실을 애기한 것은 철회하지 않을 것"임을 밝혔고, 약간의 논란 끝에 디즈레일리 수상의 수용으로 사태는 일단락되었다.[100]
디즈레일리 수상과 애덜리 무역장관은 플림솔이 등원하기 하루 전인 1875년 7월 28일 불감항선법안 Unseaworthy Ships Bill 을 발의했다. 이 법안은 7월 30일 평민원에서 제2독회 후 8월 10일 귀족원에서 입법되었다.[101]

---

96) cited by Peters(1975), pp.110-111 & Jones(2019), 200쪽.
97) see Masters(1955), p.216.
98) 이 사태 이후 언론과 여론의 반향에 대해서는 Peters(1975), pp.112-114 ; Jones(2019), 198~208쪽 참조.
99) cited by Masters(1955), pp.213-215 ; Peters(1975), pp.105-107 ; Jones(2019), 190~193쪽.
100) Masters(1955), p.220 ; Peters(1975), pp.117-118.
101) Masters(1955), p.224 ; Peters(1975), p.119 ; Jones(2019), 213쪽.

1875년 상선법(38 & 39 Vict., c.88)에 따르면, 1876년 1월 1일 등록된 모든 선박의 선주는 길이 12인치, 너비 1인치 이상의 직선으로 로드 라인을 양현에 수평하게 표시해야 하고, 무역성 조사관은 결함있는 선체, 기계, 장비, 불완전한 선적이나 과적 등으로 안전하지 못한 선박의 억류권을 가지게 되었으며, 여기에 곡물 선적과 갑판적에 대한 조항도 포함되었다.[102] 당초 디즈레일리 정부는 '플림솔 소동'으로 인한 여론을 잠재우기 위한 고육책으로 1년 시한의 임시법안으로 불감항선에 대한 무역성의 억류권한만 연장하려 했으나, 선주인 찰스 노우드 의원이 제출한 선주 스스로 만재흘수선을 표시하도록 한 법안을 통합한다는 데 동의함으로써 입법되었다.[103]

이로써 만재흘수선이 처음으로 입법화되었으나, 그것은 선주 자신이 자의적으로 표시할 수 있었다는 점에서 한계가 있었다. 플림솔은 감독관이 공인한 만재흘수선을 입법화하기를 주장했으나, 1875년에 채택된 것은 선주 찰스 노우드 의원이 주장한 선주 자의로 표시하도록 한 안이었다.[104] 따라서 흔히 수선 하under water line에 그려지곤 했던 만재흘수선은,[105] '노우드 라인Norwood line'으로 불릴 만했다.[106] 하지만 1875년 법이 시행되자마자 만재흘수선load-line은 '플림솔 라인Plimsoll line'으로 불렸다.[107] 『더 타임즈』는 정부 임시법안이 평민원을 통과한 뒤인 1875년 8월 6일, "플림솔

---

102) Masters(1955), p.224 ; Peters(1975), p.119 ; Turner(1966), p.188.

103) Parliamentary Papers(1875), vii(274) ; *Parliamentary Debate*, 3rd series, ccxxvi, 414-21, 581-2. cited by Alderman(1971), p.85.

104) Alderman(1971), p.85 ; Turner(1966), p.188.

105) Jones(2019), 254쪽.

106) 1891년 4월 27일 *Hull Daily News*의 노우드의 부고에서 적절히 지적한 바와 같이, 몇 년 뒤 플림솔 자신도 로드라인 법안의 노우드 원작설(Norwood's authorship)을 인정했다. *Economist*, 17 June 1884, 4. cited by Alderman(1971), p.85.

107) Peters(1975), p.178.

의원은 지난 2주일 동안 왕^{king}이었고, 디즈레일리는 하찮은 똘마니^{humble} ^{henchman}였다."고 보도했다. 108)

1876년 2월 11일, 찰스 애덜리 무역장관은 약속한 대로 새 상선법안을 제출했다. 새 상선법안에서는 동계 갑판적 제한, 정부 주도의 선박 검사, 정부의 만재흘수선, 미입급선의 강제 선급 가입 등을 규정했다.109) 플림솔은 제2독회가 있었던 2월 17일 선주인 에드워드 베이츠 의원이 소유한 선박 4척에서 81명이 괴혈병을 앓고 있다는 사실을 폭로했다.110) 3월 23일과 27일 수정안에 대한 찬반 토의가 지리하게 이어졌고, 3월 27일 플림솔은 출항 전 모든 선박의 장비와 기계에 대한 감항성 증명서의 비치를 의무화하는 수정안을 발의했다.111) 이 수정안은 찬반 표결에 부쳐져 247 대 110으로 부결되었다.112) 플림솔은 4월 27일, 정부의 새 상선법안의 동계 갑판적 금지와 관련해 "제안된 법안에는 캐나다발 선박의 갑판적을 금지시킨 것인데, 캐나다에선 이미 금지되어 있다."는 점을 근거로 "이 조항은 완전한 속임수^{counterfeit}"라고 비판했다.113) 플림솔은 5월 22일, 동계 갑판적 금지를 규정하는 수정안을 발의했고, 표결 결과 163 대 142로 가결되었다.114) 이로써 정부의 새 상선법안에 대한 입법은 급물살을 타게 되어 5월 27일 제3독회 후 입법되었다.115)그러나 당초 동계 갑판적 금지를 규정했던 조항은 귀족원으로 옮긴 전 무역장관 치체스터 파킨슨-포테스큐^{Chichester}

---

108) cited by Peters(1975), p.119 ; Jones(2019), 244쪽.

109) Jones(2019), 265쪽.

110) Masters(1955), p.238.

111) Peters(1975), p.122.

112) Peters(1975), p.122 ; Jones(2019), p.263. 플림솔의 수정안에 지지를 표명한 의원은 W.E. Forster, H.C. Chilvers, William Harcourt, Henry James, A.M. Sullivan, J.A. Roebuck, A.J. Mundella, Thomas Burt, Alexander MacDonald 등이었다. Peters(1975), p.125 각주 2.

113) cited by Peters(1975), p.127.

114) Masters(1955), p.240 ; Peters(1975), p.127 ; Jones(2019), p.266.

115) Masters(1955), p.240.

Parkinson-Fortescue(Lord Carlingford)가 갑판 3피트까지 갑판적재를 허용할 수 있도록 귀족원을 설득하여 수정된 채 평민원으로 내려왔다.[116) 8월 12일 플림솔은 귀족원 수정안을 거부하고 원안을 유지시켜 줄 것을 요청해 표결에 부쳤으나 26표 차로 부결되어 귀족원 수정안이 채택되었다.[117) 플림솔은 1890년 출판한 『가축운반선 _Cattle Ship_』에서 "동계 갑판적 허용을 한 것은 칼링퍼드 경 Lord Carlingford이 악의적이고 살인 방조적인 영향을 미쳤기 때문"이라며 "수천 명의 목숨을 앗아가는 데 도덕적인 책임을 져야 할 것"이라고 칼링포드 경을 비난했다.[118)

1876년 상선법(39 & 40 Vict., c.80)은 1875년 임시법안 4개 조항을 포함해 총 45개 조로 구성되어 있었다. 가장 중요한 조항으로는 "불감항 상태로 선박을 출항시키는 데 관여한 사람은 그 비행에 대해 유죄이며… 겨울철 곡물 화물과 목재의 갑판적재를 느슨하게 선적하는 것을 금지하며, 위험한 선박을 억류할 수 있다. 갑판의 높이도 선체 외부에 표시해야 한다"는 것이었다. 특히 80톤 이상의 선박에는 12인치 크기의 원에 18인치 길이의 수평선으로 만재흘수선을 표시하도록 강제화했다는 것(25조), 만재흘수선 표시를 등한시 하거나 훼손한 경우 £100 이내의 벌금을 부가하도록 했다는 것(28조)에서 1875년 임시법안에 비해 한층 진전된 것이었다.[119) 선원들은 곧 만재흘수선을 '팬케이크', '플림솔의 눈'으로 부르기 시작했다.[120)

이로써 오늘날 우리가 선박의 양현에서 볼 수 있는 만재흘수선의 원형이 현실화되었다. 하지만 만재흘수선 표시는 어디까지나 선주의 자의에 의한 것이었다. 카디프의 한 선장은 만재흘수선을 배의 굴뚝 위에 그려넣기도

---

116) Masters(1955), p.240 ; Peters(1975), p.128 ; Turner(1966), p.188 ; Jones(2019), p.267.
117) Peters(1975), pp.128-129.
118) Samuel Plimsoll(1890), _Cattle Ship_, p.127.
119) A.C. Boyd(1876), _The Merchant Shipping Laws_, pp.30 & 32.
120) Jones(2019), p.268.

그림 14-2. 1876년 상선법의 만재흘수선

했다.[121] 이러한 한계에도 불구하고 플림솔은 1878년 9월, 더비 선거권자들에게 한 연설에서 "결함이 전혀 없는 것은 아니지만, 우리 항해하는 뱃사람들에게 나쁜 영향을 끼치는 해악들을 제거하기에는 충분할 것입니다.… 저의 특별한 과업이 이루어진 것으로 간주하려 합니다."[122]라고 말했다. 플림솔이 원한 대로 정부의 승인 하에 만재흘수선을 정하게 되기까지는 다시 14년을 기다려야 했다(53 & 54 Vict., 1890, c.9).[123]

---

121) reported by Samuel Plimsoll at the indignation meeting at Cutlers' Hall, Sheffield, 8 April 1876, reported in *Sheffield Telegraph*. cited by Peters, p.122.

122) cited by Masters(1955), p.243.

123) 정부 승인 만재흘수선이 입법된 것은 1890년으로 노동계 지도자인 Henry Broadhurst와 George Howell 등의 주도하에 발의된 것이었다. 1880년부터 1885

이상에서는 18세기 중엽 영국에서 만재흘수선의 제정 움직임이 나타나게 된 배경으로서 해양 사고 현황을 살펴보고, 제임스 홀과 사무엘 플림솔의 만재흘수선 제정 운동을 살펴보았다. 제임스 홀과 플림솔이 만재흘수선 제정을 주창한 이유는 무엇이었는가? 제임스 홀의 사회활동을 돌이켜보면 모두 자신의 사업과 긴밀하게 연계되어 있었다. 그가 처음으로 사회활동에 나선 것은 자신의 해상보험회사가 경영에 어려움을 겪을 때였다. 과적과 불감항선으로 인한 침몰 사고로 해상보험회사가 막대한 보험금을 지불하지 않으면 안 되었다. 제임스 홀의 해상보험사는 불감항선의 침몰로 인한 보험금 소송에서 승소했지만, 지급했어야 할 보험료보다 법적 소송비용이 3배나 많았다.[124] 결국 제임스 홀이 만재흘수선 도입을 주창했던 것은 박애주의에서 나온 것이라는 헤이워드의 주장[125]과는 다소 다른 동기가 내재되어 있었을 개연성이 크다. 등대세 폐지나, 무역재정위원회 설치, 선원양성용 훈련선 도입, 선원미망인과고아연금기금 설치 제안 등도 모두 선주로서 해운업을 영위하는 데 도움이 되는 일이었다. 만재흘수선 설치 또한 과적과 불감항선으로 인한 선박 침몰을 감소시켜 해상보험회사의 보험금 지불을 줄일 수 있는 방안이라는 점에서 자신의 이해관계와 직접적으로 관련이 있었다.

이에 반해 플림솔은 해운과는 아무런 이해관계가 없었다. 비록 방법은 다소 거칠고 사실을 호도하고 소란을 일으키기도 했지만, 그는 순수하게 선원들의 죽음을 애도했고, 그 가족들의 슬픔에 공감했으며, 악덕 선주들에게 분노했다. 플림솔이 등장하지 않았다면, 제임스 홀이 동료 선주들의

년까지 해운법 개혁을 주도한 것은 조지프 체임벌린 무역장관이었고, 그 연장선 상에서 정부 승인 만재흘수선이 입법될 수 있었다. 이에 대해서는 Geoffrey Alderman(1972), Joseph Chamberlain's attempted Reform of the British Mercantile Marine 참조하라.

124) Masters(1955), p.135.
125) Hayward(1896), Vol.1, p.vii.

공감을 얻어내며 만재흘수선 제정 운동을 지속했을 것이고, 게다가 1871년 상공회의소 추천으로 뉴캐슬의 의원 선거에 입후보해 당선되었다면 만재흘수선은 더 빠르고 수월하게 입법화되었을지도 모른다.[126] 그렇게 되었다면, 만재흘수선은 그의 성을 따 '홀 마크 Hall mark'로 불리게 되었을 것이다. 1890년 상선법 제정으로 정부가 인증한 만재흘수선이 도입되고 난 뒤, 로이즈선급의 사무국장 secretary 인 웨이머스 Waymouth 는 1890년 2월 26일자 서한에서 제임스 홀에게 다음과 같이 써 보냈다.

> 나는 과적을 중단시키고, 불감항선이 출항할 수 없도록 취한 조치에 대해 모든 영예를 받을 만한 사람은 당신이라는 것을 잘 압니다. 플림솔은 당신의 머리를 이용했습니다 trade your brain. 몇 년 전에 당신은 무역재정위원회의 설립을 주창했는데, 매우 훌륭한 생각이었습니다. 당신은 분명 동료들보다 훨씬 앞서 있었습니다. 비록 귀하가 마땅히 받아야 할 명성을 받지 못했다 하더라도, 귀하의 견해가 마침내 채택된 것에 대해 축하드립니다.[127]

이 서한은 만재흘수선의 별칭에 내재된 논쟁을 현실감 있게 반영한다. 즉, 웨이머스는 제임스 홀을 만재흘수선 '원작자'로서의 공을 인정하고 있음에도 불구하고, 만재흘수선이 '플림솔 마크'로 불리는 현실을 받아들일 수밖에 없다는 점 또한 인정하지 않을 수 없었던 것이다. 1875년 상선법은 "디즈레일리 정부를 압박한 플림솔 의원의 지속적인 노력의 결과"였고, "노동자들의 … 강력한 지지"를 받았으며, "플림솔은 우리 상선 선원을 위한

---

126) 1871년 상공회의소의 사무국장인 브로킷(W.H. Brockett)이 경영하고 있는 *The Gateshead Observer* 지는 "뉴캐슬 의원 후보로 제임스 홀이 입후보한다는 이야기가 있다"고 보도했지만, 제임스 홀이 거부했다. Hayward(1896), Vol.1, p.81.
127) Hayward(1896), Vol.1, pp.264-265.

투사^{champion}"였다.128) 1875년 만재흘수선은 제임스 홀이나 플림솔이 원한 것이 아니었고 결함도 있었던 것이 사실이다. 또한 플림솔 비판론자들이 주장한 것처럼, 19세기 중후반 상선법 개정은 의회에서 꾸준히 논의되어 온 이슈였던 것도 사실이다. 그러나 플림솔 소동이 없었다면 만재흘수선의 제정은 훨씬 지체되었을 것이고, 이는 더 많은 선원들의 희생을 가져왔을 것이라는 사실 또한 명백하다. 1875년 상선법은 근대해운업 역사상 최초로 만재흘수선을 입법화했다는 점에서 '플림솔과 민중의 승리'였다.129) 이런 측면에서 만재흘수선을 '플림솔 마크'로 부르는 것은 여전히 유효하다.

---

128) R.J. Cornewall-Jones(1898), *The British Merchant Service*, p.378.
129) Jones(2019), 272쪽.

해양활동과 자본주의 발전간의 연관성

포스트모더니즘은 혁명·민족국가·자본주의와 같은 거대담론들을 해체하려고 시도했고, 실제로 산업혁명이나 프랑스 혁명에 관한 거대담론을 일정 부분 허물어트리는 데 성공하였다.[1] 포스트모더니즘이 기존 역사학에서 배제되어 왔던 여성이나 하층민의 역사를 복원시키고, 거대담론에 입각한 역사해석을 해체하는 등 학계에 적지 않은 영향을 미쳤다는 사실을 부정할 수 없다.[2] 하지만 포스트모더니즘이 현재 세계를 작동시키고 있는 자본주의 체제나 자본주의에 관한 담론 그 자체를 해체시키지는 못한 것 같다.

자본주의는 '근대'나 '근대성'이란 용어와 더불어, 인문·사회과학 분야의 거의 모든 분과학문에서 가장 중요한 연구주제가 되어 왔다. 근대와 자본주

---

1) 산업혁명으로 논의를 한정한다면, 아놀드 토인비(Arnold Toynbee)가 1881~1882년 옥스퍼드 경제사 강의에서 처음 사용한 '산업혁명'이란 거대담론에는 '기계의 도입과 그로 인한 공업의 급격한 발전'이란 의미가 내포되어 있지만, 경제사가들은 18세기 말에서 19세기 초 사이의 이른바 산업혁명 시기에 영국 사회에 기계가 그렇게 광범위하게 도입되지도 않았고, 공업도 급격하게 발전하지 않았다는 사실을 확인해 내었다. 그 결과 현재는 산업혁명을 대문자 'Industrial Revolution'이라고 쓰지 않고 소문자 'industrial revolution'이나 '산업화'(industrialization)라는 표현을 사용하는 예가 늘어나는 추세다.

2) 김기봉(2000), 『역사란 무엇인가를 넘어서』, 푸른 역사, 118~119쪽.

의는 떼려야 뗄 수 없는 불가분의 관계에 있으며, 심지어 근대자본주의사회와 같은 용례에서처럼, 마치 한 낱말처럼 쓰이고 있기까지 하다. 그 기원이 어디건 간에, 인류의 역사가 고대 노예제사회와 중세 봉건제사회를 거쳐 근대 자본주의사회로 발전해 왔다고 보는 거대담론이 역사발전의 일반론으로 받아들여지는 것이 현실이다. 이는 각국사에도 그대로 적용되어 세계의 많은 나라들은 자국사를 고대 → 중세 → 근대로 구분하여 서술해 왔고, 우리의 경우도 예외는 아니다. 식민기 이래 우리 민족사 연구는 우리 역사가 외세 의존적·파당적·정체적이라는 식민사관을 극복하는 데 초점을 맞추어 왔다. 이는 우리 민족도 세계사적인 보편성에 따라 자체적으로 봉건왕조사회에서 자본주의사회로 발전할 수 있었다는 자본주의 내재적 발전론으로 구체화되었다. 실학, 도고, 광작 따위는 바로 그러한 주장을 입증하기 위해 발굴해 낸 국사학계의 연구성과였다.

필자는 역사에서는 보편성 못지않게 특수성도 작용하고 있다고 믿고 있다. 자본주의 발전론 역시 거시적인 관점에서 보편적인 당위성의 관점에서 접근하기보다는 미시적인 관점에서 자본주의와 특정 문명권이나 문화권, 내지는 개별 국가와의 친화성 관점에서 연구하는 것이 문제의 본질에 접근하는 바른 길이라고 생각한다.

여기에서는 자본주의의 발전과 해양활동 간의 연관성에 초점을 맞추어 하나의 시론을 제기하고자 한다. 그것은 '해양활동과 자본주의 발전 간에는 밀접한 관계가 있었고 한 나라의 자본주의의 성패는 해양활동의 성격과 어느 정도 영향관계에 있지 않은가' 하는 것이다.[3] 자본주의가 유럽, 그중에서도 서유럽에서 발전했다는 점에 대해서는 이론의 여지가 없다. 서유럽에서 자본주의가 막 발흥하기 시작한 시기에 종교개혁과 르네상스, 그리고

---

3) 여기에서 해양문화는 특정 국가나 민족의 문화의 성격을 큰 틀에서 규정하고자 할 때 사용하는 개념으로서 대륙문화, 유목문화, 해양문화와 같은 용법으로 사용할 것이다.

해양팽창이 거의 동시에 이루어졌다. 따라서 자본주의의 역사를 서술할 때는 으레 시대적 배경으로서 유럽의 해양팽창과 그에 뒤이은 식민활동을 다루어 왔다.[4] 그러나 종교개혁으로 인한 프로테스탄티즘 윤리나 상업활동이 자본주의 발전론의 핵심 주제로서 논의되어 온 것과 비교하면, 해양활동은 자본주의 성장의 시대적 배경으로 취급되어 온 감이 없지 않다. 이러한 문제의식에서 이 글에서는 자본주의의 발전과 해양활동 간의 연관성론을 제기하고 이를 논증해 보고자 한다.

I. 자본주의의 정의와 이행논쟁

우리는 흔히 현재 사회를 자본주의사회라 일컫지만, 정작 '자본주의'란 무엇인가라는 물음에 대해서는 일반인은 말할 것도 없고, 전문 역사가나 경제학자들도 명확하게 답변하지 못하고 있다. 이런 상황이다 보니 히튼Heaton 같은 학자는 "모든 … 이즘ism이 붙는 말 중에 가장 소란스러운 것이 자본주의다. 불행하게도 이 말은 제국주의라는 말이 그렇듯이 너무 낡은 뜻과 정의가 뒤섞인 잡탕이 되어서 이제 존중할 만한 학술용어로서는 배제해야 한다."고 주장했고, 페브르Febvre는 자본주의라는 말이 '너무 남용되고 있기 때문에 버려야 한다'고 생각했다. 하지만 우리가 "자본주의라는 말을 계속하는 사용할 수밖에 없는 이유는", 쇼필드Schofield가 토로한 것처럼 "어느 누구도 이 말을 대체할 더 좋은 말을 제시하지 못하기 때문이다."[5]

---

4) 아담 스미스는 『국부론』에서 유럽팽창의 상징적 사건인 아메리카의 발견과 동인도 항로 발견을 "인류 역사에 기록된 두 가지 가장 위대하고 가장 중요한 사건"이었다고 평가하였다. Adam Smith, 김수행 역(1992), 『국부론(하)』, 123쪽 ; 미셸 보, 김윤자 역(1987), 『자본주의의 역사』, 창작과 비평사, 제1장 ; 월러스틴, 『근대세계체제(I)』, 제1장 참조.

5) Fernan Braudel, 주경철 옮김(1996), 『물질문명과 자본주의 II-1』, 까치, 337쪽 재인용.

어쨌든 자본주의라는 용어는 오늘날 가장 빈번하게 사용되는 용어 가운데 하나임과 동시에 가장 치열한 학문적 논쟁거리임에 틀림없다. 자본주의와 해양활동 간의 연관성을 논할 때에는 반드시 자본주의에 대한 정의를 명확하게 하지 않으면 안 될 것이다. 여기에서는 자본주의에 대한 여러 정의들을 일별해 봄으로써 그 정의들에 나타난 공통점을 추출해 시론적 정의를 제시해 보고자 한다.

1964년 도자Dauzat는 디드로 Denis Diderot(1713~84)와 달랑베르 Jean le Rond D'Alembert(1717~83)의 『백과사전』(1753)에 자본주의란 말이 "부유한 사람의 상태"라는 뜻으로 실려 있다고 적었지만, 브로델은 『백과사전』에서 자본주의라는 항목을 찾지 못했다고 밝혔다.[6] 자본주의란 용어에 새로운 의미를 부여한 사람은 루이 블랑Louis Blanc(1811~82)이었다. 그는 바스티야 Bastiat(1801~50)와 논쟁하면서 1850년 "자본주의라고 하는 것은 어느 한편의 사람들이 다른 사람들을 배제하고 자본을 독점하는 것"이라고 썼다. 프루동 Pierre-Joseph Proudhon(1809~65)도 이따금 자본주의란 용어를 사용하였다. 그는 자본주의란 "자본이 소득의 근원이지만, 일반적으로 자신의 노동을 통해서 자본을 움직이게 만드는 사람들이 그 자본을 가지고 있는 않은 사회경제적인 체제"라고 정의했다.[7]

옥스퍼드 사전(OED)에 따르면, 영국에서 자본주의란 용어가 처음 사용된 것은 1854년의 일로서, 그 의미는 ① 자본을 소유한 상태 ② 생산을 위해 자본을 사용하는 상태 ③ 자본가가 존재하는 데 유리한 체계 등 세 가지로 풀이되어 있다.[8] 프랑스의 『정치과학사전Dictionnaire des sciences politiques』에는 1차대전 이후에 가서야 자본주의란 항목이 추가되었고, 『브리태니커

---

6) Braudel(1996), 『물질문명과 자본주의 II-1』, 336쪽 각주 44.
7) Braudel(1996), 『물질문명과 자본주의 II-1』, 336쪽.
8) OED CD-ROM ver. 1.13 ; The Shorter English Dictionary on Historical Principles, OUP, 1993, p.281.

백과사전』에는 1926년에야 자본주의란 항목이 처음 실렸으며, 『아카데미프랑세즈 사전』에는 1932년에야 이 항목이 등장하였다. 1932년판 『아카데미 프랑세즈 사전』에는 자본주의가 "자본가들의 총체 ensemble des capitalistes", 그리고 1958년판에는 "생산재 biens de production 가 개인이나 개인 회사에 속하는 경제체제"라고 각각 풀이되어 있다.9)

세계의 주요 사전류에 수록된 자본주의에 대한 개념을 정리해 보면 다음과 같다. 1988년판 『브리태니커 백과사전』에는 자본주의를 "자유시장경제 free economy market, 또는 자유기업경제 free enterprise market라고도 불리며, 대부분의 생산수단이 사적으로 소유되고, 생산이 주로 시장의 작동을 통해 이루어지고, 소득 income도 주로 시장의 작동을 통해 분배되는 경제체제"라고 규정되어 있다.10) 일본의 『고시엔 廣辭苑 사전』에는 자본주의를 "봉건제도의 뒤를 이은 인류사회의 생산양식. 상품생산이 지배적인 생산형태가 되며, 모든 생산수단과 생활자료를 자본으로 소유하는 유산계급이 자기의 노동력 이외에는 팔 것이 없는 무산계급에게서 노동력을 상품으로 사서, 그것의 가치와 그것을 사용하여 생산한 상품의 가치의 차액(잉여가치)을 이윤으로 손에 넣는 방식의 경제조직"으로 정의되어 있다.11)

그런데 이 같은 사전적 정의만으로는 자본주의의 본질을 제대로 파악할 수 없다. 그런 점에서 자본주의에 대한 선학들의 견해를 비판적으로 검토해 보는 일을 간과해서는 안 될 것이다. 자본주의를 마르크스주의자들처럼 생산양식으로 보는 측이 있는가 하면,12) 좀바르트나 베버와 같이 정신적 측면을 강조하는 측도 있고,13) 해밀턴과 피렌느처럼 상업적 측면을 강조하

---

9) Braudel(1996), 『물질문명과 자본주의 II-1』, 337쪽.

10) Encyclopaedia of Britannica Vol. 2, p.831.

11) 사와 타카미츠(佐和隆光), 홍성태 역(1996), 『자본주의의 재정의』, 푸른숲, 12쪽 재인용.

12) Maurice Dobb(1984), 「자본주의의 개념」, 김대환 편역, 『자본주의이행논쟁』 ; 길인성, 「자본주의」, 『서양의 지적운동 II』.

기도 한다.[14] 그런가 하면 브로델은 자본주의를 인간 생활의 최상층에 자리 잡고 있으면서 그 아래의 시장경제와 물질문명을 조직하는 질서로 보았고,[15] 월러스틴은 하나의 역사적 사회체제로 보았다.[16]

이와 같은 견해들은 서로 배치되어 융합될 수 없는 것처럼 보인다. 하지만 좀바르트나 베버, 마르크스주의자, 해밀턴과 피렌느, 브로델, 월러스틴의 자본주의에 대한 정의를 종합해 보면, 자본주의에 대한 종합적 결론을 도출할 수 있다. 먼저 자본주의가 역사 속에서 통시대적으로 존재했던 것이 아니라, 15~16세기 이후 등장해 현재에 이르기까지 지속되고 있는 하나의 사회체제로 볼 수 있다는 점에 대해서는 모든 학자들이 공감하고 있다. 물론 해밀턴이나 피렌느와 같이, 교환에 초점을 맞출 경우 자본주의가 통시대적으로 존재할 수 있었다고 주장할 수도 있지만, 상업론자들도 그리스나 로마 시대를 자본주의 시대로 보지는 않는다는 점은 명백하다. 브로델 또한 세계-경제 world-economy 개념에 입각해 적어도 12세기 이후 세계-경제가 존재했고, 그것이 자본주의적인 상층이 활동하는 단위가 되었다고 주장하고 있다.[17]

하지만 이러한 견해를 브로델이 자본주의가 12세기에 출현했다고 보는 것으로 이해해서는 안 된다. 12세기에도 유럽 경제나 동아시아 경제와 같은 세계-경제가 존재하여 그 상층에 자본주의가 자리 잡을 수 있는 터전을 마련했다는 것으로 이해해야 할 것이다. 이 같은 점을 고려하면, 자본주의를 '근대산업체제'로 본 거션크론Alexander Gerschenkron[18])이나, 근대 사회체제로

---

13) Werner Sombart(1921), *Der moderne Kapitalismus*, Verlag von Dunker & Humbolt, München und Leipzig ; Max Weber, 박성수 역(1992), 『프로테스탄티즘 윤리와 자본주의 정신』, 문예출판사.

14) Hamilton(1929), 「아메리카의 재보와 자본주의의 발흥, 1500-1700」, *Economica*, p.339 ; Dobb, 「자본주의의 개념」, 13쪽 재인용.

15) F. Braudel(1995), 『물질문명과 자본주의』Ⅰ·Ⅱ·Ⅲ.

16) I. Wallerstein(1999), 『근대세계체제』Ⅰ·Ⅱ·Ⅲ.

17) 주경철(1996), 「브로델의 상층구조」, 한국서양사학회 편, 『근대세계체제론의 역사적 이해』, 121쪽.

보는 월러스틴의 견해가 설득력 있어 보인다.

그동안에는 자본주의가 유럽, 그중에서도 서유럽에서 발전해 왔다는 견해가 지배적이었다. 따라서 베버 같은 학자들은 자본주의가 다른 곳이 아닌 유럽, 그것도 왜 서유럽에서 발전했는지에 대한 연구에 집중하였다. 하지만 이제는 자본주의를 특정 지역(유럽)이나 국가(영국이나 네덜란드) 차원에서 이해하기보다는 세계를 하나의 체제로 볼 때 더욱 잘 파악할 수 있다는 점 또한 학자들 사이에서 많은 공감을 얻어가고 있다. 자본주의는 또한 인간이 삶을 영위하는 여러 층위 가운데 하나이면서 동시에 이들 여러 층위의 상위에 위치해 인간의 의식과 행동에 영향을 미쳤다는 브로델의 견해에도 주목할 필요가 있을 것이다.

무엇보다도 자본주의의 본질은 끊임없는 자본축적에 있으며, 자본축적은 자유경쟁 또는 '시장의 보이지 않는 손'에 의해서라기보다는 독점 또는 국가의 역할에 크게 의존했다. 하나의 경제체제로서 자본주의가 성립할 수 있는 전제조건은 노동력이 상품화되어야 하고, 자본주의가 적절하게 유지 내지는 작동 되기 위해서는 프롤레타리아가 지속적으로 공급되어야 한다는 것이나.

여기에서 간과해서는 안 될 사실은 자본주의가 15~16세기에 출현한 이래 고정 불변한 것이 아니었다는 점이다. 시간의 흐름에 따라 자본주의는 그 성격이 바뀌고, 작동범위 또한 범지구적으로 확산되었다. 레닌이 자본주의가 고도로 발전해 제국주의화 된다는 점을 간파하였듯이,[19] 자본주의는 상업자본주의(15~17세기)→ 산업자본주의(18~19세기)→ 금융자본주의(19세기)→ 제국주의(20세기 초반)→ 수정자본주의(20세기 중엽)로 그 성격이 바뀌어 왔으며, 작동 범위 또한 유럽에서 싹을 틔워 신대륙, 아시아, 아프리카 등지로 확산되었다. 이와 같은 점을 고려한다면, 여러 학자들이

---

18) Braudel(1996), 『물질문명과 자본주의 II-1』, 338쪽.

19) V.I. Lenin(1988), 『제국주의론』, 122쪽.

자본주의에 대해 서로 다른 견해를 갖게 된 것은 그들이 연구한 시기와 문제의식이 모두 달랐기 때문이라고 생각할 수 있다.

그동안 학계에서는 자본주의 이행을 주제로 한 논쟁이 치열하게 전개된 바 있고, 논쟁은 아직도 완전히 정리되지 않아 언제든지 재연될 가능성이 다분하다. 이 점에서 자본주의 이행문제는 앞으로도 학계의 주된 연구주제가 될 것임에 틀림없다. 여기에서는 자본주의 이행논쟁의 쟁점들을 비판적인 시각에서 정리해 본 뒤, 유럽의 자본주의 이행을 해양활동과 관련지어 검토해 볼 것이다.

흔히 돕-스위지 Dobb-Sweezy 논쟁으로 알려진 제1차 자본주의 이행논쟁은 '내인론'과 '외인론' 간의 대립이었다. 돕은 봉건제가 쇠퇴하게 된 주된 원인을 "지배계급의 수입증대 욕구와 더불어 생산체제로서의 봉건제가 안고 있는 비효율성, 그리고 그에 따른 직접생산자에 대한 억압과 착취의 강화" 때문으로 보고, 봉건적 착취에서 부분적으로 해방된 소생산자층의 부의 축적과 그 내부에서의 사회적 분화 과정을 통해 자본주의적 생산관계가 서서히 자리 잡게 되었다고 보았다. 그는 봉건제에서 자본주의로의 이행에서 내적 요인론을 견지하면서도 상업자본이 초기 단계에서 자본주의적 생산양식에 진보적인 역할을 수행했다는 주장을 부정하였다.[20]

이에 대해 봉건제를 "사용을 위한 생산체제"라고 본 스위지는 상업의 발달이라는 외적 요인에 의해 봉건제가 붕괴되고, 자본주의적 생산양식이 전개되기 이전 15~16세기의 기간은 봉건적이지도 자본주의적이지도 않은 '전자본주의적 상품생산 pre-capitalist commodity production' 단계였다고 보았다. 스위지는 또한 자본주의로 이행하는 두 가지 길, 즉 생산자가 상인인 동시에 자본가 역할을 하는 길과 상인이 생산을 지배하는 길 가운데 후자에 무게

---

20) Dobb(1984), 「봉건제의 붕괴와 자본주의 성립」, 『자본주의 이행논쟁』, 53쪽 & passim.

중심을 두었다.[21]

　1976년부터 약 6년간 『과거와 현재*Past and Present*』지를 중심으로 전개된 제2차 자본주의 이행논쟁(브레너 논쟁)은 '인구론'과 '계급관계론' 간의 대립이었다. 봉건제에서 자본주의로의 이행 동력을 계급관계에서 찾았던 브레너는 동유럽에서 비해 서유럽이, 그리고 같은 서유럽에서는 프랑스에 비해 잉글랜드가 농업 부분에서 자본주의가 발달한 이유를 농민의 계급투쟁의 차이에서 비롯된 것으로 파악하였다.[22] 이에 대해 아벨, 포스탄, 라뒤리와 같은 인구론자들은 브레너가 자신들의 주장을 인구결정론적이라거나 계급문제를 도외시한다고 주장하지만, 자신들은 인구 요인을 주기적인 운동이나 경기변동과 연관지을 뿐이며, 계급문제도 등한시하지 않았다고 반박하였다.[23]

　자본주의 이행논쟁은 이후에도 프랑크-라클라우 논쟁, 브레너-월러스틴 논쟁 등으로 이어지며 더욱 격렬해진 감이 없지 않다. 이들 논쟁을 이 짧은 글 속에서 모두 다룬다는 것은 필자의 관심과 능력 밖의 일이다. 다행히도 고트립이 계급관계를 중시하는 마르크주의자의 견해와 국가의 역할을 중시한 페리 앤더슨의 견해, 그리고 세계체제론의 견지에 선 월러스틴의 견해를 종합해야 한다는 주장을 펼친 바 있어 그의 견해를 살펴봄으로써 자본주의 이행논쟁에 대한 검토를 마칠까 한다.

　고트립의 전체적인 논지는 봉건제에서 자본주의로의 이행을 적절하게 설명하려면 마르크스주의자들의 계급투쟁론과 앤더슨의 정치에 대한 강조, 월러스틴의 세계-체제론적인 측면에서의 국제적인 상업관계를 종합적으로 결합해야 한다는 것이다. 이는 언뜻 보기에 그럴듯하게 들릴 수 있다. 그러나 그의 논지는 상이한 분석틀과 범주를 갖고 출발한 여러 이론들을

---

21) Sweezy(1984), 「돕의 소론에 대한 비판」, 『자본주의 이행논쟁』, 101~128쪽.
22) Brenner, 「전 산업시대 유럽 농업 부문의 계급구조와 경제발전」, 『신 자본주의 이행논쟁』, 23~81쪽.
23) M.M. Postan·John Hatcher, 「봉건사회의 인구와 계급관계」, 83~99쪽 ; E.L. Roy Ladurie, 「브레너 교수에 대한 논평」, 『신 자본주의 이행논쟁』, 127~132쪽.

자신의 논지에 맞게 흩어 모아 짜깁기한 엉성한 모자이크가 되어버린 것으로 보인다. 고트립은 뚜렷한 이론적인 틀을 갖고 출발하지 못했기 때문에 돕, 브레너, 브와[Bwa], 스위지를 마르크스를 전거로 들어 비판하지만, 월러스틴을 비판할 때는 마르크스를 전거로 하여 비판할 수 없었다. 왜냐하면 월러스틴의 세계-체제론은 마르크스와는 완전히 다른 분석틀을 사용하고 있기 때문이다.

II. 자본주의로의 이행과 해양활동

자본주의로의 이행 동인을 봉건사회 내부, 계급관계, 인구모델, 정치적 관계, 또는 세계체제, 그 어디에서 구하든 자본주의의 기원을 15~16세기 유럽으로 본다는 데 대해서는 학자들 간에 이견이 없다. 그렇다면 서유럽의 봉건제에서 자본주의로의 이행을 설명하기 위해서는 관념적 이론이 아니라, 역사적 사실에 근거를 두어야 할 것이다. 이를 위해서는 무엇보다도 15~16세기 유럽에서 어떤 일이 일어나고 있었는지를 살펴보아야 한다. 유럽 13개국 역사학자들이 공동으로 집필한 『유럽의 역사*Histoire de l'Europe*』에는 14~15세기를 '위기와 르네상스', 그리고 15~18세기를 '세계와의 만남으로'라는 제목 하에 서술하고 있다.[24] 이 책에 정리되어 있는 14~16세기 유럽의 주요 사건들을 자본주의 발전과의 연관성을 기준으로 정리해 보면 표 1과 같다.

다소 직관적으로 정리해 본 것이긴 하지만, 대체로 독자들의 공감을 얻지 않을까 생각한다. 다만 르네상스와 자본주의 발전과의 연관성을 중립으로 구분한 것에 대해서는 이의가 있을지 모르겠다. 르네상스는 이탈리아

---

24) Delouche(1995), 『새유럽의 역사』.

표 1. 14~16세기 주요 사건과 자본주의 발전과의 연관성

연관성 있음	중립	연관성 없음
1300년 즈음 북해와 지중해 간 해상로 개통		1309~77년 아비뇽 유수
	1337~1453년 영불간 백년전쟁	1347~74년 흑사병 창궐
		1378~82년 농민봉기 빈발
1420~1460년 엔히크의 아프리카 탐사	1400년 즈음 이탈리아에서 르네상스 개막	1414~18년 콘스탄츠 공의회로 교회의 대분열 일단락
		1453년 콘스탄티노플 함락
	1488년 디아스의 희망봉 도착	
1492년 콜럼버스의 서인도제도 도착 1498년 다 가마의 인도 도착		
		1517년 루터의 종교개혁
1519~22년 마젤란 함대의 항해		1524년 독일 농민전쟁
	1536년 칼뱅의 종교개혁*	
	1566년 네덜란드의 봉기	
	1571년 레판토 해전	

*는 베버의 논지를 비판적으로 수용한 것임.

를 중심으로 전개된 고전문화의 부흥을 뜻한다. 르네상스는 건축, 회화, 조각, 문학, 음악 등 예술의 모든 영역에 걸쳐 그 모습을 드러내었으며, 그 사상적 바탕은 인문주의였다.[25] 따라서 르네상스 자체가 자본주의 발전에 영향을 주었다기보다는 르네상스를 촉발시킨 이탈리아 도시들의 경제적 번영이 자본주의 발전과 연관성이 있다고 보는 것이 타당할 것이다.

그렇다면, 14~16세기까지 유럽에서 자본주의가 성장하는 데 유리한 상황을 조성했던 개연성 있는 역사적 조건들로서는 14세기 초엽에 형성된 북해와 지중해 간의 해상로 개통과 이탈리아 도시의 경제적 번영, 그리고 포르투갈과 스페인의 해양활동을 꼽을 수 있을 것이다. 역사에서는 단절이 있을 수 없는 것처럼, 자본주의 또한 15~16세기 어느 한순간에 돌발적으로

---

25) Charles Nauert(2002), 『휴머니즘과 르네상스 유럽문화』 참조.

발전할 수는 없다. 따라서 자본주의의 자궁이라고 할 수 있는 중세사회에서 부터 그 발전의 싹을 찾는 것이 역사가의 올바른 책무일 것이다. 그러므로 여기에서는 역사적 순서에 따라 중세 해상무역의 발전 양상과 이탈리아 도시의 경제적 번영의 배경, 그리고 유럽 해양팽창의 전개 과정을 중심으로 이들이 자본주의 발전에 어떻게 영향을 미칠 수 있었는지 검토할 것이다.

10~11세기에 걸쳐 이민족의 침입이 종식된 뒤 중세 유럽은 11~13세기에 이르기까지 인구가 증가하여 도시가 발달하고, 육로와 해상 교역로가 개설 되어 상업이 부활하였다. 국제무역에서 일어난 주요한 변화 가운데 하나는 운송방식의 변화였다. 1300년경 지중해와 지브롤터 해협, 그리고 대서양 연안을 통한 해상로가 제노바와 베네치아를 북해와 직접 연결시키게 되었 다.26) 샹파뉴 정기시장의 몰락을 가져온 것이 바로 이 해상무역의 발달이었 다. 이 당시 가장 값싸고 안전한 운송수단은 배였다. 뤼벡에서 그디니아까지 배와 마차의 운송효율을 비교해 보면, 해상교역의 중요성을 인식할 수 있을 것이다(표 2). 가남쇠의 사용,27) 선미 중앙타의 채용,28) 해도의 활용29) 등으로 항해는 이전의 연안항해에서 벗어나기 시작하였다.

남북 유럽을 연결하는 주요 해상로 주변에 마요르카, 세비야, 보르도, 라 로셸, 안트베르펜 등의 항구도시가 요충지로 발돋움했다. 이러한 해상무 역을 주도한 상인들은 이탈리아 도시 상인들과 한자 상인들이었다. 아말피

---

26) 1297년 이후 제노바의 대형 범선들이 처음으로 브뤼주까지 직항로를 열었다. 브로델(1996), 『물질문명과 자본주의 II-1』, 581쪽.

27) 나침반이 유럽에서 항해에 처음 이용된 것은 문헌상 확인된 바로는 12세기 말이다. 김성준 외(2003), 「항해 나침반의 사용 시점에 관한 동서양 비교 연구」, 『한국항해항만학회지』 제27권 4호, 420쪽.

28) 한자의 코그(cog) 선에 중앙타가 처음 장착된 것은 12세기경으로 보고 있다. Kemp(1978), *History of the Ship*, p.61.

29) 유럽에서 해도가 처음 사용된 것은 포르톨라노 해도(Portolano Chart)가 제작되기 시작한 1300년경 이후로 밝혀져 있다[이희연(1991), 『지리학사』, 법문사, 80쪽]. 그러나 포르톨라노 해도에 방향표시판인 풍배도(Wind-rose)가 삽입된 것은 1375년에 이르러서였다[김성준 외(2003), 「항해 나침반의 사용시점」, 421쪽].

표 2. 뤼벡 ↔ 그디니아(폴란드) 간 운송수단별 비교

운송수단	해로	육로
	배	마차
소요기간	4일	14일
적재량	120톤	2톤
승무원	선원 25명	마부 1명, 호송인 약간

자료: 들류슈, 『새유럽의 역사』, 176쪽.

해법과 라구사 해법이 지중해의 해사법을 집대성한 것이라면, 올레롱 해법과 로도스 해법은 북해의 해사법을 총망라한 것이었다.[30] 피렌체의 페루치가는 런던, 피사, 나폴리, 아비뇽, 브뤼헤(안트베르펜 서쪽 항구), 키프로스 등을 거점으로 중개무역을 수행했고, 60여 개의 상업도시들이 모인 한자동맹의 상인들은 노브고로드에서 단치히(그디니아의 독일어 지명)를 거쳐 뤼벡까지, 그리고 이어 육로를 통해 함부르크까지, 거기서 다시 강과 바다를 통해 캄펜(네덜란드 북동부 도시)이나 브뤼헤까지 곡물, 밀랍, 볼틱해 산호박 따위를 운송해 오고, 반대 방향으로 모직물과 소금을 실어 날랐다. 이러한 해상교역에 사용된 수단은 현금이었다.

각 나라에서 주조된 금화와 은화를 현금화하기 위해서는 환전상의 도움을 받아야 했고, 14세기 중에는 환어음이 출현했다. 이와 같은 금융거래를 통해 이탈리아의 메디치 Medici 가문, 페루치 Peruzi 가문, 신성로마제국의 푸거 Fuggers 가문, 프랑스의 자크 쾨르 Jacques Coeur(1395~1456) 가문과 같은 대은행가들이 나타나 정치·경제적 영향력을 발휘하였다.[31] 이들은 모두 상인 제조업이나 금융업으로 시작해 원료를 제조업자에게 공급하고, 그들이 제작한 완제품을 매입하여 판매하는 선대제 putting-out system를 통해 막대한 부를 축적하였다.[32]

---

30) Fayle(2004), 『서양해운사』 제2장 참조.

31) 들르슈(1995), 『새유럽의 역사』, 178~180쪽.

32) 중세 상인자본의 성장에 대해서는 민석홍(1984), 『서양사개론』, 306~309쪽에

상업의 부활과 도시의 성장이 자본주의의 내적 씨앗이었고, 대상업 가문의 성장과 농민들의 저항이 자본주의를 싹틔웠다면, 해상교역의 발달은 외적 거름이었다. 유럽의 여러 지역에서 자본주의가 성장할 가능성은 잠재되어 있었지만, 그 필요충분조건을 갖춘 곳은 이탈리아였다. 르네상스 전문사가인 퍼거슨은 이탈리아 르네상스의 경제적 배경을 다음과 같이 설명하고 있다.

13세기 이전 이탈리아의 중북부에서는 봉건제도가 자취를 감추고, 정치적으로 독립된 도시국가 내에서 강력한 시민사회가 형성되었다. 이탈리아가 부를 축적하고 가장 일찍 도시의 발달을 보게 된 데는 무엇보다도 동방과 서방 간의 자연적 집산지에 위치하고 있었다는 지리적 이점에 힘입은 바 크다. 이탈리아 상인들은 레반트, 흑해 연안, 프랑스, 영국 등지에 상관을 개설하고, 근대적인 부기법을 개발하였으며, 거래 방식도 현찰 거래에서 신용장과 차용증서를 사용하였다. 13세기가 끝나기 이전에 이탈리아 상인들은 상업자본주의의 기본적인 방법을 완성하였다. 이탈리아의 대외 상업은 초창기부터 수출 산업의 육성을 수반하였다. 이탈리아 상인들은 제품을 수출하고, 공업 생산을 위해 원료를 수입해 옴으로써 이익을 본 것이 아니었다. 그들은 기회를 잘 이용하고 자기자본을 잘 운용함으로써 이탈리아 내에서 대규모 공업, 특히 의류공업과 피혁공업을 완전 장악할 수 있었다.

14세기 중엽 피렌체에서는 전 인구의 2/3에 해당하는 약 3만 명의 주민들이 모직물 공업에 생계를 의존하였고, 정도 차이는 있었지만 피사, 밀라노, 제노바의 경우에도 비슷하였다. 상인들은 이익을 찾아 잉여자본으로 대금업과 은행업을 영위하였다. 13세기 중엽에 대금업과 은행업은 단순한 고리대금업의 한계를 넘어서 발전하여 국제무역과 공공 재정에서

잘 정리되어 있다.

없어서는 안 될 중요한 부분이 되었다. 자본의 성장은 이탈리아에서만 특수하게 나타난 현상은 아니었지만, 유럽의 다른 어떤 나라도 이탈리아만큼 자본주의가 그렇게 일찍 발전된 것은 아니었고, 경제생활에 큰 영향을 준 것도 아니었다. 중세사회를 변질시키고 끝내는 붕괴시킨 역동적인 힘은 이탈리아에서부터 작용하기 시작하였던 것이다.[33]

퍼거슨은 이탈리아에서 르네상스가 성장할 수 있었던 경제적 토대를 대외 상업의 발달과 그에 수반된 금융업과 제조업의 성장에서 찾았다고 할 수 있다.

르네상스 시기에 이루어진 또 하나의 거대한 흐름은 유럽의 해양 팽창이라고 할 수 있다. 그러므로 해양 팽창을 선도한 국가로서 포르투갈과 스페인이 어떠한 배경에서 해양활동에 나서게 되었는지를 살펴볼 필요가 있다. 이와 관련해 필자는 월러스틴의 견해에 주목하고자 한다. 이베리아 반도 국가들의 해양 팽창과 관련해 이를 세계-체제론적 시각에서 분석한 월러스틴의 견해가 설득력 있다는 것이 필자의 생각이다. 따라서 여기에서는 유럽의 해양 팽창에 대한 월러스틴의 견해를 살펴보고, 그것이 자본주의의 역사 전개에 어떠한 의미가 있었는지를 정리해 볼 것이다.

월러스틴은 자본주의, 정확하게는 자본주의적 세계-경제는 15세기 후반과 16세기 초에 탄생했다고 보았기 때문에 세계-경제의 이전 역사인 유럽의 봉건사회에 대해 언급하지 않을 수 없었다. 따라서 그의 『근대 세계체제 I권』[34]의 제1장은 '중세적 전조 Medieval Prelude'가 되었다. 월러스틴은 자본주의적 세계-경제가 성립하기 위해서는 첫째, 세계가 지리적으로 팽창해야 했고, 둘째, 세계-경제의 다른 지역과 다른 생산물을 위한 상이한 노동통제 방식이 개발되어야 했으며, 셋째, 강력한 국가가 건설되어야 했던 것이

33) F.K. 퍼거슨, 김성근·이민호 공역(1993), 『르네상스』, 탐구당, 59~65쪽.
34) Wallerstein(1974), *The Modern World-System I*. 이하 MWS I로 줄임.

필수적이었다고 주장한다.[35] 이 가운데 둘째와 셋째 측면은 첫째 측면, 즉 지리적 팽창의 성공 여부에 크게 좌우되었기 때문에 월러스틴은 유럽 팽창을 선도한 포르투갈이 이 시기에 해외로 팽창하게 된 동기를 다음과 같이 정리하였다. 지리적으로 포르투갈은 대서양 연안과 아프리카에 바로 인접해 있어 대서양으로 팽창하는 데 유리하였고, 이미 원거리 무역에서 많은 경험을 축적하였으며, 베네치아의 경쟁자인 제노바인들의 경제적인 지원을 받을 수 있었다는 것이다.[36]

그러나 이러한 요인들은 포르투갈이 해양으로 팽창하는 데 필요조건은 될 수 있지만 근본적인 동기였다고는 할 수 없다. 그리하여 월러스틴은 여기서 한 걸음 더 나아가, 당시 포르투갈만이 팽창하려는 의지와 그 가능성을 극대화할 수 있었다고 주장한다.[37] 당시 유럽은 금, 식량, 향료, 섬유를 처리하기 위한 원료, 그리고 노동력 등 많은 것을 필요로 했다. 포르투갈의 경우, '발견 사업 discovery enterprise'으로부터 발생하는 이익은 귀족과 부르주아지, 심지어는 도시의 반# 프롤레타리아 등에게 고루 분배되었다.

포르투갈처럼 영토가 작은 국가에게 그러한 이익은 대단히 중요한 것이었으며, 대외적인 팽창은 국가의 수입을 확대하고 영광을 축적하는 지름길이기도 했다. 포르투갈은 당시 유럽의 많은 국가들 가운데서 내적인 정치적 투쟁을 겪지 않던 곳이며, 식량을 경작할 토지도 부족하였다. 그리하여 포르투갈인들 사이에서는 해양으로의 진출에 대한 공감대가 형성되었으며, 젊은이들도 기꺼이 탐험에 나서게 되었다는 것이다. 한편, 부르주아지의 이익이 귀족의 이해와 상충되지 않았다는 이유도 있었다. 부르주아지들은 포르투갈의 좁은 시장이 갖는 한계에서 벗어나고자 노력했고, 자본이 부족하였던 그들은 다행히도 베네치아와 경쟁 관계에 있었던 제노바인들로부터

---

35) MWS I, p.38.
36) MWS I, p.49.
37) MWS I, p.51.

자본을 얻어 쓸 수 있었다는 것이다.[38]

　월러스틴은 봉건제에서 자본주의로의 이행에서 가장 중요한 원동력을 봉건제의 위기에 직면한 지배계급의 생존전략과 결국 그 위기의 해결책을 마련해 준 유럽의 지리적 팽창으로 보았던 셈이다. 월러스틴은 당시 유럽이 영주 수입의 감소를 보상하고 격렬한 계급투쟁의 가능성을 차단하고, 귀금속, 식량, 향료, 원료와 노동력을 제공해줄 새로운 지역을 필요로 하였으며, 당시 항해사업에 뛰어들 충분한 동기와 역량을 겸비한 나라는 포르투갈이 유일하였다고 보았다.[39]

　15세기에 해양으로 팽창한 것은 유럽 전체가 아니라 포르투갈이었으며, 포르투갈 또한 해외 팽창사업을 국가가 주도하기 이전에는 엔히크라는 한 왕자의 실천력이 해양 팽창사업을 주도하였다는 점은 주지의 사실이다. 그렇다면 우선 엔히크 왕자가 해양 탐사를 주도하게 된 이유를 살펴볼 필요가 있을 것이다. 엔히크 왕자의 연대기를 쓴 주라라는 엔히크 왕자가 해양 탐사를 열성적으로 후원했던 이유를 다섯 가지로 설명하고 있다. 첫째, 엔히크는 카나리아 제도와 보자도르 곶 너머에 무엇이 있는지 알고 싶어했다. 둘째, 아프리카 금광업자들과 거래함으로써 경제적인 이익을 얻을 수 있을 것으로 생각했다. 셋째, 이교도인 무어인 세력을 잠식시키기를 원했다. 넷째, 미개인을 기독교도로 개종시키고자 했다. 다섯째, 만약 전설로 전해 내려오는 사도 요한Prestor John의 왕국을 발견한다면 이와 연합해 이슬람교도를 협공할 수 있으리라 생각했다.[40]

---

38) MWS I, pp.51-52.

39) 하지만 성백용은 월러스틴의 견해에 대해 인과적 필연성이 막연하고 결과론에 가까울 따름이라고 비판적 견해를 제시하였다. 성백용(1996), 「봉건제에서 자본주의로의 이행과 세계체제론」, 145쪽.

40) Gommes Eannes de Azurara, *The Chronicle of the Discovery and Conquest of Guinea* Vol.I, pp.27-30.

이와 같은 생각들은 사도 요한이 다스린다는 전설상의 기독교 왕국이 아프리카 어딘가에 있다는 풍문이 전해짐으로써 더욱 증폭되었다. 엔히크는 사도 요한의 왕국을 찾는다면 동맹을 맺어 이슬람교도를 협공할 수 있을 것이라고 생각했던 것이다. 이러한 생각은 십자군원정 이래 유럽 기독교권에서 지속되고 있던 목표이기도 했다. 이처럼 엔히크가 아프리카 탐험을 조직하고 후원했던 것은 어떤 새로운 이념이나 기대에서 시작한 것이 결코 아니었다. 오히려 중세적인 동기와 지식을 바탕으로 아프리카 탐험에 나섰던 것이다.[41]

유럽, 아니 포르투갈과 스페인의 해양팽창과 그에 뒤이은 식민지 사업은 유럽이 자본주의로 나아가기 위한 긴 여정의 첫 단계였다. 미셸 보[Michelle Beaud]는 자본주의로의 긴 여정의 첫 단계를 아메리카의 정복과 약탈(16세기)로, 두 번째 단계를 부르주아지의 등장과 그 기반의 확립(17세기)으로 각각 특징짓고 있다. 그는 디아스의 희망봉 일주, 콜럼버스의 서인도 도착, 다 가마의 인도 도착으로 시작된 '유럽의 거대한 부의 사냥'(교역과 약탈)으로 아메리카 귀금속이 유럽으로 유입되고, 그로 인해 물가가 상승하여 유럽은 낡은 것과 새로운 것이 충돌하는 장이 되었다고 보았다. 1521~1660년 사이에 1만 8천 톤의 은과 200톤의 금이 아메리카에서 스페인으로 운송되었고, 그로 인해 16세기 중엽에서 17세기 초 사이에 유럽 각국에서 소맥의 가격이 2~4배 가량 올랐고, 실질임금은 50% 하락하였다. 이 시기에 자본축적은 국가에 의한 축적과 부르주아적 축적이라는 낡은 방식과, 아메리카에서 발견된 보물과 금은광 혹은 식민지 농장에서의 생산을 통한 축적이라는 새로운 방식으로 이루어졌다. 미셸 보는 16세기를 상업자본주의 시대로서 미래의 자본주의 발전을 위한 조건이 생겨나고 전개된 자본주의의 맹아기였

---

41) Parry(1998), 『약탈의 역사』, 17쪽.

다고 보았다.[42] 이 유럽의 팽창과 그로 인한 식민지 사업으로 유럽이 이른바 '상업혁명'을 겪고, 이것이 자본주의로 발전할 수 있는 기틀이 되었음은 주지의 사실이다.[43]

이상에서 살펴본 바와 같이, 해상 교역과 지리상의 해양탐험, 그리고 식민지 사업은 유럽이 봉건사회에서 자본주의사회로 성장하는 기나긴 여정에서 결코 빼놓을 수 없는 역사적 전제조건이었다. 왜냐하면 해양활동을 통한 원재료의 획득, 해외 판매시장의 확보, 금은의 대량 유입을 통한 국부의 축적 등은 자본주의 성장에 우호적인 배경이 되었다는 것은 의심의 여지가 없기 때문이다.[44] 그런데 한 가지 의문이 드는 것은 왜 해양 팽창을 선도한 포르투갈이나 스페인이 아닌 영국이 자본주의를 발전시킬 수 있었는가 하는 점이다. 이는 해양활동이 곧 자본주의 성장으로 귀결되는 것이 아니라는 사실을 반증한다.

III. 해양활동과 자본주의의 발전

역사상 해양활동을 활발히 벌어온 민족들이 동시대의 다른 민족에 비해 앞선 문화와 문명을 창출했다는 것은 주지의 사실이다. 고대 페니키아와 그리스, 중세의 노르만 민족과 이탈리아 도시국가, 근대의 포르투갈과 스페인, 그리고 네덜란드와 영국이 바로 그러한 대표적인 예들이다.[45] 자본주의가 출현하기 시작한 15세기 이후만을 비교해 본다면, 유럽의

---

42) 미셸 보, 김윤자 역(1987), 『자본주의의 역사』, 16~28쪽.
43) Packard(1985), 『상업혁명』 참조.
44) Smith(1992), 『국부론(상)』, 206~214쪽 참조.
45) 김성준 외 편저(2003), 『세계해양사』 참조.

포르투갈, 스페인, 네덜란드, 영국과 아시아에서 중국이 활발한 해양활동을 벌인 바 있다. 여기에서는 스페인과 영국, 그리고 중국의 해양활동을 비교해 봄으로써 해양활동이 자본주의 발전으로 이어지게 되는 연결고리를 찾아볼까 한다.

먼저 이 세 나라 가운데 시기적으로 가장 일찍 그리고 경이적인 해양활동을 한 중국을 살펴보기로 하자. 2005년은 정화의 하서양下西洋 600주년이 되는 기념비적인 해였다. 명明의 3대 황제 영락제는 1405~21년까지 총 여섯 차례에 걸쳐 대함대를 파견해 인도, 페르시아만, 아프리카의 말린디까지 항해하도록 했다. 정화 함대의 일부가 아메리카 대륙까지 항해하였다는 주장도 있다.[46] 명의 5대 황제 선조 선덕제도 1430년(선덕 5)에 대함대를 파견하였다. 7차에 걸친 명의 대함대를 지휘한 사람이 정화였는데, 그의 항해는 인류역사상 가장 경이로운 항해로 손꼽히고 있다. 그의 함대의 구성과 항로를 살펴보면 표 3과 같다.

표 3. 명의 정화 함대의 구성과 항로

항차	목적	출발	귀환	함대와 승무원	최종 기항지
1차	조공·교역	1405년 겨울	1407년 9월	62척/ 2만 7800명 또는 3만 7000명	캘리컷
2차	조공·교역	1407년 겨울	1409년 늦여름	?	캘리컷
3차	조공·교역	1409년 10월	1411년 6월	48척/ 2만 7000명 또는 3만명	캘리컷
4차	조공·교역	1413년 겨울	1415년 7월	63척/ 2만 7670명	말린디
5차	조공·교역	1417년 겨울	1419년 7월	?	말린디
6차	사신 귀환	1421년 봄	1422년 8월	?	?
7차	조공·교역	1430년 12월	1433년 7월	61척/ 2만 7550명	말린디

자료: 宮崎正勝(1999), 『정화의 남해대원정』, 제6~8장.

놀라운 것은 정화 함대 원정에 동원된 보선寶船은 세계해양사에서 유례를 찾아볼 수 없을 정도로 거대한 목선이었다는 사실이다. 『영애승람瀛涯勝覽』에

---

[46] Gavin Menzies(2002), 1421 : The Year China Discovered America.

는 정화 함대 가운데 가장 큰 배는 길이가 44장 4척, 너비 18장에 이른다고 기록되어 있다. 미야자키 마사카쓰宮崎正勝는 명대 조선造船에 사용된 1준척准尺을 34.2cm로 환산하여 보선 가운데 가장 큰 것은 길이 151.8m, 너비 61.6m에 이른다고 계산해 내었다. 보선의 최대 크기에 대해 8000톤이라는 주장도 있으나, 오늘날에는 대체로 2500~3000톤 정도로 보는 것이 일반론이다.[47] 유럽이 목조로 3000톤급 배를 만들 수 있었던 것은 1800년대 중반에 이르러서였다.

명이 대외적으로 해금정책을 유지하면서도 대규모 해양 원정을 감행한 배경은 무엇 때문이었을까? 표 3에 나타나 있는 것처럼, 항해의 목적은 건국 초기 명의 대외적 위신을 드높이고, 해외 여러 나라들을 명의 조공체제에 편입시키는 한편, 국영 무역을 도모하는 것이었다.[48] 유럽의 해양 탐사대들이 아시아로 가는 항로를 찾아 경제적 이익을 추구 했던 것과는 다소 상이한 원정 목적이었던 셈이다. 원정대에 참가한 사람들 또한 능동적인 참여자라기보다는 황제의 명을 수행하는 관리와 군사 등이 주류를 이루었다. 미야자키가 정리한 바에 따르면, 정화 함대 승무원은 크게 1) 환관, 2) 관료로서 외교와 교역에 종사한 자, 3) 조선, 군사, 의장 등에 종사한 군인, 4) 음양관, 의사 등 네 그룹으로 나뉘어진다.[49]

인류역사상 최대 규모라 할 해양 사업을 추진하던 중국이 갑자기 그 활동을 중단한 이유는 어디에 있을까? 월러스틴은 중국이 해양팽창을 지속하지 못한 원인에 대한 여러 학자들의 견해를 다음과 같이 소개하고 있다. 중화사상, 관료집단의 환관에 대한 병적인 증오심, 해외활동을 준비하는 데 따른 국고 고갈(윌리엄 윌리츠), 육식 위주의 유럽이 목축과 곡물 생산을 위한 공간을 더욱 필요로 했던 반면, 쌀 위주의 중국은 노동력이

---

47) 宮崎正勝(1999), 143~144쪽.
48) 宮崎正勝(1999), 131, 197쪽.
49) 宮崎正勝(1999), 136쪽.

부족했다는 점(피에르 쇼뉘), 제국의 구조를 해체하는 경향이 있는 유럽의 봉건제와 제국을 유지하는 경향이 있는 중국의 녹봉제(베버, 레빈슨), 내부 봉기를 두려워하여 총포 기술과 장인 수의 증가를 억제했던 중국(치폴라), 왕명학파의 세례를 받은 관료들과 주자학을 이어받은 환관들 간의 이념 대립(무니에). 이어 월러스틴은 중국과 유럽의 차이를 다음과 같이 정리하고 있다.

> 로마제국의 골격은 희미한 기억으로 잔존했으며, 그 기억은 주로 하나의 교회에 의해 중세로 이어졌다. 이와는 달리 중국인들은 약화되기는 했으나, 제국의 정치구조를 유지할 수 있었다. 이것이 봉건체제와 녹봉제 적 관료체제에 입각한 세계제국 사이의 차이였다. 그 결과 중국은 여러 면에서 유럽보다 더 발전된 경제를 유지해 나갈 수 있었다.… 또한 두 지역에서 추진된 농업경영의 차이, 즉 유럽은 가축 사육과 밀 경작 쪽으로, 중국은 쌀 경작 쪽으로 나아간 점을 덧붙여야 할 것이다. 쌀 경작에는 공간이 덜 필요했지만, 더 많은 노동력을 필요로 했고…유럽은 중국보다 지리적으로 팽창하는 것이 더욱 절실했다. 중국에서는 팽창을 수지맞는 일로 생각했을 만한 집단들이 더러 있었지만, 또 그만큼 그들에 대한 제약이 뒤따랐다. 이는 제국의 틀 안에서 세계체제의 정치적 안정을 유지하는 것이 최우선 과제였다는 사정에서 연유한다. 그러므로 중국은 이미 광범위한 관료기구를 유지하고 있었다는 점에서 자본주의로 나아가 는 데에 좀 더 유리한 처지였고, 화폐 경제화라는 면에서, 그리고 기술 면에서 더 앞서 있었음에도 불구하고 그렇게 썩 유리한 처지가 아니었다. 중국은 제국이라는 정치적 구조로 인한 부담을 안고 있었다. 중국의 그 가치체계의 합리성으로 인한 부담을 안고 있었던 것이다.[50]

---

50) 월러스틴(1999), 『근대세계체제 Ⅰ』, 93~106쪽.

스페인의 경우를 살펴보면, 1492년 콜럼버스의 서인도 항해를 후원함으로써 해양사업에 뛰어들었다. 오예다, 핀손, 라 코사 등은 콜럼버스 항해의 성과를 바탕으로 신대륙 쪽에서 아시아로 가는 항로를 탐사하였고, 식민지 정착민이었던 발보아는 유럽인으로서는 최초로 태평양을 목도했으며, 마젤란은 스페인 왕실의 후원을 받아 향료제도까지 항해하려고 시도하였다. 코르테스는 멕시코에서 아즈텍 문명을, 피사로는 잉카 문명을 약탈하였다. 1560년대에는 필리핀이 스페인령으로 편입되었고, 1580년에는 포르투갈을 합병하는 등 스페인은 세계 최대의 제국을 건설하였다.[51] 16세기에 전성기를 구가했던 스페인은 17세기에 쇠퇴의 길로 접어들어 유럽의 주변부로 전락하고 말았다. 스페인사가인 엘리엇은 스페인 쇠퇴의 원인을 다음과 같이 설명하고 있다.

> 17세기 중반 유럽의 많은 지역에서 예외적으로 급속한 지적, 행정적 진보가 나타났던 시기에 스페인에서는 정치적, 지적 침체가 극대화되었다. 특히 카스티야에서는 17세기 중반의 위기로 인해 나타난 도전에 응전하는 데 실패하고 패배의 무력감에 빠지고 말았다. 이 실패의 직접적인 원인은 여러 재난들, 그중에서도 전쟁의 패배에서 찾아야 할 것이다.…
> (카스티야가 실패한 원인을) 단순히 한 사람만의 실수로 돌릴 수는 없다. 그것은 그보다는 한 세대와 전체 지배 계층의 실수를 반영한다. … 제국이 파국을 모면할 수 있기 위해서는 최고의 능력을 갖춘 정치가가 필요했던 시점에 카스티야 지배자들은 구제불능일 정도로 평범했기 때문에 자유는 결국 상실되고 말았다. … 이 실패에는 왕조의 퇴화도 분명히 한몫했다. … 17세기 스페인인들은 의견의 차이로부터 비롯되는 힘을 상실한 사회에 속했고, 더 이상 과거와 단호하게 단절할 수 있을 만큼 강한 결단력과

---

51) Parry(1998), 『약탈의 역사』 제4장.

폭넓은 비전도 없었다. … 유럽을 이끌어 나갔던 스페인은 생존의 가장 본질적인 요소, 즉 변하고자 하는 의지를 가지지 못했던 것이다.[52]

엘리엇은 스페인 제국이 17세기의 위기에 적절히 대응하지 못하고 쇠퇴한 원인을 일련의 정치적 사건(주로 전쟁의 패배), 지배계층의 무능력, 사회 전반의 보수성에서 찾았다.

이 같은 요인들에 덧붙여 필자는 해양활동에 종사한 사람들의 사회적 분포와 그들에 대한 직업적 위상에도 관심을 가질 필요가 있다고 생각한다. 왜냐하면 해양활동에 능동적으로 참여하느냐 수동적으로 참여하느냐 또는 선원들에 대한 사회적 위상에 따라 외적 변화에 대응하는 양상이 달라질 것이기 때문이다. 페레스-마야이나는 일반적으로 선원이 되는 이유를 가난, 세계에 대한 동경, 부친의 직업 계승, 납치 또는 부모의 매매, 부와 사회적 성공 등 다섯 가지로 들고, 16세기 스페인의 경우 항구나 연해 지역의 가난한 사람들과 항해나 군인, 활동적인 직업을 선호하는 사람들이 선원이 되었다고 보았다.

그는 스페인 선원들의 사회적 계층을 보통선원과 실습선원, 수로안내인 pilot, 선장으로 대별하고, 보통선원에는 흑인과 뮬라토 mulatto, 심지어 노예들을 포함한 최하층이 유입되었고, 수로안내인은 목수나 뱃밥장이 caulker, 통장이 copper와 같이 배의 의장과 관련된 전문 직업인과 장인의 아들들이 다수 종사했으며, 최상층인 선장은 고임금을 받을 수 있고 선주로 성장할 가능성이 있었지만, 결코 상인처럼 부를 축적하는 데 성공한 예는 흔치 않았다는 점을 밝혀내고 있다. 뮬라토나 흑인, 해방 노예 들도 수로안내인 자격시험에 응시할 수 있었고, 일부는 수로안내인으로 승진한 경우도 있었지만, 몰락한 하층귀족이 선원이라는 직업을 선택하여 귀족으로서의 품격

---

52) Elliott(2000), 『스페인제국사, 1469-1716』, 430~434쪽.

nobility을 되찾을 수는 거의 없었다. 결론적으로 페레스-마야이나는 16세기 스페인의 선원들의 사회적 위상은 매우 낮았으며, 선원들이 단체를 결성하여 직업적 위신prestige을 얻고자 노력하였으나 여의치 않았다고 밝히고 있다.53) 이상에서 살펴본 것처럼, 스페인이 콜럼버스의 선도 하에 해양사업에 나섰지만, 신대륙으로 건너간 스페인인들은 정착민이 아니라 지배계층인 군인, 선교사, 관리들과 같은 정복자들이었다.54)

영국의 해양활동은 앞에서 살펴본 중국이나 스페인의 경우와는 크게 차이가 있었다. "영국의 첫 번째 특성은 섬 나라이며, 이것의 영국의 역사를 근본적으로 조건지었다."55) 그런 만큼 영국인들은 역사 전면에 부각되기 이전부터 해양활동을 해 왔지만, 해양활동을 통해 세계사의 무대에 본격적으로 등장하게 된 것은 1497년 존 캐봇의 뉴펀들랜드로의 항해 이후의 일이다. 이후 영국인들은 인도양과 대서양의 포르투갈과 스페인의 세력권을 잠식해가며 지속적으로 해양활동을 전개하였다. 영국인들의 해양활동은 그 성격에 따라 몇 단계로 나누어 볼 수 있다. 스페인과 포르투갈이 토르데시아스 조약에 따라 세계를 확고하게 양분하고 있었던 16세기에는 북동·북서항로를 통해 아시아로 가는 새로운 항로를 개척하려고 시도하였다. 북미 북동해안을 탐사한 마틴 프로비셔, 배핀, 데이비스, 허드슨이 바로 북동·북서항로를 찾아나섰던 영국의 항해가들이었다.56) 항로 탐사가 진행되는 한편에서 롤리, 길버트, 드레이크와 같은 사나포선장들은 스페인의 식민지와 보물선을 약탈하고, 한 걸음 더 나아가 미대륙과 서인도 제도에 식민지를 개척하려고 시도하였다. 이들의 식민 개척 시도에 이어 17세기에 버지니아,

---

53) Pérez-Mallaína(1998), *Spain's Men of the Sea*, pp.23-45.
54) Parry(1998), 『약탈의 역사』, 126쪽.
55) 박지향(1997), 『영국사 : 보수와 개혁의 드라마』, 12쪽.
56) 김성준(2019), 『유럽의 대항해시대』 참조.

바베이도스, 메릴랜드, 뉴잉글랜드, 매사추세츠 등이 영국인들에 의해 식민지로 개척되었다.[57]

항로 탐사와 식민 사업에 이어 영국은 해양과학탐사라는 새로운 길을 열었다. 캡틴 쿡의 항해에 과학자들을 동승시켜 미지의 동물과 식물에 대한 연구를 진행시킴으로써 영국인들은 항로탐사에 해양과학탐사라는 성격을 덧붙였다. 다윈이 1831~36년 해군조사선 비글Beagle 호를 타고 갈라파고스 섬을 조사하고, 1872~76년까지 챌린저Challenger 호가 세계의 해양을 탐사하게 된 것은 이러한 전례에 따른 것이었다. 더 이상 미지의 해역이 사라지게 된 20세기에 이르러서도 스콧과 새클턴과 같은 영국인들은 남극점에 최초로 도달하겠다는 열망 하나로 남극 탐험을 시도하였다.

영국인들이 항해와 해양사업에 뛰어든 목적은 단순한 항로 탐색에서 새로운 섬과 대륙의 발견, 식민, 사나포 활동, 과학탐사, 도전심 등 실로 다양했고, 해양활동의 성격 또한 일회적이거나 단기적인 것이 아니라 지속적·반복적·능동적이었다. 해양활동의 주체도 평민, 젠틀맨, 향사, 귀족, 과학자 등 영국의 거의 모든 계층이 참여했고, 이들은 해양활동을 통해 자신들의 사회적 신분을 상승시킬 수 있었다. 롤리와 드레이크, 헨리 모건과 같은 사나포선장들은 '경Sir'으로 존칭되었고, 가난한 마름의 아들이었던 쿡은 포스트 캡틴post-captain에까지 진급하고 왕립협회의 정회원이 되었으며, 선원의 아들이었던 우링Uring은 상선의 선원으로 진급하고 마침내 선주로 입신하기도 하였다.[58]

데이비스가 밝혀낸 것처럼, 영국에서 선원이 되고자 하는 주된 동기는 "세계에 대한 동경심, 많은 보수, 구직, 가업의 계승"이었다.[59] 보수와 구직을 위해 선원이 되는 경우는 선원세계의 공통된 현상이라고 할 수

---

57) Parry(1998), 『약탈의 역사』 제9장 참조.

58) Dewar(1928), *Voyages and Travels*.

59) Davis(1962), *Rise of English Shipping*, p.153.

있으므로, 영국의 선원세계가 다른 나라와 뚜렷이 구별되는 동기는 가업의 계승과 동경심이라고 할 수 있다. 스페인이나 중국의 경우도 아버지의 직업을 이어받아 선원이 되는 경우가 있었겠지만, 그것은 하나의 사회적 신분상승의 수단으로 가업을 잇는 영국과는 분명히 구분된다. 우링도 선원인 아버지의 뒤를 이어 선원이 되었고, 커티 삭^{Cutty Sark} 호의 선주로서 유명했던 윌리스 ^{Willis} 부자 역시 선주가 된 뒤에도 모두 선장으로 승선하였다.

미지의 세계에 대한 동경심 또한 영국인이 선원이 되는 주요 동기 중 하나였다. 배를 타고 싶어했지만 아버지의 반대로 육지에서 장사를 배우던 니콜은 1776년 21살에 캔츠 리가드^{Kent's Regard} 호에 견습선원으로 승선한 뒤 "나는 너무 행복했다. 왜냐하면 내가 그토록 바랐던 배를 타고 바다에 있었기 때문이다. 나에게 떨어진 닻을 감아 올리라는 명령은 내게는 기쁨의 소리였다."[60]고 적었다. 1781년 포리스터^{Forester} 호의 견습선원으로 승선한 리처드슨도 "승선 다음날 아침 거울 면같이 잔잔한 바다를 보기 위하여 갑판 위에 올라갔을 때 나는 놀랐다. 멋진 아침이었고, 배 주위는 한적했다. 이 모든 것이 나에게는 완전히 딴 세상처럼 느껴졌다."고 적었다.[61]

이와 같은 영국인들의 해상활동은 말 그대로 해양을 무대로 한 활동에 그친 것이 아니라 문화로 승화되었다. 리처드 해클류트^{Richard Hakluyt}(1553~1616)가 1589~1600년 사이에 『영국인들의 주요 항해·교통과 발견^{The Principal Voyages Traffiques & Discoveries}』을 통해 영국인들의 해양활동사를 집대성하였고, 롤리나 드레이크 같은 저명한 사나포선장들은 말할 것도 없고 수많은 선원들이 자신들의 항해기를 출판하였다. 선원으로 승선 생활을 한 바 있는 존 메이스필드 같은 시인이 주옥 같은 해양시를 써서 바다와 선원 생활에 대한 긍정적 인식을 심어주는 데 일조하였다. 문학뿐만 아니라 경제, 과학, 여가활동 등 모든 면에서 영국은 해양국가라는 명성에 걸맞게

---

60) Flannery(2000), *The Life and Adventures of John Nicol*, p.26.
61) Childers(1970), *A Mariner of England: William Richardson*, p.4.

표 4. 중국·스페인·영국의 해양활동 비교

	중국	스페인	영국
기간	1405~1433	1492(콜럼버스)~1714 (스페인 왕위계승전쟁 종전)	1497(존 캐벗) ~20세기
성격	단기적·일회적· 수동적	중단기적·수구적	지속적·반복적· 능동적
목적	국위선양·외교· 공무역	탐사·황금향·약탈· 보물선 호송	탐사·발견·식민·사략 ·과학 탐사·도전
주체	관리·군인	외국의 항해가·하층귀족	평민·젠틀맨·향사· 귀족·과학자
선원의 사회적 위상	낮음	낮음	중상中上 이상
선원의 신분상승 가능성	거의 불가능	어려움	가능
해양문화	없음	약함	융성
귀결	반식민지화	반주변부화	자본주의화·제국화

바다를 연구하고, 이용하고, 즐겨왔다. 결론적으로 영국이 중국이나 스페인과 다른 점은 영국인들은 해양활동을 해양문화로 승화시켰다는 것이다.

자본주의가 발전하는 데는 폐쇄적 국민경제체제나 자급자족경제체제로는 한계, 조금 더 나아가면 불가능하다고까지 말할 수 있을 것이다. 그렇다면 자본주의 경제체제가 제대로 작동하기 위해서는 적어도 국민경제의 테두리를 넘어야 한다는 기본전제가 충족되어야 한다. 그럴 경우 원료의 수급과 재수출, 완제품의 판매를 대량으로 하기 위해서는 저렴한 값에 대량으로 운송이 가능한 배를 이용하지 않으면 안 된다. 이 점에서 해양활동은 그 자체만으로도 민족이나 국가의 발전에 필수불가결한 요소라고 할 수 있다. 하지만 15세기 이후의 역사 전개를 고려해 본다면, 해양활동이 곧 자본주의 발전으로 이어진 것이 아니었다는 사실 또한 명백하다.

해양국가로서 영국이 스페인이나 포르투갈보다 늦게 해양사업에 뛰어들었음에도 불구하고, 자본주의화에 성공할 수 있었던 것은 영국인들이 타 국가에 비해 해양활동의 본질을 제대로 이해하고 실천했음과 동시에 해양활동을 해양문화로 승화시켰다는 데서 그 동인을 찾아볼 수 있지 않을까 하는 것이 필자의 시론적 결론이다. 인간이 바다로 나아가는 것은 바다 그 자체에 머물러 있기 위한 것이 아니다. 인간이 해양활동을 하는 데는 두 가지 목적이 내재되어 있는데, 하나는 교역이고, 다른 하나는 약탈이다. 같은 문명권이나 비슷한 정도의 문화를 갖고 있는 문명권을 대상으로 해양활동을 하는 민족은 주로 교역을 하게 되지만, 다른 문명권이나 하위 문화권에 대해서는 처음에는 교역을 가장하지만 결국은 약탈을 감행하게 된다. 이를테면 포르투갈은 엔히크 당시에는 아프리카의 하급 문화권과 접촉하면서 노예 무역과 사금 채취 등 약탈에 치중했고, 인도 항로 개척 뒤에는 이질문명권인 인도와 교역을 추구하였으나, 그들의 힘의 실체를 파악한 뒤에는 결국 약탈로 이어졌다. 스페인의 경우는 콜럼버스의 서인도 도착 이후 하급 문화권인 서인도 제도를 약탈하고, 결국 고급 문명권이지만 이질문명권이었던 잉카와 아즈텍 문명마저 유린하기에 이르렀다.

물론 이에 대한 반례를 얼마든지 찾을 수 있을 것이다. 이를테면 유럽의 경우 노르만 족이 같은 유럽문명권을 약탈한 경우와 일본의 경우 같은 문명권인 중국과 한반도를 침략한 예를 떠올릴 수 있다. 그러나 노르만 족이 9~12세기 유럽을 유린하였을 당시 아직 기독교로 개종하기 이전이었다는 점에서 노르만이 유럽 기독교 문명권에 포함된다고 얘기할 수 없고, 일본의 경우도 같은 유교문명권이라고 생각할 수 있겠으나 지리적으로 중국이 대륙, 우리나라가 반도이자 산악국가였던 데 반해, 일본은 해양국가였다는 점에서 분명 이질적인 문명권이었다고 할 수 있을 것이다.

이와 같은 교역과 약탈은 거의 모든 민족과 국가의 해양활동에 나타나는 공통된 특성이다. 영국이 이들 나라의 해양활동과 달랐던 점은 해양활동의 주체들이 주류 사회의 한 축을 형성하였고, 왕실 내지 정부 또한 국가의 정체성을 해양국가로 설정하고 정책을 추진하였다는 점이다. 영국의 경우 거의 모든 계층이 선원이 되었고, 선원이라는 직업을 통해 사회적 신분을 상승시킬 수 있었으며, 해양문학, 해양과학, 해양경제, 해양전략, 해양탐험 등을 통해 해양을 무대로 한 활동이 사회의 주류 문화를 형성하였다. 이 점에서 트레벨리안이 "영국의 운명은 언제나 선원boat-crew에 의해 좌우되어 왔다."[62]고 적었던 것은 아주 적절했다고 할 수 있다.

여기에서 해양활동과 해양문화와의 관계를 정리할 필요성이 제기된다.[63] 여기에서는 해양활동이 한 국가의 해양문화로 승화되는 이념형적 과정을 제시해 보고자 한다.

역사상 바다에 연한 민족들은 바다에서 수산, 해운, 해전, 탐험, 여가활동을 벌여 왔다. 이와 같은 해양활동이 특정 국가나 민족의 주류 해양문화로 승화되기 위해서는 다음과 같은 최소한의 조건이 충족되어야 한다.

첫째, 바다를 무대로 전개되는 여러 활동 분야가 고르게 발달해야 한다. 즉 바다를 무대로 전개되는 여러 분야 가운데 한두 분야에 나타난 해양활동과 문화적 양상을 토대로 그 민족의 문화적 성격을 해양문화라고 칭해서는 안 된다. 즉 수산문화, 해운문화, 해군문화, 해양여가문화 등이 한데 어우러져 이루어진 해양문화가 특정 국가나 민족 문화의 주류를 형성했을 경우에 한하여 그 국가 또는 민족의 문화를 해양문화라 칭할 수 있을 것이다.

둘째, 해양활동의 주체, 곧 선원직과 해양산업 경영직을 선택하게 만드는 유인력이 있고, 사회 내에서 선원직과 해양산업에 대한 사회적 위상이 나쁘지 않아야 한다. 금전적 보상이나 사회적 입신, 또는 미지의 세계에 대한 동경심 충족, 탐험이나 탐사를 통한 명예 획득 따위의 유인력으로 사회 내에서 창의적이고 유능한 사람들을 선원직과 해양산업으로 끌어들일 수 있어야 하며, 이들이 해양 직업과 사회 내에서 진급할 수 있는 길이

---

62) G.M. Trevelyan(1926), *History of England*, Longmans, Green and Co., p.xix.
63) 이미 2003년 한국해양문화학회에서 해양문화에 대해 학제적 접근을 시도하고, 여러 연구자들이 해양문화의 개념을 다양한 관점에서 정의내린 바 있다. 한국해양문화학회(2003), 『21세기 한국해양문화의 정의와 발전방향』.

열려 있어 지위 상승을 꾀할 수 있어야 한다. 나아가 선원 경력이나 해양산업 경영자들이 사회 최상층부로 진출할 수 있어야 한다. 이 점에서 영국은 포르투갈, 스페인, 중국과는 판이했다. 이와 관련하여 해상 관련 직업에 종사하는 사람들의 비율이 얼마나 많은가는 문제가 되지 않는다. 영국의 경우 1688~1830년에 이르기까지 선원이 전체 인구에서 차지하는 비율은 1%에도 미치지 못했다.[64]

셋째, 해양활동이 일회적이거나 단속적이어서는 안 되고 지속적이어야 한다. 해양활동이 최소한 3세대 동안은 지속되어야 해양문화를 창출할 여건을 갖추게 된다는 것이 필자의 생각이다. 우리나라의 경우 9세기 장보고가 동북아시아의 해상권을 장악하였고 중국도 15세기 정화가 경이적인 해양활동을 한 바 있지만, 그것이 한 세대도 채 이어가지 못함으로써 해양활동이 문화로 승화될 기회를 상실하였다.

넷째, 해양활동의 주체들이 배와 바다 위에서 창출한 노동과 일상, 그리고 그들의 체험이 사회 전반에 소개되고 일반 대중으로부터 호응을 얻어야 한다. 선원들의 항해기, 조난기, 미지의 지역 탐방기, 모험기, 해양역사, 선원이 생활을 다룬 해양시와 소설 등이 지속적으로 출판되고, 대중들로부터 호응을 얻는다는 것은 해양활동이 해양문화로 승화되기 위한 마지막 단계다. 여기서 한 걸음 나아가 문화로 승화된 해양활동이 해당 민족이나 국가의 정체성에 영향을 미치기 위해서는 해양 전략 내지 철학과 같은 이론적 뒷받침이 있어야 한다.

이를 도식화해 보면 표 5와 같다.

동양 3국의 근대화 과정은 위와 같은 논지를 뒷받침해 주고 있다. 일본은 해양국가로서 비록 서구에 의해 자본주의체제에 편입되었지만, 이를 재빨리 흡수해 자본주의를 발전시킬 수 있었다. 결과론적으로 대륙국가였던 중국

---

64) 김성준(2001), 「영국 해운업에서의 전문 선주의 대두와 경영성과, 1770-1815」, 159쪽.

표 5. 해양활동이 해양문화로 승화되는 이상형적 과정

각 분야의 해양 활동	수산문화·해운문화·해군문화 등 부문문화 창출	• 해양산업 종사자들의 사회적 위상 • 지속성 • 해양 역사·문학·철학화 • 해양레저 발아	• 해양문화가 주류 문화의 하나로 성장+ • 해양레저 인구의 증가	바다와 배 = 일 하 는 곳에서 즐기는 곳으로 전환	해양 문화 발현= 해양국가

은 반식민지로, 반도국가로서 대륙 지향적이었던 조선은 식민지로 전락한 반면, 해양국가였던 일본은 자본주의화에 성공하였다. 극동아시아 3국의 역사적 경험은 해양문화가 자본주의 발전에 우호적 영향을 미친다는 필자의 시론을 확인시켜줄 수 있는 좋은 본보기다.

우리나라는 2025년 현재 해운업 세계 5~7위, 조선업 1~2위, 수산업 12~15위권을 차지해 그야말로 명실상부하게 해양강국이라고 해도 지나친 말이 아니다. 해방 이후 현재에 이르기까지 우리나라가 이만큼 경제성장을 이룩할 수 있었던 배경에는 해운, 조선, 수산 등 해양산업에 창의적인 사람들이 유입되고, 이들이 제 능력을 발휘했기 때문이라는 사실이 흔히 간과되어 왔다. 그러나 해방 이후 2세대가 흘러가고 있는 현 시점에서 보면, 창의적인 사람들을 해양산업으로 유인할 수 있는 요인들이 감소되어 가고 있다. 게다가 해운사, 조선사, 수산사 등 해양의 각 분야의 역사서들이 우후죽순 격으로 간행되고 있지만, 이것들은 대중으로부터 아무 반향도 불러일으키지 못하고 있다. 뿐만 아니라 해양문학이라는 미명 하에 출판된 해양소설들은 해양에 대한 긍정적 인식을 부각시키기는 커녕, 해양사고, 선원들의 방종, 선내 갈등 등 부정적 인식을 확산시키는 데 이바지하고 있다. 우리나라가 지금보다 한 단계 더 발전하기 위해서는 해양활동에 창의적인 사람들을 유인할 수 있어야 하고, 해양활동의 지속성을 견지해야 하며, 해양문화를 창출하여 대중들로부터 호응을 얻어야 할 것이다.

콜럼버스 대서양 항해의 경과와 의의

I. 콜럼버스 대서양 항해의 배경

1. 콜럼버스 지리관 형성의 지적 배경

콜럼버스는 포르투갈 탐험대와는 달리 대서양을 서쪽으로 항해해 인디즈 Indies에 도달하려고 계획했지만, 그것을 개인의 힘으로 달성한다는 것은 매우 어려운 일이었다. 이에 막대한 재력을 갖춘 궁정의 후원이 필요했던 그는 후원을 얻기 위해 각국 궁정에 지원을 요청하였다. 지원을 얻어내려면 자신의 계획의 타당성과 실현 가능성을 입증해야 했고, 이를 위해 컬럼버스는 당대의 지리학적인 지식을 탐구하기 시작하였다.

15세기 당대에는 지구의 크기에 대해 두 가지 설을 활용할 수 있었다. 우선 에라토스테네스는 지구 둘레를 25만 stades(현재 기준으로 약 4만km)로 추산한 바 있고, 프톨레마이오스 Klaudios Ptolemaios(90~168?)는 이보다 훨씬 작은 18만 stades로 추정하였다. 콜럼버스는 먼저 프톨레마이오스의 학설을 받아들임으로써 지구 크기를 실제 지구둘레 4만km(약 2만 4860마일)[1]보다 약 30% 정도 작게 계산하였다.

그런데 프톨레마이오스는 사람이 거주하는 거대한 땅 덩어리인 '오이쿠메네 oikoumene'는 동에서 서까지 180도를 차지하고 있는 것에 불과하고, 그 나머지 180도는 사람이 거주할 수 없는 바다라고 보았다.[2] 콜럼버스는 육지와 바다의 구성 비율에 대해서는 프톨레마이오스의 설을 따르지 않고, 다이이 Pierre d'Ailly(1350~1420)의 『이마고 문디 Imago Mundi』(세계의 상)와 외경 『에즈드라스 Esdras 서』의 문구를 받아들였다. 다이이는 『이마고 문디』에서 육지가 225도, 바다가 135도를 차지하고 있다고 보았고, 『에즈드라스 서』 2권 6장 42절에는 "셋째 날에 물에 명하여 지구의 일곱째 부분에 한데

---

1) 이희연(1991), 『지리학사』, 37쪽.
2) Russel(2003), 『날조된 역사』, 30쪽.

모여 있도록 명하였고, 여섯째 부분에는 씨앗을 뿌리고, 농사를 짓고, 당신에게 봉헌할 수 있도록 마른 땅으로 있게 하라고 명하셨다."고 기록되어 있었다. 이 두 설을 종합하면 지구는 6/7이 육지고[3] 그 나머지인 1/7만이 바다가 된다.

이 같은 근거에 따라 콜럼버스는 지구와 바다의 크기가 실제보다 훨씬 작다고 주장할 수 있었다. 그러나 이것만으로는 부족했다. 그래서 콜럼버스는 마르코 폴로의 『동방견문록』에 나오는 '아시아가 프톨레마이오스나 다이이가 생각했던 것보다 훨씬 더 서쪽으로 향해 있다'는 내용을 근거로 하여 육지에 28도를 추가하였다. 이에 따라 지구에서 육지는 253도, 바다는 107도가 되었다. 게다가 마르코 폴로는 씨팡고[Cipango 4]가 카타이[Cathay 5]에서 더 동쪽으로 뻗어 있다고 했다. 콜럼버스는 이 주장에 따라 다시 30도를 빼서 바다를 77도가 되게 했다. 그리고 나서 그는 출항지를 스페인이 아닌 카나리아 제도로 가정하여 다시 9도를 빼 항해해야 할 바다를 68도가 되게 했다. 콜럼버스는 이것만으로 충분치 않다고 생각했는지, 다이이가 바다의 넓이를 추산할 때 8도를 빼먹은 것으로 간주하여 결국 바다는 60도가 되었다.[6] 이로써 카나리아 제도에서 황금향인 씨팡고까지의 바다는 길어야 2천 6백여 마일을 넘지 않을 것이라 생각했다.[7]

---

3) Columbus, Letter to the Soverigns dated 18th Oct. 1498, in R.H. Major, ed. by, *Four Voyages to the New World*, pp.139-141 참조.

4) 율(Yule)은 씨팡고(Cipango)는 중국어 Zhipankwe, 즉 일본왕국을 가리킨다고 말한다. 그는 일본어로 にほん(Niphon)이란 발음의 중국어 형태인 Zhipan이란 용어는 '태양의 기원'이나 '태양이 뜨는 곳'을 의미한다고 설명하고 있다. H. Yule and H. Cordier(1903), *The Book of Ser Marco Polo, the Venetian* 2Vols., 3rd ed., London, p.238 ; Clements R. Markham(1971), ed. by, *The Journal of Christopher Columbus and Documents*(이하 *The Journal*로 줄임), p.8 각주 재인용

5) 카타이(Cathay)란 용어는 1123년부터 200년 동안 북중국을 통치했던 키탄(Khitan : 契丹)이라 불리는 사람들에게서 유래한 듯하다.

6) Russel(2003), 31~33쪽.

7) James E. Gillespie(1933), *A History of Geographical Discovery*, pp.27-28 참조.

콜럼버스는 이에 만족하지 않고, 단위를 자의적으로 활용했다. 적도에서 위도 1도는 경도 1도와 같다. 다이이는 9세기 아랍의 천문학자 알프라가노 Alfragano가 위도 1도를 56 $\frac{2}{3}$ 마일로 정한 것을 받아들였다.[8] 콜럼버스는 알프라가노가 정한 수치에 쓰이는 마일을 해리海里(nautical mile)보다 더 짧은 고대 로마식 마일이라고 가정했다. 그에 따라 콜럼버스는 적도상 위도 1도의 거리를 45해리로 정한 뒤, 적도보다 북쪽으로 항해할 계획이었기 때문에 1도의 거리를 40해리로 가정했다.[9]

이러한 가정들을 합쳐서 콜럼버스는 지구 둘레를 실제 크기보다 32% 작게 추산했고, 씨팡고까지의 거리는 실제거리인 1만 2천 마일보다 4분의 1이나 작게 계산했다. 그의 이 같은 지리학적인 세계관에 의해, 카타이는 오늘날 멕시코 서해안에, 씨팡고는 서인도 제도상에 위치한다는 계산이 나오게 되었다.[10]

그렇다면 콜럼버스가 대서양을 서쪽으로 항해하더라도 아시아 대륙에 도달할 수 있을 것이라고 확신하게 만든 지리학적 지식의 배경은 무엇이었을까? 현재까지 연구된 바에 의하면, 콜럼버스는 마르코 폴로 Marco Polo (1245~1324)의 『동방견문록』, 피우스 2세 PiusII(1405~1464)의 『역사Historia』, 피에르 다이이 Pierre d'Ailly의 『이마고 문디Imago Mundi』(세계의 상), 플루타르크 Plutarch의 『영웅전』과 토스카넬리 Paolo Toscanneli(1397~1482)의 서한 등을 소유하고 있었고 또 주의 깊게 읽었다. 이 가운데 콜럼버스가 자신의 지리학적인 지식을 형성하는 데 기본으로 삼았던 책은 마르코 폴로의 『동방견문록』과 다이이의 『이마고 문디』, 토스카넬리의 서한이라고 알려져 있다.[11] 그러므

---

8) 알프라가노의 『천문학의 기본요소(Elementa astronomic)』는 12세기 크레모나 (Gerard of Cremona)와 히스팔렌시스(Joannes Hispalensis)에 의해 아랍어에서 라틴어로 번역되었다.

9) Russel(2003), 33쪽.

10) Skelton(1995), 『탐험지도의 역사』, 86쪽 참조.

11) Gillespie(1933), p.26.

로 여기에서는 대서양 횡단항해를 준비하던 콜럼버스가 이 자료들을 어떻게 자신의 탐험계획을 구체화하고 후원을 얻는 데 활용하였는지 살펴보기로 하겠다.

콜럼버스가 가장 주의깊게 읽은 책은 마르코 폴로의 『동방견문록』[12]이라고 알려져 있다. 특히 이 책에서 가장 관심있게 본 내용은 "아시아 본토에서 남동쪽 1천 5백 마일에 황금이 가득한 씨팡고라는 섬이 있다."[13]는 구절이었다.[14] 이러한 마르코 폴로의 동방에 대한 묘사와 프톨레마이오스식 지리학이 결합되어 콜럼버스 탐험의 지적 배경 중 하나가 되었다.[15]

마르코 폴로의 작품이 14세기 이래로 유럽인들에게 동방에 대한 호기심을 지속적으로 자극시킨 주요 원천이었음은 주지의 사실이다.[16] 그러므로 여기서는 그의 작품이 콜럼버스에게 동방에는 풍부한 산물과 대칸이 다스리는 카타이라는 곳이 있으며, 그곳에서부터 1천 5백 마일 떨어진 곳에 황금이 많이 나는 씨팡고라는 곳이 있다는 사실과 그곳에 도달하려면 육지를 통해 가는 것[17]보다 바다를 가로질러 가는 편이 오히려 더 가깝다는 사실을 깨닫게 했다는 정도에서 논의를 정리하기로 한다.

다음으로 지리학자이자 추기경인 피에르 다이이의 『이마고 문디』가 콜럼버스에게 끼친 영향에 대해 알아보기로 하겠다. 콜럼버스가 주의 깊게 읽고 세심하게 방주를 달았던 이 책의 라틴어 판본은 1480년대 초반에 발간된 것이었다. 콜럼버스는 『이마고 문디』의 제8장 「거주 가능한 지역에 관하여 De quantitate terrae habitabilis」에 집중적으로 방주를 달아놓았다. 제8장

---

12) 콜럼버스는 1485년 앙베르(Anvers)에서 인쇄된 라틴어 판본을 소장하고 있었다.
13) Polo(1992), 『동방견문록』, 218쪽.
14) Nunn(1935), "The Imago Mundi and Columbus", p.661.
15) Nunn(1935), p.662.
16) Skelton(1995), 『탐험지도의 역사』, 35·53쪽.
17) 마르코 폴로는 자신이 대칸大汗의 영토에 도달하는 데 3년이 소요되었다고 쓰고 있다. Jacques Heers(1984), "De Marco Polo", p.142 재인용.

의 주요 내용은 대서양 서쪽 바다가 보통 알려진 것보다는 상대적으로 좁다는 것이었다. 바다가 지표의 4분의 3을 뒤덮고 있지 않다는 결론을 증명하기 위해 아리스토텔레스 Aristoteles · 세네카 L.A. Seneca (B.C.4?~A.D.65?) · 플리니 Pliny(23?~79)와 같은 권위자들의 저서가 사용되었다. 또한 이 책에는 "아프리카와 인도에 똑같이 코끼리가 서식하고 있는 것으로 보아 아프리카는 인도에서 그리 멀리 떨어져 있지 않을 것이므로, 스페인과 인도 사이의 바다는 순풍이라면 며칠 안으로 항해할 수 있다."[18]고 얘기한 세네카의 유명한 진술이 인용되어 있기도 하다.

또 결정적인 증거로 외경外經『에즈드라스 2서』의 한 구절(6 : 42)을 인용하기도 했다. 『에즈드라스 2서』에는 "셋째 날에 당신은 물들이 모여 있는 일곱째 부분을 명하여 산짐승과 날짐승 그리고 물고기를 내라고 하시자 그대로 되었다."는 구절이 있다.[19] 이 구절은 지구의 7분의 6은 육지고, 나머지 일곱째 부분만이 물로 덮여 있음을 시사하고 있다.

다이이의 『이마고 문디』가 콜럼버스의 탐험에 끼친 영향에 대해서는 콜럼버스 연구자들 사이에 광범위하게 논의가 되어 왔다. 특히 콜럼버스가 이 책을 1차 항해 전에 읽었는지 아니면 이후에 읽었는지에 대해서는 의견이 갈리고 있다. 그러나 콜럼버스가 이 책을 통해 1°의 길이가 56⅔마일이라는 것,[20] 바다는 어디에나 항해 가능하다는 것, 아프리카 Ulterior Spain와

---

18) Nowell(1939), "Columbus Question", p.659 ; Watts(1985), "Prophecy and Discovery", p.82 재인용.

19) 외경 Esdras 2서 6 : 42 in http://cyberspacei.com/jesusi/light/apo/2esd2. htm#sesd006. 원문은 "On the third day thou didst command the waters to be gathered together in the seventh part of the earth ; six parts thou didst dry up and keep so that some of them might be planted and cultivated and be of service before thee"이다. 김명섭은 '다섯째 날'이라 번역하였으나 '셋째 날'의 오류이다. 김명섭(2001), 『대서양문명사』, 85쪽.

20) 1도의 길이를 56·⅔ 마일 (실제로는 60 마일이다)로 계산한 것은 9세기 말경 이슬람의 천문학자이자 지리학자인 알프라가누스(Alfraganus)다. 콜럼버스는 이 계산치를 받아들임으로써 지구크기를 실제보다 작게 생각했고, 또 아시아

인도 사이의 바다는 좁기 때문에 며칠 동안의 항해로 인도에 도달할 수 있다는 것, 지구의 7분의 6에 사람이 거주할 수 있다는 것[21] 등에 대해 확신을 얻었을 것이라는 점에는 연구자들도 동의하고 있다.

콜럼버스는 이미 마르코 폴로의 책을 통해 대칸의 영토 가까이에 씨팡고가 있다는 사실을 확인하였고, 『이마고 문디』의 기사를 통해 지구 전체 면적에서 바다가 차지하는 면적은 상대적으로 적으며 인도까지의 바다는 며칠 내에 항해가 가능하다는 사실을 확인함으로써 대서양 서쪽으로 항해하더라도 인디즈나 대칸의 영토에 도달할 수 있다고 확신하였던 것이다. 즉, 『이마고 문디』를 통해 콜럼버스가 얻은 것은 구체적인 지리학적인 지식이라기보다는 어떻게 하면 동방에 빨리 도달할 수 있는가 하는 방법론이었던 것이다.

마지막으로 토스카넬리 P. Toscanelli(1397~1482)의 서한[22] 문제를 살펴보기로 하겠다. 토스카넬리가 보낸 두 통의 편지 중 첫 번째 편지는 토스카넬리가 마르틴 F. Martins 신부를 통해 포르투갈의 아퐁소 5세 Afonso V에게 보낸 1474년 6월 25일자 편지의 사본이고, 두 번째 편지는 콜럼버스가 보낸 편지에 대한 답신으로 토스카넬리가 콜럼버스에게 쓴 것으로 첫 번째 편지에 뒤이어 쓰여졌으며, 첫 번째 편지를 요약한 것이다.[23]

대륙이 실제보다 동쪽으로 훨씬 더 도출되어 있다고 생각했기 때문에 대서양을 서쪽으로 항해하면 육로로 가는 것보다 더 빨리 아시아 대륙에 도달할 수 있다고 생각하게 되었던 것이다. Ferdinand Columbus, *Life of Admiral*, p.16.

21) Nunn(1935), p.654 참조.

22) 토스카넬리의 서한의 전문은 Christopher Columbus, trans. by Clements R. Markham, *The Journal*, pp.3-11 ; Ferdinand Columbus, Life of the Admiral, pp.19-23 참조. 이하에서는 마캠(Markham)의 영역본에 수록되어 있는 서한을 Toscanelli's Letter로 줄이기로 한다.

23) 훔볼트는 아퐁소 5세(Afonso V)에게 토스카넬리가 편지를 보낸 그 2년 사이에 쓰여진 것으로 간주하고 있다. 해리세(Henri Harrisse)와 비그노(Henry Vignaud) 등은 1480년이나 1481년에 쓰여진 것으로 보고 있다. 그러나 두 번째 편지에 대해서는 그 진위 여부가 문제가 되고 있어 여기서는 논외로 한다.

현존하는 토스카넬리 서한의 진위 여부에 대해서는 연구자들 사이에 의견이 상충되고 있음에도 불구하고, 대다수의 콜럼버스 연구자들은 토스카넬리가 마르틴 신부에게 라틴어 편지를 썼고, 그 서한을 입수한 콜럼버스가 서한의 내용을 어느 정도 확신하면서 탐험을 계획했고, 탐험에 대한 후원을 얻어내기 위해 스페인 궁정에 그 서한을 제시했다는 점에 대해서는 이견이 없다.[24] 그러므로 여기에서는 콜럼버스가 비록 토스카넬리와 직접 서신교환은 하지 않았다 하더라도, 그 서한을 보았고 또 그 내용에 흥미를 느껴 자신의 탐험계획을 뒷받침하는 근거로 사용했다는 것으로 논의를 정리하고자 한다.

그렇다면 콜럼버스는 서한의 어떤 내용에 관심을 가졌고, 그 내용을 어떻게 자신의 탐험계획에 사용하고 또 후원을 얻는 데 이용하였을까? 서한의 핵심적인 내용은 다음과 같다.

> … 향료와 보석들로 가득 찬 기름진 [아시아] 땅에 도달하려면 항로를 항상 서방으로 잡아야 하고, 미지의 [대서양] 서쪽 바다는 생각보다 그리 넓지 않으며 향료와 후추가 활발히게 거래되고 있는 자이툰 Zaitun(취안저우泉州) 항구와 이 도시를 지배하고 있는 카칸이 살고 있는 카타이는 금과 은, 보석과 향료가 풍부하여 찾아볼 만한 가치가 충분히 있습니다.… 씨팡고는 안틸리아 Antilia 에서부터 225리그 거리에 있는 섬이며, 황금과 귀금속이 풍부하여 사원과 궁전은 금으로 뒤덮여 있습니다.…[25]

이는 『동방견문록』과 『이마고 문디』의 기사를 종합한 것이라고 할 수 있다. 이 두 책은 당대까지의 서구의 지리관을 가장 잘 반영한 책으로서 광범하게 유포되어 있었다. 두 책의 내용을 잘 알고 있었던 콜럼버스는

---

24) Nowell(1939), p.811.

25) Toscanelli's Letter, in *The Journal*, pp.4-9.

동시대인인 토스카넬리의 편지에서도 향료·금·은이 풍부한 카타이라는 곳이 있다는 것과 항로를 서쪽으로 잡으면 그곳에 더 빨리 도달할 수 있다는 것을 확인하고, 후원자를 찾는 데 하나의 근거자료로 활용할 수 있었다.[26)]

즉 콜럼버스는 『동방견문록』을 통해 아시아 대륙 가까운 곳에 씨팡고라는 황금향이 있고, 다이이 추기경의 『이마고 문디』를 통해서는 대서양 서쪽 바다가 그리 넓지 않다는 지식을 획득하게 되었다. 또한 토스카넬리의 서한에서는 향료와 금은 보석으로 가득한 대칸의 영토인 카타이에 도달하려면 항로를 서방으로 잡아야 하며, 서방의 바다는 그리 넓지 않다는 사실을 확인하고 이것으로 자신의 탐험을 보다 구체화시킬 수 있었다.

2. 스페인 궁정과 콜럼버스의 제휴

중세 이후 수세기에 걸쳐 이교도인 무슬림의 지배를 받아왔던 이베리아반도 왕국들은 꾸준한 '재정복전쟁'을 벌여 15세기에는 이슬람교도들을 몰아내고 이베리아 반도의 지배권을 회복할 수 있었다. 이베리아 반도에서 '재정복운동'과 '해외탐험'이라는 격변이 일어나고 있던 1476년경, 콜럼버스 일가는 포르투갈 리스본으로 이주하여 정착하였다. 포르투갈에 정착하고 있는 동안 콜럼버스는 아이슬랜드의 해상활동에 참가하기도 했다. 이런 과정에서 콜럼버스는 대서양 서쪽에 아직 유럽인들에게 알려지지 않은 땅이 있다는 소문을 듣고,[27)] 대서양을 서쪽으로 횡단해 가더라도 아시아

---

26) Watts(1985), p.81.
27) 콜럼버스가 대서양 탐험을 생각하게 된 계기에 대해서는 콜럼버스가 대서양 항해에 종사하고 있을 때 대서양 상에서 표류하고 있는 서인도제도 인디언들의 배를 만나게 된 것과 서인도제도에서 태풍을 피하고 귀환한 무명의 선원 (unknown pilot)으로부터 서인도의 존재에 대해 듣게 된 사실을 들 수 있다. 이에 대해서는 Larner(1988), "Certainty of Christopher Columbus", pp.11-16을

대륙이나 전설로 전해 내려오는 성 브렌단^{St. Brendan} 섬28)과 안틸리야 섬에 도달할 수 있으리라 생각했던 것이다.

콜럼버스가 염두에 두고 있던 대서양 탐험을 실천에 옮기려고 작정한 것은 아마도 1484년경이었을 것이다. 그는 1484년 처음으로 자신의 계획을 지원해줄 것을 포르투갈의 주앙 2세에게 요청하였으나 거부 당했다. 포르투갈로서는 바야흐로 아프리카를 회항하여 인도에 이르는 항로의 발견을 기대하던 시점이라 굳이 위험부담을 안고 대서양 탐험을 지원할 필요성을 느끼지 않았기 때문이다. 이에 콜럼버스는 이듬해인 1485년경 카스티야에 탐험에 대한 지원을 요청하고, 1486년 5월에는 이사벨 여왕과 페르난도 국왕이 참석한 가운데 탐험에 대한 계획을 설명하고 후원을 요청하였다.29)

이 시기에 페르난도 국왕과 이사벨 여왕은 무어인에 대한 국토수복 전쟁에 여념이 없었기 때문에 조사위원회를 구성하여 그 계획의 타당성과 가치를 검토한 후 결과를 보고하라고 명하였다. 위원회는 천문·지리·철학의 전문가들과 해양관계 인사들로 구성되어 살라망카^{Salamanca}에서 심의를 계속했으나 이렇다 할 보고를 내지 못하고, 1490년 콜럼버스 계획을 각하^{却下}하고 말았다.

1488년 포르투갈 궁정에 재차 후원 요청을 하여 호의적인 반응을 얻어냈지만, 바르톨로메 디아스가 동년 1월 희망봉에 도달하고 12월 귀항했기 때문에 이번에도 후원을 얻는 데는 실패한다. 1489년 콜럼버스는 동생인 바르톨로뮤를 통해 영국의 헨리 7세와 프랑스의 샤를르 8세에게 지원을 요청한 것으로 보인다. 그러나 이 시기 프랑스는 아직 왕권이 확립되지 못한 시기라 모험성 짙은 대서양 탐험을 지원할 만한 여력이 없었다.

참조.

28) 아일랜드의 수도사인 브렌단(484~578)이 찾아 나섰다는 전설상의 섬.

29) 콜럼버스가 후원을 얻게 되는 과정에 대해서는 Felipe Fernández-Armesto(1991), *Columbus*, p.xvii와 Salvador Madariaga, 「신대륙의 기수」, 『세계의 인간상』, 40쪽 ; Pierre Chaunu(1979), *The European Expansion*, p.152를 참조.

바르톨로뮤가 영국의 헨리 7세에게서 후원을 약속 받고 스페인으로 귀국했을 때, 콜럼버스는 이미 스페인의 후원을 받아 1차 항해를 마치고 귀국한 뒤였다.

포르투갈 궁정의 후원을 얻는 데도 실패하고 마지막 희망이었던 스페인 궁정의 후원을 얻는 것마저 실패한 콜럼버스는 자신이 할 수 있는 일은 다했다고 생각하여 아들 디에고Diego가 머물고 있던 팔로스 항 근처 프란체스코파의 라비다La Lábida 수도원으로 가기로 마음먹었다. 이 수도원의 후앙 뻬레스Juan Pérez 신부30)는 콜럼버스의 탐험계획을 적극 옹호해 준 인물이었다.

그의 소개로 콜럼버스는 마르틴 알론소 핀손Martín Alonso Pinzón을 알게 된다. 이때 뻬레스 신부는 레뻬Lepe의 수로안내인 로드리게스S. Rodríguez를 통해 이사벨 여왕에게 서한을 보내 탐험에 대한 지원을 재차 요청했다. 콜럼버스가 이번에 탐험의 이론적인 근거로 제시한 것은 토스카넬리의 서한이었다. 1491년 4월 페르난도 왕과 이사벨 여왕은 세비야를 떠나 그라나다 평원에 진지Santa Fé를 구축하고 무어인의 최후의 보루인 그라나다 공략에 골몰하였고, 1491년 12월 30일 무어인들이 항복문서에 서명함으로써 그라나다 공략이 사실상 완료되었다.

이에 콜럼버스 탐험계획의 타당성을 파악하기 위해 2차 조사위원회가 구성되어 조사가 이루어졌으나, 1492년 1월 위원회는 콜럼버스 계획을 다시 각하하였다. 두 차례에 걸쳐 스페인의 지원을 얻는 데 실패한 콜럼버스는 모든 것을 단념하고 그라나다 행을 마음먹었다. 그리고 그라나다에서 10마일 정도 떨어진 삐노스-뿌엔떼Pinos-Puente 마을을 지나는데, 여왕 사절이 도착하여 궁정으로 돌아오라는 명령을 전하였다. 여왕의 마음을 돌린 인물은 콜럼버스 계획에 우호적이었던 왕실재정관 가브리엘 산체스Gabriel

---

30) 뻬레스 신부는 한때 이사벨 여왕의 고해신부告解神父였다.

Sánchez와 여왕의 측근인 산탕헬Luis de Santángel로 알려져 있다.

카스티야 궁정은 1486년에 콜럼버스가 지원을 요청하였을 때 거부한 적이 있었다. 당시 카스티야는 절대왕정의 구축에 여념이 없었던데다가 그라나다 정복전쟁으로 왕실 국고가 거의 바닥 난 상태였고, 게다가 콜럼버스가 제시한 계획의 실현 여부도 불투명했기 때문이다.

그러나 1492년 1월 그라나다 함락으로 재정복전쟁이 완료되자 콜럼버스의 계획이 갖는 이점을 생각하게 되었다. 만약 콜럼버스의 계획이 성공한다면, 그것은 해외팽창에서 포르투갈을 추월할 수 있을 뿐만 아니라 고갈된 국고를 보충할 수도 있었다.[31] 특히 열렬한 가톨릭 신자인 이사벨 여왕은 무슬림 국가에 대항하는 그리스도교 교인의 감정을 십자군정신으로 구체화시키려고 했다. 탐험이 성공만 한다면 스페인은 동양의 많은 국가들과 긴밀히 접촉하게 될 것이고, 그들의 협조를 얻어 투르크의 공격을 제지하고 나아가 역공도 가능하리라 생각했던 것이다.

그리하여 가톨릭 국왕과 콜럼버스는 1492년 4월 17일 계약을 체결하기에 이르렀다. 흔히 〈산타 페Santa Fé 문서〉(산타 페는 '성스러운 믿음'이라는 뜻의 스페인어)라고 알려진 이 계약서는 다음과 같은 내용으로 구성되어 있다. 첫째, 콜럼버스에게 귀족Don 칭호를 수여한다. 둘째, 그가 앞으로 발견할 해양과 섬들의 대제독Great Admiral이 되고 그 식민지의 총독Governor과 부왕副王(iceroy)이 되며, 이 직위는 그의 자손들에게 영구히 상속된다. 셋째, 그곳에서 산출되거나 물물교환으로 얻은 모든 금과 은 및 귀금속의 10분의 1을 콜럼버스가 소유한다. 넷째, 상품이나 물품에 관련된 어떠한 소송도 제독인 콜럼버스가 관할한다. 다섯째, 콜럼버스는 앞으로 있게 될 탐험비용의 8분의 1을 투자하든가, 상업상의 항해로 인해 발생하게 되는 이익의 8분의 1만 갖는다.[32] 이 산타 페의 계약은 카스티야아라곤 연합왕국의 대내외적

---

31) 최영수(1990), 「포르투갈과 스페인의 식민정책에 관한 연구」, 87~88쪽 참조.
32) Contract between Sovereigns and Columbus dated 30th Apr. 1492, in ed. by

인 필요성과 콜럼버스의 개인적인 열망이 결합되어 체결된 것이었고, 이로 써 신대륙 탐험이라는 역사적인 사건이 달성될 여건이 마련되었다.

II. 항해의 경과

1. 1차 항해(1492.8~1493.3)

콜럼버스가 모든 준비를 마치고 1차 탐험에 나선 것은 1492년 8월 3일이었다. 콜럼버스는 배 3척[33]과 선원 약 90명과 함께 스페인 남해안의 팔로스 Palos 항을 출항하여, 카나리아에 잠시 기항寄港하였다가 대서양을 가로질러 서쪽으로 곧장 항해하였다. 콜럼버스는 10월 3일 아직 생기가 있고 열매도 그대로 달려 있는 많은 수초와 도요새 등을 목격하고 자신이 해도상에 표시된 육지 근처에 있다는 사실을 알았지만,[34] "가고자 하는 곳에 늦게 도착하는 일이 없도록 계속 항해하겠다"[35]고 하면서 그 이유를 "나의 목표는 인디즈에 도달하는 것이기 때문"[36]이라고 적었다. 탐험의 목적지가 '인디즈' 였다는 사실을 뚜렷이 밝힌 것이다.

William E. Curtis(1895), *The Existing Autographs of Christopher Columbus*, pp.494-499.

33) 세 척의 배는 산타마리아(Santa Maria)·니나(Niña)·핀타(Pinta) 호였다. 산타마리 아 호는 후앙 데 라 코사(Juan de la Cosa)가 선주대리인(Master)으로 승선하고 있었으며, 선장은 콜럼버스였다. 핀타호의 선주는 고메즈 라스코(Gomez Rascon)와 크리스토발 퀸타로(Cristobal Quintaro)였으며, 선장은 마르틴 알론소 핀손(Martin Alonso Pinzón)이었고, 니나 호는 니뇨 형제(Pero Alonso Niño, Juan Niño)의 공동소유였으며, 빈센테 야아네스 핀손(Vincente Yañez Pinzón)이 조선하였다.

34) 10월 3일의 선위船位는 대략 토스카넬리 지도와 베하임의 지도에 표시된 세인트 브레단 섬과 동일한 경도상에 있었다.

35) *The Journal*, p.32.

36) *The Journal*, p.32.

10월 10일에는 장기간의 항해에 지친 선원들의 반란이 일어났다. 그러나 콜럼버스는 선원들에게 "앞으로 발견하게 될 땅에서 얻게 될 이익을 곧 분배받을 것"[37]이라고 무마하면서, "선원들이 아무리 불평한다 하더라도 나는 인디즈로 가야만 하고, 그곳을 발견할 때까지 항해를 계속할 것"[38]이라고 설득하였다.

이상에서 살펴본 바와 같이, 콜럼버스가 탐험의 목적지로 삼은 곳은 1차적으로는 인디즈였다. 주의할 것은 당시 사람들이 인디즈라는 지명을 어떻게 사용하고 있었는가 하는 점이다. 15세기 교양인들에게 갠지즈 Ganges 강 너머 아시아의 모든 땅이 인디즈였다.[39] 그러므로 콜럼버스가 탐험의 목적지로 상정한 인디즈는 당시까지 유럽인들이 막연하게 알고 있던 안틸리야·카타이·씨팡고 등을 모두 포괄하는 명칭이었다고 할 수 있다. 콜럼버스의 지리학적인 지식에 의하면, 이곳은 모두 대서양 서쪽에 위치하므로 대서양을 서쪽으로 횡단해 가더라도 이런 장소들 중 어느 곳엔가는 도달할 수 있으리라 확신했던 것이다.

콜럼버스는 카나리아 제도를 출항하고 나서 계속 서향西向 침로를 고수하였다. 10월 6일 밤 핀타 호 선장 알론소 핀손이 남서침로로 항해하는 것이 좋겠다는 제의를 했으나, 그가 씨팡고로 가려 한다는 의도를 간파한 콜럼버스는 "먼저 대륙으로 가고 나서 섬[씨팡고]으로는 나중에 가는 것이 좋겠다"[40]고 말하면서 제의를 거절하였다. 이로 미루어 콜럼버스는 먼저 인디즈 즉, 아시아 대륙에 도착하고 나서 씨팡고로 가려 했다는 것을 알 수 있다. 스페인 국왕과 체결한 계약서 상에 나타난 탐험의 공식적인 목적은 "신의 도움으로, 대양상에 있는 섬들islands과 본토mainland를 발견하

---

37) *The Journal*, pp.34-35.
38) *The Journal*, pp.34-35.
39) Taylor(1931), "Idée Fixe ; The Mind of Christopher Columbus", p.289.
40) *The Journal*, p.33.

고 정복하기 위한 것"[41]이라고 막연하게 규정되어 있었지만, 콜럼버스가 상정한 실제 목적지는 아시아 대륙과 씨팡고 섬이었다.

콜럼버스의 지리학적인 지식에 의하면, 아시아는 유럽에 매우 가까이 있는 대륙이었으며, 씨팡고는 아시아 대륙에서 그리 멀리 떨어져 있지 않는 황금향이었기 때문에 대서양을 횡단하여 유럽에 가까운 인디즈에 도달한 뒤 씨팡고로 간다는 모험항해를 감행하였던 것이다. 10월 10일 항해에 지친 선원들의 반란을 잘 무마한 콜럼버스의 탐험대는 10월 12일 금요일[42] 아침에 바하마Bahama 군도群島 중 하나인 산살바도르San Salvador를 초인했고, 거기에 상륙해 스페인 국왕의 이름으로 소유하였다.

이후 콜럼버스 탐험대는 산타마리아 데 라 콘셉시온Santa Maria de la Concepcion·페르난디나Fernandina·이사벨라Isabella 섬에 기항한 뒤 10월 28일 그가 후아나Juana라고 명명한, 쿠바Cuba에 상륙하였다. 이때까지 콜럼버스는 자신이 씨팡고 부근에 도착하였다고 생각하였다. 11월 21일에는 알론소 핀손이 지휘하는 핀타 호가 무리에서 이탈하였다. 이후 콜럼버스는 자신이 에스파뇰라Española라고 부른 아이티Haiti까지 항해한 12월 5일까지 쿠바의 북동해안을 탐사하면서 머물렀다. 에스파뇰라 섬을 일주·탐사하면서 그는 구아카나가리Guacanagari 마을에서 원주민들과 친분관계를 유지하게 된다. 그러나 이 섬에서 25일 새벽 산타마리아Santa Maria 호가 좌초되자 대포를 쏘아 파괴해 버렸고, 이제 탐험대에는 니나 호 한 척만 남게 되었다. 이렇게 되자 콜럼버스는 구아카나가리 부근에 거주지를 건설하고 선원들을 잔류시킬 결심을 하게 된다. 그렇게 해서 건설된 요새가 나비다드La Navidad 거주지다.

1493년 1월 6일 핀타 호가 재합류하였다. 이에 콜럼버스는 잔류를 원하는 선원들은 충분한 식량과 비품을 주어 나비다드 거주지에 남겨두고, 1월

---

41) Contract between Sovereigns and Columbus, in Curtis(1895), p.497.
42) 오늘날 사용하고 있는 달력으로는 10월 21일이다.

16일 자신은 니나 호에 승선해 핀타 호와 함께 스페인을 향해 출항하였다. 2월 18일 아조레스에 도달한 일행은 3월 4일 리스본에 도착하였고 이튿날 포르투갈 주앙 2세의 사절로 온 바르톨로메 디아스의 방문을 받았다.

그는 콜럼버스에게 하선하여 항해에 대해 설명해줄 것을 요구했으나, 콜럼버스는 이를 완강히 거부하고 자신이 카스티야 왕의 승인서와 면허장 commision을 갖고 있음을 알려 강제 구인拘引을 면하였다. 그리고 나서 3월 9일 포르투갈 주앙 2세를 알현하게 되었다. 주앙 2세의 호의로 선용품을 공급받은 뒤, 마침내 3월 15일 항해에 나선 지 225일 만에 팔로스 항으로 귀항하여 열광적인 환영을 받았다.

2. 2차 항해(1493.9~1496.6)

1차 탐험으로 서인도 제도를 발견한 콜럼버스에게 2차 탐험의 목적은 너무나 명백했다. 바로 새로 발견한 지역에서 황금과 기타 경제적인 이득을 획득하는 것이었다. 2차 탐험 직전 가톨릭 국왕 앞으로 보낸 계획서에서 콜럼버스는 탐험의 목적과 그것을 어떻게 달성할 것인가에 대하여 상세하게 기술하였다. 콜럼버스는 탐험 목적을 우선 '식민사업peopling and settling'이라고 명기하였다.[43] 이를 위해 약 2천여 명을 에스파뇰라에 정착시켜 3~4개의 식민시를 건설한다는 계획을 세웠다. 이 같은 계획은 이후 2세기에 걸친 유럽인들의 해외팽창 역사에서도 가장 조직적이고 규모가 큰 식민사업이었다.[44] 콜럼버스의 1차 탐험은 단순한 탐험이었지만, 2차 탐험은 돈벌이를 목적으로 하였던 것이다.[45]

콜럼버스는 1차 탐험에서 귀환한 직후 곧바로 2차 탐험 준비에 착수해

---

43) Columbus, Letter to the Sovereigns dated 1493, in Curtis(1895), p.452.
44) Madariaga(1974), 「신대륙의 기수」, 92쪽.
45) Boorstin(1987), 『발견자들 I』, 373쪽.

선박 17척과 1천 2백여 명을 이끌고 카디스 항을 출항하였다(1493.9.25). 이번에는 1차 탐험 때와는 달리 남서쪽으로 항로를 잡았다. 도미니카 Dominica에 처음으로 도착한 탐험대는 마리갈란테Mariegalante·몬세라테 Monserrate·성마르텐St. Martin·푸에르토리코Puerto Rico 등의 섬을 경유하여 1493년 11월 28일 1차 탐험 때 일행 가운데 일부를 잔류시켜 놓은 나비다드 거주지 앞바다에 정박하였다. 그런데 당시 나비다드 마을은 완전히 파괴되었고, 잔류자들 역시 모두 살해당한 상태였다.

이 같은 비극적인 사태에 직면한 콜럼버스가 가장 먼저 해야 할 일은 사태의 수습과 그 전말의 조사였을 것이다. 그러나 그가 취한 첫 번째 조처는 나비다드에 잔류한 사람들이 수집해 놓았을 금을 찾아내라는 것이었다. 2차 탐험 때 선의船醫로 동승하였던 창카Chanca가 세비야 시 참사회 Chapter of Seville 앞으로 보낸 보고서는 당시의 정황을 다음과 같이 전하였다.

> 우리 대원 가운데 일부는 구아카나가리 추장이 잔류자들의 죽음과 관련되어 있을 것이라고 의심하기도 했으며, 일부는 그의 주거지가 불탄 것으로 보아 그렇지는 않을 것이라고 추측하기도 했습니다. 그래서 이 문제는 많은 의문을 남겼습니다. [그러나] 제독은 자신이 잔류한 사람들에게 수집한 금을 파묻어 두라고 명령하고 갔기 때문에 나비다드 마을 주위를 샅샅이 수색하여 그 금을 찾아보라고 명령했습니다.[46]

많은 기대에도 불구하고 1차 탐험 때 아직 그 정체가 불확실한 영토를 발견한 것 이외에는 이렇다 할 경제적 성과를 올리지 못해 이미 궁정에서 온갖 비난과 의혹이 떠돌고 있다는 사실을 잘 알고 있던 콜럼버스는 사람들의 불신과 혹평의 근본 원인이 그들 눈앞에 황금이라는 증거품을 보여주지

---

46) Chanca, Letter to the Chapter of Seville dated Jan. 1494, in Major(1969), p.49.

않은 데 있다고 생각하였다.[47] 그래서 나비다드 잔류민들이 살해당한 비극적인 사건을 맞닥뜨리고서도 그 전말을 밝히기 위한 작업에 착수하기다 그들이 수집해 놓았을 금을 찾아낼 것을 먼저 명령했던 것이다.

사태를 수습한 콜럼버스는 새로운 식민시植民市로 '이사벨라Isabella'의 건설에 나섰다. 콜럼버스 일행은 이곳에 머물면서 이사벨라 마을의 건설을 지휘하는 한편, 황금과 향료 및 기타 상업적인 가치가 있을 만한 산물에 대한 탐사작업에 전념하였다.

1494년 1월 6일 콜럼버스는 원주민들이 금이 많이 있다고 얘기한 니티Niti와 씨바오Cibao 방면으로 오예다와 고르발란Ginés de Gorbalán을 파견하였다. 이들은 약간의 금조각을 발견하고 각각 1월 20일과 21일 이사벨라로 귀환하였다. 신도시 이사벨라의 건설이 어느 정도 완성되자 콜럼버스는 동생인 디에고에게 이사벨라를 맡기고, 본격적인 탐사작업에 나섰다(1494.3.12). 콜럼버스는 오예다를 대동하고 에스파뇰라 섬 내부로 깊숙이 들어갔는데, 바오Bao 강과 야니코Janico 강 하류 합류지점에서 사금砂金을 발견하였다. 콜럼버스는 이곳에 산토 토마스Santo Tomas라는 마을을 건설하여 50여명의 인원을 잔류시키고 원주민들을 동원해 사금을 채취하게 하였다. 이곳을 마르가리트Mosén Pedro Margarit에게 맡긴 콜럼버스는 3월 29일 이사벨라로 귀환하였다.

이사벨라는 식량 부족으로 많은 이주민이 사망하는 등 처참한 상황에 놓여 있었다. 게다가 산토 토마스도 원주민들의 공격을 받아 위험한 지경에 처하는 등 정세가 좋지 못했다. 이러한 상황에서도 쿠바가 섬인지 아니면 대륙인지를 확인하기 위해 4월 24일 콜럼버스는 세 척의 배를 이끌고 에스파뇰라 섬을 출항하였다. 콜럼버스 일행은 쿠바의 남해안을 따라 탐사를 계속해 멕시코와 유카탄Yucatan 반도를 발견할 뻔했으나 기상악화로

---

47) Columbus, Letter to the Sovereigns dated 18th Oct. 1498, in Major(1969), p.107 참조.

항로를 이사벨라 쪽으로 변경하여 아메리카 대륙을 발견할 기회를 놓치고 말았다. 그러나 콜럼버스는 쿠바가 섬이 아니라 대륙이라는 것을 전 선원들에게 선서하게 했다. 그가 강제한 선서의 내용은 "동쪽에서 서쪽으로 355리그를 항해한 결과 쿠바는 그들이 여태까지 본 섬들보다 더욱 크므로, 그들이 볼 때 이 해안은 분명히 아시아 대륙의 일부임에 틀림없고 만약 조금 더 멀리 항해한다면 문명인들을 만날 수 있을 것이다."[48]였다. 이로써 본토 발견의 대업을 달성했다고 생각한 콜럼버스는 병으로 앓아누워 더 이상 탐사를 계속하지 못하였다. 결국 탐사대는 쿠바 서해안과 자메이카 남해안을 일주해 1494년 9월 29일 이사벨라로 귀환하였다.

한편, 심각했던 식량부족 문제는 1494년 2월 스페인으로 파견되었던 토레스 Antonio de Torres가 10월 이사벨라로 귀환함으로써 어느 정도 해결되었다. 토레스는 포르투갈과의 영토협상에 대비하기 위해 식민지의 통치를 다른 사람에게 위임하고 콜럼버스는 즉시 귀국하라는 국왕의 명령도 전하였다. 그러나 콜럼버스는 항해로 인한 병환과 경제적 이득이 될 만한 것들을 수집하지 못한 상태였기 때문에 귀국을 차일피일 미루고 있었다.

식량문제가 해결되자 에스파뇰라 섬의 문제는 어느 정도 수습된 것처럼 보였으나, 그해 겨울에 이전부터 불온하였던 원주민들과의 관계가 악화되어 결정적인 전투로 비화되었다. 이 전투에서 원주민 1천 5백여 명을 포로로 사로잡았다. 이들 가운데 5백여 명을 1495년 2월 말 스페인으로 귀환하는 토레스 편에 실어 카스티유로 보냈다. 원주민과의 전투는 10개월 이상을 끌었지만, 1496년 초까지는 에스파뇰라에 거주하는 모든 부족을 복속시킬 수 있었다.

그러나 식민지의 상황과 콜럼버스의 실정失政에 대한 마르가리트 Margarit와 부일Buil 신부의 보고는 콜럼버스에 대한 국왕의 신용을 땅에 떨어뜨렸

---

48) Boorstin(1987), 『발견자들 I』, 374쪽 재인용.

다.[49] 그리하여 식민지 현황의 시찰을 목적으로 하여 1495년 8월 5일 파견된 아구아도 J. Aguado가 1495년 10월 이사벨라에 도착하였다. 그의 임무는 총독으로서 콜럼버스가 식민지에서 행한 일을 조사해서 보고하는 것이었다. 그의 신임장에는 그가 "스페인 국왕의 대표로 파견된 자로서, 섬에 거주하는 모든 사람들은 그를 신임하고 신뢰하여야 한다"[50]고 명시되어 있었다. 물론 아직까지는 식민지에 대한 통치권이 아구아도에게 일임된 것은 아니었으나, 식민지인들은 콜럼버스와 그와의 관계를 어떻게 처리할 것인가를 두고 5개월여 동안이나 논쟁을 거듭하였다. 그러나 그 사이 아구아도는 식민지 현황에 대한 상세한 보고서를 작성해 가고 있었다.

아구아도의 보고서는 "이사벨라에 있는 거의 모든 사람들이 아프거나, 불만에 가득 차 있으며 고국으로 돌아가기를 갈망하고 있고, 몸이 성한 사람들은 섬 전역에 걸쳐 금을 채집하고 원주민들을 노예로 사로잡는 일에 혈안이 되어 있다."[51]고 기록하고 있다. 콜럼버스로서는 아구아도의 보고서가 국왕에게 전달되기 전에 고국으로 돌아가 자신의 입장을 변호해야만 했다. 그러나 그가 스페인으로 귀환하려고 마음을 먹었을 때 갑자기 태풍이 내습하여 이사벨라를 완전히 파괴해 버렸다.

이사벨라의 재건, 귀환할 배의 준비 등으로 바쁜 가운데 콜럼버스는 이사벨라의 통치를 동생인 바르톨로뮤에게 위임하고 두 척의 배를 이끌고 드디어 귀항길에 올랐다(1496.3.10). 그러나 여러 가지로 일이 여의치 않아 근 한 달여를 서인도 제도 근방에 머물다가 4월 20일에야 과들루프를 출항하여 스페인으로 향하였다.

콜럼버스가 카디스에 귀항한 것은 1496년 6월 11일이었으나, 이번에는 1차 탐험 때와 달리 반응이 냉담하였다. 막대한 투자에 비해 상업적인

---

49) Morison(1955), *Christopher Columbus* ; *Mariner*, p.125 참조.

50) Madariaga(1974), 105쪽 재인용.

51) Morison(1942), *Admiral of Ocean Sea*, p.494 재인용.

성과가 너무나 보잘것없었기 때문이다. 그가 2차 탐험에서 이룩한 성과는 신대륙에 최초의 이민도시인 이사벨라와 산토 토마스 마을을 건설한 것과 포로로 잡은 원주민들을 스페인으로 보낸 것에 지나지 않았다.

3. 3차 항해(1498.5~1500.9)

콜럼버스는 두 차례에 걸친 탐험으로 에스파뇰라와 푸에르토 리코·자메이카·쿠바 등을 발견했다. 또한 식민도시로 이사벨라와 산토 토마스를 건설하였으나 그것만으로는 충분하지 못했다. 기대했던 금광은 아직 발견하지 못했고, 대칸이 다스리는 중국 본토에도 도달하지 못하였다. 이렇게 되자 콜럼버스는 3차 탐험부터는 자기의 탐험이 단순하게 상업적인 이익을 추구하는 것일 뿐만 아니라 기독교적인 성령聖靈(holy spirit)에 의해 고취된 것이라는 사실을 강조하기 시작하였다.[52] 궁정 안에서는 콜럼버스를 비난하는 여론이 나오기도 했지만, 가톨릭 국왕은 그를 여전히 신임하고 있었다. 그리하여 1497년 4월 말에서 6월 중순 사이에 가톨릭 국왕은 콜럼버스의 권리와 직위 및 특권을 재확인하고, 궁정 비용으로 에스파뇰라에 정착시킬 3백여 명의 지원자를 모집할 것을 지시하였다.

그러나 가톨릭 국왕은 여론을 의식하여 곧 바로 출항을 명하지는 않았다. 콜럼버스가 출항을 허가받은 것은 포르투갈에서 1497년 7월 8일 바스코 다 가마가 인도항로를 개척하기 위해 출항했다는 보고가 들어오고 난 뒤였다. 콜럼버스는 1498년 5월 30일 5척의 배를 이끌고 산루카르 항에서 출항하였다. 그로서는 세간의 비난을 불식시키기 위해 더 많은 금과 대륙을 발견해야만 했다. 그리하여 이번 항로는 '사도 요한'의 대륙과 더 많은 황금을 발견하기 위해 이전 항로보다 더 남쪽으로 항해하기로 결정하였다.

---

52) Columbus, Letter to the Sovereigns dated 18th Oct. 1498, in Major(1969), pp.104~108 참조.

그가 남쪽 항로를 택한 이유는 포르투갈 사람들이 기니산 금을 발견한 지역인 시에라 리온과 동위도인 북위 10°선을 따라 항해함으로써 황금이 다량 채굴되는 위도에 도달하기 위해서였다.[53]

5척으로 구성된 탐험대는 고메라 La Gomera 섬에서 둘로 나뉘어 3척은 카르바알 Carbajal의 통솔 하에 곧장 에스파뇰라로 향하게 하고, 자신이 지휘하는 두 척은 베르데 섬을 경유하여 이전 항로보다 훨씬 남쪽 항로로 항해하여 7월 31일 서인도 제도의 트리니다드 Trinidad 섬에 도착하게 하였다. 3차 탐험에서 콜럼버스는 베네수엘라 아라야 Araya 반도의 한 지점인 에스쿠도 블랑코 Escudo Blanco에 도달하였으나 여기서 항로를 북쪽으로 바꿈으로써 남미 본토를 발견할 절호의 기회를 놓치고 말았다. 콜럼버스 일행은 8월 15일 마가리타 Margarita 섬을 발견하고 바로 에스파뇰라로 향하였다.

에스파뇰라에는 이사벨라와 산토 토마스라는 식민시가 건설되어 있었으나, 콜럼버스는 이사벨라를 포기하고 산토 도밍고 Santo Domingo라는 새로운 마을을 건설하였다. 콜럼버스 일행이 산토 도밍고에 도착했을 당시 에스파뇰라는 콜럼버스가 사법담당자 chief Justice로 임명했던 롤단 F. Roldan 일당의 반란에 직면하고 있었다. 롤단은 부하 70여 명과 함께 마구아나 Maguana 부족과 연합하여 콜럼버스 형제의 일방적이고 융통성없는 통치정책으로부터 벗어나려고 획책하였던 것이다.

한편, 카르바알 Carbajal이 인솔한 세 척은 롤단이 지배하고 있던 사라구아 Xaragua 지역으로 들어감으로써 롤단 일당의 세력은 강화되었다. 거의 1년여를 끈 롤단 일당의 반란은 콜럼버스가 롤단을 다시 그의 지위로 복귀시키고 그에 대한 모든 죄목을 사면함과 동시에 그의 휘하 사람들 가운데 원하는 사람들에게는 자신들이 채집한 금과 노예를 동반하여 스페인으로 자유로이 귀환하는 것을 보장함으로써 마무리 지어졌다.

---

53) Columbus, Letter to the Sovereigns dated 27th Jun. 1500, in Major(1969), p.113.

롤단 일당의 반란을 겪은 콜럼버스는 식민지 통치방식을 전환하였다. 그것은 스페인 정착민들에게는 일정한 경작지를 분배하는 동시에 그곳에 거주하는 원주민들을 노예로 할당하는 방식이었다. 원주민들 입장에서는 이 방식이 가혹한 착취에서 벗어날 수 있었기 때문에 환영하였고, 스페인 정착민들도 이 방식이 보다 자유롭게 일을 할 수 있고 할당받은 지역에서 발견되는 금을 더 많이 차지할 수 있었기 때문에 선호하였다. 그리하여 1500년경 콜럼버스는 식민지를 일종의 공포정치를 통해 통치하게 되었으며, 그러한 통치방식은 향후 신대륙 식민지 지배의 한 전형이 되었다.54)

궁정에서 콜럼버스에 대한 평가는 갈수록 악화되어 가고 있었다. 서인도 제도에서 귀환한 사람들은 탐험에 나설 때 약속받은 급료를 받지 못한 것에 대해 콜럼버스를 비난하고 나섰다. 그리하여 스페인 국왕은 1499년 3월 21일 식민지 상황을 시찰하기 위해 보바디야F. de Bobadilla의 파견을 결정하였다. 보바디야에게는 콜럼버스에 대한 반란사건을 취조하고 반란에 참여한 자들을 처벌할 권한이 부여되었다.

1499년 5월 21일 스페인 국왕은 보바디야를 콜럼버스를 대신해 에스파뇰라 총독으로 임명하였다. 이로써 보바디야는 어떤 사람이든 스페인으로 귀환시킬 권한을 쥐게 되었다. 26일 보바디야에게 신임장을 발부했으나, 양 국왕은 콜럼버스에 대한 믿음을 완전히 버리지 못하여 그를 에스파뇰라로 파견하는 것을 주저하고 있었다. 이러는 동안 콜럼버스가 에스파뇰라 섬을 제노바 인에게 팔아넘기는 계약을 체결했다는 보고가 들어왔다.55) 이에 스페인 국왕의 마음이 결정적으로 돌아서버려 마침내 양 국왕은 신임총독의 파견을 결정하였다. 보바디야는 1500년 8월 23일 산토 도밍고에 도착하였다.

보바디야가 산토 도밍고에 도착할 당시 콜럼버스는 베가La Vega에, 바르톨

---

54) Madariaga(1974), 116쪽.
55) Madariaga(1974), 121쪽 참조.

로뮤는 사라구아 Xaragua에 머물고 있었고, 디에고가 산토 도밍고의 통치를 담당하고 있었다. 산토 도밍고에 도착한 신임총독 보바디야는 산토 도밍고의 행정권과 사법권을 장악하고 디에고 콜럼버스를 체포 감금하였다. 이 조치에 이어 보바디야는 자신이 신임총독으로 임명되었다는 사실을 콜럼버스에게 정식으로 통지하였다(1500.9.15). 그러나 콜럼버스는 자신은 양 국왕과 맺은 계약에 따라 총독이며, 양 국왕은 아직 자기에게서 총독의 지위를 박탈하지 않았다고 완강하게 주장하였다.

상황이 이렇게 되자 보바디야는 단호한 태도로 콜럼버스를 체포하여 감금하고, 뒤늦게 산토 도밍고에 도착한 바르톨로뮤도 체포하였다. 이로써 콜럼버스 3형제에 의한 에스파뇰라 식민지 통치는 종말을 고하게 되었다. 콜럼버스 3형제는 1500년 10월 초 에스파뇰라를 출발하여 10월 하순 카디스 항에 도착하였다. 이로써 콜럼버스의 3차 탐험은 비참하게 끝 나고 말았다. 총독 지위는 박탈당했고, 그동안 애써 모아놓은 전 재산을 몰수당하였으며, 무엇보다도 자신이 사슬에 묶여 압송되는 치욕을 겪은 콜럼버스는 이후 종교적 신비주의로 기울게 된다.[56] 이러한 종교적 신비주의는 자신이 발견한 서인도 제도가 성서에 기록된 지상낙원이라는 확신으로까지 진전되었다.[57]

자신이 호언하던 금이나 향료 등 상업적인 이익을 거두지 못해 사람들로부터 '모기제독 Admiral of the Mosquito'이라는 비난을 받고, 총독의 지위를 박탈당하고 죄인으로 취급되는 등 갖은 고통을 겪은 콜럼버스는 점차 종교에서 위안을 찾게 되었던 것이다.

---

56) Columbus, Letter to the nurse of Prince John dated end of 1500, in Major(1974), passim.

57) Columbus, Letter to the Sovereigns dated 18th Oct. 1498, in Major(1974), pp.135-137.

4. 4차 항해(1502.5~1504.11)

1500년 10월 말 콜럼버스가 죄인의 몸이 되어 카디스 항에 도착할 당시 스페인 국왕은 그라나다에 체류하고 있었다. 나폴리 문제를 프랑스 루이 7세Louis XII와 협의하기 위해서였다. 그리하여 콜럼버스 형제는 사슬에 묶인 채로 세비야의 쿠에바스Las Cuevas 수도원으로 압송되어 국왕의 부름을 기다리고 있었다.

스페인 국왕은 1500년 11월 11일 프랑스와 〈그라나다 비밀조약〉으로 나폴리 양분에 합의함으로써 마음의 여유를 찾게 되었다. 가톨릭 국왕은 콜럼버스가 죄인으로서 체포되어 왔다는 소식을 접하고 큰 충격을 받았으나, 콜럼버스 형제를 자유롭게 풀어주고 입궐할 수 있도록 2천 두캇의 돈을 하사하였다. 콜럼버스가 스페인 국왕을 알현하기 위해 그라나다에 도착한 것은 1500년 12월 17일의 일이었다. 콜럼버스는 보바디야가 에스파뇰라 섬에 있는 자신과 형제들의 소유물을 불법적으로 몰수했다고 강력하게 항의하고 보바디야를 처벌해 줄 것과 자신의 총독으로서의 지위와 특권·권리 등을 회복시켜 줄 것을 요청하였다.[58] 스페인 국왕은 그의 형제들을 호의로 맞아주는 것 이외에는 이렇다 할 조처를 취하지 않았다. 오히려 보바디야가 총독으로서 콜럼버스 형제의 재산을 몰수한 것은 정당하며, 몰수한 그 재산은 보바디야가 차지해도 좋고 콜럼버스가 이주민들에게 지불하기로 약속한 급료는 약속대로 지불할 것이며, 그 나머지 10분의 9는 궁정에 귀속시키고 10분의 1만 콜럼버스 형제의 몫이 된다고 결정하였다.[59]

그 사이 보바디야가 식민지를 자의적으로 통치한다는 사실이 전해져

---

58) Columbus, Letter to the Sovereigns dated 18th Oct. 1498, in Major(1974), pp.162-163 참조.
59) Madariaga(1974), 127쪽 참조.

1501년 9월 3일 오반도 Nicolas de Ovando가 새로운 식민지 총독으로 임명되어 1502년 2월 13일 에스파뇰라로 파견되었다. 식민지에서 모은 전 재산을 압수당하고, 총독의 지위도 박탈당했을 뿐만 아니라 자신과 두 형제 모두 사슬에 묶여 압송당한 굴욕적인 경험을 한 콜럼버스는 자신의 탐험과 신대륙 '발견'을 정당화하고 그것이 신의 계시에 의해 이루어졌다는 것을 밝히기 위하여 자서전 집필을 결심하였다. 이에 콜럼버스는 자서전으로서 『예언서』를 집필하고자 했으나, 결국 완성하지 못하였다.[60]

그 사이 콜럼버스는 새로운 탐험을 계획하면서 국왕에게 지원을 요청하였다. 1502년 2월 6일자 편지에는 항해에 대한 자신의 경험과 능력 등을 자신하면서 새로운 탐험에 대한 지원을 국왕에게 요청하였다.[61] 콜럼버스의 끈질긴 요청에 스페인 국왕은 1502년 3월 14일 그의 4차 탐험을 승인하고 탐험 준비에 사용하도록 10만 페소peso의 금화를 하사하였다. 그러나 이번에는 조건이 있었다. 에스파뇰라에는 절대 가서는 안 된다는 것이었다.

콜럼버스는 탐사작업에 적합한 선박 4척을 구입하여 1502년 5월 11일 카니스 항을 출항하였다. 이번 탐험의 주목적은 쿠바와 3차 탐험 때 발견한 남미 본토 사이를 빠져나갈 수 있는 수로를 발견하는 것이었다. 콜럼버스는 이 수로를 발견하기만 하면 인도양으로 진입할 수 있으리라 기대하였다. 그리하여 먼저 인도로 출발한 바스코 다 가마에게 전하는 서한까지 지참하였다.

4차 탐험의 항로에 대해서는 자세히 알려져 있지 않지만, 대체로 2차 탐험 때의 항로를 취한 것으로 보이며 기상조건이 양호해 대서양 횡단 22일째인 6월 16일, 도미니카 섬 남쪽의 마르티니크Martinique 섬에 도착하였

---

60) 이 『예언豫言의 서書』에 대한 상세한 분석에 대해서는 Watts(1985), pp.73-102 참조.

61) Columbus, Letter to the Sovereigns dated 6th Feb. 1502, in Curtis(1895), pp.457-461 참조.

다. 그동안의 경험으로 이 지역에서는 여름철에 태풍이 내습한다는 것을 알고 있던 콜럼버스는, 비록 국왕의 명으로 에스파뇰라 입항이 금지되어 있었지만 태풍을 피하기 위해 산토 도밍고 입항을 허락해줄 것을 신임 오반도 총독에게 요청했으나 거절당했다. 기상은 그의 예견대로 악화되어 콜럼버스 탐험대는 6월 29일에는 에스파뇰라 부근까지 떠밀려갔다. 이튿날에는 마침내 태풍이 내습하여 산토 도밍고에 막대한 피해를 입혔고, 콜럼버스 탐험대는 제각각 흩어져 쿠바 남해안까지 표류하였다.

태풍을 피하고 난 탐험대는 아주아Puerto Viejo de Azua에서 재집결해 10여 일 정도 휴식을 취한 뒤 다시 항해에 나섰다. 1502년 7월에서 10월까지 온두라스Honduras · 니카라구아Nicaragua · 코스타 리카Costa Rica 연안을 탐사하면서 인도양으로 통하는 해로를 발견하는 작업에 전념하였다. 1502년 10월 말에는 파나마의 베라구아Veragua 부근까지 탐사하여 원주민들로부터 금을 수집하기도 했다. 또한 이들 원주민들로부터 이곳에서 얼마 떨어지지 않은 시암바Ciamba와 씨구아레Ciguare 지방에 금과 향료 등이 풍부하게 있다는 정보도 듣게 되었는데, 콜럼버스는 이 씨구아레를 갠지즈 강 근처의 까띠가라Cattigara와 동일시하였다.[62]

콜럼버스는 이 지방으로 가기 위해 파나마 동해안을 따라 항해하였다. 11월 2일에는 푸에르토 벨로Puerto Bello, 26일에는 레트레베테Retrevete까지 이르렀다. 그러나 역조와 악천후, 장기간의 항해로 선원들의 사기가 저하되어 더 이상의 항해는 불가능했다.[63] 결국 콜럼버스는 회항을 결심하고 1503년 1월 6일 악천후 속에서 황금이 발견되었던 베라구아 부근의 벨렌Belén 강으로 돌아왔다.

---

62) Columbus, Letter to the Sovereigns dated 7th Jul. 1503, in Major(1974), pp.174-176 참조.
63) 당시의 상황의 어려움에 대해서는 Columbus, Letter to the Sovereigns dated 7th Jul. 1503, in Major(1974), pp.178-179 참조.

이로써 콜럼버스는 파나마 지협을 발견하여 탐험 목적을 달성할 수 있는 절호의 기회를 상실하였다. 온갖 어려움을 무릅쓰고 벨렌 강 하구에 도착했지만, 이튿날부터 몰아친 폭풍우는 2월 6일까지 계속되었다. 더 이상의 항해가 불가능한 형편이었다. 1월 말이 되자 강 입구가 폐쇄되어 오도 가도 못할 형편이 되었다. 모든 상황이 절망적이었다. 이러한 상황 속에서 콜럼버스는 신의 목소리 voice of God를 다시 한번 듣게 된다.[64]

콜럼버스는 이곳에 마을을 세워 바르톨로뮤에게 맡겨 금광을 찾아보게 하고, 자신은 스페인으로의 귀항을 결정하였다. 이렇게 세워진 마을이 산타 마리아 데 벨렌 Santa Maria de Belén이었다. 이 마을은 남미 본토에 세워진 최초의 식민도시였다.

콜럼버스는 이곳에서 4월 16일까지 머물다 동료 20여 명을 남겨놓고, 스페인으로 출발하기에 앞서 식량수급 및 선박수리를 위해 산토 도밍고로 향하였다. 하지만 그동안 겪은 악천후로 배는 만신창이이었고, 그나마도 좀조개들이 배 밑을 파먹어 거의 가라앉을 지경이었다. 결국 두 척의 배로는 더 이상의 항해가 곤란하다고 판단한 콜럼버스는 6월 25일 자메이카로 들어가서 피항하기로 결정했다. 콜럼버스는 이곳에서 115명의 탐사대와 함께 거의 1년여 동안 고립되었다. 당시 이들이 자메이카에서 겪은 어려움은 이루 형언할 수 없을 정도로 비참한 것이었다.[65]

그러나 디에고 멘데스의 죽음을 무릅쓴 행동으로 고립된 지 1년여 만인 1504년 6월 29일 멘데스가 임대한 배에 승선해 자메이카를 벗어날 수 있었다. 콜럼버스 일행은 산토 도밍고에서 휴식을 취한 뒤 출항하여 11월 7일 산루카르 항에 도착하였다. 이로써 2년 반에 걸친 콜럼버스의 4차

---

64) Columbus, Letter to the Sovereigns dated 7th Jul. 1503, in Major(1974), pp.183~186 참조.

65) 이들이 자메이카에서 겪은 어려움에 대해서는 탐험에 동참했던 멘데스(Diego Mendez)의 유언장에 상세히 묘사되어 있다. Will of Diego Mendez, in Major(1974), pp.204-230 참조.

탐험은 종결되었다.

국왕으로부터 어렵게 허가받은 탐험은 아무런 성과도 거두지 못하였다. 애당초 목표로 했던 인도양으로의 수로는 발견하지 못하였고, 베라구아에서 발견한 금은 경제성이 없는 것으로 판명되었다. 얻은 것이 있다면 파나마의 베라구아 근처에 벨렌이라는 남미 최초의 식민시를 건설한 정도였다.

이상에서 살펴본 바와 같이, 콜럼버스는 12년에 걸쳐 총 네 차례의 탐험을 감행하였으며, 탐험이 진행되는 과정에서 탐험의 목적을 점차 종교적인 것으로 정당화시켜 갔음을 확인할 수 있다. 콜럼버스의 1차 탐험은 단순하게 인디즈나 씨팡고에 도달하는 것이 목표였지만, 서인도 제도에 도달하여 자신이 아시아 대륙의 일부를 발견했다고 생각한 다음부터는 금광과 향료, 기타 경제적인 이익이 될 만한 자연산물에 주의를 집중하면서 탐사를 계속하였다. 2차 탐험의 목표는 너무나 명백했다. 바로 새로 발견된 서인도 제도로 사람들을 이주시켜 금광을 찾는 것이었다. 그러나 그의 의도와는 달리, 서인도 제도에서 발견된 것은 경제성 없는 사금에 지나지 않았다. 궁정 내에서 자신에 대한 비난이 비등하자 콜럼버스는 3차 탐험 때부터는 자신의 탐험에 선교적인 성격을 부여하기 시작하였다. 이는 3차 탐험 때 죄인의 몸으로 압송된 뒤 더욱 두드러지게 나타났다. 그리하여 총독 지위도 박탈당하고, 국왕과 맺은 계약으로 보장받은 식민지에서 산출되는 수입에 대해서도 아무런 권리를 행사하지 못하게 된 콜럼버스는 말년에는 더욱 신비주의에 빠져들었다.[66]

이처럼 콜럼버스가 자신의 탐험을 선교적 동기로 정당화하게 된 것은 불행했던 그의 인생 말년기에 두드러지게 나타난 것이었다.[67] 그러므로 그가 대서양 탐험을 계획하고 감행한 것이, 여러 연구자들이 주장하는

---

66) Cecil Jane(1988), *Four Voyages of Columbus*, p.liii.

67) Watts(1985), p.80 ; Taylor(1931), "Idée Fixe", pp.296-300 참조.

것처럼, 성지를 회복시키고 이교도를 개종시키려는 선교적 목적 때문이었다고 볼 수는 없을 것이다.[68] 아직 종교적 열정이 완전히 퇴색하지 않은 중세 말기에 서인도 제도의 몇몇 섬을 발견한 것 이외에는 이렇다 할 상업적인 이익을 올리지 못한 콜럼버스가 자신은 신의 특별한 보호를 받고 있으며, 자신은 신이 계시해 준 신성한 목적을 완수하도록 '선택받은 도구'라고 확신하게 되었던 것은 어쩌면 당연한 일이었다.[69]

　그렇다면 콜럼버스가 당시로서는 무모한 대양항해라는 모험을 하면서까지 금과 향료 등 경제적인 이익을 얻으려고 아시아 대륙이나 인디즈로 가려고 했던 참된 동기는 어디에 있었을까? 개인적인 측면에서 본다면, 콜럼버스로서는 탐험에 소요된 경비를 벌충해야 했고, 탐험에 동참한 선원들에게도 합당한 보상을 해주어야 했다. 게다가 탐험을 후원해 준 스페인 국왕에게도 투자에 상응하는 보답을 해야 했는데, 그러기 위해서는 막대한 경제적인 이익을 올려야만 했다. 가난한 이방인인 콜럼버스로서는 새로운 영토를 발견하여 그곳에서 막대한 이익을 회득해야 부와 명예를 얻고 귀족Don이자 대양의 제독Admiral·총독Governor이자 식민지의 부왕Viceroy으로 변신할 수 있었다.[70] 그렇기 때문에 콜럼버스는 황금에 집착할 수밖에 없었다.[71]

　그러나 당시 탐험에 동참했던 많은 선원들과 탐험을 후원해 준 스페인

---

68) Larner(1988), "Certainty of Christopher Columbus", p.22.

69) Jane(1988), p.xlii.

70) Jane(1988), p.cxxii.

71) 콜럼버스가 금을 어떻게 생각하였는지는 다음 구절을 통해 확인할 수 있다. "금은 모든 물품 가운데 최고의 가치가 있는 것입니다. 금은 부를 형성시키며, 금을 소유한 자는 이 세계에서 자신이 필요한 모든 것을 소유한 자입니다. 금은 연옥煉獄에서 영혼을 구해낼 수단이며, 낙원의 기쁨을 맛보게 할 수도 있는 것입니다." Columbus, Letter to the Sovereigns dated 7th Jul. 1503, in Major(1974), p.196.

궁정을 고려할 때, 이러한 개인적 측면에 초점을 맞춘 해석은 역사적인 사건으로서 콜럼버스의 대서양 탐험에 대한 만족할 만한 설명은 되지 못한다. 역사적인 사건은 한 개인에 의지하기도 하지만 역사적으로 형성된 구조라는 커다란 맥락 속에서 발생하는 것이다. 이 점을 상기한다면, 콜럼버스 탐험대로 하여금 귀금속과 향료 등을 찾아 모험항해에 나서도록 만든 추동인推動因은 중세 말의 '침체된 경기'와 '재정복'이라는 이베리아 반도의 정황이 서로 접목된 시대적 구조 때문이었다고 볼 수 있을 것이다.

III. 대서양 항해의 역사적 의의

1. 해양사적 의의

콜럼버스는 항해사적으로 중요한 몇 가지의 발견을 하였다. 그 가운데 가장 주목되는 것이 자차磁差의 발견이다. 1차 항해 때인 1492년 9월 13일자 일지에 콜럼버스는 다음과 같이 기록하였다.

> 금일 하루종일 서향西向침로 유지. 33리그를 항해했으나, 3~4리그 적게 기산起算. 역조. 초저녁에 자침磁針이 북서쪽으로 반 점 이동. 아침에 다시 북서쪽으로 조금 더 이동.[72]

이로부터 4일 뒤인 9월 17일자 기사에도 자차와 관련해 다음과 같이 기록하고 있다.

---

72) *The Journal*, p.23.

… 수로안내인들이 북극성을 관찰하여 자침이 정북에서 서쪽으로 돌아가 있는 것을 발견했다. 그래서 선원들이 매우 놀라워했고 낙심했으나, 아무도 그 이유를 알지 못했다. 그러나 제독은 그 이유를 알고 있었고, 북극성을 여명에 다시 관찰해야 한다고 명령했다. …[73)]

　자침의 갑작스러운 이동으로 선원들은 불안에 휩싸였다. 항해를 책임진 콜럼버스로서는 선원들을 안심시켜줄 필요가 있었다. 그래서 그는 "자침이 이동하는 것은 자침에 이상이 있기 때문이 아니라, 항성恒星이 움직이고 있기 때문"[74)]이라고 설명하였다. 실제로 북극성은 고정되어 있지 않고 적위赤緯(declination)는 1년에 약 0.3′, 항성시각恒星時角은 약 25′씩 변화한다.[75)] 물론 자침의 변화하는 양이 북극성이 움직이는 양과 일치하는 것은 아니라는 점에서 콜럼버스의 이 설명이 정확한 설명이라고는 할 수 없지만, 아직 자차의 존재가 알려져 있지 않던 상황에서 항성의 움직임으로 자침의 변화를 설명한 것은 콜럼버스가 선장으로서 뛰어난 자질을 소유하고 있었음을 의미한다.

　자차는 동서 방향으로 변하므로 아프리카 연안을 따라 남북 방향으로 탐험을 한 포르투갈 탐험대는 자차를 발견할 수 없었던 반면, 대서양을 거등권항법距等圈航法(parallel sailing)으로 항해한 콜럼버스는 자차의 급격한 변화를 감지할 수 있었다. 이는 콜럼버스가 연안항해 위주이던 당시의 항해관습을 탈피하여 과감하게 원양항해를 시도하였기 때문이다. 물론 나침반·삼각돛과 사각돛을 채용한 카라벨 선 등의 기술적 조건이 충족된 상황에서 가능했던 일이었음은 두말할 나위도 없다.

　포르투갈이 15세기 동안 국책사업으로 전개하였던 아프리카 탐험은

---

73) *The Journal*, p.24.

74) *The Journal*, p.24.

75) 윤여정(1984), 『천문항해학』, 250쪽 참조.

기본적으로 연안항해를 지리적으로 확장한 데 불과했다. 콜럼버스가 대서양 횡단항해를 감행할 수 있었던 것은, 오늘날의 견지에서 보면 잘못된 지식에 근거한 것이었지만, 그의 지리학적인 지식이 당시까지는 가장 보편적인 것이었다는 점에서 그의 원양항해 시도와 성공은 항해사적으로 중요한 의의를 지닌다.

콜럼버스가 지리상의 발견에서 차지하고 있는 위치는 중요하고도 두드러진다.[76] 왜냐하면 콜럼버스는 이들 땅으로의 항해와 귀항이 모두 가능하다는 것을 입증하였으며, 이후 많은 탐험가들이 그가 개척한 이 항로를 통해 대서양을 횡단하였기 때문이다.[77] 항해사가인 조지 넌 G. Nunn이 지적한 바와 같이, 콜럼버스는 지리상의 '발견'에서 세 가지 중요한 발견을 하였다. 그는 유럽인들이 일찍이 발견하지 못한 육지를 '발견'하였을 뿐만 아니라, 유럽에서 북아메리카로 가는 서쪽 항로와 북아메리카에서 유럽으로 돌아오는 가장 좋은 동쪽 항로를 발견하였다.[78] 그 가운데서도 대서양을 횡단하는 항로를 발견한 것이 콜럼버스의 가장 두드러진 업적일 것이다.[79] 왜냐하면 그것은 항로의 개척이라는 단순한 차원이 아니라 미지의 바다에 대한 당대인들의 공포와 미신을 타파했다는 데 더 큰 의의가 있기 때문이다.[80]

2. 항해의 성과와 영향

콜럼버스가 7년여 동안 어려움을 겪고 힘들게 후원을 얻어내고, 또 12년여에 걸쳐 온갖 고난과 역경을 겪은 것에 비하면, 그가 이룩한 실질적인 성과는 미미한 것에 지나지 않았다. 자신이 약속한 대륙을 발견하지도

---

76) Baker(1931), *A History of Geographical Discovery and Exploration*, p.76.

77) Morison(1942), *Admiral of the Ocean Sea*, p.670.

78) Boorstin(1987), 『발견자들 I』, 363쪽 재인용.

79) Baker(1931), p.79. and Chaunu(1979), p.159.

80) Morison(1942), *Admiral of the Ocean Sea*, p.670.

못했고 서인도 제도에서 막대한 경제적인 이익이 산출된 것도 아니었다. 이룩한 것이 있다면 서인도 제도에 최초의 식민도시인 이사벨라와 산토도밍고를 건설하여 차후 유럽의 신대륙 경영을 위한 하나의 근거지를 마련했다는 것이었다.

콜럼버스는 자신의 탐험으로 스페인이 세계에서 가장 부유한 나라가 되었다고 자평하였다.[81] 그러나 그의 탐험으로 스페인이 부유한 나라가 될 만큼 실질적인 경제적 성과를 거둔 것은 아니었다. 그렇지만 그가 죽고 난 뒤 불과 반세기도 못 되어 아메리카 대륙에서 광산이 개발되어 16세기 중반까지 신대륙으로부터 약 1억 3972만 달러에 상당하는 귀금속이 스페인으로 유입되었다. 그리고 17세기 중반까지 아메리카로부터 유입된 귀금속의 양은 유럽 자체 광산에서 산출된 양의 5배에 달하였다.[82] 이렇게 유입된 신대륙의 귀금속은 유럽의 화폐가치를 폭락시켜 '가격혁명'을 촉발시켰고, 이는 다시 '상업혁명'으로 이어져 유럽 자본주의의 성장과 발전에 밑바탕이 되었다.[83] 이러한 역사적인 사건이 아메리카 대륙의 '발견'으로 가능하였다는 짐을 상기한다면, 콜럼버스가 대서양 탐험으로 이룩한 성과를 과소평가하면 안 될 것이다.

콜럼버스가 이룩한 가장 두드러진 업적은 이제까지 상호 고립적으로 발전해 오던 여러 문명을 연계시키는 하나의 계기를 마련했다는 데 있었다. 그의 '신대륙' 탐험 이후에야 유럽과 아메리카 대륙은 지속적으로 연관을 맺게 되었으며,[84] 이로써 서구에 의한 비서구 세계의 지배가 본격화되고 서양이 동양을 경제-문화적으로 압도할 수 있는 계기가 마련되었다. 그리하여 대서양 국가들을 중심으로 하는 세계-경제가 형성되었고, 아시아·아프리

---

81) Columbus, Letter to the nurse of Prince John, in Major(1974), pp.148, 164.
82) Gillespie(1933), pp.63-64 참조.
83) Packard(1985), 16~35쪽 참조.
84) John E. Fagg, in Major(1974), p.v.

카·아메리카에 식민제국이 성립되어 서구문화가 전 세계로 확산되었던 것이다.

콜럼버스의 대서양 탐험으로 야기된 최초의 문제는 포르투갈과 스페인 사이의 영토분계선 문제였다. 콜럼버스가 발견한 영토에 관해서는 상당한 의구심이 존재하고 있었던 것도 사실이다.[85] 콜럼버스는 자신이 발견한 지역이 '카타이' 대륙의 일부라고 확신하였지만,[86] 오랫동안 해양탐험에 종사했던 포르투갈은 콜럼버스가 발견한 지역이 기니 남서쪽에 위치해 있다고 확신하였다. 포르투갈은 1480년 스페인과 맺은 조약과 교황의 칙서에 근거하여, 기니와 보자도르 곶 남쪽에서 발견되는 모든 영토에 대한 지배권을 소유하고 있었다. 그리하여 포르투갈의 주앙 2세는 교황 알렉산더 6세에게 이 문제의 해결을 요청하였다. 알렉산더 6세는 1493년 5월 4일 〈칙서*Inter Caetera*〉를 통해, 아조레스 제도와 베르데 곶 서방 1백 리그 위에 가상의 선을 긋고, 그 선의 동쪽에서 발견되는 영토에 대해서는 포르투갈이 이미 보유하고 있던 모든 권리와 사법권을 인정하고 그 선의 서쪽에서 발견되는 영토에 대해서는 스페인 국왕에게 모든 권리와 사법권을 인정하였다.[87] 그러나 포르투갈의 주앙 2세는 이에 만족하지 않고 스페인 국왕과 직접 협상하여 교황이 칙서로 정한 경계선을 베르데 곶 서방 370리그로 옮기는 〈토르데시야스 조약〉[88]을 1494년 6월 7일 체결하였다. 이 조약은 이후 북미와 남미 전역이 소상하게 알려진 뒤 포르투갈이 브라질을 자국 식민지로 삼는 근거가 되었다.

콜럼버스의 대서양 탐험은 유럽의 해외팽창에서 하나의 전환점이었다.[89] 이때까지 아프리카 연안을 돌아 인도로 가는 해상로를 찾으려 노력한

---

85) Dixon R. Fox(1945), Documents of American History, p.2.

86) Columbus(1892), Letter of Columbus on the Discovery of America, p.2.

87) Inter Caetera, in Fox(1945), p.3.

88) Tordesillas Treaty, in Fox(1945), p.4.

89) Gillespie(1933), p.32.

것은 포르투갈 한 나라로 한정되었지만, 콜럼버스의 대서양 탐험 이후에는 유럽 각국이 해외탐험에 관심을 갖게 되었으며 그 결과 유럽은 바야흐로 본격적인 식민지 획득경쟁에 나서게 되었기 때문이다.

콜럼버스 탐험의 영향은 당대에서보다는 그 뒤 5세기에 걸쳐 지속적으로 확대되었다. 콜럼버스 탐험으로 말미암아 스페인은 자국의 언어와 문화·인종을 중남미 전역에 걸쳐 이식할 발판을 마련하였으며,[90] 그 결과 오늘날 브라질을 제외한 중남미의 모든 나라가 스페인어를 모국어로 사용하고, 문화적으로도 라틴문화권을 형성하게 되었다. 이러한 측면에서 본다면 콜럼버스의 아메리카 대륙 '발견'은 유럽의 제국주의적인 해외팽창의 서막이었으며,[91] 아메리카 대륙의 모든 역사는 어느 면에서는 콜럼버스의 탐험에서 유래하였다고도 할 수 있을 것이다.[92] 고마라Gomara의 주장처럼, "콜럼버스의 아메리카 대륙 '발견'을, 예수의 탄생과 죽음을 제외하고는 인류역사상 가장 위대한 사건"[93]이라고 단언할 수는 없겠지만, "신대륙을 유럽에 소개함으로써 '세계의 조망'을 크게 변형시키는 계기를 마련한 사건"[94]이었다는 점에서 그 역사적 의의는 자못 크다고 하겠다.

90) Morison(1955), p.154.

91) Fagg, in Major(1974), p.v.

92) Morison(1942), p.671.

93) Gomara(1922), *Historia General de las Indias*, Vol. I, p.4 ; Jane(1988), p.xv 재인용.

94) Chaunu(1979), p.143.

1. 사료

채이식 옮김(2005), 『프랑스 해사칙령과 나폴레옹 상법전 해상편』, 고려대학교출판부.

Annon.(1628), *The World Encompassed and Analogous Contemporary Documents concerning Sir Francis Drake*, rep. ed. Argonaut Press, 1926.

BT 107/13, 23, 33, PRO (Public Record Office) in London, UK.

(1810), *Report from the Select Committee on Marine Insurance*, reprinted, 11 May, 1824.

(1844), *Catalogue of the Manuscript Maps, Charts, And Plans and of the Topographical Drawings in the British Museum* Vol.1, Printed by Order of the Trustees, London.

Azuni, D.A.(1809), *Dissertation sur l'Origine de la Boussole*, seconde édition.

Azurara, Gommes Eannes de, *The Chronicle of the Discovery and Conquest of Guinea*.

Blunt, Joseph(1837), *The Shipmaster's Assistant, and Commercial Digest*, N.Y.: E. & G.W. Blunt, reprinted by Macdonald and Jane's, 1970.

Boyd, A.C. ed. by(1876), *Merchant Shipping Laws beng A Consolidation of All the Merchant Shipping and Passenger Acts from 1854 to 1876*, Stevens & Sons.

Chaucer, Geoffrey, ed. by Walter W. Skeat(1872), *Treatise on the Astrolabe*, N. Trübner & Co., in www.hti.umich.edu/cgi(2003.5.25.)

Childers, Spencer ed.(1970), *A Mariner of England: An Account of the Career of William Richardson ⋯ 1780-1819*, Conway Maritime Press.

Columbus, Christopher, ed. by Willberforce Eames(1892), *The Letter of Columbus on the Discovery of America*, Lenox Library.

Columbus, Christopher, ed. by William E. Curtis(1895), *The Existing Autographs of Christopher Columbus*, American Historical Association Annual Report.

Columbus, Christopher, ed. by R. H. Major(1969), *Four Voyages to the New World, Letters and Selected Documents* 3rd ed., Corinth Books.

Columbus, Ferdinand, trans. & annotated by Benjamin Keen(1959), *The Life of the Admiral Christopher Columbus by his son Ferdinand*, Rutgers.

Columbus, Christopher, trans. by, John Cummins(1992), *The Voyage of Christopher Columbus*, St. Martin's Press.

Cornewall-Jones, R.J.(1898), *The British Merchant Service being A History of The British Mercantile Marine from the Earliest Times to the Present Day*, London: Sampson Low, Marston & Company.

Cummins, John, newly restored and trans. by(1992), *The Voyage of Christopher Columbus*, St. Martin Press.

Dewar, Alfred ed.(1726), *The Voyages and Travels of Captain Nathaniel Uring*, rep. In the Seafarers' Library, 1928.

Dunn, Oliver and Kelly, James E., trans.(1989), *The Diario of Christopher Columbus's First Voyage to America 1492-1493*, Univ. of Oklahoma Press.

Flannery, Tim ed.(2000), *The Life and Adventures of John Nicol*, Canongate.

Fuson, Robert trans.(1987), *The Log of Christopher Columbus*, International Marine Publishing Company.

Garstin, Crosbie ed.(1925), *Samuel Kelly: An Eighteenth Century Seaman*, N.Y.: Frederick A. Stokes Company.

Gilbert, William(1893), *De Magnete*, Dover Publications, rep. 1958.

Harris, William Snow(1850), *Rudimentary magnetism : being a concise exposition of the general principles of magnetical science and the purposes to which it has been applied*, London: J. Weale.

Hayward, William(1896), *James Hall of Tynemouth : A Beneficent Life of a Busy Man of Business*, Hazel, Watson, and Viney.

Herodotos, 박광순 역(1987), 『역사(상)』, 범우사.

Homeros, 천병희 역(1996), 『오뒤세이아』, 단국대학교 출판부.

Howell, George(1905), *Labour Legislation, Labour Movements and Labour Leaders*, T. Fisher Unwin.

Humboldt, Alexander von, trans. by, E.C. Otté(2012), *Cosmos, A Sketch of A Physical Description of the Universe* Vol.1, 1856 / Vol.2, 1866, NY: Harper & Brothers, rep. by Forgotten Books.

Kelvin, William Thompson(1891), *Popular Lectures and Address* Vol.III, Macmillan & Co., reprinted Adamant Media Corporation, 2005.

Klaproth, M.J.(1834), *Lettre a M.A. de Humboldt, sur l'Invention de la Boussole*.

Las Casas, Bartholomé de(1974), *Brevisma relacion de la destruccion de las Indias*, N.Y.: Seabury Press.

Las Casas, 박광순 역(2000), 『콜럼버스의 항해록』, 범우사.

Las Casas, trans. by Herma Briffault(1992), *Devastation of the Indies*; *A Brief Account*, Baltimore, Johns Hopkins Univ. Press.

Mahan, Alfred T.(1890), *The Influence of Sea Power upon History, 1660-1783*, 12th ed., Boston: Little, Brown, and Company; 北村謙一 譯(1982), 『海上權力史論』, 原書房; 김주식 역(1999), 『역사에 미치는 해양력의 영향』, 책세상.

Mahan, Alfred T.(1892), *The Influence of Sea Power upon French Revolution and Empire, 1793-1812*, Boston: Little, Brown, and Company.

Mahan, Alfred T.(1911), *Naval Strategy Compared and Contrasted with the Principles and Practice of Military Operations on Land*; 이윤희·김득주 역(1974), 『해군전략론』, 동원사.

Markham, Clements R., trans.(1893), *The Journal of Christopher Columbus And Documents relating to the Voyages of John Cabot and Gasper Corte Real*, Hakluyt Society, rep. Lenox Hill Pub. and Dist. Co., 1971.

Peregrinus, Petrus(1269), *The Letter of Petrus Peregrinus on the Magenet*, tr. by Brother Arnold, McGraw Publishing Company(1904) & Kessinger Publishing Co.(2007).

Plimsoll, Samuel(1873), *Our Seamen: An Appeal*, Virtue & Co..

Plimsoll, Samuel(1890), *Cattle Ship*, Kegan Paul, Trench, Trubner & Co..

Polo, Marco, 정운용 역(1992), 『동방견문록』, 을유문화사.

Polo, Marco, 김호동 역(2000), 『동방견문록』, 사계절.

Raleigh, Walter(1829), *A Discourse of the Invention of Ships, Anchors, Compass &c*, in the Works of Sir Walter Raleigh Vol.8, OUP.

Reeves, John(1806), *The Law of Shipping and Navigation* 2nd ed..

Smith, Adam, 김수행 역(1992), 『국부론』, 동아출판사; 김수행 역(2007), 『국부론』, 비봉출판사.

Thompson, William(2005), *Popular Lectures and Address* Vol.III, 1891, rep. by Adamant Media Corporation.

『二十五史·宋史 (上)』, 上海古籍出版社.

寇宗奭, 『本草衍義』 第五卷(人民衛生出版社, 1990).

劉熙, 『釋舟摘要(註解)』, 최운봉·허일 역(2002), 『장보고연구』 제4집, 한국해양대학교 부설 장보고연구실.

李昭祥, 『龍江船廠志』 卷1.

(淸) 張玉書 等 76人, 『佩文韻府』 卷71 晉條(上海古籍出版社, 1983).

한국정신문화연구원 편(1986), 『譯註經國大典』 주석편.

2. 연구논저

1) 역사 일반

김기봉(2000), 『역사란 무엇인가를 넘어서』, 푸른역사.

김대환 편역(1984), 『자본주의이행논쟁』, 동녘.

김영한 엮음(1998), 『서양의 지적운동 II』, 지식산업사.

민석홍(1984), 『서양사개론』, 삼영사.

성백용(1996), 「봉건제에서 자본주의로의 이행과 세계체제론」, 『근대세계체제론의 역사적 이해』, 까치.

이영석 외 옮김(1985), 『신 자본주의 이행논쟁』, 한겨레.

전성우(1996), 『막스 베버 역사사회학 연구-서양의 도시시민계층 발전사를 중심으로 -』, 사회비평사.

한국서양사학회 편(1996), 『근대세계체제론의 역사적 이해』, 까치.

謝世輝, 손승철 외 역(1997), 『유럽중심사관에 도전한다』, 지성의 샘.

Ashton, T.S.(1961), An Economic History of England : The 18th Century, Barnes & Noble.

Beaud, Michell, 김윤자 역(1987), 『자본주의의 역사』, 창작과 비평사.

Braudel, Fernan, 주경철 옮김(1996), 『물질문명과 자본주의 II-1』, 까치.

Crafts, N.F.R.(1985), British Economic Growth during the Industrial Revolution, Oxford Univ. Press.

Deane, Phyllis and Habakkuk, H.J.(1963), "The Take-off in Britain", in W.W. Rostow ed., The Economics of Take-Off into Sustained Growth, Macmillan Press.

Delouche, Frederic, 윤승준 역(1995), 『새유럽의 역사』, 까치.

Dobb, Maurice & Sweey, Paul, 김대환 역(1984), 『자본주의 이행논쟁』, 동녘.

Elliott, H., 김원중 옮김(2000), 『스페인제국사, 1469-1716』, 까치.

Harley, C. Knick(1993), "Reassessing the Industrial Revolution : A Macro View", in Joel Mokyr ed., The Industrial Revolution: An Economic Perspective, Westview Press.

Hegel, F.(1928), Vorlesung über die Philosophie der Geschichte, Frammannes Verlag ; 김종호 역(1992), 『역사철학강의』, 삼성출판사.

Lenin, V.I., 남상일 역(1988), 『제국주의론』, 백산서당.

Marshall, Alfred(1959), Principles of Economics 8th ed., Macmillan & Co..

Mitchell, B.R.(1948), Abstract of British Historical Statistics, Cambridge Univ. Press.

Mitchell, B.R. and Deane, P.(1962), Abstract of British Historical Statistics, Cambridge Univ. Press.

Marthias, P. & Postan, M. eds.(1967), Cambridge Economic History of Europe, London.

Mokyr, Joel(1985), "The Industrial Revolution and the New Economic History", in Joel Mokyr ed., The Economics of the Industrial Revolution, New Jersey: Rowman

& Allanheld.

Nauert, Charles, 진원숙 옮김(2002), 『휴머니즘과 르네상스 유럽문화』, 혜안.

Packard, L.B., 최문형 역(1985), 『상업혁명』, 탐구당.

Wallerstein, Immanuel(1974), *The Modern World-System I-Capitalist Agriculture and the Origins of the European World-Economy in the 16th Century*, Academic Press ; 이매뉴엘 월러스틴, 나종일·박상익, 김면환·김대륜 옮김(1999), 『근대세계체제』 I, II, III, 까치.

Westerfield, R.B.(1915), *Middlemen in English Business 1660-1760*, Conneticut: New Haven.

2) 해양

강종희(2002), 『현대해운물류 이해』, 서울: 두남.

구옥회(1993), 「해군력이 해양개발에 미친 영향」, 『해양전략』 79호, 해군대학.

기회원(1995), 『해운경제학』, 부산: 해문당.

김명섭(2001), 『대서양문명사』, 한길사.

김성준(1997), 「항해사의 개념에 관한 연구」, 『韓國航海學會誌』 21권 4호.

김성준(2000), 「산업혁명기 영국 해운업에서의 전문 선주의 대두」, 『史叢』 제52집.

김성준(2001), 『영국 해운업에서의 전문 선주의 대두와 경영성과, 1770-1815』, 고려대학교 사학과 박사학위논문.

김성준 외(2003), 「항해 니침반의 사용 시점에 관한 동서양 비교 연구」, 『韓國航海港灣學會誌』 제27권 4호.

김성준(2003), 「바이킹과 유럽의 역사」, 『바다』 제11호, 해양연맹.

김성준(2006), 『산업혁명과 해운산업』, 혜안.

김성준(2014), 「콜럼버스는 종말론적 신비주의자인가」, 『서양사론』 121호.

김성준(2015), 『역사와 범선』, 교우미디어.

김성준(2019), 『유럽의 대항해시대』, 문현.

김성준(2025), 『해사영어의 어원』, 문현.

김성준·루크 카이버스(2014), 「메르카토르 해도의 항해사적 공헌」, 『한국항해항만학회지』 제38권 제2호.

김세웅(1982), 「1890년대 미국의 팽창주의에 관한 고찰-마한의 해상권을 중심으로-」, 고려대학교 석사학위논문.

김우숙(2008), 『세상을 바꾼 항해술의 발달』, 지성사.

김주식(1995), 『서구해전사』, 연경문화사.

김재근(1980), 『배의 역사』, 서울대조선공학과 동창회.

김종길·박경현(2003), 『선박행정의 변천사』, 한국선급·선박검사기술협.

김효록(1954), 『해운경제론』, 서울: 장왕사.

량얼핑梁二平, 하진이 옮김(2011), 『세계사의 운명을 바꾼 해도』, 명진출판.

무함마드 깐수(정수일)(1995), 『세계 속의 동과 서』, 문덕출판사.

민성규(1973), 『해운경제학』, 한국해양대학 출판부.

민성규(2002), 「대학교재를 통해 본 해운학 연구의 회고와 전망」, 『韓國海運學會誌』 제35호.

박지향(1997), 『영국사 : 보수와 개혁의 드라마』, 까치.

박현규·이원철(1991), 『해운론』, 한국해사문제연구소.

윤상송(1975), 『해운론』, 한국해사문제연구소.

윤여정(1984), 『지문항해학』, 한국해양대학 해사도서출판부.

이선호(1981), 「해상세력과 해전 무기의 발전체계」, 『제해』 35호, 해군사관학교.

이주헌(2002), 「알프레드 마한의 제국의 전략과 미서 전쟁」, 『미국사연구』 15호.

임봉택·이철영(1997), 「해양력 평가를 위한 해양력의 개념과 속성에 관한 연구」, 『한국항만학회지』 11권 제2호.

이희연(1991), 『지리학사』, 법문사.

임인수(1995), 「해양전략의 기본개념연구」, 『해양전략』 88호, 해군대학.

정수일(2001), 『실크로드학』, 창작과비평사.

정수일 편저(2013), 『실크로드사전』, 창비.

조덕운(1991), 「해군력과 국가발전」, 『해양전략』 72호, 해군대학.

조동오(1993), 「로이즈의 법인회원제 도입에 관한 고찰」, 『한국해운학회지』 17호.

조정제·강종희(1996), 「해운과 신해양력」, 『해운산업연구』 141호, 해운산업연구원.

주경철(2008), 『대항해시대』, 서울대학교출판부.

주경철(2013), 『크리스토퍼 콜럼버스: 종말론적 신비주의자』, 서울대학교 출판문화원.

진형인(1997), 「해운과 해상안보」, 『해양전략』 96호, 해군대학.

최영수(1990), 『포르투갈과 스페인의 식민정책에 관한 비교연구』, 단국대학교 박사학위논문.

허일·강상택·정문수·김성준·추위원펑(2003), 『세계해양사』, 한국해양대학교출판부.

한국해양문화학회(2003), 『21세기 한국해양문화의 정의와 발전방향』(2003. 8. 22.).

Abbot, Brian(2019), "HMS Beagle 1831-36 and Charles Darwin-The Role of Phillip Parker King and his colleague the hydrographer Francis Beaufort", *The Journal of the Hakluyt Society*, November.

Aczel, Amir(2001), *The Riddle of Compass*, Harcourt ; 김진준 역(2005), 『나침반의 수수께끼』, 경문사.

Alderman, Geoffrey(1971), "Samuel Plimsoll and the Shipping Interest", *Maritime History* 1, No. 1, April.

Alderman, Geofrrey(1972), "Joseph Chamberlain's attempted Reform of the British Mercantile Marine", *The Journal of Transport History* 1, No. 3, Feb. 1.

Almond, Pat(1980), "Mercator : The Man who straightened out the World", *Sea Frontier*,

July-August.

Armstrong, J. and Bagwell, P.S.(1983), "Coastal shipping", in D.H. Aldcroft & M. Freeman ed., *Transport in the industrial revolution*, Manchester.

Azuni, D.A.(1980), *Dissertation sur l'Origine de la Boussole* seconde édition.

Bagwell, P.S. and Armstrong, J.(1988), "Coastal shipping", in Michael Freeman, Derek H. Aldcroft ed., *Transport in Victorian Britain*.

Baker, J. N.L.(1931), *A History of Geographical Discovery and Exploration*, Houghton Mifflin Company.

Barlow, Nora ed.(1958), *The Autobiography of Charles Darwin 1809-1882*, London.

Barty-King, Hugh(1994), *The Baltic Story: Baltick Coffee House to Baltic Exchange, 1744-1994*, Quiller Press.

Boorstin, Daniel, 이성범 역(1987), 『발견자들』, 범양사출판부.

Burwash, Dorothy(1947), *English Merchant Shipping, 1460-1540*, Univ. of Toronto Press.

Carter, C.J.M.(1958), "Stephenson Clarke Story", *Sea Breeze* Vol.XXV.

Carter, C.J.M.(1981), *Stephenson Clarke Shipping*, The World Ship Society.

Casson, Lionel(1994), *Ships and Seafaring in Ancient Times* ; 김훈 역(2001), 『고대의 배와 항해이야기』, 가람기획.

Castlereagh, Duncan(1971), *The Great Age of Exploration*, Reader's Digest Association.

Chapman, Stanley D.(1967), *The Early Factory Masters*, Newton Abbot.

Chapman, Stanley D.(1970), "Fixed Capital Formation in the British Cotton Industry, 1770-1815", *Economic History Review* 2nd ser., Vol.XXII, No.2.

Chaunu, Pierre, trans. by K. Betram(1979), *The European Expansion in the Later Middle Ages*, North-Holland Publishing Company.

Childers, Spencer ed.(1908), *A Mariner of England*, rep. Conway Maritime Press, 1970.

Collinder, Per, trans. by Maurice Michael(1954), *A History of Marine Navigation*, London: B.T. Batsford Ltd..

Cornewall-Jones, R.J.(1898), *The British Merchant Service being A History of The British Mercantile Marine from the Earliest Times to the Present Day*, London: Sampson Low, Marston & Company.

Corkhill, Michael(1980), *The Tonnage Measurement of Ships*, London: Fairplay Publications.

Cox, Peter(1980), *A Link with Tradition ; The Story of Stephenson Clarke Shipping Limited 1730-1980*, Plymouth: Oakfield Press.

Craig, R.(1971), "Capital Formation in Shipping", in J.P.P. Higgins & Sidney Pollard eds., *Aspects of Capital Investment in Great Britain, 1750-1850*, Methuen & Co..

Crane, Nicholas(2002), *Mercator: the Man who mapped the Planet*, Henry Holt and

Company.

Crosse, John(1972), "John Willis & Sons, Shipowners, 1830-1899", *Mariner's Mirror* Vol.58.

Cuyvers, Luc(1993), *Sea Power, A Global Journey*, Maryland: Naval Institute Press ; 김성준 옮김(1999), 『역사와 바다: 해양력의 세계여행』, 한국해사문제연구소.

Cuyvers, Luc, 武部俊一・石田裕貴夫 共譯(1990), 『The Blue Revolution —海洋の世紀』, 東京: 朝日新聞社.

Davies, C.S.L.(1965), "The Administration of the Royal Navy Under Henry VIII; the Origins of the Navy Board", *English Historical Review* Vol.LXXX, No.315.

Davies, Arthur(1953), "The Loss of Santa Maria", *American Historical Review* Vol.58, No.4.

Davis, Ralph(1962), *The Rise of the English Shipping Industry in the 17th and 18th Century*, Macmillan & Co. Ltd..

Davis, Ralph(1979), *The Industrial Revolution & British Overseas Trade*, Leichester Univ. Press.

Dash, Mike(2002), *Batavia's Graveyard* ; 김성준, 김주식 역(2012), 『미친 항해』, 혜안.

Driel, A. Van(1925), *Tonnage Measurement: Historical and Critical Essay*, Hague: Government Printing Office.

English, Brigitte(1996), "Erhard Etlaub's projection and methods of mapping", *Imago Mundi: The International Journal for the History of Cartography* Vol.48, No.1.

Fayle, E.(1933), *A Short History of the World's Shipping Industry*, George Allen and Unwin ; 김성준 역(2004), 『서양해운사』, 혜안.

Feinstein, C.H.(1967), "Capital Formation in Great Britain", in P. Mathias & M. Postan eds., *Cambridge Economic History of Europe*, London.

Fernández-Armesto, Felipe(1991), *Columbus*, Oxford University Press.

Flanagan, Stephen(2003), "Legends of Irish Life: No.19, Francis Beaufort", *Magill* May. at https://www.navanhistory.ie/hydrographer/(2025.3.5)

Fox, Dixon R.(1945), *Documents of American History*, F.S. Crofts & Co., Inc..

Frits, Jean, 이용인 옮김(2003), 『세계 탐험이야기』, 푸른숲.

Gibb, D.E.W.(1957), *Lloyd's of London*, Informa UK Ltd..

Goldsmith, R.A. and Richardson, P.L.(1987), *Reconstructing Columbus's First Transatlantic Track and Landfall Using Climatological Winds and Currents*, Woods Hole Oceanographic Institution.

Gorshkov, Sergei(1979), *The Sea Power of the State*, Pergamon Press ; 국방대학원 역(1987), 『국가의 해양력』.

Gregg, E.S.(1922), "A Case Against Discriminating Duties", *Journal of Political Economy* Vol.30.

Grey, Michael(1992), 「해상수송 ; 세계무역의 동맥」, *Science and Culture* Vol.162 (UNESCO) ; 『과학과 문화』한글판 4호, 한국과학기술진흥재단.

Gurney, Alan(2004), *A Story of Exploration and Innovation* ; 강미경 역(2005), 『나침반, 항해와 탐험의 역사』, 세종서적.

Hale, John(1974), *The Age of Exploration*, Time Life Books ; 한국일보 타임 라이프 북스 편집부 역(1974), 『탐험시대』, 한국일보.

Harley, C. Knick(1988), "Ocean Freight Rates and Productivity 1740-1913: The Primacy of Mechanical Invention Reaffirmed", *Journal of Economic History* Vol.XLVIII, No.4.

Hartwell, R.M.(1967), "The Cause of the industrial revolution ; an essay in methology", in R.M. Hartwell ed., *The Cause of the Industrial Revolution*, Methuen.

Hausman, W.(1984), "Size & Profitability of English Colliers : Reply to A Reappraisal", *Business History Review* Vol.58.

Hausman, W.(1987), "Comments : The English coastal coal trade, 1691-1910: How rapid was productivity growth", *Economic History Review* 2nd ser., Vol.XL, No.4.

Hayward, William(1896), *James Hall of Tynemouth : A Beneficent Life of a Busy Man of Business*, Hazel, Watson, and Viney.

Henige, David(1991), *In Search of Columbus - The Sources for the First Voyage*, The University of Arizona Press.

Hewson, J.D.(1983), *A History of the Practice of Navigation*, Glasgow: Brown, Son & Ferguson.

Gillespie, James E.(1933), *A History of Geographical Discovery 1400-1800*, N.Y.: Henry Holt and Company.

Heers, Jacques(1984), "De Marco Polo à Christophe Colomb ; Comment lire le Devisement du Monde?", *Medieval History* 10.

Hope, R.(1990), *A New History of British Shipping*, John Murray Publishers.

Houben, H.H., trans. by John Linton(1936), *Christopher Columbus : The Tragedy of a Discoverer*, E.P. Dutton & Co..

Yule, H. and Cordier, H.(1903), *The Book of Ser Marco Polo, the Venetian* 2 Vols. 3rd ed., London.

Jones, Nicolette(2006), *The Plimsoll Sensation : The Great Campaign to Save Lives at Sea*, Little, Brown ; 김성준 옮김(2019), 『바다에서 생명을 살린 플림솔 마크』, 장금상선.

Irving, Washington(1831), *Life and Voyages of Christopher Columbus*, N.Y..

Jane, Cecil ed.(1988), *Four Voyages of Columbus*, rev. ed., Dover Publication Inc..

Jane, Cecil(1929), "The Opinion of Columbus concerning Cuba and the Indias", *Geographical Journal* LXXXIII.

Jane, Cecil(1930), "The Question of the Literacy Columbus in 1492", *Hispanic American*

Historical Review X.

Jarvis, R.(1969), "18th Century London Shipping", in A.E.J. Hollaender and W. Kellaway eds., *Studies in London History*, Hodder and Stought.

Johnson, Emory R. et. al.(1915), *History of Domestic and Foreign Commerce of the United States*, rep. Washington, 1922.

Jones, Nicolette(2006), *The Plimsoll Sensation: The Great Campaign to Save Lives at Sea*, Little, Brown ; 김성준 옮김(2019), 『바다에서 생명을 살린 플림솔 마크』, 장금상선.

Kay, Bernhard, *Ans Ende der Welt und darüber hinaus* ; 박계수 역(2006), 『항해의 역사』, 대한서적.

Kelly, Jr., James E.(1983), "In the Wake of Columbus on a Portolan Chart", *Terrae Incognitae* 15.

Kemp, Peter(1978), *The History of the Ships*, Book Club Associates.

Lane, Frederic C.(1963), "The Economic Meaning of the Invention of the Compass", *American Historical Review* Vol.LXVIII, No.3.

Lane, Frederic C.(1964), "Tonnage, Medieval and Modern", *Economic History Review* 2nd ser., Vol.XVII, No.2.

Larner, John(1988), "The Certainty of Christopher Columbus ; Some Recent Studies", *History* Vol.73, No.237.

Lindsay, William S.(1874), *History of Merchant Shipping from 1816-1874*, Sampson, Low Marston & Co..

Lipmann, Edmund O. von(1932), "Geschichte der Magnet-Nadel bis zur Erfindunng des Kompasses", *Quellen und Studien zur Geschichte der Naturwissenschaften under der Medizin* Band 3, Heft 1.

Madariaga, Salvador de, 유공희 역(1974), 「신대륙의 기수 : 콜럼버스」, 세계전기문학전집 『세계의 인간상(5)』, 신구문화사.

Marcus, G.J.(1953), "The Navigation of the Norsemen", *Mariner's Mirror* Vol.39, No.2.

Martens, Jos & Cuyvers, Luc(2012), "Gerard Mercator: Measuring Heaven and Earth", 『해양평론』 2012, 목포해양대학교 해양문화정책연구센터·한국항해항만학회.

Masters, David(1955), *The Plimsoll Mark*, Cassel & Company.

May, W.E. & Holder, Leonard(1973), *A History of Marine Navigation*, GT Foulis & Co. LTD..

McCusker, J.J.(1967), "Notes: Colonial Tonnages Measurements—Five Philadelphia Merchant ship as a Sample", *Journal of Economic History* Vol.XXVII, No.1.

McGrail, Sean(2006), *Ancient Boats and Ship*, Shire.

McCusker, J.J.(1981), "The Tonnage of Ships Engaged in the British Colonial Trade during the 18th century", *Research in Economic History* Vol.VI.

Menzies, Gavin(2002), *1421: The Year China Discovered America*, Harper and Collins.

Modelski, George & Thompson, William(1988), *Seapower in Global Politics, 1494-1993*, Macmillan.

Monmonier, Mark, 손일 역(2004), 『지도전쟁』, 책과함께.

Morison, Samuel E.(1942), *Admiral of the Ocean Sea*, Little, Brown and Company.

Morison, Samuel E.(1955), *Christopher Columbus ; Mariner*, Boston: Little, Brown and Company.

Naish, F.C. Prideaux(1948), "The Mystery of the Tonnage and Dimensions of the Pelican-Golden Hind", *Mariner's Mirror* Vol.34, No.1.

Needham, Joseph & Wang, Ling(1962), *Science and Civilization in China* Vol.4 Part 1, Cambridge Univ. Press.

Needham, Joseph and Wang, Ling(1985), *Science and Civilization in China* Vol.4, Taipei: Cave Books.

Needham, Joseph and Wang, Ling(1971), *Science and Civilization in China* Vol.4 Part III, Cambridge University Press ; 김주식 옮김(2016), 『동양항해선박사』, 문현.

Nowell, Charles E.(1939), "The Columbus Question", *American Historical Review* Vol.44, No.4.

Nunn, George(1935), "The *Imago Mundi* and Columbus", *American Historical Review* Vol.40, No.4.

O'Connor, J.J. and Robertson, E.F., "Pedro Nunes Salaciense". in http://www-history.mcs.st-and.ac.uk/Biographies/Nunes.html(2014.1.2).

Oppenheim, M.(1896), *A History of the Administration of the Royal Navy and of Merchant Shipping in relation to the Navy from 1509 to 1660*, rep. Temple Smith, 1988.

Palmer, Sarah(1986), "John Long ; A London Shipowner", *Mariner's Mirror* Vol.72.

Parkinson, C.N. ed.(1948), *The Trade Winds*, George Allen and Unwin Ltd..

Parry, J.H.(1966), *The Establishment of the European Hegemony 1414-1715 — Trade and Exploration in the Age of Renaissance* 3rd. ed., Harper & Row, Publishers ; 김성준 역(1998), 『약탈의 역사-유럽의 헤게모니 확립』, 신서원.

Pérez-Mallaína, Pablo E., trans. by Carla Rahn Phillips(1998), *Spain's Men of the Sea*, London: John Hopkins Univ. Press.

Peters, George(1975), *The Plimsoll Line*, Barry Rose Limited.

Phillips, Jr., William D. and Phillips, Carla Rahn(1992), *The Worlds of Christopher Columbus*, Cambridge University Press.

Pryor, John(1988), *Geography, Technology and War*, Cambridge Univ. Press.

Rediker, Marcus, 박연 옮김(2001), 『악마와 검푸른 바다 사이에서』, 까치.

Rodger, N.A.M. ed.(1996), *Naval Power in the 20th Century*, Palgrave Macmillan.

Russel, Jeffrey Burton, 박태선 역(2003), 『날조된 역사』, 모티브.

Salisbury, W.(1959), "Answers: Tonnages, Divisor of 94", *Mariner's Mirror* Vol.54,

No.1.

Salisbury, W.(1966), "Early Tonnage Measurement in England", *Mariner's Mirror* Vol.52, No.1.

Salisbury, W.(1966), "Rules for Ships Built for, And Hired by, The Navy", *Mariner's Mirror* Vol.52, No.2.

Salisbury, W.(1966), "Early Tonnage Measurement in England, Part Ⅲ, H.M. Customs, and Statutory Rules", *Mariner's Mirror* Vol.52, No.4.

Schmidl, Petra G.(1997-98), "Two Early Arabic Sources on the Magnetic Compass", *Journal of Arabic and Islamic Studies* Vol.1.

Short, John Rennie, 김희상 역(2009), 『지도, 살아있는 세상의 발견』, 작가정신.

Shulman, Mark R.(1995), *Navalism and the Emergence of American Sea Power*, Naval Institute Press.

Skelton, R.A., 안재학 옮김(1995), 『탐험지도의 역사』, 새날.

Sølver, Carl V.V.(1945-46), "Ledidarsteinn: The Compass of the Vikings", *Old Lore*, London: The Viking Society for Northern Research, Univ. College.

Spooner, F.(1983), *Risks at sea: Amsterdam insurance and maritime Europe, 1766-80*, Cambridge.

Stefansson, Vilhjalmur(1952), *Great Adventures and Explorations*, Routledge & Kegan Paul Ltd..

Sykes, Percy(1935), *A History of Exploration from the earliest times to the present* 2nd edition, George Routledge and Sons.

Syrett. D.(1970), *Shipping and the American War 1770-1783*, Univ. of London.

Taylor, Andrew, 손일 역(2007), 『메르카토르의 세계』, 푸른길.

Taylor, E.G.R., "Idée Fixe; The Mind of Christopher Columbus", *Hispanic American Historical Review* Vol.XI, No.3, 1931.

Taylor, E.G.R., *The Geometrical Seaman*, Hollis & Carter, 1962.

Thomas, R.P. & McCloskey, D.N.(1981), "Overseas Trade and Empire, 1700-1860", in Roderick Floud & D. McCloskey ed., *The Economic History of Britain since 1700*, Vol.I, Cambridge Univ. Press.

Tao, Hua(1991), "Ibn Khurdadhbah's Description about the Maritime Route to China and its Position in the Arab-Islamic Geographical Literature", 『中國與海上絲綢之路』, 福建城人民出版社.

Thornton, Ronald H.(1945), *British Shipping*, Cambridge at the University Press.

Turner, Ernest(1950), "S., Plimsoll rules the Waves", in *Road to Ruin : The Shocking History of Social Reform*, first published by Michael Joseph ; Penguin Books, 1966.

Ventzke, Andreas, 윤도중 옮김(1998), 『콜럼버스』, 한길사.

Ville, Simon(1981), "James Kirton, Shipping Agent", *Mariner's Mirror* Vol.67.

Ville, Simon(1984-a), *Michael Henley and Son, London Shipowner, 1750-1830*, Ph.D. thesis, Univ. of London.

Ville, Simon(1984-b), "The Deployment of English Merchant Shipping ; Michael and Joseph Henley of Wapping, Shipowners, 1775-1830", *Journal of Transportation History* 3rd ser., Vol.5, No.2.

Ville, Simon(1986), "Total factor Productivity in the English Shipping Industry: The North-east Coal Trade, 1700-1850", *Economic History Reviw* Vol.XXXIX, No.3.

Ville, Simon(1987), *English Shipowning during the industrial revolution*, Manchester Univ. Press.

Ville, Simon(1987), "Defending Productivity Growth in the England Coal Trade during the 18th and 19th Centuries", *Economic History Review* 2nd ser., Vol.XL, No.4.

Ville, Simon(1989), "The Problem of Tonnage Measurement in the English Shipping Industry, 1780-1830", *International Journal of Maritime History* Vol. 1, No.2.

Ville, Simon(1990), *Transport and the Development of the European Economy, 1750-1918*, Macmillan.

Ville, Simon(1992), "Transport and the Industrial Revolution", *Journal of Transport History* 3rd ser., Vol. 13, No.2.

Ville, Simon(1993), "The Growth of Specialization in English Shipowning 1750-1850", *Economic History Review* 2nd ser., Vol.XLVI, No.4.

Villiers, Alan(1973), *Men, Ships and the Sea*, National Geographical Society.

Wallis, Laura Dassow(2009), "Introducing Humboldt's Cosmos", *Minding Nature*, August.

Walton, Gary M.(1967), "Colonial Tonnage Measurement: A Comment", *Journal of Economic History* Vol.XXVII, No.3.

Watts, Pauline M.(1985), "Prophecy and Discovery; On the Spritual Origin of Christopher Columbus's Enterprise of the Indies", *American Historical Review* Vol. 90.

White, Lynn(1962), *Medieval Technology and Social Change*, Oxford University Press.

Winter, Heinrich(1937), "Who invented the Compass?", *Mariner's Mirror* Vol.XXIII, No.1.

Woodman, R.(1997), *The History of the Ship*, Conway Maritime Press.

Wright, C. and Fayle, C.E.(1928), *A History of Lloyd's*, Macmillan.

宮崎正勝, 이규조 옮김(1999), 『정화의 남해대원정』, 일빛.

金成俊·崔雲峰(2015), 「航海指南針使用起点的東西方比較研究」, 『揚帆海上絲綢之路』, 東海數字出版社.

東海林滋(1962), 『海運經濟論』, 東京: 成山堂.

白壽彛(1969), 『中國交通史』, 臺灣: 商務印書館 ; 최운봉·강상택 옮김(2000), 「隋唐宋 時代的 交通」, 『장보고연구』 제3집, 한국해양대학교 부설 장보고연구실.

佐波宣平(1949), 『海運理論體系』, 東京: 有斐閣.

佐波宣平(1971), 『海の英語』, 研究社.

佐波宣平, 이현종 역(1981), 『교통경제학』, 단국대학교 출판부.

小島昌太郎(1929), 「海運に於ける企業及び經營の分化發達」, 『海運』 87號.

小島昌太郎(1938), 『海運論』, 東京: 千倉書房.

席龍飛(2000), 『中國古代造船史』, 湖北教育出版社.

石井謙治(1988), 『江戶海運と弁才船』, 財團法人日本海事弘報協會.

笹原宏之(2013), 「羅針盤の語源」, 『日本醫事新報』(週刊), No.4651, June 15. at http://www.jmedj.co.jp/article/detail.php?article_id=16520(2016. 10.10)

孫珖圻(1989), 『中國古代航海史』, 海洋出版社.

孫光圻(1991), 『中國航海史綱』, 連海運學院出版社.

王振鐸(1948·1949·1951), 「司南指南針與羅經盤－中國古代有關靜磁學知識之發現及發明－」 上·中·下, 『中國考古學報』 第3·4·5冊, 商務印書館.

王振鐸(1978), 「中國古代磁針的發明和航海羅經的創造」, 『文物』 第3期(總262期).

中國航海學會(1988), 『中國航海史·古代航海史』, 人民交通出版社.

織田政夫(1975), 『海運經濟論』, 成山堂.

陳希育(1991), 『中國帆船與海外貿易』, 廈門大學出版社.

靑木榮一(1982), 『シ―パウの 世界史 I』, 出版合同社 ; 최재수 역(1995), 『시파워의 세계사 I』, 한국해사문제연구소.

靑木榮一, 최재수 역(2000), 『시파워의 세계사 II』, 한국해사문제연구소.

崔云峰(2002), 「중국 宋代의 조선기술 및 海船 유형에 관한 연구」, 한국해양대학교 석사학위논문.

澤喜司郎(1978), 「15世紀ブリストルにおけるカニング家の海運貿易活動」, 『海運經濟研究』 12號, 日本海運經濟學會.

豊原治郎(1967), 『アメリカ海運通商史研究』, 未來社.

韓振華(1988), 「論中國船的船料及其計算法則」, 『海交史研究』 第1期.

航運史話編寫組(1978), 『航運史話』, 上海科學技術出版社.

黑田英雄(1972), 『世界海運史』, 東京: 成山堂.

3. 기타

한국해사문제연구소(2002), 『해운물류큰사전』.

김성준(2001), 「자본주의 세계를 일군 뱃사람들의 일상과 문화」, 『출판저널』 304호,

2001년 6월 20일.

김성준(2008), 「타인의 역사로 빌려 쓴 항해 없는 대항해시대」, 『역사와 문화』 16, 문화사학회.

김성준(2014), 「해양서평: 주경철, 크리스토퍼 콜럼버스-종말론적 신비주의자」, 『해양담론』 창간호, 도서출판 문헌.

김성준(2020), 「'근현대 해양사 분과 연구동향과 발전을 위한 제언'에 대한 토론문」, 국립해양문화재연구소, 도서문화연구원, 전국해양문화학자대회 10년, 진단과 전망, 2020.6.23-24.

Kim, S. June & Heo, Min-hyeok(2025), A Critical Review on Alexander von Humboldt's Argument on the mariner's compass, ANC 2024, Oct. 30-31, Beijing, China.

김인현(2002), 『해상법연구』, 삼우사.

The Beaufort Scale, National Meteorological Library and Archive Fact Sheet 6, 2023, f.6.

Dictionary of Irish Biography, 'Sir Francis Beaufort'. https://www.dib.ie/biography/beaufort-sir-francis-a0523(2025.3.3)

OED CD-ROM ver. 1.13 ; The Shorter English Dictionary on Historical Principles. OUP, 1993.

(1989), *Oxford English Dictionary* 2nd ed., Oxford: Clarendon Press.

Bes, J.(1971), *Chartering and Shipping Terms* ; 민성규 감수(1974), 『해운실무사전』, 국제해운.

Bowen, Frank. C.(1930), *Sea Slang*.

Falconer, William(1784), *An Universal Dictionary of the Marine*, London.

Flanagan, Stephen(2003), "Legends of Irish Life: No.19, Francis Beaufort", *Magill* 2003 May. at https://www.navanhistory.ie/hydrographer/(2025. 3.5).

Harper, Doughlas, *Online Ethmology Dictionary*. at http://etymonline. com (2001-2025)

Hinkelman, Edward G.(1994), *Dictionary of International Trade*.

Kerchove, Ren de(1961), *International Maritime Dictionary*, New York: D. Van Nostrand Company.

Layton, C.W.T.(1981), *Dictionary of Nautical Words and Terms*, Glasgow: Brown, Son & Ferguson.

MacWilliams, Brendan(1995), *Irish Times* 12 August 1995. at https://www.navanhistory. ie/hydrographer/(2025.3.1)

Maria Edgeworth Centre, "Francis Beaufort". at https://mariaedgeworthcenter.com/meet-the-edgeworths/edgeworths-links-to-science/francis-beaufort/(2025.3.3)

National Maritime Museum of Ireland, "Francis Beaufort, (Wind Scale)". at https://www.mariner.ie/beaufort/(2025.3.5)

Navan & District Historical Society, "Sir Francis Beaufort". at https://www.

navanhistory.ie/hydrographer/(2025.3.1)

(1996), *New Internation Websters Comprehensive Dictionary of the English Language*, Deluxe Encyclopedic Edition, Trident Press International.

Smyth, W.H.(1991), *The Sailor's Word-Book of 1867*, Conway Maritime Press.

Sullivan, Eric(1999), *Eric Sullivan's Marine Encyclopaedic Dictionary* sixth ed., London: LLP.

원전

* 이 책에 실린 글은 아래의 논문과 글을 수정 및 보완한 것이다.

서장 「알프레드 마한의 해양력과 해양사에 관한 인식」, 『한국해운학회지』 26호, 1998, 331~370쪽.

제1장 「배의 크기 단위에 관한 역사지리학적 연구」, 『한국항해항만학회지』 제28권 제5호, 2004.6, 339~345쪽.

제2장 「영국 선박톤수측정법의 변천에 관한 역사적 고찰」, 『해운물류연구』 제42호, 2004.9, 211~229쪽.

제3장 「항해 나침반의 사용 시점에 관한 동서양 비교 연구」, 『한국항해항만학회지』 제27권 4호, 2003.9, 413~424쪽.

제4장 「유럽의 항해용 지남기와 관련한 논쟁적 사료 평석」, 『역사학연구』 62호, 2016.5.30, 263~283쪽.

제5장 「항해용 지남기에 관한 A. v. 훔볼트 테제 비판」, 『역사학연구』 제66집, 호남사학회, 2017.5.30, 235~258쪽.

제6장 「대항해시대 유럽의 배와 항해」, 『대항해시대: 바람에 실은 바람』, 국립해양박물관, 2016, 190~215쪽.

제7장 「콜럼버스 1차 항해의 항정조작설에 대한 비판적 검증」, 『서양사론』 128호, 2016.3.30, 146~173쪽.

제8장 「콜럼버스는 종말론적 신비주의자인가?」, 『서양사론』 제121호, 2014.6, 95~119쪽.

제9장 「메르카토르 해도의 항해사적 공헌」, 『한국항해항만학회지』 38권 2호, 2014.6, 185~191쪽

지은이 **김 성 준**

국립한국해양대학교 항해융합학부·대학원 해양역사문화전공
교수, BSc·BA·MA·PhD & Master Mariner (STCW 95 II/2)

저서 : 『산업혁명과 해운산업』(혜안, 2006), 『영화에 빠진 바다』
(혜안, 2009), 『역사와 범선』(교우미디어, 2015), 『유럽의 대항해시
대』(문현, 2019), 『한국항해선박사』(혜안, 2021), 『해사영어의 어
원』(문현, 2025) 外

역서 : John H. Parry, 『약탈의 역사』(신서원, 1998), Ernest Fayle,
『서양해운사』(혜안, 2004), Richard Hugh, 『전함포템킨』(서해문집,
2005), Mike Dash, 『미친항해 : 바타비아호 좌초 사건』(혜안, 2012,
공역), Nicollette Jones, 『바다에서 생명을 살린 플림솔 마크』(장금상선, 2019), 佐波宣平, 『현대해
사용어의 어원』(문현, 2017, 공역) 外

편저 : 『중국의 대항해자 정화의 배와 항해』(심산, 2005, 공편) 外

늘배 김성준 교수
해양사학술총서 01

서양해양사

김성준 지음

초판 1쇄 발행 2025년 11월 22일

펴낸이 오일주
펴낸곳 도서출판 혜안

등록번호 제22-471호
등록일자 1993년 7월 30일

주소 04052 서울시 마포구 와우산로 35길 3(서교동) 102호
전화 02-3141-3711~2 / **팩스** 02-3141-3710
이메일 hyeanpub@daum.net

ISBN 978-89-8494-756-6 93920

값 32,000 원